谢林著作集

先刚 主编

对我的哲学体系的阐述

Darstellung meines Systems der Philosophie

〔德〕谢林 著 王丁 译

图书在版编目（CIP）数据

对我的哲学体系的阐述 /（德）谢林著；王丁译. —北京：北京大学出版社，2023.3
（谢林著作集）
ISBN 978-7-301-33769-1

Ⅰ.①对… Ⅱ.①谢…②王… Ⅲ.①哲学–研究 Ⅳ.①B0

中国国家版本馆CIP数据核字（2023）第036058号

书　　　名	对我的哲学体系的阐述
	DUI WO DE ZHEXUE TIXI DE CHANSHU
著作责任者	〔德〕谢　林（F.W.J.Schelling）著　王　丁　译
责 任 编 辑	王晨玉
标 准 书 号	ISBN 978-7-301-33769-1
出 版 发 行	北京大学出版社
地　　　址	北京市海淀区成府路205号　100871
网　　　址	http://www.pup.cn　新浪微博 @ 北京大学出版社
电 子 邮 箱	编辑部 wsz@pup.cn　总编室 zpup@pup.cn
电　　　话	邮购部 010-62752015　发行部 010-62750672
	编辑部 010-62752025
印 刷 者	北京中科印刷有限公司
经 销 者	新华书店
	890毫米×1240毫米　16开本　28.5印张　347千字
	2023年3月第1版　2023年11月第2次印刷
定　　　价	128.00元

未经许可，不得以任何方式复制或抄袭本书之部分或全部内容。
版权所有，侵权必究
举报电话：010-62752024　电子邮箱：fd@pup.pku.edu.cn
图书如有印装质量问题，请与出版部联系，电话：010-62756370

目 录 ①

中文版"谢林著作集"说明 ………………………… 1

"它把星星称作兄弟"
　——开普勒与谢林的"天文地理学"（代译序）………… 1

对我的哲学体系的阐述（1801）………………………… 1

基于哲学体系的进一步阐述（1802）………………… 135

动力学进程的一般演绎或物理学范畴演绎（1800）…… 343

人名索引 ……………………………………………… 429

主要译名对照 ………………………………………… 431

---

① 考虑到整体内容和作者体系的展开顺序，故把1800年的文本放在最后。——译者注

中文版"谢林著作集"说明

如果从谢林于1794年发表第一部哲学著作《一般哲学的形式的可能性》算起，直至其1854年在写作《纯粹唯理论哲学述要》时去世，他的紧张曲折的哲学思考和创作毫无间断地延续了整整60年，这在整个哲学史里面都是一个罕见的情形。[①] 按照人们通常的理解，在德国古典哲学的整个"神圣家族"（康德—费希特—谢林—黑格尔）里面，谢林起着承前启后的关键作用。诚然，这个评价在某种程度上正确地评估了谢林在德国古典哲学的发展过程中的功绩和定位，但另一方面，它也暗含着贬低性的判断，即认为谢林哲学尚未达到它应有的完满性，因此仅仅是黑格尔哲学的一种铺垫和准备。这个判断忽略了一个基本事实，即在黑格尔逐渐登上哲学顶峰的过程中，谢林的哲学思考始终都处于与他齐头并进的状态，而且在黑格尔于1831年去世之后继续发展了二十多年。一直以来，虽然爱德华·冯·哈特曼（Eduard von Hartmann）和海德格尔（Martin Heidegger）等哲学家都曾经对"从康德到黑格尔"这个近乎

---

① 详参先刚：《永恒与时间——谢林哲学研究》，第1章"谢林的哲学生涯"，北京：商务印书馆，2008年，第4—43页。

2　对我的哲学体系的阐述

僵化的思维模式提出过质疑,但真正在这个领域里面给人们带来颠覆性认识的,乃是瓦尔特·舒尔茨(Walter Schulz)于1955年发表的里程碑式的巨著《德国唯心主义在谢林后期哲学中的终结》。[①]从此以后,学界对于谢林的关注度和研究深度整整提高了一个档次,越来越多的学者都趋向于这样一个认识,即在某种意义上来说,谢林才是德国古典哲学或德国唯心主义的完成者和终结者。[②]

我们在这里无意对谢林和黑格尔这两位伟大的哲学家的历史地位妄加评判。因为我们深信,公正的评价必须而且只能立足于人们对于谢林哲学和黑格尔哲学乃至整个德国古典哲学全面而深入的认识。为此我们首先必须全面而深入地研究德国古典哲学的全部经典著作。进而,对于研究德国古典哲学的学者来说,无论他的重心是放在四大家的哪一位身上,如果他对于另外几位没有足够的了解,那么很难说他的研究能够多么准确而透彻。在这种情况下,对于中国学界来说,谢林著作的译介尤其是一项亟待补强的工作,因为无论对于康德、黑格尔还是对于费希特而言,我们都已经拥有其相对完备的中译著作,而相比之下,谢林著作的中译仍然处于非常匮乏的局面。有鉴于此,我们提出了中文版"谢林著作集"的翻译出版规划,希望以此推进我国学界对于谢林哲学乃至整

[①] Walter Schulz, *Die Vollendung des deutschen Idealismus in der Spätphilosophie Schellings.* Stuttgart, 1955; zweite Auflage, Pfullingen, 1975.

[②] 作为例子,我们在这里仅仅列出如下几部著作:Axel Hutter, *Geschichtliche Vernunft: Die Weiterführung der Kantischen Vernunftkritik in der Spätphilosophie Schellings.* Frankfurt am Main 1996; Christian Iber, *Subjektivität, Vernunft und ihre Kritik. Prager Vorlesungen über den Deutschen Idealismus.* Frankfurt am Main 1999; Walter Jaeschke und Andreas Arndt, *Die Klassische Deutsche Philosophie nach Kant: Systeme der reinen Vernunft und ihre Kritik (1785—1845).* München, 2012.

个德国古典哲学的研究工作。

  中文版"谢林著作集"所依据的德文底本是谢林去世之后不久,由他的儿子(K. F. A. Schelling)编辑整理,并由科塔出版社出版的十四卷本《谢林全集》(以下简称为"经典版")。① "经典版"分为两个部分,第二部分(第11—14卷)首先出版,其内容是晚年谢林关于"神话哲学"和"天启哲学"的授课手稿,第一部分(第1—10卷)的内容则是谢林生前发表的全部著作及后期的一些手稿。自从这套全集出版以来,它一直都是谢林研究最为倚重的一个经典版本,目前学界在引用谢林原文的时候所遵循的规则也是以这套全集为准,比如"VI, 60"就是指所引文字出自"经典版"第六卷第60页。20世纪上半叶,曼弗雷德·施罗特(Manfred Schröter)为纪念谢林去世100周年,重新整理出版了"百周年纪念版"《谢林全集》。② 但从内容上来看,"百周年纪念版"完全是"经典版"的原版影印,只不过在篇章的编排顺序方面进行了重新调整,而且"百周年纪念版"的每一页都标注了"经典版"的对应页码。就此而言,无论人们是使用"百周年纪念版"还是继续使用"经典版",本质上都没有任何差别。唯一需要指出的是,"百周年纪念版"相比"经典版"还是增加了新的一卷,即所谓的《遗著卷》(*Nachlaßband*)③,其中收录了谢林的《世界时代》1811年排印稿和1813年排印稿,以

---

① F. W. J. Schelling, *Sämtliche Werke*. Hrsg. von K. F. A. Schelling. Stuttgart und Augsburg: Cotta'sche Buchhandlung, 1856—1861.

② *Schellings Werke. Münchner Jubiläumsdruck, nach der Originalausgabe (1856—1861) in neuer Anordnung*. Hrsg. von Manfred Schröter. München 1927—1954.

③ F. W. J. Schelling, *Die Weltalter. Fragmente. In den Urfassungen von 1811 und 1813*. Hrsg. von Manfred Schröter. München: Biederstein Verlag und Leibniz Verlag 1946.

及另外一些相关的手稿片断。1985年,曼弗雷德·弗兰克(Manfred Frank)又编辑出版了一套六卷本《谢林选集》①,其选取的内容仍然是"经典版"的原版影印。这套《谢林选集》因为价格实惠,而且基本上把谢林的最重要的著作都收录其中,所以广受欢迎。虽然自1976年起,德国巴伐利亚科学院启动了四十卷本"历史—考据版"《谢林全集》②的编辑工作,但由于这项工作的进展非常缓慢(目前仅仅出版了谢林1801年之前的著作),而且其重心是放在版本考据等方面,所以对于严格意义上的哲学研究来说暂时没有很大的影响。总的说来,"经典版"直到今天都仍然是谢林著作的最权威和最重要的版本,在谢林研究中占据着不可取代的地位,因此我们把它当作中文版"谢林著作集"的底本,这是一个稳妥可靠的做法。

目前我国学界已经有许多"全集"翻译项目,相比这些项目,中文版"谢林著作集"的主要宗旨不在于追求大而全,而是希望在基本覆盖谢林各个时期的著述的前提下,挑选其中最重要和最具有代表性的著作,陆续翻译出版,力争做成一套较完备的精品集。从我们的现有规划来看,中文版"谢林著作集"也已经有二十二卷的规模,而如果这项工作进展顺利的话,我们还会在这个基础上陆续推出更多的卷册(尤其是最近几十年来整理出版的晚年谢林的各

---

① F. W. J. Schelling, *Ausgewählte Schriften in 6 Bänden*. Hrsg. von Manfred Frank. Frankfurt am Main: Suhrkamp 1985.
② F. W. J. Schelling, *Historisch-kritische Ausgabe*. Im Auftrag der Schelling-Kommission der Bayerischen Akademie der Wissenschaften herausgegeben von Jörg Jantzen, Thomas Buchheim, Jochem Hennigfeld, Wilhelm G. Jacobs und Siegbert Peetz. Stuttgart-Band Cannstatt: Frommann-Holzboog, 1976 ff.

种手稿)。也就是说,中文版"谢林著作集"将是一项长期的开放性的工作,在这个过程中,我们也希望得到学界同人的更多支持。

  本丛书得到了国家社科基金项目"德国唯心论在费希特、谢林和黑格尔哲学体系中的不同终结方案研究"(项目批准号20BZX088)的资助,在此表示感谢。

先　刚

北京大学外国哲学研究所

北京大学美学与美育研究中心

"它把星星称作兄弟"
——开普勒与谢林的"天文地理学"
（代译序）

本卷为汉译"谢林著作集"第五卷，主要内容来自"谢林全集"的第 IV 卷，也就是谢林与黑格尔合编的《思辨物理学杂志》上的内容。主编的原计划是在本卷中收入三个文本：《论自然哲学的真正概念》(*Ueber den wahren Begriff der Naturphilosophie*, 1801)，《对我的哲学体系的阐述》(*Darstellung meines Systems der Philosophie*, 1801) 和《基于哲学体系的进一步阐述》(*Fernere Darstellungen aus dem System der Philosophie*, 1802)。但由于后面两部《阐述》的大量内容指涉《动力学进程的一般演绎或物理学范畴演绎》(*Allgemeine Deduktion des dynamischen Processec oder Kategorien der Physik*, 1800)，所以我用这个文本替换了《真正概念》，把它挪到了另一卷里。《哲学史讲演录》，黑格尔曾经高度评价谢林"是自然哲学的真正创立者"，许多哲学史教科书都把谢林的"自然哲学"和"同一哲学"不仅视为他自己思想发展的两个阶段，也把它们处理为谢林思想内部的两个不同思想部门。但事实上，我会更倾向认为，自然哲学和同一哲学是一个整体，并没有专门讨

2　对我的哲学体系的阐述

论"绝对同一性"的同一哲学,也没有专门讨论"自然"的自然哲学,整个谢林成熟时期——它恰恰就是以1801年的《阐述》为开启标志——的哲学,都可以被视为"自然-同一哲学"。自然自身就是绝对同一性运作的场所,绝对同一性本身也包含着动词意义上的自然,即 natura naturans 这个"潜能阶次"。所以上面这点也就构成了我对本卷编纂进行调整的理由。尽管《对我的哲学体系的阐述》这个表达现在看起来或许平平无奇,但如果考虑到谢林当时只有26岁,就完全能感受到他那时的英气勃发和狂妄,一个26岁的年轻人宣称自己有"体系",而且还要对大众进行一番"阐述",这样的时代或许已经一去不返了。在哲学史上,本卷中的两部《阐述》也长期构成了谢林同时代人理解和批判他的核心文本,不管是费希特、施莱尔马赫还是黑格尔的谢林批判,所依据的主要文本都是它们,比如黑格尔著名的"黑夜里的牛""形式主义"等批判,都是依据这两个文本进行的,所以完全可以认为,本卷汉译构成了理解谢林"同一哲学"的最初文本与核心文本。

　　对于"同一哲学"的理解,当然完全可以在哲学史的进路上,把它视为对整个近代哲学的一次综合,更可以把它视为对费希特哲学的一种批判。而且从谢林自己的言说来看,之所以要"嚣张"地阐述自己的体系,恰恰也是为了回应费希特并与之彻底划清界限:"人们首先就需要决定,把费希特的阐述和我的阐述各自独立地来考察,以此方式才能通过进一步的展开来表明,我们两个人是否一致,在何种程度上一致,进而是不是向来就是一致的。"(IV, S. 110)从谢林后来对自己哲学做的哲学史-批判的导论性文献出发——不管是1804年的《哲学导论》,还是著名的《近代哲学史》①，都可以看出在哲学史的展开过程中，"同一哲学"自身对先验哲学和主体性哲学的超越。可对于谢林这样一位毕生崇拜柏拉图，也在体系建构上多处继承柏拉图的哲学家来说，仅仅从哲学史的发展脉络出发理解他的"同一哲学"未免无趣，一种真正源自柏拉图传统的哲学，尽管当然会以某种历史语境而"历史性地"出现，但它自身作为"古典的"哲学，从来不会认为自己只是一间工棚而不是住房。一种"古典的"哲学不会像一些后来的"抖机灵"的所谓"思想"一样，事先就"认输"，宣称自己只是一种历史性的思想。同样，作为总是要求一种"大全一体"视野的古典哲学，也绝不可能真的让自己停留在"黑夜里的牛"这样的抽象层面上，只要一种哲学要求自己是体系，它就永远不可能是一个"抽象"的体系，体系之为体系，必定会有自身的具体环节。所以尽管整个德国古典哲学在康德以后呈现出了"历史性"的体系建构维度，尤其是谢林和黑格尔，都以让对方的哲学被自身的体系消融，成为以他们的最终体系为目的的哲学历史的环节而后快。但从这个角度出发也可以看到，在建构哲学史叙事的哲学那里，哲学史叙事其实是失效的，因为正是这样的哲学在引发哲学史而不是相反。单独来看，只要这种能够进行哲学史叙事的哲学是体系，它就有资格拥有一种仿佛艺术品般的自立性，因为体系至少意味着从自身出发的封闭、圆满和完结，因此不论这个体系是否被淹没在历史的洪流里——尽管很多时候这种"淹没"并非来自思想自身，仅仅是外在的偶然情况所致——它都呈现出对宇宙的通观，呈现出思想自身特有的永恒

---

① 《哲学导论》，载"谢林著作集"《哲学与宗教》卷，先刚译，北京大学出版社，2017年。

品质。换句话说,尽管哲学史叙事是体系哲学时代的产物,但只要一种哲学能被称得上是"体系",那它就应有一种豁免于历史主义叙事的特权,因为历史叙事恰恰是从它出发才可能的。正如时间在宇宙中没有意义,在理念中也没有意义。这种超越时间的品质,也是为真正的哲学所独有的卓异之处。

在我看来,最能刻画谢林"同一哲学"的这种柏拉图气质的"超时间"品质的,并非他作为一个精神历史中的人物,在文本里对费希特、牛顿、莱茵霍尔德等人的批判——须知这种批判并不是为了批判,而是为了把人类的认识活动从时间－有限性的视角里提升到无限的、超时间的视域中。也不在于他从"同一哲学"出发对磁力、电力和化学力的建构上——尽管这是必要的——,因为这种建构从柏拉图和亚里士多德开始,都是古典形而上学的内在要求:存在者本身的法则必须"复现"在一切具体的存在环节和区域上,否则存在整体无法得到整全的"大全一体"建构。相反,这种特质恰恰体现在谢林对开普勒定律的再演绎,和对太阳系、金属与地球之间的亲缘性构造上。而且在这一问题上,谢林当时也凭着自己的名气,向学界大力推广还是新人的黑格尔,不止一次提到他的博士论文《论行星轨道》(IV, 432, 436, 439)。如果考虑到黑格尔几乎在同一时间出版的《论费希特与谢林哲学体系的差别》里已经暗含的对谢林"同一哲学"的嘲讽与批评,以及两人后来的分道扬镳,就不得不让人感慨这是一个令人感到绝望的故事,在友谊之爱中,人终于能得到完全在他人面前敞开自身的勇气,这种勇气珍贵且脆弱,它全靠一种人格之间"你"与"我"的"相信"。如果以真理之名践踏这种美德,那这样的"真理"我们是否还应珍惜?真理或许会是"非道德的",但我相信自古以来没有一条真理会践踏美德,比如在著名的"非道德论者"尼采那里,完全充满着古典美德。如果一个时代的"真理"以消解美德的代价建立"道德",那么为了一个"道德"的世界而导致灵魂的失序,这样的代价人类又能承受几次?但无论如何,可以看到,不管是黑格尔的博士论文还是谢林对开普勒定律的建构,实则都指向一种对天界与地界关系的古典重构,这种重构并非返回到神话时代的那种巴比伦式的天文地理学上——比如黄道与地上的统治秩序对应,星座就是地上权力的天上影像——,也不是重建托勒密或者亚里士多德的天文学体系——事实上在一切的原生文明中,天文地理学是一个普遍存在的情形,比如中国古代也有巴比伦式的人间权力-天界分区的对应思想——,而是在避免一种数学主义和机械还原论产生的"存在异化"。从这个角度看,"天人合一""万物一体"并非什么很了不起的思想,这是人类的思想本能,关键是在不同的存在理解处境下,这个"一"如何成"一",如何"化"万物为"一"。

如果从黑格尔和谢林批判的那种牛顿式的近代数学-天文学来看,这种还原论性质的天文学也是一种"天文地理学",也就是把天界和地界的运动还原为"同一回事"(Einerleiheit):一切运动都可以通过微积分的方式被还原为瞬时点的运动状态,一切存在者的性质也可以通过量的还原而从它自身中被剥离,然后诉诸一些不可再行解释的诸如"力"之类的东西。这也正是我们的一个"现代性常识":只要我们可以在某些定量的参数下把一个"事实"分解掉,那我们就算"理解"了这个事实,至于这些用以分析这个事实的那些量的类型究竟在哪里有其最终依据,也就是有其本原,其实无

6　对我的哲学体系的阐述

所谓。后来黑格尔在批判谢林的"绝对同一性"的时候,也是认为谢林把异质性的东西理解成了"同一回事",而真正的"同一性"是在自身中包含着差异的同一性。这种为谢林"同一哲学"定下的调子,在谢林自己那里是完全不属实的,因为从他对开普勒定律和天界－地界的阐述来看,恰恰着眼的就是这种"差异中的同一",否则就会落入他所批判的牛顿式还原论里。而谢林的这种对同一性的不同于黑格尔的理解,恰恰着重体现在他对开普勒定律的重构上,这种重构恰恰就是针对牛顿那里产生的数学－机械论的还原式"一样性"(εinerleiheit):"(开普勒的)这些定律已经被牛顿的万有引力学说,和人们想要通过机械－数学的方法,从随意截取的偶然和经验性条件出发来把它们推导的尝试搞得面目全非。"(IV, S. 432) 需要注意的是,谢林从"绝对同一性"本原出发对开普勒定律的再演绎,绝不可以视为哲学对物理学规律的一种比附,而应该视为对哲学本原和物理学本原的一种内在化勾连,这是"大全一体"的体系要求的应有之义。

开普勒第一定律是:所有行星绕太阳的轨道都是椭圆,太阳在椭圆的一个焦点上。对于出自柏拉图－毕达哥拉斯传统的天文学而言,轨道的几何图形绝不是某种从经验描述而来的"数学总结"——相反,如果没有某种几何图形的先天性,经验和数据也无法得到统一并去建构寰宇图景——,而是表达着某种存在理念:

> 天体仍然在现象中表达出了理念的存在,每一个如其所是、作为自身的理念,都在自身中把握着全部理念,而一切理念也都作为唯一一个理念存在。所以每一个天体就其独立自

为的存在而言,都承载着整体,并且承载着一切世界的丰饶果实,只不过每一个天体同时也要适于自己殊异的根基及其本己统一性的自然本性。(IV, S. 433)

因此,正如古代天文学传统所认为的,天体作为个体就是自身的"类",因此,每一个天体都有一个"自己殊异的根基"和自然本性,以构造它自身独一无二的统一性,只有在这个基础上,天体才作为一个别具一格的"理念"承载整体,即成为大全一体的一个映像。这样一种构造自己殊异本性的活动被谢林称为"内聚",也就是同一性的一种运作方式。而且是同一性在具有个体性事物那里的运作方式,这种"内聚"指的是"把无限者内塑入有限者",进而能使"有限者在自身中存在"(IV, S. 433)。这种"内聚"是一切有限者的愿望,即在自身中呈现无限,呈现全体。因此也可以看到,谢林在这里也仍然继承了斯宾诺莎和莱布尼茨的动力学传统,也就是让机械力源出于某种生命性的"活力",进而让整个力学图景建立在生命的力量图景上。所以从这里也可以看到,"绝对同一性"作为谢林这个时期哲学的本原,并非一种还原论性质的空洞普遍概念,而是首先具有一种动力学上的含义,即让某物保持自身为一,这就是绝对同一性中包含的"差异"的一面,也就是说允许万物能够保持自身的差异,并使之有权从自身出发对大全进行呈现,进而成为一个独一无二的统一体。但天体的内聚活动不同于地界物体的地方在于,它作为一种"个体即类"的存在物,并没有同属一类之下的其他个体共同与之形成"内聚",不会像地界存在物那样一个类之下有诸多个体,进而不得不好似一群鸭那般总是"抱团取暖"。因此在这个意义上,天体作为理念的特质就在于,"天体摆脱于一切关联脉络或者内聚活动,在自身中就是自由的"(同上),天体是真正的"自为存在",也就是最能呈现绝对同一性"成就"个体差异的存在者。但另一方面,某物之所以是"殊异"的,之所以是"自身",绝不仅仅在于它的"自身性"是一种不可再行追溯的起点——这是现代哲学的观点。相反,某物的"自身性"之所以能得到持存,是因为它总是处在与自身固有的"去自身化"的张力中。这种"去自身化"的运动一方面体现为椭圆轨道上的另一个焦点,也就是太阳;另一方面则在哲学上表述为"把有限者内化到无限者中",即"绝对同一性"的另一重运作,也就是让万物复归为"一"。因此从开普勒第一定律中,我们也可以看到,"绝对同一性"总是让一切存在物具有双重生命,一切事物的存在都是一种双向的存在,这既构成了一切存在物自身的生命张力,也构成了一切有限者之为有限者的悲哀与忧愁,但也恰恰构成了生命,构成了寰宇的生机。

开普勒第二定律和第三定律分别是:行星和太阳的连线在相等的时间间隔内扫过的面积相等;所有行星绕太阳一周的恒星时间的平方与它们轨道半长轴的立方成比例。

在第二定律中,面积这个要素总是相关于时间和空间。如果天体自身是一个以本己方式聚集着宇宙的统一体,那么天体也会有"自身的时间",时间也是把无限者内化到有限者中的活动。在这个意义上,天体自身的时间与太阳的时间处在一种"拉扯"和"争斗"中。换句话说,绝对同一性既赋予万物自身的时间,也收回万物自身的时间,生命就是时间的斗争。因此,星系中不存在"平均时间",某一存在物的时间就是它自身存在的尊严。而这样的存在—时间也同它的殊异性和个体性一样,是争而后得的产物。因此,第二定律所描述的均等面积,实际上描述的就是行星公转之际同一性自身分化的两重趋向相互斗争的产物,在这种意义上,不太严格地说,整个星系都是"相对论的",而非"牛顿力学的"。第三定律则是对第二定律的进一步拓展,涉及谢林对三重维度,即长、宽、高的三重动力学建构,它们分别对应于磁力、电力和内聚(化学)力。简言之,第三定律中时间的平方关系和轨道长轴半径的立方关系不过是要表明:行星总是作为一个整体生命才进行着自身殊异化和个体化的内聚活动,在建构着自身的统一性之际才围绕太阳旋转。维度并非牛顿时空中"第一性的质",每一重维度都是生命折叠自身的一个褶皱,都是生命在某一方向上的展开,它们不仅是物理学上的量,也是绝对同一性在某个具体的、"分有"了自己殊异生命内部所具有的更深生命维度。简言之,宇宙就是绝对同一性的无穷折叠、无穷展开,每一个更高维度的生命本身也是较低维度生命的宇宙,比如"金属就是地下太阳(地心之火)的行星"(IV,463)。在这种意义上,宇宙就像是绝对同一性不断绽放开来的多,这些多又在不同维度上构成一,而这些一又不断继续盛开、继续折叠,直至成为在自身中开放了一万朵玫瑰的唯一的玫瑰。这种折叠和盛放的同一性,大抵描述了谢林所理解的"真无限":不同于黑格尔意义上的扬弃式无限,谢林所建构的这种内涵开普勒定律的无限性,或许可以把它称为"不断绽出的无限"。直到它绽放出宇宙的眼睛,人类的心灵,看到了自己向来已是的样子,宇宙中出现的一切绽放环节,也会在心灵中以合心灵的方式再次绽放,而心灵的每一次绽放,本质上也都在回应着宇宙在睁开眼睛之际的每一次呼吸。这种意义上的"天文地理学"也就不再是神话时代和前启蒙时代的那种简单比附关系，而是一种"一本（原）绽放"的天文地理学：天界和地界并非"同一回事"，但在天界和地界的每一个生命中，盛开的都是同一朵宇宙的玫瑰。

那些望向深空，深入人类的心灵和理性的科学，在一个扁平的现代世界里总是显得无益且多余，然而人类内心的狂野和不安，就其作为灵魂自身的冲动来看，总是意愿超出这个世界，在更广阔的宇宙中获得宁静和至福。一切崇高的科学都是来自灵魂深处因追求至高的和谐而产生的永恒动荡，正如天界的法则总是对地界人类灵魂更高层次的见证，宇宙的节律是永不止息的灵魂之爱的乐曲。真正的浪漫在于永远超出当下，这也是真正的勇气之源。在人生的无常中，科学和精神永远都是最值得追求和最珍贵的东西，一切已然存在和将要存在的孕育在宇宙中的生命，都会由科学和精神来守护，尽管这无法避免人间的恶和灵魂的不安。一种更高的"绝对同一性"也绝不是要无视这些确实对我们灵魂产生了伤害的东西，毕竟地界的存在物无法像天体那样自成其类。然而正如谢林的好友荷尔德林在诗中所唱的："当我的心还向着太阳，以为阳光听得见它的跃动，它把星星称作兄弟，把春天当作神的旋律。"倘若人的心灵中最深的地方真的跟天体有亲缘性，那一种古老且永不会消失的哲学传统，也终将历久弥新，正如无论我们怎么看待天体，它们都一如既往运行。希望能把谢林的这卷著作，献给那些迷恋宇宙，也迷恋真理并愿意为之求索不息的心灵。

王丁

2022年7月25日于济南

谢林著作集

对我的哲学体系的阐述

1801

F. W. J. Schelling, *Darstellung meines Systems der Philosophie*, in ders. *Sämtliche Werke*, Band IV, S. 105-212. Stuttgart und Augsburg 1856-1861.

先行提要①

在把自己多年来视为真正哲学的唯一一门哲学,试着从两个完全不同的方面阐述为自然哲学和先验哲学之后,我现在感到由于科学的当今状况所迫,不得不比我自己想得更早地把体系自身(它为我做出的许多不同阐述奠定了基础)公之于众,这个体系到目前为止我都只为自己保留,或许也只跟少数几个人透露过,但现在,我要让一切对这个课题有兴趣的人都知道这个体系。谁如我现在所通告的那样首先自己把握了这个体系,并且之后有兴趣和能力来把眼下的体系,和我早先的那些阐述比较一番,谁就会更进一步地看清,完备且明晰的阐述需要做多少准备。而我确信我现在有能力给出眼下这部早就为人期盼的阐述了。当然,我唯一该受指责的地方在于,也就是在我敢于把对我斗胆切实视为唯一哲学的完备知识完整地公之于众以前,我就已经做了许多切实的准备,并已经尝试从许多十分不同的方面出发进行过对它的预备了。同样,在这样的条件下没人可以设想(人们在这里或许会实实在在想到的,正是我在上个冬天的讲座中所报告的体系)我改变了我的

---

① 这部《对我的哲学体系的阐述》第一次出版在《思辨物理学杂志》第二卷第二册上(1801)。——编者注

哲学体系本身；因为那个在这里才首次以其完全特有的形态显露的体系，跟我迄今始终对它进行多种全然不同阐述的体系，是同一个体系，我是为了我自己方便之故，才让自己一直沿着先验哲学和自然哲学这两条路向进行阐发。可一方面，我从来没有对其他人隐瞒，另一方面，我反倒明明白白地在我的《先验唯心论体系》序言，和这份《思辨物理学杂志》的许多地方，以及其他许多地方都说道，我称作先验哲学的，和我称作自然哲学的，都没有被我把两者中单独的任何一个视为哲学本身的体系，在我眼里，它们最多只是对哲学本身体系的片面阐述。如果有读者和评论家没有觉察到这一点，或者对他们来说，甚至这些说法都算不上是对我自己真正看法的线索，那这并不是我的锅，而是他们的锅。正如呈现出由自然哲学所引发的那种与惯常唯心论之间的纯粹矛盾并非我在此的任务，到目前为止，只有敏锐的埃申迈耶尔注意到了这一点，而这个矛盾本身也被唯心论者们容忍至今。我一直都把我称为自然哲学和先验哲学的东西，设想为哲学活动对立的两极；而在眼下的这部阐述里，我所处的地方则是一个无差别点，只有首先从许多完全对立的方向出发把这个点建构起来的人，才能正当且稳靠地立身于其中。对大多数想要从一个"哲学体系"里获得一些"洞见"的人来说，没什么比下面这事更令人满意的了，即立马给他们一个词语，通过这个词，他们觉得自己的精神被攫取了，进而能追逐自己喜爱的东西。但如果我现在说：这里的这个体系是唯心论，或者实在论，或者一个出自这两者的第三者。那么我所断言的，或许无论如何都不是某种不恰当的东西，因为这个体系确实能够是所有这三者，这取决于它被如何看待（因此，始终确凿无疑的是，这个体系自在的本质抽离于一切殊异的"观点")。但也由于这点,我似乎也无法对三者中的任何一个得到切实的认识;因为不管是唯心论还是实在论,进而还有出自两者的可能的第三者,都恰恰是某种绝对不纯粹的东西,相反,它们都是首先应得到明确界说的东西;在不同的头脑中,跟这些表达结合在一起的,又是数不胜数的概念。对接下来的阐述,我并不打算像这一课题已然自发地得到了表达那样地进行先行把握,而是暂先地尽量多多注意。比如说,我要是直接就把在"唯心主义"这个名目下已经确立的东西,视为切实得到了阐发的唯心主义体系,那么我怎么看待某些其他的体系,我会怎样确立其他这些体系,就不言自明了;同样,除了在眼下这个阐述中会为唯心主义赋予的那种含义,我不会为它赋予其他含义。但现在的情况很有可能是,比如由费希特首次确立,并且现在仍在坚持的那种唯心主义,跟我们这里的含义完全不同;比如说,费希特可能是在全然的主观含义上思考唯心主义的,我则与之相反是在客观含义上;费希特会把唯心主义持守在反思的立场上,我则反过来把唯心主义的本原设立在生产活动的立场上:为了最可理解地表达这一对立,主观含义上的唯心论必定可以这样来断言,即自我是一切,而客观含义上的唯心论则反过来:一切等同于自我,除了等同于自我的东西实存之外,无物实存,这无疑是两种不同的观点。尽管如此,人们并不会否认,这两种表述都是唯心论的。我并不是说,情况现实地就是如此,我只是把这种情况作为可能的来设想;但假如,情况就是如此,那么仅凭"唯心主义"这个词,读者很可能会对在此名目下确立的体系的真正意义上的内容一无所获,相反,即便读者对它有兴趣,不管他是决定去研究还是旁观,那些在此名

IV, 109

目之下在真正意义上被理解或者断言的东西,他都必定一无所获。在人们迄今称作"实在论"的东西这里的情况,跟在唯心论那里的大抵也并没有什么两样;所以我要做的事情,基本上就是在下面的阐述中证明,人们直到今天,在全部已然众所周知的观点中,都误认和误解了在其最崇高和最完满形态(我指的是斯宾诺莎主义)中的实在论。我说这些话的最终目的,第一,是为了让那些根本上想要对我的哲学有所了解的读者首先做出决断,静思并阅读接下来的阐述,而不是把它作为某种关于自己已然知晓的东西阐述来读——在后一种情况下,读者只会纯然对阐述的形式有兴趣,却只把内容视为某种自己只是暂时一无所知的东西;这样一来,每个人都会无凭无据地自以为,自己早就思考过这些东西了;确切地说,我要求的是,人们把我称作自然哲学的,也只评判为自然哲学,把我称作先验唯心论体系的,只评判为唯心论体系,但那个是我哲学体系的东西,唯有从接下来的阐述中才会被体验到。第二,人们得对我对自然哲学和先验哲学的阐述,尤其是接下来对我哲学体系的阐述,纯然从其自身出发,而不是从其他阐述出发来进行评断,人们不该问这些阐述之间是否一致,而是会问它们是否与其自身一致,它们是否是在其自身中,并全然从一切外在于它们而实存的东西中被剥离出来考察的,是否有自明性;也就是说,人们首先就需要决定,把费希特的阐述和我的阐述各自独立地来考察,以此方式才能通过进一步的展开来表明,我们两个人是否一致,在何种程度上一致,进而是不是向来就是一致的。这是我**首先**要说的一点。我确信,我跟费希特在今后不可能不达成一致,尽管现在我也同样确信,我们还没有达到相一致的点。但假如某个受过教育的人认为,某种这样的体系仿佛在瞬间中得到了展开,或者说,它已经达至了其完满的展开呢?人们给过费希特时间,让他一直进展到这样一个点上,在这个点上他必定会有所决断,他的体系不仅笼统地就是唯心论(因为我确信一切真正的思辨哲学都是唯心论),而且仅仅就是这种唯心论吗?以我之见,费希特到目前为止做的只是最普遍的工作;对我下面这个看法,一些人或许会支持,另一些人则或许会不快:迄今所发生的,恰恰只不过是仍将发生的事情的开头,也就是说,整个事情离它的"终点"还远得很。但我在此所谈论的唯心论的这一展开过程,较之于受无益庸众的多管闲事,反倒受上面这点的耽搁更多,无益的庸众由于其天性,对一切思辨一无所知,对于这类事物,他们只是在最盲目的自我感觉良好中听自己的声音,而不去把握它们,当它们被谈及的时候,既不去参与讨论也不去反驳。而这最终会导致的后果,就像那位具有最幼稚的坦诚的莱茵霍尔德所坦白的,"他既不是在开端也不是在中点,甚至也不是在接近最新哲学革命的终点的时候才意识到究竟该做什么的",但尽管莱茵霍尔德在这个"革命"开端的时候是康德盲目的拥趸,接着又在他自己的理论中宣告了正确无误的天主教哲学,最终又同样以对自己最深信念的强烈确信投入了知识学的怀抱,如果这样的一个人,在他全部愚拙的哲学尝试之后仍未失去勇气,甚至一次也没有,他自己如何又会预感到,要最后一次去预言已经"被说过许多次的"哲学革命之终点呢?① 我们要把目光从这些景象上

---

① 任何对科学有所领悟的人,都会认为在我们的文段里说的这些东西,对于评判莱茵霍尔德先生而言是再充分没有的,所以我们也毫不胆怯地把它们都明明白白说了出来,毕竟我们在内心里,除了认为他不曾有过一个思辨的头脑外,也根本没有任何其他瞧不起(转下页)

8　对我的哲学体系的阐述

IV, 112　挪开,暂时只回想下面的事情:对我的体系与一切其他体系,尤其是斯宾诺莎主义和唯心论间关系的进一步说明,在接下来的阐述

(接上页)他的意思,他也根本就不是这样的人,所以起码我们可以直白地说,他本人也不该要求我们在这方面看得起他。他要是想骂人,也只能骂他自己充其量就是个教书匠,不管做了什么荒唐事,他也总能大摇大摆进学堂,当然,他也只有在学堂里才有自己的那么一丁点儿"正当性"。在哲学里,他是个穷光蛋,除了一种学究气他什么都没有;他所谓的"表象力理论"所基于其上的基础,是已经被假定人所共知的康德哲学。就康德哲学的角度看,既然表象自身不过是一种效用性的事实,那么对它当然还可以进行一种事实性的演绎;从莱茵霍尔德开始,才首次出现了一些对本己哲学活动的表达,但他在每一种新哲学的出现中,都没有产生任何较有力的影响。他所做的跟那些早先的哲学家并无二致,让那些唯灵论者,唯物主义者,有神论者,以及其他一些不管叫什么的乱七八糟的人,再次改头换面地喧嚣尘上。但我们总是可以幸运地发现,这些人所欠缺的东西,反倒从来不是莱茵霍尔德所欠缺的,他总是在徒劳无益地求,让古老的高贵种子在他的那些烂稻草里发芽。这位人物所战胜的唯一东西,就是他曾经深信的那种迷误,即通过关于材料和形式的种种命题,即关于进行表象者和被表象者的种种命题,哲学中的大难题就能得到解决。他一直苟活下去的凭依,就是这种对一切思辨本真内核的深深无知,可在他自己看来,对他的评价应该怎样都不为过,毕竟这个猪脑子竟敢自比斯宾诺莎,还敢自比柏拉图,反正他敢自比一切令人尊敬的人物。可奇怪的是,他现在竟觉得可以忽略费希特,这就跟他不久前刚刚自以为已经理解了费希特,而且自己已经发自内心服膺费希特哲学的真理一样轻率。一个如此有公众威望的知名人物,应该诚恳,这种诚恳绝不可能允许他做出刚刚提到的那种刻意曲解、大放厥词的智术师行径。此人相当过分,甚至还在他的某篇对我的《先验唯心论体系》的书评里,对我的一些命题做刻意曲解,令我蒙受不白之冤。我当然不会为这种事浪费我的时间,相反,我反倒会说,莱茵霍尔德先生呀,您就这样迂腐生硬地,在书评、杂志等等无论什么东西上面随意编排我吧,您自我感觉良好就行;但他不光这样,他还把我的观点和方法,称为"有智性潜力的"(我可真是谢谢他这个词了),甚至在需要的时候,还把唯心论说成是从他自己出发产生的,接着他就只会说些一定会从这个话茬产生的谬论,这些谬论不仅相悖于理念,而且也相悖于一切我们当今已完成的哲学革命的真理之尊严。不然为什么会有许多人对此说,这种"莱茵霍尔德风格"甚至至多只会谴责为刻板僵死的,只会从道德和宗教方面遭受攻击。在我们德意志,最近兴起了一位新的墨丘利[指施莱尔马赫。墨丘利即赫尔墨斯,施莱尔墨斯正是以哲学诠释学名世,而赫尔墨斯即为诠释学的词源。——译者注],他难道干的不也是同样的事吗?在这一点上,人们无疑得看清楚上面描述的那类人的脑子是个什么德性,下面这句著名的警句也绝不可以用在这样的人身上:

　　我对多愁善感的大众决不有所指望;
　　时机到了,他们中就会产生许多猪队友。

——作者注

本身中自然是需要尝试的,我也希望,这一阐述会终结一切对我的误解,尤其是对自然哲学的误解,正如我已经在之前一期杂志的一篇论著中强调的,较之于通过某种暂时的一般性讨论,对体系自身的阐发(因为一部"最初草案"① 不可能包含得到了完成的体系,这一点完全是不言自明的)才能更好地纠正误解,我多年以来就已经在思索这件事了。因此,我接下来不会对任何评判做哪怕一丁点儿考量,对于在这里首次道出的各种最高基本原理,我是不宜做这种考量的,这种考量要么会侵害这些原理,要么会否认从其中而来的一些个别断言的必然结论。关于我在建构这一体系时所用的方法,会在整个阐述的最后比在开端时得到更为明确的言说。如果阐述的方法是切中事实的,那我在阐述中就要以斯宾诺莎为楷模,这不仅是因为,据内容和事实来看,在这整个体系上斯宾诺莎都是最接近我的人——即便就形式来看,我也最有理由以斯宾诺莎为典范——,而且也是因为,这一形式使阐述具有最大的简明性,并且证明的自明性也可以得到最明确的评判。除此以外,我也会比较频繁地用公式来进行普遍的刻画,埃申迈耶尔先生在他的自然哲学论著和论文《生命有机体演绎》(发表在罗施劳布斯② 办的杂志上)中已经用了这种方法;我之所以希望我所有的读者都去读这些作品,是因为读者一方面是由于自己特有兴趣,另一方面读者也可

IV, 113

---

① 这里指的是谢林1799年的《自然哲学体系的最初草案》(*Erster Entwurf eines Systems der Naturphilosophie*),载于全集第III卷。——译者注
② 安德里亚斯·罗施劳布斯(Andreas Röschlaubs),1768—1835,德国医学家、学者,在班贝格创立了《德国医学》杂志。在谢林的时代,自然哲学的许多讨论都是以医学名义进行的。——译者注

以借由这些作品愈发确然地有能力去对比,我的自然哲学体系与另一些自然哲学讨论方式的不同,后者当然完全必然地出自站在纯然反思立场上的唯心论。因为在其内核中把握在此树立的绝对同一体系(这个体系完全远离反思立场,因为后者只从对立出发并立足于对立),并且确凿地了解与之对立的反思体系(这是极为有益的),都是必要的。根本来说,凭这一体系,我就拥有了一种双重的关系:跟其他哲学家的和跟当今时代的关系;关于这一点,在这个先行提要中我已经部分地说明了,在阐述本身中,这一点会更加完备,此外我还要稍许提醒的是,我所理解的哲学是唯一的一门哲学,它自有其基本法则和方法,它们不单会在其他的构想中重演,而且或许也会从奇怪的大杂烩中调出一碗好汤来;这就好比人们可能先前已经知道的,经验物理学家对自然哲学态度的转变。从历史的纵向维度看,这些经验物理学家曾经一整个时代之久地仍在试图对抗自然哲学,但在此之后,他们把对自然哲学的表述和各种建构逐渐接纳为可能的解释,或者以实验的形式公开它们,甚至最终把整个动力学的物理学作为一个没有问题的假设永久地保留在了自己的教科书中。

先行提要讲得大抵已经够多了。从现在开始,进行言说的唯有事情本身。

§. 1.

说明。我把**理性**称为绝对理性,或者说,就其被设想为主体性之物和客体性之物间彻底的无差别而言,理性才是绝对理性。

这里并不是为这种语言用法提供正当性论证的地方,因为在这里要做的只是，根本上唤起我系于"理性"这个词上的理念。也就是说，在这里必须做的只是简要地指明，人们根本上如何能够如此来设想理性。人们通过对在哲学中处在主体性之物和客体性之物之间的东西进行反思来达成这一点，而这个东西必定是一个显然处在对两者而言无差别状态中的东西。每个人都可能感到要去思想理性；为了把理性思想为绝对的，也就是说，为了达至我所要求的立场上，理性必须从思想者那里被抽离出来。对于进行这种抽离活动的人来说，理性会直接终止朝向某种主体性之物，而大多数人都以为，理性就是指向某种主体性之物的，在这种情况下，理性自身当然也不再可能被设想为某种客体性之物，因为某种客体性之物或者被思想的东西唯有在与思想者的对立中才是可能的，而在这里，理性全然从作为思想者的主体中被抽离出来了；如此一来，通过这种抽离活动，理性也就成为真正的**自—在体**，而这一自—在体恰恰就处在主体性之物和客体性之物的无差别点中。

哲学的立场就是理性的立场，哲学的认识就是如其自在地那样，也就是如其在理性中存在地那样认识事物。哲学的自然本性就是完全取消一切彼此相继和外在的关系，取消一切时间的区分，进而根本上取消一切纯然的想象力① 混入思想产生的情况。一言以蔽之，就是在诸多事物中，只去看它们由以表达出绝对理性的东西，而不是就事物是对纯然系于机械法则上和时间中持续不断的反思而言的对象来看待它们。

---

① 因为想象力总是关联着理性，正如幻想总是关联着知性。理性是生产性的，想象力是再生产性的。——作者注（从这里开始及以下的注释都出自作者的一部手稿。——编者注）

§. 2.

理性之外无物存在，在理性之中才有一切。如果理性如我们在 §.1 中所要求地那样得到了设想，那么人们会直接地认识到，无物能在理性之外存在。因为如果人们假设，在它之外存在着某物，那么这个某物或者是对理性自身而言外在于它的；如此一来，理性就是主体性之物，那这样的话就与我们的前提抵触了；或者这个某物并不是对理性自身而言外在于它的，那么理性跟这个外在于它的物的关系，就像是客体性之物跟客体性之物的关系，这样一来，理性就是客体性的了，可这跟我们的前提 (§.1) 冲突了。

因此，无物在理性之外，一切都在理性之中。

注释。除了从绝对者的立场出发的哲学，不存在其他哲学，在这整部阐述中，这一点是绝不可以受到怀疑的：只要理性被思想，像我们在 §.1 中那样被规定，那它就**是**绝对者；眼下的命题只不过是在这个前提下才有效的。

说明。因此，一切对眼下命题的反对都只可能是由下面这点造成的，即人们并没有如事物在理性中存在地那样看待事物，而是习惯于如它们显现得那样去看待它们。因此，我们无须在这些反对意见上浪费时间，因为接下来肯定会得到表明的是，对理性而言，一切存在的东西如何就本质而言是等同的且与理性为一。根本上来说，我已确立的命题压根就不需要任何证明或者说明，它反倒要被视为公理，只不过太多人完全没有意识到，如果根本上有某物可能在理性之外存在，那也是理性把某物自身设定在自己之外的。但理性绝不做这种事，相反，只有错误的理性使用，也就是无力做出上面所要求的那种抽离,无力在自身中忘记主体性之物[殊异化者,个体]的错误理性才会做这种事。

§. 3.

理性是彻彻底底的一,进而彻彻底底地与自身等同。因为如果不是这样,那么除了它自身之外,理性的存在必定还会有另一个根据;理性自身唯有包含它自身得以是理性的根据它才是理性,否则就会有另一个理性存在;如果有另一个理性存在,理性也就不会是绝对的,这就跟我们的前提相冲突了。**也就是说,理性是绝对意义上的一**。但如果人们接下来假定对立面,也就是理性不与自身等同,那么理性由以不与自身等同的那个东西,仍然——既然在理性之外(praeter ipsam)无物存在(§.2)——必须被设定在理性之中,如此一来,理性的本质必定也由此被道出了,在这里进一步的结论就是,一切唯有凭借那个理性的本质由以被道出的东西,才**自在地**存在(§.1),如此一来,自在地看,或者说关联于理性自身来看,一切又与理性自身是等同的,与理性是一。**理性因而也就是在自身中的一**(不仅 ad extra[对外]是一,而且 ad intra[对内]也是一),也就是说,理性跟它自身是彻底等同的。

§. 4.

既然理性之外无物存在(§.2),那么对理性存在而言的最高法则,进而对一切存在而言的最高法则(既然一切都是在理性中被把握的),**乃是同一性法则**,这一关联于一切存在的法则由 A=A 来表达。从 §.3 和先前的部分出发,直接得出其证明。

补充 1。因此，通过其他任何法则——假使它们存在——，也无法规定任何东西如何在理性中存在，或者说自在地存在，而是只能规定，某物如何对反思而言或者说在现象中存在。

补充 2。命题 A=A 是唯一的真理，它是**自在地**，进而无任何与时间之关联地被设定的。我并不是在经验意义上，而是在绝对意义上把这种真理称为永恒的。

§. 5.

说明。为了进行区分，我在这里把第一位上的 A 称为主体，第二位上的称为谓词。

§. 6.

A=A 这个命题，普遍地来设想，说的既不是 A 本身，也不是作为主体，**或者**作为谓词**存在**的 A。相反，通过这个命题设定的**唯一存在**，就是同一性自身的存在，因此，同一性自身是完全独立于作为主体的 A 和作为谓词的 A 被设定的。对这第一个断言的**证明**在**知识学**的 §.1 已经做出了，命题的第二部分自发地是从第一部分得出的，在第一部分中已然包含了第二部分。因为既然已经从 A 自身的存在本身（就其是主体和谓词而言）中抽离出来了，那么剩下的作为唯一者和无法从中抽离，进而也就是通过这个命题在真正意义上设定的东西，就是绝对同一性自身。①

---

① 命题 A=A 不需要任何证明。它是一切证明的根据。由它设定的，只不过是这个无条件被设定的东西自身。在这一点上，这个无条件被设定东西所自行表达的，对于相同者而言是完全无所谓的。在主体位置上的这个 A 和在谓词位置上的另一个 A 并不是真正意义上被设定的东西，相反，被设定的只不过是两者间的同一性。——作者注

§. 7.

唯一的无条件认识就是对绝对同一性的认识。因为唯有 A=A(§.4,补充 2) 这个命题表达出了理性的**本质** (§.3),它也是无条件确凿的命题,但通过这一命题直接被设定的,只有绝对同一性 (§.6)。依此类推。

注释。但要证明这种认识的无条件性,就需要先给出之前的系列命题。这个认识**自身**其实并不会得到证明,这恰恰因为它是无条件的。

IV, 118

§. 8.

绝对同一性是彻彻底底存在的,并且跟命题 A=A 一样确凿。**证明**。因为它是直接跟这个命题一道被设定的 (§.6)。

补充 1。绝对同一性不能被设想为是通过命题 A=A 被设定的,但它是通过这个命题被设定为**存在着的**。也就是说,它是通过被思想而存在的,去存在属于绝对同一性的本质。

补充 2。绝对同一性的存在是一条永恒真理,因为它存在的真理跟命题 A=A 的真理是相同的。依此类推(§.4,补充 2)。

§. 9.

理性与绝对同一性是一。命题 A=A 是理性存在的法则 (§.4)。但通过这一命题,绝对同一性也被设定为存在着的 (§.6),并且既然绝对同一性的存在同它的本质是一 (§.8,补充 1),那么如此一来,理性 (§.1) 也就不仅据存在而言,而且也据本质而言跟绝对同一性自身是一。

补充。理性的存在（在 §.1 规定的意义上）因而也就跟绝对同一性同样无条件，或者说：**存在既属于理性的本质，也同样属于绝对同一性的本质**。对此的证明可直接从先前的部分中得出。

§. 10.

绝对同一性是彻彻底底无限的。假如它是有限的，那么它有限性的根据要么包含在它自身之中，也就是说，它自己就是某种在自身中的规定活动的原因，如此一来，作用者同时也是被作用者，进而就没有绝对同一性了；要么不在它自身中，也就是在它之外。但在它之外无物存在。因为假如有某物在它之外，它就有可能由之受到限制，那么它与这个外在于自己的东西间的关系，必定就如同客体性之物与客体性之物间的关系。但这是荒唐的 (§.1)。因此，绝对同一性就是无限的，这跟它的存在一样确凿，也就是说，它是彻彻底底无限的。

§. 11.

绝对同一性绝不可能作为同一性被扬弃。因为去存在属于绝对同一性的本质；但唯有就它是绝对同一性而言它才存在 (§.6, 8, 补充 1)。也就是说，它绝不可能作为自身被扬弃，否则的话，"存在"就不会再属于其本质了，也就是说，某种矛盾的东西会被设定。依此类推。

§. 12.

一切存在的东西，就是绝对同一性自身。因为它是无限的，并且它绝不可能作为绝对同一性被扬弃 (§. 10, 11),那么一切存在的东西,必定就是绝对同一性自身。

补充 1。**一切存在的东西,自在地乃是一**。这个命题是对先前命题的纯然颠倒,因此也是从中出发的直接结论。

补充 2。绝对同一性是唯一者,是彻彻底底或者说**自在地**存在的东西,如此一来,只要一切自在地存在,那一切就是绝对同一性自身,进而只要一切不是绝对同一性自身,那一切根本上就没有**自在地**存在。

§. 13.

据自在存在而言,没有任何东西是产生而来的。因为一切自在地存在的东西,就是绝对同一性自身 (§. 12)。绝对同一性自身并不是被产生的,而是彻彻底底存在的,也就是说,它是没有任何与时间的关联地,进而外在于一切时间被设定的,因为它的存在是永恒真理(§. 8, 补充 2),进而据自在存在而言,一切也都是绝对永恒的。

§. 14.

自在地来看,没有任何东西是有限的。对这一点的证明可以从 §. 10 出发,用证明上一条命题的方式做出。

补充。从这一点出发可以得出,从理性的立场出发 (§. 1) 不存在任何有限之物,进而如果把事物视为有限的,那么就相当于没有如其自在存在地那样考察事物。同样,如果事物被视为不同的且多样的,那么这就相当于,没有如其**自在地**那样或者从理性的立场出发来考察它们。

IV, 120　　**说明**。一切哲学的根本错误乃是下面这个预设,即绝对同一性已然现实地走出自己了,进而要努力去把握这种走出是以怎样的方式发生的。绝对同一性恰恰绝没有终止去存在,一切存在的东西,自在地来看,也并非绝对同一性的显像,反而就是**它自身**,就此进一步来说,哲学的自然本性乃是如其自在地那样考察事物 (§. 1),也即是说 (§. 14, 12),既然事物都是无限的并且就是绝对同一性自身,那么如此一来,真正的哲学也就存在于对下面这回事情的证明中:绝对同一性(无限者)并不走出自己,进而一切存在的东西,只要它们存在,就是无限者自身,迄今为止所有的哲学家里只有斯宾诺莎认识到了这个命题,尽管他并没有对此做出完备的证明,但他仍然清晰地道出了它,所以在这一点上,他并没有遭到彻底误解。

§. 15.

　　绝对同一性唯有在命题 A=A 的形式下才**存在**,或者说,这个形式是由其存在直接设定的。因为绝对同一性只会无条件地**存在**,进而不可能以有条件的方式存在,无条件的存在只可能在这个命题的形式下被设定 (§. 8)。也就是说,这一形式也是与绝对同一性的存在一道被直接设定的,在这里没有过渡,没有先与后,相反,只有存在和形式自身的绝对同时性。

　　补充 1。跟命题形式 A=A 同时一道被设定的,也是跟绝对同一性自身的存在一道被直接设定的①,但它并不属于绝对同一性的本质,而是只属于其存在的形式或者方式。对此命题第一部分的证

---

① 能够从中推导出来的,因而也就与绝对同一性一样永恒。——作者注

明可以直接从之前的命题中得出。对第二部分可以这样来证明。命题形式 A=A 是由作为主体的 A 和作为谓词的 A 规定的。但在此命题中,绝对同一性是独立于作为主体的 A 和作为谓词的 A 被设定的 (§. 6)。也就是说,与此命题形式同时被设定的东西,并不属于绝对同一性自身,而是只属于它存在的方式或形式。

补充 2。纯然属于绝对同一性的存在形式,却不属于它自身的东西,并不是自在地被设定的。因为唯有据其**本质**而言的绝对同一性自身是被自在地设定的。依此类推。

§. 16.

在命题 A=A 中,在作为主体被设定的 A 和作为谓词被设定的 A 之间 (§.5),不可能有任何自在的对立。因为既然两者分别是主体和谓词,那它们就不属于绝对同一性的本质,而是只属于其存在,但就它们属于绝对同一性自身的本质而言 [或者说,就它们是绝对同一性自身而言],它们也不可能分开地被设想。如此一来,两者间也就不存在**自在的**对立了。

补充 1。在主体位置上和在谓词位置上被设定的,是相同的整全的 A。

补充 2。**绝对同一性唯有在同一性的同一性**(Identität der Identität)**这一形式下才存在**。因为绝对同一性唯有在命题 A=A 的形式下存在 (§. 15),而这一形式与其存在是同时被设定的。但在命题 A=A 中,相同者跟自身是相同的,也就是说,被设定的乃是同一性的同一性。也就是说,绝对同一性唯有作为同一性的同一性而**存在**,这是绝对同一性不可与存在自身相分裂的存在形式。

§. 17.

存在着一种对绝对同一性的源初认识,这种认识就是凭借命题 A=A 被直接设定的。对绝对同一性的认识本身是存在的(§.7)。既然在绝对同一性之外无物存在,那么这个认识也处在绝对同一性自身中。不过这个认识并非直接出自绝对同一性的本质,因为从其本质出发只能得出它**存在**的实情,如此一来,这种认识必定是直接从其存在出发得出的,进而也必定属于其存在的形式(§.15,补充1)。但它存在的形式与其存在自身同样源初,进而与一切借此形式被设定的东西,也是同样源初的。如此一来,就存在着一种对绝对同一性的源初认识,并且既然这种认识属于绝对同一性的存在之形式,那么它就是直接借由命题 A=A 设定的[也就是说,是绝对同一性自身的一个属性]。

§. 18.

一切存在的东西,据本质而言,只要自在且绝对地来看,就是绝对同一性自身,但据存在的形式来看,则是一种对绝对同一性的认识。这个命题的第一部分得自 §.12,第二部分得自 §.17。因为如果对绝对同一性的认识直接属于它**存在**的形式,而这一形式与存在又是不可分的,那么一切存在的东西,据**存在**的形式来看,就是对绝对同一性的认识。

补充 1。如此一来,对绝对同一性的源初认识,据形式来看[1]跟绝对同一性的存在就是同时的,反过来,每一个存在据形式来看

---

[1] 唯有在它自身的无限中,也就是不跟存在相区分地来看。——作者注

也是一种对绝对同一性的认识（而非一种被产生而得的认识）。

补充 2。源初地并不存在[与认识者分离的]被认识者，相反，认识这一活动就是据其形式来看的源初**存在**自身。

§. 19.

绝对同一性唯有处在对它与自身的同一性的这一认识的形式下才存在。因为它的认识和它存在的形式一样源初 (§. 18)，甚至就是它存在自身的形式 (§. 18, 补充 1)。但这一形式乃是同一性的同一性 (§. 16, 补充 2)。既然没有在此形式之外的同一性，那么它的认识也就是对它与自身同一性的认识，进而既然同一性唯有处在认识形式下才存在，那么同一性也就唯有处在对它与自身同一性的这一认识形式下才存在。

补充。一切存在的总体，自在地或者据其本质来看乃是绝对同一性自身，而据其存在的形式来看乃是在其同一性中的绝对同一性的自身认识。直接的结论就是：

§. 20.

在其同一性中的绝对同一性的自身认识是无限的。

因为这种自身认识就是它的存在[绝对同一性的存在]的形式。它的存在是无限的 (§. 10)。如此一来，这种认识也是一种无限的认识[也就是不可区分认识者和被认识者的]。

§. 21.

若不把自己无限地设定为主体和客体，绝对同一性就不可能

无限地认识自身。这个命题乃是自明的。

§. 22.

尽管并不是据本质,而是据存在的形式被设定为主体和客体,但绝对同一性仍是同一个且一样绝对的同一性。因为绝对同一性的存在形式就等同于命题 A=A 的形式。但在此命题中,被设定在主体位置和谓词位置上的是同一个 A(§. 16, 补充 1)。如此一来,据其存在的形式被设定为主体和客体的乃是同一个同一性。既然进一步来说,唯有据存在的形式来看,同一性才被设定为主体和客体 [以可区分的方式],那么它也就并不是**自在地**,即据其本质地那样被设定的。①

补充。在主体和客体之间,并不存在自在的对立 [关联于绝对同一性而言]。

§. 23.

在主体和客体之间 [根本上] 除了量的差别,没有其他任何差别是可能的。② 因为(1)两者间没有质的差别可被设想。**证明**。绝对同一性是独立于作为主体和客体的 A(§. 6) **存在的**,进而它在两者间都**是**同样无条件的。既然这个被设定为主体和客体的同一性也是同样绝对的同一个同一性,那么就不存在质的差别。据此,唯一的结论就是(2)就存在自身而言(因为绝对同一性作为主体和客

---

① 如果这一形式并不是一种认识,那么它根本就不可能 qua [通过] 形式得到区分。——作者注
② 至于它是否是现实的,在此完全是不明确的。——作者注

体是同样无条件的,进而据本质而言也是相同的同一性),主体和客体间没有区分是可能的,有的只可能是一种量的差别,也就是一种鉴于存在的**定量**而言才发生的差别,此外,尽管同一者是唯一且相同的,但这种差别是借由主体性[认识]和客体性[存在]的偏重被设定的。

IV, 124

说明。请读者在进行这些证明的时候至少有耐心追随我们,一旦人们完全忘记那些迄今尤其对通行概念,以主观或客观的把握而产生的概念,进而在每一个命题上确切地思想我们想要思想的东西,进而思想我们借此一劳永逸产生的内化回忆(Erinnerung),那一切证明都会变得完全可理解。起码现在每一个人都清楚,我们不承认主体和客体间有任何对立(因为在前者和后者的位置上被设定的,诚然是相同的同一者;因而主体和客体据本质而言乃是一),相反,我们只承认一种主体性和客体性自身之间的区别,而主体性和客体性,既然属于绝对同一性的存在形式,那它们也就属于一切存在的形式,两者或许并不是以相同的方式,而是以下面的方式是共在的,即它们相互之间可以被设定为偏重不同的,但我们在这里还没有断言这一切,而只把它们作为一种可能的构想确立起来。我们要更为明确强调的乃是接下来的内容。既然在命题 A=A 中存在的,是在谓词和主体的位置上被设定的同一个 A,那么毫无疑问,根本就不存在任何差别,相反,被设定的乃是两者间的绝对无差别,并且两者间的差别,乃至区分,唯有通过下面这点才会是可能的,即要么主体性以某种偏重被设定,要么客体性以某种偏重被设定,那么如此一来, A=A 就会过渡为 A=B(B 被设定为客体性的标志);现在的情况就是,客体性或者它的对立面会具有某种偏重,在这两种情况中,都会出现差别。① 如果我们用主体性要素的潜能阶次来表达主体性或者客体性的这种偏重,那就会得出,设定 A=B 的时候,A 的肯定或者否定的潜能阶次也已经被设想了,也就是同时设定了 $A^0=B$ 和 $A=A[=1]$,因此,A=B 必然也是对绝对无差别的表达。除了这种方法之外,压根就没有其他方法能把握差别。

§. 24.

当没有两者间量的差别被设定的时候,主—客体性的形式就不现实存在。

证明。因为在主体—客体性没有作为自身被设定的时候,这一形式就不是现实存在的。但两者不可能作为自身被设定,它们是借由量的差别被设定 (§. 23) [因为唯有通过这一点它们才是可区分的]。如此一来,如果没有两者间量的差别的被设定,主—客体性的形式就并非现实的或者说并没有现实地被设定。

§. 25.

关联于绝对同一来说,没有任何量的差别是可设想的。

因为绝对同一等同于 (§. 9) 主体性之物和客体性之物间绝对的无差别 (§. 1),也就是说,在绝对同一中,既不能区分出这一个也不能区分出另一个。

补充。量的差别唯有在绝对同一性之外才是可能的。

---

① 借由量的差别,量本身也就出现了。——作者注

这个命题只是对上面命题的纯然颠倒，即便在绝对同一性之外无物存在，它也是确凿无疑的。

§. 26.

绝对同一性是绝对总体性。因为绝对同一性自身就是一切存在的东西，或者说：它不可能与一切存在的东西相分离地被设想(§. 12)。如此一来，它唯有作为一切才**存在**，也就是说，它是绝对总体性。

解释。我把宇宙称为绝对总体性。

补充。量的差别唯有在绝对同一性之外才有可能。这个命题直接得自 §. 26 和 §. 25，补充 1。

§. 27.

解释。在这一考察中，我把外在于总体性的东西称为个别的存在或者事物。

§. 28.

不存在自在的个别存在或个别事物。因为唯一的自—在体乃是绝对同一性 (§. 8)。但它唯有作为总体性才存在 (§. 26)［也就是说，唯有总体才是自—在体］。

注释。无物自在地在总体性之外**存在**，如果某种外在于总体性的东西被瞥见了，那这唯有由于个别者任意地从整体中分离才会发生，这种分裂则是由反思来实行的，但自在地来看，这种分裂绝没有发生，因为一切存在的东西是一 (§. 12，补充 1)，在总体性中存在的乃是绝对同一性自身(§.26)。

§.29.

主体性和客体性间量的差别唯有鉴于个别存在才是可设想的,而不是自在地,或者说鉴于绝对总体性是可设想的。命题的第一部分直接得自§.27和§.26,补充,第二部分得自§.25和§.26。

§.30.

如果量的差别鉴于个别事物才现实地发生,那么绝对同一性,只要它存在,就要被设想为主体性和客体性在量上的无差别。

对此的证明直接出自下面这点,即绝对同一性就是绝对总体性(§.26)。①

---

① 我要把绝对同一性必然是总体性的演绎过程再更加明确地进行一遍。这个演绎过程给予以下命题:

1)命题 A=A 道出了绝对同一性的存在;但这一存在并不与形式分离。如此一来,存在与形式的一体性就在这一点上,这种一体性就是最高的实存。

2)直接出自绝对同一性之本质的存在,只能在 A=A 或者主-客体性的形式下存在。但如果主体性和客体性不以量的差别被设定,这个形式自身就不存在。如果主体性和客体性两者被设定为同样无限的,那情况就会如此,因为没有量的对立就绝不会有任何区分;形式是由形式取消的;那个以同样的无限性是这一个且是那一个的东西,跟那个既不是这个也不是那个的东西是一致的。

3)这一点对更高的实存形式也有效,更高的实存形式所基于的则是认识和存在的绝对无差别。绝对者唯有处在作为实存者的形式下才能被设定。但如果现实的无差别存在,那么就不会有任何区分,这一形式也不会作为自身被设定。

4)也就是说,如果没有鉴于更高的形式——不管是观念的还是实在的,主体性的还是客体性的——被设定,绝对者也就不现实地实存。

5)但这一差别不可能是鉴于绝对者自身被设定的,因为绝对同一性不可改变地被规定为认识和存在,或者主体性和客体性的彻底无差别了。也就是说,差别唯有鉴于从绝对者中分殊出来,进而被分殊的东西才可能被设定。这个东西就是个别之物。但与个别(转下页)

说明。因此,倘若用最清楚的表达,那我们的断言就是**下面这个**,即如果我们能够在总体性中瞥见一切存在的东西,如果在整体中,我们会觉察到主体性和客体性[实在之物和观念之物]在量上的完满均势,也就是说,除了纯粹的、在其中无物可被区分的同一性以外再无其他,那么从个别之物来看,就会出现在这一方面或另一方面的偏重,也就是说,量的差别绝不是**自在地**,而是唯有在现象中才被设定的。既然绝对同一性乃是那个彻彻底底在一切中存在,绝不会被主体性和客体性的对立影响的东西(§.6),那么两者间量的差别就不可能关联于绝对同一性或者自在地发生,在我们面前表现为不同的各种事物和现象也就并非真正的不同,而是实在地是一。如此一来,尽管无物独立自为存在,但一切都处在总体性中,在总体性中,相互对立的潜能阶次源初地在取消着彼此,而纯粹的、未经浸染的同一性自身得到呈现。但这个同一性并不是被生产出来的东西,而是源初之物,它不过是因为自己**存在**才被生产出来。也就是说,它已然存在于一切存在的东西中。在自然的

(接上页)之物一道同时被设定的还有整体。如此一来,绝对者唯有通过下面这种方式才作为绝对者被设定,即尽管在个别之物中它以量的差别被设定,但在整体中它是以无差别被设定的。个别之物中的差别和整体中的差别就是总体性。也就是说,绝对者唯有处在总体性的形式下,而"个别之物中量的差别和整体中的无差别"这个命题,恰恰就是有限者和无限者的同一性命题。

对量的差别的解释。一种并非据本质而言被设定的差别(据本质被设定的差别我们根本不允许),因而也就是纯然基于形式的区别的,所以人们也可以把它称为 differentia formalis[形式差别]。例如,三角形的纯粹理念。在其中,既没有直角三角形也没有非直角三角形,既没有等边三角形也没有非等边三角形。所有这些形式只是三角形理念在量上的差别。但三角形的理念恰恰只能在这些形式的总体性中实存,所以它尽管始终在个别之物中是以差别被设定的,但在整体中是以无差别被设定的。量的差别根本上唯有通过分殊活动并鉴于此才会被设定。——作者注

物质团块中倾泻着自己的那种力量,据本质而言跟在精神世界中呈现着自己的是同一个力量,只不过在自然中它必须以实际之物的偏重,在精神世界中则是以理念之物的偏重去进行搏斗,但即便是这一对立,也并不是据本质而言,而是据纯然的潜能阶次而存在的,唯有对于处在无差别之外,进而并不把绝对同一性自身视为源初之物的东西,这一对立才作为对立显现。① 唯有对于自身从总体性中已然自行分殊,就此而言自行进行着分殊者,绝对同一性才显现为被生产出来的东西;对于没有从绝对的重心中偏离出来的人,绝对同一性就是**首要的存在**,这一存在绝不是被生产出来的,而就是存在着的,正如毕竟有某物是存在着的,同样,即便是个别存在也唯有在它之中才是可能的,进而在它之外,现实地且真正的来看——而非纯然在构想中分殊地看——无物存在。但从这一绝对总体性中,某物是如何可能自行分殊或者在构想中被分殊的,这个问题在此尚且无法得到回答,因为不如说我们只是在证明,这种分殊活动自在地是不可能的,从理性的立场出发是错误的,甚至(确实也可以这么看)是一切谬误的源泉。

§. 31.

绝对同一性唯有处在主体性之物和客体性之物[也就是认识和存在]之间量的无差别这一形式下才存在。

注释。那么在这里根本上就可以断言,在上面这个命题中被有条件地设定的是什么。

---

① 一旦我进行分殊活动,这个对立才显现为对立。——作者注

证明。绝对同一性唯有处在主—客体性的形式下才**存在**(§. 22)。但如果没有外在于总体性的量的差别被设定 (§. 24)，也就是说，如果在绝对同一中被设定的就是量的无差别 (§. 25)，这一形式自身就**不是**现实**存在**的。如此一来，绝对同一性也就唯有在主体性之物和客体性之物量的无差别形式下才**存在**。

§. 32.

绝对同一性并不是宇宙的原因，而是宇宙自身。因为一切存在的东西，就是绝对同一性自身 (§. 12)。而宇宙就是一切存在的东西，依此类推。①

注释。对这个命题长久以来深深的无知的原因，或许在于对它的证明长久以来没有进一步推进，这个证明就是，绝对同一性就是宇宙自身，除了宇宙自身这个形式，绝对同一性不可能在任何其他形式下存在。但下面这样的人很有可能就会在通常的表象中固执且几近强硬地认为，自己通过哲学证明（他们其实根本不懂什么叫"哲学证明"）就不会有任何闪失了。然而我却坚信，每一个服膺这个命题的真理的人，只要恰当思索下面这些与之相关的命题，就会看清，它们是以不可否定的方式被证明的，也就是 1)绝对同一性唯有在命题 A=A 的形式下才存在，既然如此，那它也是形式；2)这个形式乃是**源初的**，也就是说，关联于绝对同一性而存在的，它既是主体也是客体（既是存在也是认识）的绝对同一性；3)同一性不

---

① 宇宙并不等同于物质性的东西。同一性永恒地都是同一性，但宇宙之为宇宙，意味着它是不同事物的总体。——作者注

可能**现实**地 (actu) 处在这个形式下——仍需被预设为前提的是,只要绝对同一性是现实的,那它就只是潜在的——,如果在命题 A=A 中得到表达的无差别不是量的 [且非质的] 的无差别,那绝对同一就不会处在这个形式下;4)这个量的无差别只有在绝对总体性的形式,也就是宇宙的形式下才存在,据此,只要绝对同一性存在(实存),宇宙就必然存在。

§. 33.

宇宙与绝对同一性自身是同样永恒的。因为它唯有作为宇宙才存在 (§. 32),既然它是永恒的,那么宇宙也跟它一样是永恒的。

注释。我们尽管可以有理由说,绝对同一性自身就是宇宙,但反过来说宇宙就是绝对同一性,则唯有在下面这个限制条件下才可以:宇宙乃是据其**本质**和**存在**形式来看的绝对同一性。

§. 34.

据本质而言,绝对同一性在宇宙的任何部分中都是相同的;因为据其**本质**,绝对同一性是完全独立于作为主体和客体的 A 的 (§. 6),进而 (§. 24) 也完全独立于一切量的差别,如此一来,在宇宙的每一**部分**中存在的都是相同的绝对同一性。

补充 1。绝对同一性的本质是不可分的。——出于相同的理由——,那么可以被分有的东西,也就绝不会分有绝对同一性。①

补充 2。没有任何存在的东西可以据存在而言被取消。因为

---

① 可被分有的东西 = 量:绝对同一性独立于一切量。——作者注

如果绝对同一性不终止**存在**,它们就无法被取消;既然绝对同一性是**彻彻底底**、没有任何与量的关联地存在,那么如果它仅仅在整体的某个部分中就能被取消,它也就会彻底终止去存在,因为不会再有必要(我们可以这么说)分别去取消整体中的和部分中的绝对同一性,也就是说,通过对部分的取消,它根本上也就被取消了。因此某个存在的东西不可能据存在而言被取消。

§. 35.

没有任何个别之物在自身中有其实存的根据。否则的话存在必定就出自其本质。但一切据本质而言都是相同的 (§. 12, 补充 1)。也就是说,没有任何个别事物的本质能包含它作为这个个别事物存在的根据,因此,个别事物并不是通过自身而作为自身存在的。

§. 36.

每一个个别存在都是通过另一个个别存在得到规定的。[①] 个别事物并不是通过自身被规定**为**个别事物的,因为它并不是自在存在的,进而也并不在自身中拥有其存在的根据 (§. 35),它也不是通过绝对同一性而存在的,因为后者只包含总体性以及存在之总体性的根据,就此而言,个别存在是在总体性中被把握的,如此一来,个别存在唯有通过另一个个别存在才能被规定,而后者又是通过另一个个别存在被规定的,如此往复,以至无限。

[①] 这是因果原则的首要基础。——作者注

补充。不存在任何没有被规定为其自身,进而被限定为其自身的个别存在。

§.37.

主体性之物和客体性之物间量的差别是一切有限性的根据,反过来说,两者间量的无差别就是无限性。

那么第一点所涉及的是,量的差别是一切个别存在的根据(§.29),进而也是(§.36)一切有限性的根据。第二点则自明地出自第一点。

说明。对一切有限者之根据的普遍表达(依照§.23说明)因而就是 A=B。

§.38.

每一个作为其自身的个别存在都是绝对同一性之存在的某种特定形式,而非它自身的存在,绝对同一性的存在只存在于总体性中。

一切个别且有限的存在都是通过主体性和客体性间量的差别被设定的(§.37),而这一差别又是通过另一个个别存在,也就是另一种主体性和客体性间量的特定差别被规定的。既然(§.22)主体性和客体性本身就是绝对同一性存在的形式,那么两者间特定的量的差别也就是绝对同一性之存在的特定形式,但正由于这一点,这一特定形式中的存在也就不是绝对同一性的存在**自身**,后者只存在于主体性和客体性量的无差别中,也就是只存在于总体性中。

补充。§.36的命题因而也可以这样来表达:每一个个别存在都是通过绝对同一性来规定的,但并不是就其彻彻底底存在而言的绝对同一性,而是就其处在 A 和 B 某种特定量的差别形式下的绝对同一性,这种差别又以同样的方式被规定,进而如此演进至无限 [一种差别都是以另一种为前提的]。

注释 1。或许有人会问,为什么这种关系会演进至无限,我们答曰:为什么前一种和后一种关系间会发生这种情况,出于同样的原因,在一切后来的关系间也都会发生这种情况,因为绝不可能标定一个最初的点,在这里绝对同一性过渡成了个别事物,因为并非个别之物,而是总体性才是源初的东西,所以,如果个别事物的序列不会回溯到无限,也不被接纳到总体性中,那个别事物必定会作为个别事物独立自为地存在,而这是荒谬的。

注释 2。由此可得,这种关系的法则并不能用于绝对总体性自身,也就是说,这种关系处在 A=A 之外。但通过全部这样的法则,并没有任何如其自在地,或者说在理性中存在 (§. 4, 补充 1) 的东西得到规定,这一点因而也同样适用于这种关系的法则,反之亦然。

§. 39.

绝对同一性在个别之物中所处的形式,跟它在整体中所处的乃是同一个形式,反过来说,除了它在个别之物中所处的形式,它在整体中并不处在任何其他形式下。

证明。绝对同一性也存在于个别之物中,因为一切个别之物都只是它存在的某种特定形式,进而在每一个个别之物中,绝对同一性都是**整全的**,因为它是彻彻底底不可分的 (§. 34, 补充),进而绝不可能作为绝对同一性被扬弃 (§. 11)。也就是说,既然它根本上只有在某种形式下才**存在**,那么它在个别之物中所处的,和在整体中所处的就是同一个形式,据此,除了在个别之物中所处的形式,它在整体中并不处在任何其他形式下。

这一证明也可以从 §. 19 及以下得出;既然绝对同一性据存在的形式而言乃是一种无限的自身认识,那么它也是进入无限的在量的差别和无差别中的主体和客体。

§. 40.

一切个别之物尽管不是绝对的,但都以自己特有的存在样态是无限的[就其是无限的而言,并不处在 §. 36 的法则下]。个别之物并非绝对无限的,因为 (§. 1) 在它之外存在着某物,而它在其存在中也是由外在于它的某物规定的 (§. 36)。但在其样态中,或者说,既然存在的样态是由主体性和客体性在量上的差别规定的 (§. 29),而这一差别又是由两者中某一个的潜能阶次表达的 (§. 23, 解释),所以个别之物在其**潜能阶次**中是无限的,因为个别之物相对于它处在这一形式下的潜能阶次①而言,表达出了绝对同一性的存在和无限者[比如说,无限的可分性或者反过来说,不可分性],也就是说,鉴于其潜能阶次来说,个别之物自身是无限的,尽管并不是绝对无限的。

§. 41.

每个个别之物关联于自身而言都是一个总体。这个命题是上

---

① 改为:在其样态中。——作者注

一个命题必然且直接的结论。

注释。在这里或许有人会问,这个个别之物关联于绝对总体性而言是什么?**然而在关联于绝对总体性之际,它根本就不作为个别之物存在了**;因为从绝对总体性的立场出发来看,存在的唯有它自身,在它之外**无物存在**。也就是说,就其是在§.36的特定关系法则下被思考,而不是就其**自在地**,或者说就其是与永恒之物一致的东西来看,个别之物才作为个别之物。

补充。上面的命题也可以这样来表达:每一个A=B关联于其自身或者自在地来看都是A=A,也就是一种绝对的自身等同。若无这一点,就不会有任何东西现实地存在,因为一切存在的东西,唯有就其表达了处在某种特定形式下的绝对同一性而言才存在(§.38)。

§.42.

解释。我要把总体性——那种当个别之物关联于自身的时候所呈现的总体性——称为相对的总体性,这并不是因为,仿佛在不关联于个别之物时,这种总体就会是绝对的,反倒是因为,它关联于绝对的总体性也是纯然相对的。

解释2。每一个特定的潜能阶次都刻画了主体性和客体性间特定的量的差别,这一差别乃是关联于整体或者绝对总体性,而不是关联于这个潜能阶次而发生的。因此比如说,A的负极数(−A)就刻画了客体性鉴于整体(也就是鉴于A和B)的偏重,然而与此同时恰恰因为,就这一偏重关联于它在其中得以发生的潜能阶次自身而言,它是A和B共有的,所以在其中,两个要素间完全的平衡也是可能的，如此一来 A=B 也是一种 A=B。①

注释。我们请读者仔细注意这条解释，因为通过它读者才能看清接下来的整个关联脉络。

§. 43.

绝对同一性唯有处在一切潜能阶次的形式下才存在。

这个命题直接出自 §. 42 的解释 2，并且能跟命题"绝对同一性唯有作为主体性和客体性量的无差别才存在"做对照 (§. 31)。

---

① 以下面的方式可以最明确地看清潜能阶次这个概念。实存者始终都是无差别，真正说来，在它之外无物实存；但它是以无限的方式实存的，进而除了在 A=A，即认识和存在这个形式之下以外，绝不在任何其他形式下实存。我们既可以在个别之物中，也可以在整体中观察到无差别。它在个别之物中和在整体中一样，都是在同一个形式下实存的。在整体中，它实存于其形势下的对立就是无限的存在和无限的认识间的对立，而它们处在无差别点中，也就是绝对的点中，但正因为如此，不管是一个还是另一个都不可能存在，不管是无限的认识还是无限的存在都不可能存在，唯有就它既不作为这一个也不作为另一个而言，它才是自一在。进一步来说，存在跟认识是同样无限的，进而无限的存在和无限的认识两者，都是由命题 A=A 表达的。既然这个命题表达了两者，那么不管是鉴于认识还是存在，无限者都处在命题 A=A 的形式下。如此一来，认识和存在乃是作为无差别的也就并非作为主体的 A 和客体的 A 直截的同一性（斯宾诺莎），相反，无差别乃是作为表达存在的 A=A 和表达认识的 A=A 的无差别。当作为主体的 A 和作为客体的 A 彼此被对立设置的时候，量的无差别才会被设定。但关联于有限者的时候情况绝不是如此。关联于无限者的时候，A 并没有作为主体和客体，而是 A=A 和 A=A，也就是说，是一种同一性相对于处在对立中的另一种同一性。每一个都是同样无限的，进而是不可区分的，但恰恰因为同样无限，它们并不是通过一种综合，也就是并不是通过某种从属性的东西，而是通过更高的东西，也就是绝对的自一在被维系在一起的。但既然无限的存在和认识都处在命题 A=A 的形式下，那么关联于绝对无差别是纯然存在的东西，也是被设定在这一形式下的，也就是说，它关联于自身而言也是认识和存在的无差别。既然关联于绝对者要么纯然归属在认识的属性下，要么归属在存在的属性下，也就是要么归属在作为表达存在的 A=A 下，要么归属在作为表达认识的 A=A 下，那么潜能阶次这个概念也就清楚了。——作者注

§. 44.

一切潜能阶次都是绝对同时的。因为绝对同一性唯有处在一切潜能阶次的形式下才存在 (§. 43)。但它**是**永恒的，且没有任何与时间的关联 (§. 8, 补充 2)。如此一来，一切潜能阶次也没有任何与时间的关联，它们是彻彻底底永恒的，因而也就是彼此同时的。①

注释。既然一切潜能阶次都是同时的，那么就没有理由从这一个或另一个开始，因此剩下的唯一可能就是，把对潜能阶次本身的普遍表达，A=B（见 §. 23, 解释）作为考察的直接对象。我们在这里有插入一些命题的自由，但为了简洁起见，我们并没有在其他地方详尽地证明它们，它们一部分是在《先验唯心论体系》中，一部分是在这部杂志的一些文章中被提出的，因此我们要为每一个还不熟悉这些证明，并且想继续追随我们证明的人指明它们。

I. 如果 A=B 被承认为是对潜能阶次（关联于整体的量的差别）的表达，那么在 A=B 中，B 乃是作为源初**存在**的东西被设定的（也就是作为实际的本原），A 与之相反则是非**存在**的东西，在同样的意义上 B 也是一样，不过 A 是对 B 进行着认识的，也就是作为观念性的本原。对这个命题，人们从我的《先验唯心论体系》第 77 页，尤其是第 84 页出发可以知道得很清楚。② 但这一对立自在地或者从思辨的立场出发是绝不会发生的。因为 A **自在地就是** B，A 和 B 都是完全绝对的同一性 (§. 22)，尽管它处在 A 和 B 这两种形式

IV, 136

---

① 一切因果推导因而也就被切断了。思想并不是从存在，存在也并不是从思想中被推导出来的。唯心论的错误就在于，把某个潜能阶次搞成了第一位的东西。——作者注
② 即全集第一部分第 III 卷，385 页和 390 页。——编者注

下，但它在两者之下是等同地**实存**的。既然 A 是进行着认识的本原，而正如我们发现的，B 是自在地未被限定者，或者说无限的扩张活动，那么我们在这里完全明确地就拥有了斯宾诺莎的绝对实体的两个属性，即思维和广延，但我们绝不像人们至少一般而言对斯宾诺莎所理解的那样，把这两者纯然**观念地**来设想，而是根本上把它们作为实在的一来设想；所以没有能被设定在形式 A 下面的东西，不作为自身且没有自发地处在形式 B 之下，进而就没有什么处在 B 下的东西，不直接且正因此被设定在 A 之下。如此一来，思维和广延也就绝不且不在任何东西中，甚至也不在思维中和广延中自身分离，相反，它们无一例外地共在为一。

II. 如果 A=B 本身就是对有限性的表达，那么 A 也可以被设想为有限性的**本原**。

III. 源初**存在**的 B，是彻彻底底的可被限制者，是自在地未被限制者，A 则与之相反是进行限制者，既然它们每一个**自在地**就是无限的，那么前者就可以被设想为肯定性的，后者可以被设想为否定性的，因此，它们可被设想为趋向相反的无限者。

§. 45.

不管 A 还是 B，都不能自在地被设定，相反，能被设定的唯有伴随着具有同样偏重的主体性的客体性，以及两者间量的无差别的相同者。①

---

① 这个命题的另一种表达可以是：不管是作为主体的 A 还是作为客体的 A 都不能自在地被设定，相反唯有伴随着同样偏重的观念性（作为对认识的表达）、实在性（作为对存在的表达）和两者间无量的差别的相同的 A=A 才能被设定。——作者注

证明。无物自在地存在于绝对同一性之外 (§. 8)，但绝对同一性在主体性和客体性的形式下 [作为主体性的 A 或者作为客体性的 A] 被设定入无限 (§. 21 及以下)，如此一来，主体性和客体性都绝不可能独立自为地被设定入无限 (比如在某个部分中)，进而如果量的差别 (A=B) 被设定，那么这唯有处在其中一个在另一个之上的偏重形式下，而这不管在整体中还是在个别之物中都是一样的 (§. 39)。但 A 或 B 的其中一个具有优先偏重地被设定在另一个之先的理由并不存在。那么如此一来，两者必定是以同样的偏重被设定的，而如果不把两者归结到量的无差别上，这又是不可设想的。如此一来，不管是 A 还是 B 都不能自在地被设定，相反，唯有那个伴随着有同样偏重的主体性和客体性，以及两者间量的无差别的同一者才能被设定。

§. 46.

主体性和客体性只朝着对立趋向以某种偏重被设定。这一点直接来自 §. 44 III。①

补充。因此，绝对同一性的存在形式可以用一幅线图（图 1-1）来设想，

$$A^+=B \qquad A=B^+$$
$$A=A$$

图 1-1

---

① 因此我们绝不是从主体—客体性形式，即 A=A 中出发的。一切区分都只存在于下面这点，即 A=A 在一个方向上被设定为无限的认识，在另一个方向上被设定为无限的存在。——作者注

在其中,朝任何趋向被设定的都是同一者,但朝对立趋向被设定的都是各有其偏重的 A 或者 B,处在平衡点的则是 A=A 自身(我们用 + 号来标识一个在另一个之上的偏重)。

说明。为了进一步考察,我们附加一些对这条线的一般性反思。

A. 由这整条线被设定的是相同的同一者,即便在 A=B+ 中,B 也并非**自在地**,而只是有所偏重地被设定。在 A+=B 中也同样如此。

B. 对整条线有效的,对这条线延伸至无限的每一个个别部分也都有效。**证明**。绝对同一性是无限地被设定的,进而在其形式下被设定至无限 (§.39)。如此一来,对整条线有效的,也对这条线延伸至无限的每一个个别部分有效。

C. 被建构的线因而是无限可分的,对它的建构就是无穷可分性的根据。

注释。从这一点出发也就清楚了,为什么绝对同一性是绝对不可分的 (§.34, 补充)。在线的每一部分中也仍存在着三个点,也就是存在着仅仅在此形式下**存在**的整全的绝对同一性。但既然恰恰绝对同一性是绝不可分的,这就使并非绝对同一性的东西,也就是个别 (§.27) 事物 [在量的概念下被设想的东西] 得以无限可分。

D. 如果我把 A+=B 和 A=B+ 称为极点,把 A=A 称为无差别点,那么这条线上的每个点都是无差别点和极点,至于是这个极点还是与之对立的极点,则要看它被如何看待。既然这条线是无限可分的 (C),并且这种可分性自由朝向任何趋向,因为在每个趋向上存在的都是相同者 (A),那么每个点都可以是一个朝向另一个点的无差别点和极点,进而从这两极出发,每个点现在都可以成为这个点或者对立的点,这全看我怎么来分剖。

补充。从这一点出发就清楚了,a.这条线,如果从我(观念性的)进行的分剖活动中抽离出来看,进而实在地或者自在地来看,它如何就是在其中绝没有任何东西可被区分的绝对同一性;b.既然这条线是我们整个体系[建构]的基础公式①,所以凭着它,我们绝不会抽象地从无差别点中逃离出去。

E. 这两个极点可以被设想彼此无限近,或者无限远。这直接出自上面那些命题。

F. 就算把这条线延伸至无限,除了这三个点以外也绝不会有更多的东西出现。这个命题是对之前命题一部分的纯然颠倒。

§.47.

这条被建构出来的(§.46,补充)线就是绝对同一性在个别之物和在整体中的存在②形式。之前从§.45开始的内容就包含了对此的证明。因此,这条线也满足了§.39的要求。

§.48.

唯有就A和B在一切潜能阶次中都被设定为[具有等同的实际性的]存在着的而言③,被建构的线才是绝对同一性的存在形式。绝对同一性唯有在A和B的形式下才存在,也就是说,A和B自

---

① 它之于哲学家正如线之于几何学家。——作者注
② 更正:实存。——作者注
③ 借着完全的无差别,绝对同一性的存在可以在这一个或那一个属性下被设想。——作者注

身跟绝对同一性一样确凿地**存在着**,既然绝对同一性唯有在一切潜能阶次的形式下才存在 (§.45),那么 A 和 B 在一切潜能阶次中就都被设定为**存在着**的。

补充。在一切潜能阶次中 A 的**存在** [实在存在] 借之而存在的主体性的**度**,是完全独立于 A 的存在的,而潜能阶次的不同恰恰就建立在这个度的不同上 (§.23, 说明)。

§.49.

被建构的线自在地来看不可能包含任何个别潜能阶次的根据。因为这条线在整体中和在部分中一样 (§.47),也就是说,它就像表达个别潜能阶次一样表达着一切潜能阶次。

补充。这一点同样适用于公式 A=B,因为它是对潜能阶次本身的表达 (§.23, 说明)。

§.50.

唯有就在其中 A 和 B 两者都被设定为存在着的 [同样实际的],公式 A=B 才表达出了一种存在。

证明。每一个 A=B,就其刻画了一种存在而言,关联于自身乃是一种 A=A (§.41, 补充),也就是说,每一个 A=B 都是一种相对的总体性,而所谓相对的总体性,就是绝对同一性对它处在其下的这个形式的潜能阶次所表达出来的,因而就如同无限者 (§.42),而唯有就 A 和 B 在一切潜能阶次中被设定为**存在着的** (§.50) 而言,绝对同一性才在无限者中存在。如此一来,既然 A 和 B 两者都被设定为**存在着的**,那么 A=B 也是对某个**存在**的表达。

补充。A 和 B 借之而存在的主体性的度,是完全独立于 A 和 B 的存在的(§.48,补充)。

解释 1。如果我们把建构的两个对立要素[主体性和客体性]用 A 和 B 来标识,那么 A=B 既不落入 A 中也不落入 B 中,而是处在两者的无差别点中。但这个无差别点并不是绝对的无差别点,因为在其中发生了 A=A[作为认识和存在的无差别],或者说,量的无差别,落入了当下的这个 A=B 中的情况,即落入了[认识和存在的]量的差别。在 A=B 中,A 被现实地设定为纯然的认识者,而 B 则被设定为源初**存在**的东西,也就是说,前者(§.44,注释 1)被设定为纯然观念的,后者被设定为实在的。如此一来情况就不可能是,A 如同 B 一样**存在**,这样的话对 B 来说,不仅要观念地存在,而且也要同时实在地存在,也就是说,要与之同样的**存在**,但如此一来的话存在的就只有 B 了。如果两者被设定为同样实在的,那么在从相对同一性出发进入相对总体性的过渡中必然发生一种相对的二重性,而这唯有在两者同样被设定为实在的之后才能发生。下面这幅图(图 1-2)可以让这一点变得直观。

A B
1. A=B
(相对的同一性)

2. A B
(相对的二重性)

3. A=B
(相对的总体性)

图 1-2

关于这幅图,需要下面的这些提醒。在其中,相对的同一性和相对的总体性被区分开了。①相反,绝对同一性也是绝对的总体性 (§. 26),因为在其中,A 和 B 绝不是作为不同的被设定的,进而也不是作为观念的或者实在的被设定的。当 A=B 被设定为相对的同一性时,必定也要设定一种 A 从此相对同一性中的走出;因为尽管 A 应被设定为主体性的,但它也被设定为**存在着的** (§. 50),或者**实在的**。这个潜能阶次的总体性因而也就通过下面这点被产生出来了,即 A 和 B 一道被设定在 B 之下 [通过 A=B 来表达]。A 和 B 在其中被设定为**存在着的**这个 A=B,自在自为且全然单独自为地来看,其实就是这个潜能阶次的 A=A,它是 A=B,也就是说,仅仅关联于整体,而非关联于自身地具有客体性或者主体性的偏重 (§. 42,解释 2)。请读者始终注意下面这些提醒,因为尽管它们目前只是为了对我们的方法进行说明,不过它们的必要性恰恰并不因此而削减,进而对于进入这一体系的根本洞见而言也是不可或缺的。接下来的内容会使上面列出的那幅图的意义更为明确地得到展示。在 A=B(被设想为相对的同一性)中,绝对同一性根本上是被设定在自身认识的形式中的,就源初的客体性之物来看,它通过主体性之物得到了**限制**,我们把 B 在其中 (作为无限的**扩张**) 称为朝向**外部**的趋向,把唯有 A 在其中能够被限制的趋向称为朝向**内部**的趋向。既然绝对同一性被设定为一种无限的自身认识 (§. 19,20),那么根本上在它之中不可能存在任何没有被设定在自身认识

---

① 一切构造都是从相对的同一性出发的。绝对的同一性不会被建构,而是彻彻底底地存在。——作者注

形式下的东西（比如，被限制的东西），这一点是必然的并且必须被一直设定下去，直到绝对同一性被设定在绝对自身认识的形式下。如此一来，绝对同一性就会直接以作为被限制的 A 在其主体性中被设定，以作为被限制的 B 在其客体性中设定，进而把这一限制活动设定为在相对的总体性中必须去认识的 A 与 B 共有的限制活动，如此一来，从相对同一性到相对总体性的过渡作为必然的过渡，乃是直接从绝对同一性自身认识的无限性而来的结果。

解释 2。相对的总体性是 A 和 B 共有的实在性(1)。如此一来，除了绝对同一性，还存在一种就主体性之物而言的被设定的朝向存在或者实在性的普遍趋势。在绝对同一性自身中，这种趋势是不再可能存在的，因为在前者中根本就不再有主体性之物和客体性之物间的任何对立，在它之中，最高的实在性和最高的观念性都进入了不可区分的一体性中。如此一来，关于实在性，而非关于客体性人们就可以说，它们在整个序列中都是有更大偏重的东西，因为一切，甚至是主体性之物，都是力求朝向它的。在最高的实在性自身中存在的仍会是绝对的总体性，即主体性和客体性的绝对平衡。

解释 3。既然上面标示的图是从潜能阶次概念本身(A=B)推导出来的，那它就是一切潜能阶次必然的图形，**并且进一步说，既然绝对总体性唯有通过一切潜能阶次中主体之物的实际化，以及相对地通过在特定潜能阶次中的实际化才能被建构，那么潜能阶次自身的相继次序也必定仍然服从于这一图形。**

§. 51.

第一个相对的总体性是物质。

证明。

　　a. A=B 既不作为某种实在之物的相对统一性，也不作为它的相对二重性。作为同一性，处在个别之物和整体中的 A=B 只能通过那条线（§. 46, 补充）来表达。但在那条线中，A 无一例外地是被设定为**存在着**的。如此一来（§. 50, 解释 1），这条线完完全全是把作为相对总体性的 A=B 预设为前提的；相对的总体性因而就是**第一个被预设的前提**，如果相对的同一性存在，那它唯有通过相对的总体性才存在。

　　这一点同样适用于相对的二重性。既然 A 和 B 绝不可能彼此分离，那么相对的二重性唯有通过下面这点才是可能的，即放弃用 ACB 的直线 $\frac{A\quad B}{C}$（在其中 A 这一极标识的是 A+=B，B 这一极标识的是 A=B+，C 标识的是无差别点）表达绝对同一性，通过把 A C 和 C B 设定为两条不同的直线（可以用三角形的图示 $\triangle_B^A$，也就是**两者的第一个维度**的形式）来表达。不过既然 A C 和 C B 每一个就其自身而言自为地又是整体，那么相对的二重性和相对的同一性一样，都已经把相对的总体性预设为前提了，如果相对的二重性存在，那它也只能通过相对的总体性而存在。

　　b. 相对的同一性和二重性尽管并非现实地，但仍潜在地被包含在相对的总体性中。因为两者尽管并不现实地 (a)，但仍潜在地先行于后者，这一点从演绎出发就能明白（§. 50, 解释）。

　　c. 如此一来，同一个 A=B 也就同时处在第一个维度（纯粹的长）和最初的两个维度（长和宽）下，确切地说，每一个形式独立自为地设定的话就是矛盾。因此这两个相对立的形式必须在第三个维度中彼此消解（也就是说在这里，第三个维度也就表现为条件,在它之下 A 和 B 就能被设定在相对的总体性中)。这个第三维度必定是这样的:通过它,长和宽都会被完全扬弃,尽管如此,A 和 B 仍会以此方式进入相对的差别中,否则 (§. 37) 无限者就会是被生产出来的(在下面就可以看到,无限空间的情况就是如此),因此,纯粹的第三维度必定是以 A 和 B 保持在量之差别中的方式而产生的。但这种情形恰恰只存在于物质中,因为物质所代现的乃是处在个别存在这一形式下的第三维度。**如此一来,物质也就是相对的总体性**本身,而既然物质能直接从 A=B,即从对潜能阶次之一般的表达中演绎得出,那么它也就以此方式是**最初的**相对总体性,或者说,是首先被设定的、如潜能阶次本身那般被设定的东西。

补充。物质是最初的实存。——这是刚刚已得证明内容的结论。①

一般性的评注

我们有意以这种方式来证明我们的命题,是因为这种方式最

---

① 如果没人不以真正的洞见追随我们体系的意义,那么我们在这里就可以不用理会下面这个问题了:这个体系究竟是实在论还是唯心论? 理解我们的人会看到,这个问题对我们来说没有任何意义。因为对我们而言,根本上来说没有任何东西自在地不是观念之物和实在之物的绝对无差别,这种无差别,才是这个词的本真意义上的意义,其他一切仅仅在这种无差别中并关联于这种无差别才存在。物质也是如此,但它并非作为无差别存在,相反,仅就它属于绝对同一性的存在而言它才存在,绝对同一性在物质这个潜能阶次面前表达出自己。在这个我们认为最适宜的当口,我们觉得有必要以物质为例,正如斯宾诺莎的三种认识活动在我们的体系中也能得到指明,我们也能指出在我们的体系中这是三种认识活动的意义。当把如其所是的物质自身视为实在的,这就是认识中最低的层次;在物质中闪耀的东西,是它与无限者所共有的(关联自身来看的总体性),因此,物质根本上只能作为总体认识,只有在第二位上,才可能作为有限的被认识,但物质根本上不能被绝对地看,因为绝对地看只有绝对同一性,而这就是真正思辨性认识的最高层次。(原版注释——编者注)

简明扼要；此外，就眼下的论题来说，决定性的主要是下面这几点，1) 人们对物质的源初性，即对物质是第一个被预先设定的东西这一点深信不疑；这种确信很明显恰恰是由于，跟同一性一样，物质源初地除了作为总体性，不会以其他方式存在；2) 如果人们仔细思考了 A 和 B 应当源初地并非纯然在观念上是一，而是实在地是一的这一要求，那么也必须看到，只有在物质中这一要求才得到满足；因为这个要求相当于，某种在自在状态下纯然趋向内部的东西，成为实在的 (A)，也就是说，应该存在一种实在的向内返回的活动，或者说，有一种同时也是外在之物的内在之物应被设定，而这样的东西只实存于人们称作"物质"的内在性之物中，它与第三个维度是合一的；3) 人们必须思考，A 和 B 注定要以量的方式被设定而存在。比如倘若把 A 设定为无限的，并且要无限地向着 B 回溯，那么 B 也会无限地朝着内部被弹压，进而也就纯然成了一个内在性的东西，但也正因为如此，它也就**不是**内在性的东西了，因为这个概念只发生在对立，发生在量的差别，而绝不发生在无差别中。当我们把 B（趋向外部的东西），或者最终把 A 和 B 两者设定为无限的之际，情况也是相同的。一个同时内在且外在的东西只存在于相对的总体性中：因此，只要物质本身被设定，它也就是伴随着 A 和 B 量的差别被设定的。

§. 52.

绝对同一性的本质——就它是实在性的直接根据来看——就是力。这是从力这个概念中得出的结论。因为实在性的每一内在性根据都可以叫作力。而当绝对同一性就是某种实在性的直接根据，它也就是内在的根据了。因为它根本上只能是某一存在的内在根据(§.32.38,注释2)。

§. 53.

A 和 B 作为存在着的或者说作为实在的，直接由绝对同一性设定。之前的所有内容都包含对这一点的证明，因为我们已经把最初的实存(进而也把 A 和 B)作为存在着的，直接从绝对同一性自身中推导了出来。

补充1。绝对同一性作为 A 和 B 之实在性的直接根据，因而也是力(§.52)。

补充2。A 和 B 也是最初实存[第一个量的差别]之实在性的直接根据，因为两者据本质而言等同于绝对同一性（因为在两者中的每一个中，存在的都是相同的绝对同一性）(§.22)，所以 A 和 B 两者都是力(§.52)。①

补充3。A 和 B 作为最初实存的直接根据，乃是收缩力和扩张力。对这一命题的证明已经预先给出了。见《先验唯心论体系》第169页及以下。②

§. 54.

作为 A 和 B 之实在性的直接根据的绝对同一性，在最初的实存中乃是重力。

---

① 更正为：所以 A 和 B 两者作为力显现。——作者注
② 即《谢林全集》第 III 卷，第 440 页及以下。——编者注

因为 A 和 B 在最初实存中作为实存着的,进而也作为最初实存之实在性的内在根据,分别是收缩力和扩张力 (§.52,补充3)。但使 A 和 B 两者得以作为存在着的,以及作为最初实存 [第一个量的差别] 之实在性的内在根据被设定的力,乃是重力[①]（证明见本书第34、37页以下[②]）。依此类推。

注释。毫无疑问,这些证明或许会让许多读者感到有些晦涩不明。比如我们可能首先就会遭遇下面的问题:如果 B 源初地就是存在的(§.44,注释1),那么在何种程度上重力也能被设想为 B 之实在性的根据？单就 B 来看,它只有在相对的同一性中才会被设想为存在着的或者说客观的,而相对的同一性自身根本就不是什么实际性的东西 (§.51),因此 B 跟 A 一样,唯有通过与 A 共同地被客观设定,进而在相对的总体性中被设定,才是**实际的**。所以据此而言,重力就是 A 和 B 的实在性之根据了。可即便说到了这个份上,许多人还是觉得难以把力种种表面上看起来不同的关系把握到绝对同一性中。对此我们只强调下面这点:绝对同一性并非自在地就是最初实存的直接根据,而是由于在绝对同一性中等同地存在的 A 和 B(§.53,注释2) 才是这一根据。相反,绝对同一性绝对一直接且**自在地**是 A 和 B **实际存在**的根据,但也正因为如此,在重力中还**不存在**绝对同一性。因为只有在 A 和 B 作为存在着的被设定之后,它才存在。正因为如此,重力是由绝对同一

[①] 若抽去量的差别,存在的就不是重力而是绝对的无差别了。——作者注
[②] 即《对动力学进程的演绎》,收在本卷汉译中。页码为本书边码 IV34,IV37。——译者注

直接设定的,进而重力并非单单出自绝对同一性的**本质**,也非出自绝对同一性活动着的现实**存在**(因为这一存在尚未设定)。相反,毋宁说,就绝对同一性的本质指向某一存在时,才可以说重力出自绝对同一性的本质,因此在这个意义上就可以说,重力出自绝对同一性的**自然本性**,而出自自然本性就意味着彻底直接地出自其内在的必然性,也就是说,出自绝对同一性无条件**存在**的实情。而当重力处在 A 和 B 等同的存在形式下之际,这就是不可能的了。从重力通过绝对同一性的这种**直接**被设定的存在出发显而易见,重力何以不可能作为重力独自得到探究,或者说不可能在现实性中得到阐述,因为它必须被设想为绝对同一性,这并不是就重力就是绝对同一性而言,而是就重力乃是绝对同一性本己存在之根据而言,也就是说,是就绝对同一性自身并不处在现实性中而言。

说明。就重力包含着绝对同一性本己存在之根据而言,我也在这个意义上把它称为建构性的力和绝对同一性。理由就在刚刚说过的内容里。

补充 1。从这一点出发也就可以看清,重力间接地也是**一切**实在性的根据,它不仅是存在的根据,也是一切事物续存的根据。

补充 2。我们称作"物质"的东西,自在地并非物质,而是绝对同一性自身,只不过就它包含着 A 和 B 最初实在化的根据而言,才被称作"物质"。

补充 3。一切物质源初地都具有流动性——这是命题 51 的证明的结论。

§.55.

主观性的或者说进行着认识的本原进入物质自身之际会与之合一,或者说在其中获得实在性。

这一点源自对前面全部内容的演绎。

注释。进行着认识的本原的这种实在化,无法全然由就整体而言的客观性或者主观性程度,也就是 A=B 这一潜能阶次来规定。

§.56.

在物质中,A 和 B 以(就整体而言)具有更大偏重的客观性被设定。

补充 1。因此就整体上来看,物质相当于 A=B+ (§.46,补充)。

补充 2。因为 A 和 B 是以具有更大偏重的客观性被设定的,所以一个是收缩力,一个是扩张力。

注释。从进行着认识的本原作为一个实在的本原进入对物质本身的建构这一点出发,尤其就唯一可设想的唯心论(这种唯心论同时也是完满的实在论)而言出发所得出的结论,会通过整体变得足够清楚。物质的这种客观的观念—实在性已经在我的《一种自然哲学的理念》的第二卷第四章中得到了清晰分辨。既然专门提到了这条线索,那读者最好也把这一点跟《先验唯心论体系》第199页及以下中的注释比较一下。①

---

①《谢林全集》第 III 卷,第 451 页及以下。——编者注

§. 57.

对收缩力和扩张力在量上的设定延伸至无限。

证明。因为 a) A 和 B 本身就整体而言是在量上,也就是以具有更大偏重的客观性和主观性沿着对立的方向被设定。b) 但适用于整体的也适用于部分,因为绝对同一性会延伸至无限地被设定在相同的形式下 (§. 39)。因此,即便在个别的潜能阶次内,A 和 B 也还是就这个潜能阶次而言在量上被设定的,因此在这里也作为收缩力和扩张力存在,确切说,是延伸至无限地存在,因为每一个潜能阶次在自身之中或者关联于自身来看仍是无限的 (§. 40)。因此,对收缩力和扩张力在量上的设定也以此方式延伸至无限。

讨论。这两个力本身只能以量的差别被设定,这一点从 §. 51 的证明出发就可以明白。因此事实上不可能存在任何两种力在其中达到完满平衡的个别之物,一切个别之物总是凭着一个力或另一个力的相对更大偏重被设定。至于这种平衡,即便单就这个潜能阶次来看,也只可能存在于**整体**中,不可能存在于个别者中。当物质宇宙对其潜能阶次具有相同的无限性之际,它就会像就整体而言的绝对宇宙一样,每一个个别者在其中都只建构唯一的一极 (A=B+),因而达到引力和斥力的完满平衡。

注释。从这一点出发,也就明白了那些把物质宇宙视为无限性自身的人错误何在。

§. 58.

观念本原之为观念本原,是不可被限制的。这一点出自 §. 20。

补充 1。因此,就观念性本原等同于实在性本原,也就是它自身成为实在的而言,它才会被限制。

补充 2。由于观念性本原被限制为了**实在性本原**(1),因此不可能作为观念性本原被限制。

补充 3。由于观念性本原被限制为了实在性本原,因此它也就直接地作为观念性本原(2)不可限制地被设定了。

补充 4。但在主体性的更高潜能阶次中,观念性本原不能被设定为不可限制的。——**证明**。因为在较低的潜能阶次中,它已经被限制了(2.3)。

补充 5。这一更高的潜能阶次直接通过 A=B 作为相对总体性这一点被设定,因为 A=B 是在量上 [被限制的] 对于延伸至无限的 A 和 B 的设定 (§.57)。

补充 6。A 在 A=B 中在量上被设定或者说被限制的存在,是特殊的重量。这是 §.56 补充 2 的结论。

补充 7。直接通过 A=B,即通过重力 (§.54),观念性本原——就它是观念的而言——被设定为 A^2。

这是补充 3 的结论。

补充 8。从总体性的立场出发,在这里不存在任何"之前"和"之后";因为从这一立场出发来看,一切潜能阶次都是共时的。①

注释。这一潜能阶次的图型跟第一潜能阶次的(见 §.50,讨论 3)是同一个(图 1-3):

---

① 因此这就是光与重力的统一体。——作者注

1. $A^2=(A=B)$

（在相对的同一性中）

2. $A^2 \quad A=B$

（在相对的对立中）

3. $A^2=(A=B)$

（在相对的总体性中）

图 1-3

说明 1。**在这一潜能阶次中，相对同一性也不能被设想为持存着的**。因为 A=B 被设定为相对的总体性 (§. 51)。但相对的总体性并非自在地就存在，相反，自在地就存在的乃是绝对的总体性 (§. 26)。因此，A=B 并非对更高潜能阶次的观念性本原而言的总体性，也就是说只要 A=B 这一存在被设定为总体性，这个更高的观念性本原(A^2)就处在与 A=B 这一存在的冲突中了。

说明 2。但既然绝对同一性唯有处在一切潜能阶次中才存在 (§. 43) [而 A=B 所刻画的只是一个特定的潜能阶次]，那么 A=B 就始终会由于 A^2 而一再被设定。因为既然如果 A=B 存在，那么 A^2 也存在。因此自然也就通过这一对立被移置到了一种永远不可扬弃的矛盾中 [因此这一矛盾也就成了进程]。什么叫作"自然"，据此也就能得到说明。

说明 3。A^2 和 A=B 之间的对立并非自在的对立。这一对立并非自在的，它既非关联于绝对总体性存在，也非自身关联于这一潜能阶次而存在，因为在这一潜能阶次中，具有实在性的东西仍仅仅是相对的总体性（注释）。

说明 4。在这一潜能阶次中，相对的无差别点存在于 A^2 和 A=B 之间。A=B 应被设想为唯一的同一性要素（作为唯一的实际性要素）。因此抽离这一切来看，我们在这里也并没有走出无差别点（见 §.46, 讨论 D, 补充）。①

§. 59.

在作为最初实存 [存在的第一个量的差别] 的物质中，一切潜能阶次即便并非就现实性而言，也仍就可能性而言被包含于其中。物质是最初的相对总体性；或者说：在物质中观念性的本原得到了把握，这一本原自在地是不可限制的 (§. 58)，它包含着全部潜能阶次的根据。

§. 60.

A^2 的直接客体是观念性本原由于实在性本原而被限制的存在。因为唯有通过这一被限制的存在 [A 和 B 在量上被设定的存在] 才存在 A=B(§. 57)。而 A=B 就是 A^2 的直接客体，这一点是自明的。

补充。既然 A^2 处在与 A=B 之**存在**的冲突中 (§. 58, 说明 1)，那么这一冲突进而也是与由于实际性本原而被限制存在的观念性本原的冲突，进而也是与特殊的重量的冲突 (§. 58, 补充 6)，因为

---

① 关于我们称作"动力学进程"的理论，就发生在这个潜能阶次的相对对立中。如果这同样的观点在其他地方也得到了多次澄清，那我们在这里也可以在不需要重复证明的情况下确立起一些命题来，因为比起都留在一些个别细节上，根本上说更加事关宏旨的是，为我们的体系赋予一个总体概念。——作者注

在这种情况下,由于 A 和 B 延伸至无限的在量上的被设定存在(§. 57),所以根本上只有特殊的重量实存,因此这一冲突也是与重量一般的冲突。

§. 61.

说明。就绝对同一性在 A 和 B 之存在的形式下**现实**实存(即客观的主—客体)而言,我才暂先① 把绝对同一性本身称为"自然"。

§. 62.

这个 A^2 就是光。

补充。光是自然内在的直观,重力则是自然外在的直观。因为光使被限制在 A=B 中的自然之内在性本原成了直接的客体。

注释。尽管这个 A^2 面对更高的潜能阶次能够成为客体,但关联于自然自身来看它仍是某种**彻彻底底的内在之物**,在这种情况下,它不会在任何东西那里被设想为外在之物。

§. 63.

重力所指向的,完完全全就是由 A=B 所刻画的产物的存在。这是 §. 54 的结论。

补充 1。因此,重力所力求的,是在其存在中获得这一产物。因为只有这件事情发生了,重力才能与光一道产生出相对的总体

---

① 很明显这只是暂先的;这还不是确凿的概念。在整体中,一切纯然只是实在性之根据的东西,自身并非实在性,自身并不等同于自然。——作者注

性（§.58,说明3）。

补充 2。 既然重力是建构性的力（§.54,说明），那么它也就由于光而注定去进行重新建构[与产物一道成为观念性的]，光自身则是重新建构活动的规定者。

§.64.

在 A=B 被设定为相对的总体性，进而 A^2（§.58,补充5）[第二潜能阶次]也随之得到设定之后，在作为基体的 A=B 身上，存在的一切观念上的形式——相对同一性的形式，相对二重性和相对总体性的形式——都能得到呈现了。

证明。 相对同一性和二重性绝不可能自在地存在，相反，它们唯有通过相对的总体性才存在（这是出自 §.51 证明的结论）。既然 A=B 是作为相对的总体性**存在**。那么依此类推。

补充。 也就是说，相对同一性和相对二重性首先在 A=B 这个潜能阶次中才**实际存在**。

说明 1。 相对同一性通过总体性被设定,这就是说：A 和 B 两者作为 A=B 的两个潜能阶次（由此可见，A=B 是保持在其同一性中的），各自作为其自身独立地被设定在相对的统一性中,**或者说**：A=B 中的同一者，即重力，它到目前为止还没有出现在任何现实活动的或者经验性的存在中[①]（§.54,注释），而只有在 A 和 B 这两个潜能阶次下，它才被设定为**存在着的**，而这两个潜能阶次在相对的

[①] 更正为：并不作为一个现实活动的存在出现，而是作为纯粹的、纯然直接出自本质的存在出现。——作者注

同一性中才会被设想。这一点也适用于相对二重性。

说明 2。我把由总体性设定的相对同一性,都称作**第二潜能阶次**的相对同一性。因而第一潜能阶次的相对同一性和二重性也就不实存了(补充)。

§.65.

A 和 B 在第二潜能阶次①的相对同一性中被设定,即被设定在线的形式下(§.46,补充)。两者都通过相对总体性(§.64,说明 1)被设定为**存在着的**,然后依此类推(见 §.51 的证明)。

§.66.

在线这种形式下,作为同一性的物质不仅在个别之物中,而且也在整体中被设定。因为在线这一形式下被设定的,就是 A=A 本身(§.46),但不管是在个别之物还是在整体中,线都是相同的线(§.39)。依此类推。

补充。据此来看,存在的只有唯一的物质,能够在物质中设定的一切差别,都等同于在这条线之内设定的差别。

§.67.

线这一形式是内聚活动的条件赋予者。因为在线的每一个点中,A 和 B,收缩力和扩张力,都处在相对同一性中。也就是说,在这条线的任何两个点之间都存在着一种与这两个点的彼此疏远

---

① 因为在这里,已然无差别化了的基体是前提。——作者注

过程相对抗的力,而这种力就是内聚活动。

补充。因此,被设定在 A 和 B 的相对同一性之形式下的 A=B 的同一者(§.64,说明 1),就是**内聚力**。

说明。我把 A 称作内聚活动中进行着规定的要素,B 称作被规定的要素,因而 A 是肯定性的要素,B 是否定性的要素。

§. 68.

线的形式就是磁的形式。

补充。活动状态的内聚活动可以被设想为等同于磁。我已在别处对这一命题做了证明。所以,对于磁体和在 §.46 建构的线之间一致性的讨论,我们只消明确地做如下强调:在磁体的任何一截上,都不可能碰到纯粹的 + 极或 − 极,相反,两者,也就是 B 和 A 只是以 + 或 − 的更高偏重同时存在。**见布鲁格曼关于磁性物质的著作,第 92 页。**

§. 69.

物质整体可以被视为一个无限的磁体。之所以作为无限的,是根据 §.57,而之所以作为磁体,则是根据 §.66,补充,和 §.67。

补充 1。在一切物质中,所有其他即便并不现实存在的东西,也仍然潜在地被包含其中。这是 §.66,补充的结论。

补充 2。因此在物质世界中,一切都源于一个唯一者。

§. 70.

倘若物质没有作为关联于自身而言的总体被设定,它就不可能被设定在磁这一形式下。这是出自 §. 65 和 41 补充的结论。

注释。这个关联于自身的总体性等同于实体和属性。在命题 A=A 中,同一性自身乃是**作为实体**被设定,而两个 A 则是被设定为这一实体的属性(存在的形式)。所以 (§. 6) 实体独立于属性而**存在**。物质中的实体等同于 (A=B),而属性则可认为是作为这一同一者 (§. 64, 说明 1) 之潜能阶次的 A 和 B。所以 A=B 是源初**存在**并且既独立于 A 也独立于 B 的,后两者被设想为潜能阶次,而 A=B 则是最初的实存(§. 51, 补充)。

§. 71.

磁效应是构型活动的条件赋予者。——这是 §. 67, 补充的结论。

注释 1。因此,物质的同一性也是形态的同一性。这是 §. 65 的结论。

注释 2。正如磁效应是刚性的条件提供者(§. 67, 补充),而刚性反过来也同样是磁效应现象的条件。

§. 72.

内聚活动的增加和减少处在一种与特殊重量的增加和减少的特定反比例关系中。这是 58, 补充 6 的结论。

注释 1。对由施特芬先生首先揭示出来的定律更精确阐发和例证,我们可以期待他关于地球自然史的更多论文。在此我们暂先只强调下面这点。观念性本原和重力处在斗争中,而既然重力在中心点中具有最高的偏重,那么越是接近中心,重力也就越容易获得胜利,进而使得越是接近中心,特殊的重量越可观地与刚性统一为一,也就是说在这个时候,A 和 B 已经在差别变得微乎其微的环节里被重新带回到重力的支配下。而这个环节越是剧烈,特殊的重力被克服的程度也就越高,但伴随着程度的提升,内聚活动会突入一个点,在这里,伴随着内聚活动的不断降低,更高的特殊重量会再次取得胜利,进而最终使两者同时一并沉寂。根据**施特芬**的观点,我们确实以这种方式观察到,在金属序列中,从铂、金等等开始一直到铁,特殊的重量一直在下降,而积极的内聚互动则一直攀升,直到在铁那里达到其最大值,在此之后则又以显而易见的程度在特殊的重量面前逐渐消退(比如在铅中),最终,在那些在序列中位置还要更低的金属里,内聚活动与特殊的重量会同步降低。**施特芬**已经出色地向我们表明,自然何以凭着这种方式——因为自然在持续不断地消解特殊的重量——必然会通过内聚活动的最大值而让自己因此**作为**磁效应而突显;进一步也表明了,地表具有最大特殊重量的物体何以会分布在赤道以及接近赤道的地方,而具有较轻特殊重量且内聚活动程度较高的物体(特别是铁)则趋向于极点(首先趋向于北极)而分布。不过对内聚活动序列的完备建构,唯有通过下面的这些法则才有可能。

注释 2。我认为已经能够表明(尽管这一点乍看起来似乎并不是表面上这个样子),磁针**偏转**的根据也同样在这些法则中。

[我还得对**内聚活动与重力的关系**再强调一下。既然重力就是绝对同一性自身的本质,那么它所指向的就是纯粹的绝对存在。恰恰因为如此,重力并不**存在**,而是纯然作为存在的根据,唯

有通过内聚活动，重力才被设定为存在着的。但又因为重力被迫必须处在形式下才能存在（之所以"被迫"，是因为**纯粹的**存在，和**无限的**认识是同一个东西，认识的样态和存在的样态是同一个东西），所以重力和内聚活动之间肯定会有一种斗争被设定。这一斗争产出了我们称作"特殊重量"的东西。其中的特殊要素就是由内聚活动规定的，也就是事物身上的个体性或者殊异性要素。重量自身不可能具有任何量的差别。而对于自在地不可能有任何差别、绝对与自身等同的东西，与有差别、不与自身等同的东西间进行的综合，就构成了我们通过"特殊的重量"所刻画的那个东西。内聚活动产生的作用迫使重力在差别中设定无差别，确切说，是迫使重力的趋求必然走向要在差别中置入无差别这一重大环节的程度。但使内聚活动（认识活动）得以被设定的那一作用，则是以普遍的极性，即处在 A 和 B 之形式下的差别和对无差别的设定为目标，因此，重力和内聚活动也就是对立的；而既然内聚活动指向差别，而重力指向差别中的无差别，那么如此一来，在这里就存在着一种直到某一个特定的点为止的反比例关系了；因为必定会出现某一个特定的点，在其中发生的活动不再设定内聚活动，而是设定对内聚活动的全然消解（在其中，内聚活动彻底消散在极性点中）。而我们讨论的一切可能的比例关系都产生在这一冲突中。]

IV, 156

§. 73.

就整体来看，磁体中同时存在否定性一面的相对更大的内聚活动，和肯定性一面的相对较小的内聚活动。

64　对我的哲学体系的阐述

说明。我把其中否定性要素占据更高偏重的一面称为否定性的一面①，反之亦然。证明则从 §.67 的说明中得出（[]）。

补充 1。既然在磁体上"所谓的"每一段中存在的还是整个磁体，那么适用于磁体之部分和整体的都是相同的。

补充 2。倘若在其内聚活动中，不同时具有相对提高和减弱两种趋势，任何物体都不可能成为磁体。

§. 74.

物体之间的全部区分，都是通过它们在总体性—磁体 (§. 66) 中所占据的位置而做出的。这是 §.66 补充得出的结论。

§. 75.

任何两个彼此不同的物体，越是能如同一个磁体的对立两面那样被考察，它们的相对差别也就越大。这是 §.74 和 73 的直接结论。

§. 76.

在总体磁体中，经验性的磁体必须被视为**无差别点**（这与 §.74. 理由相同）。

补充。对于磁体中的无差别点我们是怎么理解的，对此可见之前的讨论。②

---

① 更正为：殊异性要素占据更高偏重的一面。——作者注
② 本卷第 10 页。——编者注

说明。 经验性的磁体就是铁。

§. 77.

一切物体都潜在地包含在铁中。 因为无差别点,也就是(根据§. 46,补充)一切金属的同一性(即 A=A 这个要素),亦即使同一性得以是金属的那个东西,就落在铁中。

§. 78.

说明。 我把同一个实体(A=B)在某一趋向上以 A[殊异者] 的相对更高偏重被设定,在相对立趋向上以 B[普遍者] 的相对更高偏重被设定时所遭受的变化①,称作这一实体的**形变**。

补充。 一切物体都是铁的纯然形变。② 这是从 §. 73 和 74 的说明中对比而得的结论。

§. 79.

自在地看根本就不存在任何个别物体。 这来自 §. 66 的补充。③

§. 80.

每一个作为个别者被设想的物体,必定也会被设想具有朝向总

---

① 更正为:在同一个实体上由此而发生的变化。——作者注
② 铁是唯一的无差别。——作者注
③ 因为在真正意义上,存在的只有唯一一个总体,在其中,每一个物体都刻画着一个特定的位置,所以这个物体必然处在其上。——作者注

体的趋求。因为它并非自在地存在,每一个物体都由于重力而(根据 §.63 补充)具有在其存在中包含它自己这种趋求。依此类推。

补充 1。如此一来,每个个别物体作为如其所是的自身,自身也趋求成为总体,即成为 (§.70) 完备的磁体。

补充 2。个别事物越是远离无差别,这一趋求也就越是强烈。

补充 3。任何两个物体越有差别,它们就越是趋求内聚,这是与 §.75 补充 1 对比而得的结论。

§.81.

每一个物体普遍地都有把自己的内聚活动提升到整体中的趋求。——因为每一个物体都有固守在其同一性中的趋求(§.80,补充 1)。但物体唯有通过内聚活动才有某种同一性(§.70)。① 依此类推。

补充。没有任何物体在其内聚活动中不以消耗另一个物体来相对地提升自己。② 这是 §.80 补充 1 与 §.75 比较而得的结论。

§.82.

说明。两个物体的触碰就是对连续性的建立。

---

① 更正:唯有通过内聚活动,才宣告出其同一性。——作者注
② 因为每一个物体只是由于对总体性的趋求才会在内聚活动中提升自己,也就是说,只有在与另一个物体的对立中,才会进行这种提升,而这个物体与另一个物体共同地都是磁体。但倘若没有同时发生的内聚活动的相对提升与减少,这是不可能的(见 §.83)。——作者注

§. 83.

任何两个有差别的物体,越是彼此接触,就越是在彼此之中交互设定着一种内聚活动的相对提升与减少。——这是 §. 73 与 §. 75 以及 §. 80 补充 1 相比较而得的结论。

补充 1。拥有两个有差别的物体相接触而产生的交互性内聚活动之变化,就是一切**电现象**的唯一根据。

补充 2。电处在相对二重性这一图型的支配下,而这一图形可以通过 这样一个三角形来表达。

补充 3。既然在这个三角形里,AC 和 CB 自在地都是相同的东西,这就好比磁体中的两面每一个还是一个磁体,那么借由这一点,电现象也就因而回落到了磁现象的图型支配下,或者说,三角形 ACB 可以还原为直线 ACB (§. 51)。因此,不同物体之间的接触必然会导致电的产生,也就是围绕直线 ACB 上的 C 点而产生电,进而以此方式大抵也能表明,在这整个潜能阶次中,所有诸如磁、电等等现象,又共同地处在磁现象图型的支配下 [我们也并没有走出直线这个图型]。

补充 4。相对二重性中两者的关系等同于**原因**和**结果**的关系。①

---

① 更正:设定了原因和结果的关系。——同一性并非行动的规定性根据;由此被设定的只有存在。因此,一旦不同物体通过相对的同一性(磁性)被规定为实体和属性,那么就这一关系来看,它们也会被规定为原因和结果,或者实体性的关系。第一重关系是普遍者之于殊异者的关系,第二重是殊异者之于普遍者的关系。正如通过磁现象,绝对内聚活动或者说纯粹的第一维度被设定,同样,通过电现象,第二维度,也就是长和宽被设定。——作者注

补充 5。从这一演绎自身出发就能清楚,电的种种现象为什么只出现在两个物体**接触**和**分离**之际的原因 [以及为什么在磁现象里,除了纯粹的吸引和排斥现象再无其他,因为在这里接触和分离都不可设想]。

§. 84.

彼此接触而得以无差别的不同物体,在彼此之中交互性地趋求去设定内聚活动的减少;既然一切物体普遍地都具有在其内聚活动中提升自己 (§. 81) 的趋求,而这一趋求只有在另一物体中内聚活动降低的条件下才有可能(同上,补充),那么在彼此通过接触而无差别的物体中,每一个都在另一个中彼此相交替地设定后者。

补充。绝对地看,内聚活动的减少等同于变热,因为在**相对的**,也就是关联于内聚活动成比例提升的情况下,内聚活动的减少就等同于通电 (§. 83,补充 1)。

§. 85.

在每两个相互接触的彼此有差别的物体中,那个承受着一种内聚活动的相对提升的,就是负极的—带电的,而承受着内聚活动程度相同的减少的,就是正极的。[①]——这是 §. 73 和 75 的结论。

补充 1。磁体(比如地球磁体)在内聚活动中相对被减少的一极是南极,相对被增加的一极是北极;因此北极 = +M,南极 = −M。

补充 2。+E = +M,−E = −M。

[①] 这是一切电学进程的基础法则。——作者注

§.86.

电得以被传导和激发所依循的,是相同的机制。

讨论。假如 ABDC 构成了这么一个物体，由于跟另一个物体接触,其中从 C 到 D 经受了内聚活动的**相对**减少,因而带有正电,这样一来,CD 之于 DB 的关系,就如同两个在内聚活动上有所差别的物体间关系,也就是说,倘若生电的条件被给予了,而 CD 有了返回到其先前境况中的必然倾向(§.63,补充1),那么 CD 的内聚活动就会以通过损耗 DB 的方式提升,因此 DB (§.81,补充)也会在其内聚活动中以同样的形式减少,进而(§.85)就带有了正电。DB 和 BA 间的关系也是如此。以此方式,被设定在 C 之中的正电荷也就从 C 到 A,再从 A 到 C 地传导遍了整个物体,直到整个表面上的内聚活动减少程度在形式上变得相同为止。

补充。因此,电始终只是被激发,根本不存在电的"传导"。

§.87.

热和电的激发处在一种反比关系中。①

基于 §.84 和 85 的比较就可以清楚这一点。

注释。根据必定是以下述方式得到勾画的:哪里有电被激起,哪里就始终有内聚活动的升高与减少被同时设定 (§.83)。因此,B 中有多大程度的热 [+],A 中就有相应程度的肯定性的非—热

---

① 因为后一种接触的条件是无差别的物体,前者是有差别的物体。——作者注

[-],直至零—热。

§.88.

热以跟电相同的方式被传导,也就是说(§.86,补充),热根本上并没有在"传导"这个词的通常意义上被"传导"。

讨论。当物体 ABDC(§.86) 在 DC 中被加热,也就是在其内聚活动中被减少,那么这一物体的内聚活动也会同样以消耗 DB 的方式提升,如此类推,内聚活动的减少就意味着,热因而也就会看起来像是从 CD 开始继续向 DB 传导。

补充 1。一切物体唯有就它在进行传导而言,才会变热,反过来也可以说,一切物体唯有就它自身变热了而言,才在进行传导。

补充 2。从一切热进程着眼于进行着传导的物体来看,都是一个冷却进程 [亦即一个内聚活动提升的进程],因此,传导能力是依据能量来估量的,一个物体是凭着能量而冷却自身(而非凭着能量去冷却其他物体,也就是通过自己的内聚活动降低来冷却自身)。

§.89.

电的传导进程发生在磁的形式下,这是一个积极的内聚进程,因为倘若没有两个不同物体之间同时发生的内聚活动的升高和降低,这一进程就不会发生,或者若无同一个物体(§.86)不同的点之间同时发生的内聚活动的升高和降低,这一进程就不会发生。因此,这一进程(§.73,补充2)乃是发生在磁的形式下,进而才(§.68,补充)作为积极的内聚进程发生。

注释。传导进程现实地把自己呈现为内聚活动,比如说在电荷相对立的物体间的互相吸引中,其内聚活动反过来证明了,内聚活动本身只有处在正极和负极同时存在的条件下才是可能的。

§. 90.

导热进程(冷却进程)是一个电学进程。——这是从 [生电与生热过程的对立关系] §. 87（因为既然热的产出与电的产出处在一种反比例关系中,那么对于热的扬弃也唯有借助一个电学进程才是可能的 [也就是说,冷却和电学进程处在一种**直接的正比关系**中]）得出的结论,不过这一结论还可以从 §. 88 中更为清晰地得出。

例证。电气石在冷却进程中会发生极性的翻转,在这种情况下,这种进程已然是（通过一种特殊的、之后会自行得到说明的关系）由加热活动设定了的。溶解了的硫的冷却进程（在其中当然必定会有摩擦,也就是在许许多多点上的接触）就是通过蒸发而产生的冷却,如此等等。——全然独立地被看待的已被加热的物体,诚然不是电学性的,因为电只存在于相对的内聚活动变化中。可一旦加入第二个物体（比如温度计）,电学进程的条件就会被给定,进而现实地就会设定热进程。

§. 91.

正如内聚活动是"长"这个维度产生的效用,一切传导力也同样都是内聚活动的产生效用。对这一点的证明就是前面刚刚出现过的那些命题。

补充 1。正如电的传导发生在磁的形式下,热的传导也同样又发生在电传导的形式下;因此,一切传导力都直接或间接地要追溯到磁效应上。①

补充 2。一切传导活动都是物体对同一性的趋求活动。因为进行着传导的物体自在地并不存在,相反,物体之所以在进行"传导",不过是重力 (§.63) 被迫要在内聚活动的形式下去运作罢了。

§. 92.

重力通过内聚活动被设定为存在着的。——证明。因为自在的重力,即作为 A 和 B 之实际存在纯然根据的自在重力,恰恰因此自身并不现实存在 (§.54, 注释)。重力只有在被设定为处在 A 和 B 这两个潜能阶次下的 A=B 这个同一者之际——这两个潜能阶次只有在相对同一性中才会被设想——才是现实存在的② (§.64,说明 1);但与此同时,通过 A 和 B 的相对同一性,内聚活动也被设定了 (§.65, 66)。依此类推。

§. 93.

绝对同一性自身存在于光中。因为绝对同一性本身,直接地只有通过 A 和 B 各自如其所是地被设定为存在着的 (§.50),才是**存在着的**或者说实存的。但 A 和 B 两者各自如其所是地,也就是 (§.24) 以量的差别被设定为存在着的,乃是直接通过内聚活动。而伴随着内聚活动 A^2(§.58, 补充 7) 也直接被设定等同于光

---

① 根本上来说,这里出现的全部命题的目标几乎都是去证明,一切都服从于反思的图景,或者说,绝对同一性进入二重性的内化构造活动。——作者注
② 也就是说,由此量的差别被设定了。——作者注

(§. 62),因此在光中,存在着绝对同一性自身。①

注释 1。在重力中(§. 54,注释),尽管我们必定会根据本质认识到绝对同一性,但我们也必定不会把它认作**存在着的**,因为重力中的绝对同一性毋宁是自己存在的根据(根据就在那里)。在内聚力中存在的并非绝对同一性,而是重力(§. 92),即自在地并不存在的东西(重力的位置就在这里)。在光中,绝对同一性提升到了它自身和现实中。在重力遁入永恒的黑夜中时,绝对同一性也没有完全解开曾经被埋于其中的封印,尽管在这个时候,绝对同一性不得不存在于 A 和 B 的潜能阶次下,但它仍然力求绽脱为独一的同一者,仿佛要把自己绽放在光亮中。

注释 2。所有的物理学家在不知道的情况下,都认为如其所是的重力自身具有一种纯然的纯粹存在,而他们则反过来已经把内聚力视为某种经验性的东西了,也就是说,是在现实实存已然囊括的领域来考察内聚力。就此而言,在内聚活动中,重力无论如何仍只作为实在性的根据而**存在**,而非作为实在性自身。与之相反,在光中,绝对同一性自身就有实在性,而非实在性的纯然根据。

补充。既然光是绝对同一性自身,那么它据其本质而言也必定是同一的。——这是直接的结论。

注释 3。庆幸的是,有一位天才② 把我们从牛顿认为的光因其

---

① 也就是说,作为实存之根据的绝对同一性 = 重力,而重力自身唯有通过处在 A 和 B 的形式下以量的差别被设定,才可能又作为实存着的被设定。但即便如此,绝对同一性在这里仍仅仅作为重力。唯有通过下面这点,即绝对同一性把 A 和 B 设定为唯一一个存在的形式,绝对同一性才在光中设定自身。——作者注
② 指歌德,特指他的《色彩学》。——译者注

"光谱"而是一种组成物的观点中解救了出来,我们也要把许多其他贡献归功于这位天才。实际上,只消以那种断言光具有绝对同一性的观点为基础,用自然对自身最纯粹和质朴直截的表达,取代牛顿学派因人为混淆而导致失真的捏造出的实验,并且主动把自己提升到这个整全的同一性体系上,就能驳倒为"光是组成物"这种无端假设所做的种种徒有其表的经验证明。所以对下面这件事情没什么好大惊小怪,相反,毋宁说这是完全自然而然且彻底可理解的:那些对牛顿的命题奴颜婢膝、盲目效忠的物理学家,把自己放在各种尝试的对立面,这帮人"雄辩"地表明,由于他们迄今一直都自以为占据着庞大的,乃至几乎全部源自几何学的证据,而这些证明就宏旨而言其实都建立在无根无据的谬误上,因此这帮人也同样把物理学建立在了无根无据的谬误上。这些经验可能早晚都会让对物理学这位已然变得暗淡模糊的女神的那些盲目祭司的信仰,在人群中发生动摇,进而产生一种普遍的猜测,以为真正意义上物理学(也就是物理学的动力学部分)的其他部分的情况也一样糟糕,所以,现在已经到了真正物理学必须**开启**,要让它从迷乱的黑夜里解脱出来的时候了。对一种未来的物理学历史我们不可不察,这一未来历史会形成一种着眼于整体科学的反对牛顿关于光的观点的力量,因此,这种未来历史也就是与牛顿的观点相对立的历史,它一旦得到奠定和采纳,就可以仿佛开启自然,并为**诸理念**建构空间,而这种历史到目前为止,仿佛都被放逐到物理学之外了。

讨论。现在,根据目前为止的讨论,重力与内聚力的关系以及它与光的关系,已经可以明确道出了。就重力产生出了其存在的形式而言①，它是绝对同一性；而内聚力则是在存在(A 和 B)之普遍形式中实存着的重力②；光之所以是绝对同一性自身，是就绝对同一性在其中**存在着**而言。在重力中，绝对同一性只是纯然据本质而存在③，也就是说(§.15，补充)抽离于其存在的形式(这一形式首先得被产生出来)地存在，光则是绝对同一性自身的实存，而这一点就是重力与光有着不同存在的根据。

2. 许多人会进一步想，观念性的东西是否实存程度更低，或者是否跟实在性的东西有同等程度的存在，它是否因为是"观念的"而仿佛比后者的存在程度更低，同样，另一些人也可能会反过来轻视实在性的东西，仿佛它不能跟观念性的东西比肩纯粹性似的。而如此想的人，大抵已经注意到了，前一类人在光中只看到了一种纯粹观念的现实实存的本原。

§. 94.

绝对同一性只有就 A 和 B 是内聚活动之要素而言，才被设定为光，反过来说，A 和 B 作为内聚活动要素唯有通过光才得到设定。——证明。因为直接通过 A=B 被设定这一实情，A^2 也被设定(§.58，补充 7)。但 A=B 也是直接通过 A^2 [更高的潜能阶次]才被设定为相对同一性的基体(§.64)，A=B 只会被设定为这个东西，是因为甚至相对二重性也要回溯到它身上(§.83，补充 3)，相对同

---

① 更确切说：就在重力上实存的普遍形式已经得到了呈现而言，重力才是重力。——作者原注
② 更确切地说：它产出了其实存的形式能够呈现于其中的存在。——作者注
③ 所以，物质的本质其实就等同于无限者的本质，这样的表达是最直接的。——作者注

一性就是内聚活动的形式（§.65，对照67）。因此1) A 和 B 自身直接是通过绝对同一性被设定为作为光的 A^2 这一实情，成为内聚活动的要素，2)因此绝对同一性自身**作为** A^2 存在，只是就 A 和 B 是内聚活动之要素而言的。

讨论。可能有许多人会觉得，在前面的命题和对之做的证明中，仿佛是在兜圈子，对此，唯有通过更加明确地道出光与重力的关系才能走出这个循环。

A=B 是相对的总体性，但只有关联于更高的潜能阶次才是，因为在关联于自身之际，A=B 就是绝对的总体性（§.42，说明2）。现在，完满的无差别就设定在绝对的总体性中。因此，作为绝对总体性的重力也就会设定收缩力和扩张力的完满无差别。然而就个别的量而言，重力会把 A 和 B 两者设定至无限（§.57），只有就**整体**而言（§.57，讨论），它才会把 A 和 B 设定入完满的平衡；但重力唯有通过更高的潜能阶次（由于它仅仅是**相对的**总体性，所以会有更高的潜能阶次）才会被规定为平衡；此外，因为凭着以量的差别对收缩力和扩张力的设定，内聚活动的程度也一并被设定（§.72），所以重力唯有通过**更高的**潜能阶次才会被规定为**内聚活动**的设定者；所以，只有在 A=B 被设定为相对总体性本身之际，内聚活动才会被设定，也就是说，内聚活动跟 A=B 自身同样源初，而更高的潜能阶次（也就是作为 A^2 的绝对同一性）要被设定，则要反过来通过下述条件：A=B 只能被设定为相对总体性，进而只能被设定在量的差别（内聚活动的）的形式下；**因此在这种情况下，每一个如其所是的潜能阶次之间实际上并没有"之前"和"之后"，相反，只有每一个潜能阶次之间的绝对同时性（§.44）。我之所以要说"每一个如其所是的",是因为尽管绝对地看,A=B 诚然先于 A^2($A=B$ 是一切实在性的最初根据,§.54,补充 1),这种"先于"并非就 A=B 作为潜能阶次来看的,因为一切潜能阶次都交互性地以彼此为前提,从 §.43 出发就可以极为清晰地看到这点。

补充。既然绝对同一性只有在 A 和 B 是内聚活动之要素的情况下,才是光(A^2),那么内聚活动必定也是**光自身**的界限,进而光的整个统治(进而也包括动力学进程的统治)也就被限制在内聚活动的领域内,这个命题随即就会表明自己的重要性。

§.95.

物质宇宙乃是通过一种源初内聚进程得以塑造。——证明。因为重力是事物的根据只是就实体而言(§.70,注释),而非就形式(属性)而言。但重力自身只有在内聚活动的形式下(§.92)才现实存在,因为通过这一形式,重力得以在存在(§.70,注释)的普遍形式(在属性下),也就是在 A 和 B 下被设定,而重力的现实存在就是物质宇宙(§.57);因此,物质世界乃是通过一种源初的内聚进程得以塑造。①

---

① 如果要问物质宇宙的真正起源,那么关于这个问题,既不能说它有一个开端,也不能说它没有开端。因为物质宇宙是绝对的,或者就理念而言是永恒的,也就是说,它根本上没有任何与时间的关系。一切时间规定只存在于有限的和反思性的认识中,但一切事物自在地都是永恒且无时间地包含在绝对者中。但如果问的是殊异化活动——通过这种活动,物质宇宙得以在反思性认识面前从全体中让自己殊异化,进而让自己过渡到有时间性的定在中——,那么磁体(它的产物就是内聚活动)就是个体化活动的本原,如果就活动的一方面来说,自身意识就是个体化活动的本原。

自身殊异化的东西,仅仅是独立自为地在进行这种殊异脱离,但就绝对者来看,这种殊异活动并不存在。"自我"是殊异化活动的最高点,这一点诚然毫无疑问。"我在"的条件,(转下页)

注释。从这一点出发，证明也可以直接被引向下面这点：物质在整体上和在个别环节中一样，都可以被视为一个磁体。见§.69。

补充 1。我的行星系统尤其是通过一种内聚—进程被塑造的，正如地球作为行星系统的个别环节是一个磁体，行星系统在整体上也以同样的方式是一个磁体。

注释。这个命题是§.95和§.39比较而得的直接结论。但我之所以要在这里特别地提出它，是因为着眼于它，也能给出同类型的证明，这一点我之后再来详细指明。不管是地球还是行星系统，都以相同的方式表现出，在一个方向上（南极）存在着内聚活动的相对减少，在相反的方向上（北极）存在着内聚活动的相对提升。整个天体物理学都是从已经确立的基本命题出发的。轨道离心率的原因，密度与质量和离心率的关系，天体倾角和自转、一切气象和一般自然变化，比如磁针偏转的原因和法则，也是卫星依以产生

（接上页）仅仅在于自我被自我所知，倘若独立于这种知，自我就根本不会作为自我存在。自我就是它的本己活动，它的本己行动。

但就这个在自我中诞生生的、自发行动着的殊异化活动来说，在物体性的事物上是一个被动的表达，是个体化的本原，在这些事物处在绝对者自身中时，这个本原就被压印在事物上，以便让事物能够自身殊异化，让事物能不是就绝对者而言，而是完全就自身而言去存在。属于宇宙之形式的一切，仅仅以非时间性的方式被囊括在宇宙中。既然这一形式是量的差别，也就是个体中的有限者，以及无差别，即整体中的无限者，那么有限者的整个序列，也就并非作为有限的存在，而是同样永恒、彻底当下地存在于绝对者中。事物的这一永恒秩序——在其中，一物通过另一物被设定，并且只有通过另一物才是可能——并不是产生而得的，倘若它们是产生而得的，那它们就会伴随着任何一种意识而不断重新产生。

绝对同一性仿佛是普遍消解着一切事物的环节；在其中，没有任何东西是被区分的，仿佛在其中包含着一切。有限的认识、自身意识都会扰乱这种最高的通透性，如果要我们继续比喻它的话，那可以说实在的物质世界是绝对同一性的一种沉积物，或者说沉淀物，观念世界则与之相反，是绝对同一性的一种升华。在绝对同一性中，两者并没有分离，而是为一，所以反过来也可以说，它们在其中是一的那个东西就是绝对者。——作者注

建构并粘合于大行星并如此等等的法则，所有这些对象都可以在下述构想中找到其一般性的开解：对行星系统的建构应被设想为一个普遍的内聚进程。在 §.72 已经确立以及我最先从施特芬先生那里知道的法则已经得到足够铺垫，让这个长久以来为人所看重，并且已经在公众面前得到宣讲的构想，最终能如我早就希望地那样完备地得到阐明。在这里，根本性的法则就是，**在磁体不同位置上，内聚活动会有不同的程度**，而这也是根据 §.73 所确立的法则。

补充 2。行星系统是通过形变而得到建构的。这是补充 1 与 §.78 说明比较而得的结论。

补充 3。构成行星系统的天体序列所遵循的法则，不可能是另一套不同于 §.74 所树立的法则。也就是说，在整体上，或者说自在地看，**只有唯一的一个质量团块存在**。

补充 4。地界物体的序列与天界物体的相对应。这是补充 3 与一般法则对比而得的结论，在个别事物中存在的一切在整体中也存在。

注释。这一命题可以做更为精确的运用，比如它可以用以把握金属序列中的许多现象，在金属序列中，有许多金属与其他某些金属的关系，很明显就如同卫星与其大行星的关系。

讨论。我在这里有必要谈一谈，我如何根据我关于内聚活动和光的概念之规定来探索氮元素——不过首先要提的是，在我们凭借**施特芬**先生的卓越思想，有能力把磁现象的两极一直追溯到它们在碳元素中相分离的呈现，我们才能做这种探索——那些伴随着伏打电池的发明而开启的探索，已经让我关于水之本质的种种想法有充分的根据——所以我也同样相信,根据这些前提,我必能去推想地球的形变。这一阐述的自然本性以及整个探究方式只能做到确立起关于这点的最一般性要素;至于穷尽精微的完备阐述只能以归纳的道路来探寻,这一点无疑还得指望**施特芬**(指望他的著作等等)。我们先提前给出一些一般性的命题。整个形变进程可以按下述方式来设想:

绝对同一性并非自在地是光,相反,唯有在 A=B 这个同一者被设定在 A 和 B 存在的形式下——这一形式被设想为内聚活动的要素——之际,绝对同一性才是光(从 §.94 出发就能明白这点)。

绝对同一性,就它是光而言,并不能超出内聚活动的界限,因为它只有在后者的条件下才**现实存在**。

绝对同一性所力求的并不是处在这个或那个形式(A=B)之下,相反,它根本上只力求存在于形式本身(A=A)之下。

因此,就光是绝对同一性而言,内聚活动就是对光的一种现实的限制。

如此一来,在这一限制一旦被设定后,也就是说,在绝对同一性本身作为光存在以后,绝对同一性在它在其中作为光而存在的这个领域内,必定也会力求**再次扬弃内聚活动**。如此一来,构成这一对内聚活动进行解构的过程的主要疑难,实际上就需要从相反的方向着手来拆解铁元素。

不过从思辨的立场来看,物质不管是在整体上还是在个别事物上,都处在量的差别中,而量的差别则是着眼于个别之物被设定的,它跟着眼于整体被设定的无差别同样源初。因此,我们也把形变视为一种源初的东西,并且把地界物质作为总体—磁体视为在其整全的总体性中已然同时被设定的。我们暂时先来说明这一点。

1)就内聚活动是积极的而言，它的居所在无差别点自身中，因此就整个序列来看，它的居所在铁元素中。据此，在铁元素中，积极的内聚活动是当下性的。

2)量的差别沿着两个对立的方向被设定，其中一个方向是以肯定性要素的更大偏重，另一个则是以否定性要素的更大偏重被设定。

3)我把在无差别点之外的内聚活动称为"被动的"，这种内聚活动沿着否定性的方向处在递增状态中，沿着肯定性的方向则一步一步愈发趋近彻底消解。

4)有一些在内聚活动中最接近铁元素的金属也会沿着否定性的方向分布，在此基础上也就有了所谓的"贵金属"，而这些贵金属最终则消失在具有更大被动性内聚活动的物体中（比如钻石），并且在这个时候作为纯粹的**碳元素**而绽脱突显。

5)而也有一些金属反过来会沿着肯定性的方向分布，铁元素的内聚活动沿着这些金属的序列逐渐消失，而**这个**方向最终则消失在具有最微弱内聚活动的物体中[①]，也就是最终消失在**氮元素**中。

6)从3)出发就可以清楚看到，何以碳元素无处不在地（甚至也在植物中）出现在地界物体的增殖活动里，而氮元素（在动物中）则出现在地界物体的内聚活动之外。

7)一旦差别（A 和 B）的各潜能阶次沿着对立的不同方向彻底

[①] 硫，磷。——作者注

分离,物质就会落入绝对的无差别点中。这个无差别点可以用水来刻画(它是纯粹的第三维度产生于其中的源初流体,§.51,c)。

8)在这整个形变过程中,实体始终保持为相同者(§.78,说明),发生变化的仅仅是属性或者说内聚活动。

9)水可以作为在任何对立方向上都完全相同的实体被潜能阶次化,因此,它也就以这种方式在一个极点上与[前述]序列的肯定性方面相接续,而在另一极上与否定性的方面相接续,进而建构出中心点的产物。在这种情况下,这个产物也就是存在于氢元素中(氢元素是一切实体中最能摆脱内聚活动的实体)的氧元素。

10)正如氮元素和碳元素是积极内聚活动的要素,同样,氧元素和氢元素是被动性内聚活动的要素,或者说,正如前两者是对两种磁性的化学性代现,后两者也同样是对两种电荷的化学性代现(关于这一点,尤其可参照前文第 65 页①)。在前两者里内聚活动在不断提升,在后两者里则是在降低。②

11)处在氧元素和氢元素中的水,据实体而言是不可能发生变化的。因为否则的话,根本上就没有任何物质能处在动力学进程中了(§.94,补充)。因此,就这个方面来看,对水的形态转化的最新探索并不能教导我们任何为水所特有的东西,相反,它们不过是在证实自然哲学中已经得到证实的一般性命题:一切量变都是唯一者的不同潜能阶次,在 A=B 中,这个唯一者总是一个相同且无差别者(可参见我的论文《论动力学进程》③)。水在不可分解的意

---

① 《谢林全集》第 IV 卷,第 65 页。——编者注(已收入本卷汉译——译者注)
② 更正:前者提升相对的内聚活动,后者则使之降低。——作者注
③ 即收入本卷中的《对动力学进程的一般演绎》,德文页码为 III,50。——译者注

义上,是一切物质［反过来也可以说,在其他物质都能被分解的意义上,一切物质都是水］。唯一地为水所特有的东西,存在于下面命题所道出的东西中。

12)水不可能产生任何持续存在的极性。因为极性只有在刚性和磁性的形式下才存在(§.68)。处在其种种变化中的水暗示了一种更高的关系,也就是整个地球与太阳的关系。［南—北—东—西四极］。因为倘若太阳具有这一关系,地球也会以同样的方式像支配月球那样为太阳所支配,或者说,一种续存的东—西极性关系就会被产生,那么如此一来,地球上的水也会——从所有的线索来看——跟月球上的水一样消失。

13)水同样包含着铁元素,但这种包含仅仅是在绝对无差别中的包含,正如铁元素在相对的无差别中包含着碳元素和氮元素,因此,地球上的一切真正极性都要回溯到源初的南—北极性上,而这是在磁体中确立下来的。

地球的全部源初物质都处在这个序列中,同样,整个动力学进程理论的些许命题也蕴含在这个序列中。

补充 5。形变理论——关于它我们诚然只能标定一些主要特点——仍留下了一个还未得到回答的问题,也就是说,这一理论纯然只规定了每一物质在源初序列中占据的位置［也就是质］,而没有规定这些物质自身的量。所以在这里,必须得随即再重复一下下面这个提醒[①]:A: R 这个公式只能刻画力的相对大小,绝不可能刻画绝对大小。比如 2A: 2R 这个公式,说的并不是力的一种双重

[①]《谢林全集》第 IV 卷,第 57 页。——编者注(已收入本卷汉译——译者注。)

性的量被使用,相反,它说的是力的比例关系是一种完全等同的关系。力的一切比例关系,只是就每一特定的物质而言,才会进展至无限,实际上不管是在最小的还是在最大的部分里,这一比例关系都是相同的。自在自为地看,或者说个别地看,力压根不具有量,因为作为绝对同一性的存在形式,不管是自在自为的力还是个别的力,都是无限的;只有通过某种关系并且在这种关系中,力才获得量。所以,某一物体扩张性的定量唯有通过某一与它自身关系的累加得到表达,而这种累加则由**内聚活动**设定。在内聚活动发生前不存在任何累加, A=B 是彻彻底底的唯一者,是绝对的续存者。伴随着从这一绝对的续存者出发向相对续存者的过渡,才首次出现了"部分"(具体的、分化而得的定量),进而才有可能把某一"部分"附加到另一"部分"上。公式 A: B 所标画的是一个纯然的 1;内聚活动的图型则是 1+1+1…直至无限的序列。而 2 则首先要通过相对的二重性,也就是电现象(§. 89,补充)来设定。在源初的生产活动中,并不存在累加,而只存在满溢,也根本不存在部分,而只存在**绝对的一**。① 另一个问题则是,定量的累加又该通过什么得到规定?下面的讨论就是针对这点。当被动内聚活动沿着否定性的方面增加之际,形变活动必然会经过特殊重量的最大值。有重力的物体的形变到了这种程度②,内聚活动就不可能再继续延续在长的维度中了,因为源初的比例均衡不会再允许收缩力的这种泛滥持续下去;与之相应,源初比例均衡能够沿着相反的方向以肯定

IV, 173

---

① 正因为如此,在这里,一般以为的特殊的重量这个概念也是不可能的(这个概念仿佛建立在一系列可分为部分的东西上)。每一个 A=B 都已经是特殊的重量了。——作者注

② 更正为:已经在特殊的重量上达到最大值的物体。——作者注

性的要素形成更高的量级,进而最终在无差别点中产生出规模巨大的量,通过对行星系统和地球上铁元素量的观察,这一点能够最精确地得到证实。因此在整体上存在的只有唯一的收缩力和扩张力,只不过它们会沿着相反的不同方向累加或者递减。物理学家无力说明各种力的分布,只能任由一种回溯到无限者中,或者诸如此类的方法来说明它(从个别物体回溯到地球,再从地球回溯到整个行星系统)。绝不会允许有这种回溯存在的思辨,是通过总体性和一切在其中得到把握的绝对同时性,来消解这种无穷回溯。

§. 96.

绝对同一性,就其作为光而言,并不是力,而是活动。因为作为光的绝对同一性并非实在性的根据,而是**自身**就是实在性(§. 93)。光并非一个个别的存在,因为光就是存在**自身**(§. 8),所以(§. 36)光并没有受限制,也就是说光并不是承受性的,所以光是纯粹的活动。

§. 97.

绝对同一性得到直接设定的条件是,重力被设定为存在着的。因为绝对同一性的存在的全部规定都由此而设定,从刚刚报道的内容与§. 45和46相比较出发就可以明白这点。

§. 98.

绝对同一性并非自在地就是光,相反,只有就它是这一潜能阶次的绝对同一性而言才是光。因为(§. 62)绝对同一性只有在作为

A^2 的时候才等同于光。这还是直接出自 §.94 的结论。

补充 1。因此,反过来自在地看待光(抽离于潜能阶次地看待)之际,光也就成了绝对同一性自身。

补充 2。作为这一潜能阶次的绝对同一性,光只有通过这一潜能阶次的界限,也就是(§.94,补充)内聚活动才可能被设定。

§. 99.

说明。同一性凭着光而具有可通观性。

补充。重力①会在光面前逃遁,因为它作为光实存的直接根据,出现在光之先。但对于绝对同一性来说,重力是可以通观的,因为重力与万物相等同。因此,只有在绝对同一性等同于光的时候,重力才无法为绝对同一性通观,但只有在重力②自身被设定在量的差别的形式下——也就是自身并不作为纯粹同一性——的时候 (§.94),绝对同一性才等同于光。因此,不可通观性原本只是相对被设定的,它既不是着眼于重力,也不是着眼于光,而是在两者被绝对地考察之际被设定的。

讨论。不仅 A 和 B 这样的个别要素中的每一个就光而言,亦即就本质而言是等同的(因为它们中的每一个都是等同的绝对同一性,§.22),而且两者的绝对无差别也是如此。也就是说,不可通观性只有通过 A 和 B 两者被设定在**相对**无差别或者说量之差别中的存在才会产生,因为在这种关系中,双方在彼此相互搅扰。所以

---

① 更正为:重量。——作者注
② 更正为:实在的统一体。——作者注

在前面建构的内聚活动序列中，对于光而言的通观性只落在绝对的无差别点中(§.95,补充4,讨论7)，进而也只落在内聚活动程度的两个极点上，在这两个极点中，面对某一要素的压倒性偏重，另一个要素会近乎消失，因此未经浸染的同一性也就在极点处再次绽脱显现了。最高的不可通观性必然落在被设定在内聚活动之形式下的重量的最高点中(铂和其他金属)。

§. 100.

绝对同一性之所以被设定为纯然的光，即被设定为这一潜能阶次的绝对同一性，直接是由于绝对同一性在与重力的对立中被设定。

讨论。我们毫不怀疑，当我们谈到一种属于这个潜能阶次的绝对同一性，也就是谈到一种尚非绝对的绝对同一性之际，大多数人会觉得这是自相矛盾的，然而一旦下面的内容进入考察，这一矛盾随即就会消解。

据其本质来看，光是绝对同一性自身，据其实存而言，光是这个**潜能阶次**的绝对同一性。倘若把潜能阶次，也就是实存的方式拿掉，那么光彻彻底底直截就是绝对同一性本身了，如果把潜能阶次补充进来，那么光作为绝对同一性也不可能被扬弃(§.11)；也就是说，据本质来看，在这一潜能阶次中绝对同一性仍然存在，正如据存在来看，绝对同一性也存在于全部潜能阶次中。根本上来说，读者应该牢牢把握在眼前的就是，一切可能被建构出来的对立，从绝对无差别的立场出发，都会彻底消失，进而根本上自在地就是无。以此方式，就很容易看清，比如说光的此在仅仅刻画了在整体**当下的**这个位置，在其中更大偏重仍然完全落在实在性的一面，所以关联于整体来看,光与重力又共同构成了唯一的一个实在之物,因此绝不会保持在对立中。

§. 101.

倘若没有在存在的一般形式(A 和 B)下被设定,光不可能作为光被设定。

证明。因为据其本质来看 (§. 98),光并不是光,而是绝对同一性自身。也就是说,那个使光由以是光的东西,不可能属于光的本质,进而也不可能属于绝对同一性的本质,也就是说,这个东西纯然不过是绝对同一性之实存的一个形式或者样态 [确切说,正是这个特定的实存的形式,使光由以是光] (§. 15,补充 1)。如此一来,光之为光,自身不过是绝对同一性之存在的某种特定样态或形式。而既然绝对同一性之存在的普遍形式是 A 和 B,那么光作为光,也必定被设定在 A 和 B 的形式下 [也就是被设定在内聚活动序列真正的绝对无差别点之下,而这个无差别点在差别被设定之际也被设定,进而处在与差别相同的关系中]。

§. 102.

光并非据其本质被设定在 A 和 B 的形式下。因为光并非据其本质是光 (§. 98),它纯然只是作为光而存在,如此等等 (§. 101)。也就是说,光并不据其本质而成为光等等。

§. 103.

光据其本质不仅独立于 A,而且独立于 B 地被设定,A 和 B 都

是光实存的纯然形式。这一结论跟 §.6 一样不言自明。

补充。既然 A 和 B 自在地都不是光，相反，只有绝对同一性被设定在两者之形式下的时候，它才是光，那么绝对同一性也恰恰只是在 A 和 B 的相对无差别中才被设定为光。

注释。A 和 B 关联于光而言是内聚活动的要素（这一点从 §.94 出发就能明白），B 是扩张性的、内聚活动降低着的、以 + E 刻画的要素（对氧元素进行潜能阶次化的东西），A 则据此作为相对立的 − E（对氢元素进行潜能阶次化的东西）。如此一来，我们在此也就回溯到了之前早已提出（《论世界灵魂》，第 27 页）①，但尚未展开的命题上，而这一命题只有到了这里才首次得到确证和澄清。恰恰在 + 和 − E 量的无差别中，相同的同一者（光）被设定在彻底对立的实存样态下。

我们之所以要做此明确的强调，是为了让人们看到，在我们的命题里根本不存在对一些物理学家观点的确证，根据他们的观点，光是由热素和另一种叫作"光素"的本原组合构成的。对于这种认为光是组合构成物的观点，可参见 §.102 中已经说过的。据我们的演绎来看，A 和 B 并不属于作为绝对同一性自身而存在的光之本质，相反，它们只属于光作为光而实存的纯然形式。也就是说，只有在 A 和 B 的无差别中，光自身才可能**作为**光而实存。如此一来，尽管我们的 B 确实是进行着放热的本原，但我们以 A 来刻画的东西，仍绝不可以视作光发亮性的部分。因为光，据此来看还有

IV, 177

---

① 《谢林全集》第 II 卷，第 396 页。汉译本可参考庄振华译本，北京大学出版社，2018 年。——译者注

光的朗照，恰恰只在 A 和 B 的绝对无差别存在的地方实存，因此光既不是 A，也不是 B。

§. 104.

说明。处在 A 和 B 的形式下以**量的差别**被设定的光，我称之**为被杂染了的光**。

§. 105.

所有通观性对光来说都是一种纯然相对的通观性。这是与 §. 99 的讨论部分比较而得的结论。

定理 1。具有相对—通观性的物体对光的作用是**折射**。而折射的内在作用就是去使光驳杂不纯，也就是 (§. 104, 说明) 以量的差别把光设定在 A 和 B 的形式下。而折射的外部作用则是让发光的对象产生位移。

定理 2。最不可通观的物体对于光的作用乃是**反射**。而即便反射也会让光驳杂不纯 [把光设定在这一种或另一种形式下]。

注释 1。反射和折射在自然中有着共同的根据。

注释 2。光由于折射的作用，同样也由于反射的作用被设定在 B 的形式下，进而被设定为发热的，可能早就有许多事实在教导人们这一点了，比如在大气的最高区域中，空气的些许热量就会引起较低层区域中空气热量的大幅度攀升，而在较低区域中，光已经经过了数次折射，其他事实略。

补充。热不属于光的本质，而是光的一种纯然实存样态。

§. 106.

定理。关联于光来看,颜色是某种彻彻底底属性式的东西。折射的内在作用使光变得驳杂不纯[①],而外部作用则是图景的移位;但正是这一移位产生出了颜色,就这一点来说,通常必不可少的,还有物体边缘在**偶然**条件下相互毗邻而产生的明暗变化,对此可参见**歌德**的光学论著,第一部分与第二部分。[②]

注释。从这一点以及 §. 105 的补充出发,大抵可以看清,**赫舍尔**新近对于太阳光的生热力,以及对于所谓的"热谱"(这个"热谱"近似于牛顿的"色谱")的探索是如何处理这些问题的。我们并不想抢在德国的物理学家们亲自发现**赫舍尔**的结论无疑具有最高可信度以前,就率先做此断言,我们也不想把他做出的这些引人注意的探索,视为对于牛顿理论,或者只是对光的构成性或者极性(在"极性"的字面意义上)所做的一种更新的、几乎颠扑不破的证明。不过我们在这里还是希望那些重复这些探索的人,首先还须或多或少搞清楚,在赫舍尔那里有哪些探索是徒劳的,比如蓝光(甚至还有黄光)的生热力情形如何,赫舍尔先生对此一直完全沉默(至少在摆在我们眼前的实验摘录中,这一情形难以通过勤勉精确的缩影观察的结论来断定)。人们或许会迫不及待、没有更进一步根据地就从这一点出发揣测,蓝光并不契合于牛顿的光的折射度序列;比如不管是就生热能力还是就照射能力来看,蓝光距红光的光谱距离都是相同的(见《物理学年鉴》VII,第 142 页),而蓝光与红

---

① 是以形式的量的差别,而不是据本质而言。——作者注
② 指歌德的《色彩学》。——译者注

光之间的区分,必定只是通过下面这点而产生:在红光那里,暗淡的边缘要大于明亮的,在蓝光那里则与之相反,贯穿作用在两者中的是晦暗的根基。而赫舍尔在对由于不同颜色的光引发的照射强度之不同的探索中,所涉及的东西其实就是完全出自这些探索的结论,而这些结论就是人们在没有任何探索的前提下就能事先知道的东西。在赫舍尔的探索中,引人注意的一点——这一点需要被看到——在于,为什么对紫外光的研究只用温度计而不用其他实验材料来进行?总而言之,对于我们眼下这部阐述的目的来说,目前完全可以确定下来的一点就是:**关于光之同一性的定理,绝不可能以赫舍尔的新近探索来得到,即使赫舍尔的这些探索所能证明的东西,完全不同于所谓的"光的构成性"**。在下一期杂志我会用一篇文章来表明,对光之构成性的断言的证明是如何不靠谱。

补充。**光据其本质而言是无色的**,或者说光绝不会通过颜色在其本质上被规定。因为变得驳杂和被染色的,根本不是光,而仅仅是图景或者对象。因此,颜色其实是某种绝不可能属于光之本质的东西。

注释。从这一点出发就可以看清,如果在棱镜折射出的图景内,有某种现实的差别能被指明,这一差别也仍然无论如何跟颜色不会有任何关系,相反,它是完全独立于颜色而存在的。

§. 107.

某一物体的导热和导电力由它在内聚活动序列中的位置规定。因为这两者都是内聚活动产生的效用 (§. 91)。

补充 1。一切传导活动都不过是恢复积极内聚活动的尝试。

假设现在有 1)一个物体,在其中内聚活动的某一项效用具有更大偏重,比如属于负极面向的效用,那么它就不能在自身中恢复积极的内聚活动,而是唯有通过第二个物体的协助——这个物体会补充内聚活动的另一要素,也就是传导力这个要素——才行。这样的物体也被称作绝缘体,因为它只有在它在其中被其他物体接触的点上才会进行传导。假设现在有 2)一个物体,它趋近于积极内聚活动的平衡(比如所有金属),那么它不仅会在自身中是热和电的良导体,而且还会与其他物体处在冲突中。然而最大的传导力并不落在积极内聚活动的最大点上(因为积极内聚活动的最大点并不从均衡出发被设定,因而也并不一定会去进行传导),而是落在与最大传导力最临近出现的内聚活动的产物(比如银、铜)中。3)凭着那些内聚活动的肯定性要素在其中占据更高偏重的物体,情况 1)就会出现,因而从这里开始又会有绝缘体再次出现(比如硫等等)。4)只有唯一的一种物体落在绝对无差别点中,也就是水;水跟其他那些最紧邻它的物体一样,在自身中根本不会成为任何导体。因为所有的积极内聚活动在它们之中都被扬弃了,它们不可能把自身分解为诸如 1+1+1 这类的构成物,相反,就传导进程来说,所有这些物体都保持为一个绝对的单一体。而既然比如说水从外部来看是绝对无差别的,那么它也就能作为上述这个**单一体**在传导进程中出场[没有任何质上的区分地出场],也就是说尽管水是相对的绝对单一导体,但并不在自身中是导体,或者说并不是绝对的导体(对关于流体的非导体特性的一些新进观点的修正就蕴含在这一点中)。5)当传导序列最终在其极点上终结之际,物质也仍会以之前的方式代现这一个或另一个要素(氮气,氧气,氢气),而非传导性的力量也必定会重新登场。

补充 2。从刚刚讨论的内容出发，能得到把握的只有磁和电会在不同方式中传导这点，而既然磁体关联于自身而言是完满的总体性(§.70)，并且就其自身而言处在积极的内聚活动中，那么不会有任何一个磁极(不论其强弱)能被外部的东西改变；毋宁说，每一个磁极都能把自己对立(磁极就是借由对立的一极进行内聚活动)的一极设定在自己之外。

§. 108.

说明。到目前为止所描述的这个由内聚活动与光之间的对立而构成其界限的领域，我们称作**动力学领域**；这一领域内发生的活动是**动力学性质的活动**；而既然这一活动发生在某种特定的形式下，那么它也就是**动力学的进程**。

§. 109.

在动力学领域中，自然必然会趋求绝对无差别。——证明。因为自然在每一个物体那里都趋求总体性(§.80)。而既然总体性存在于绝对的整体中，那么(§.39)它也存在于个别潜能阶次中，进而当然也存在于绝对无差别中。所以自然趋求它，依此类推。

补充。在动力学进程中，自然致力于把物质的全部潜能阶次打乱并彼此相交互地扬弃。而这最终发生在绝对无差别中(§.30，讨论)。所以自然趋求于它，依此类推。

注释。或许可以说，动力学进程是重力的一种贯彻始终的努力，即努力把它自己被迫揭示出来的东西再度遮蔽起来。磁体力求聚合它的两极,然而它恰恰由于自身(刚性)而无力做到这种聚合。每一个极点都在努力与其对立的一极关联聚合,以便遮蔽自己,在面对它所有的行星之际,太阳仅仅代现着一个极点,所以它会倾斜自己的自转轴并尝试与其行星内聚为一。地球以月亮,所有行星以其卫星所达成的,至少是与后者进行的一种超距的内聚活动。两个已然无差别的物体,当它们并不在自身中设定磁效应(关联于自身的总体)时,就会彼此加热,因为每一个都在另一个中设定使它能够与另一个物体进行内聚活动的东西。只有两个有所差别的物体才会现实地关联聚合起来,仿佛每一个都在通过另一个来遮蔽自己对整体性的缺乏。

§. 110.

动力学进程的总体性既不是通过磁效应也不是通过电效应被呈现的。

补充 1。在磁效应中,在**相对同一性**的形式下,同一个物体同时代现着肯定和否定的要素。在电效应中,在相对**二重性**的形式下,这两重要素则通过相分离的物体来呈现。因此,动力学进程的绝对总体性既不在磁效应中也不在电效应中[因为绝对总体性不是绝对无差别]。

补充 2。这一总体性只有通过绝对无差别之物,也就是自在地既非肯定性之物亦非否定性之物,只是这两者处在纯然相对无差别中的东西的补充,才可能得到呈现。因为只有如此,量的差别和无差别随即才能同时得到设定,而这才意味着总体性(§. 45)。

§. 111.

说明 1。物质是**相对—无差别**,因为从外部来看它是有差别的[比如磁体那样],只有从内部来看才是无差别的;而只有当它从外部和内部来看都是无差别的之际,才可以是"绝对"无差别的。

说明 2。我把物质在其中绝对无差别地存在的境况,称作物质的无潜能阶次境况。

补充。物质的这种无潜能阶次的境况由水来代现(从 §. 95 的讨论 7 出发就可以明白这点)。

§. 112.

动力学进程的总体性只能通过化学进程呈现。

先行说明。在相对同一性和相对二重性之间,并没有自在的对立;我们不仅可以把磁体视为由两个物体聚合而成,而且还可以把电学进程中的两个物体视为一个整体[等同于磁体]。因此在接下来的演证中,三角形的两边跟磁体一样,都让我们产生了这是两个带电物体的表象。

证明。1. 在三角形 $\triangle_{BAC}$ 中,AB 代现的只是内聚活动的一个要素,AC 代现的也只是另一个要素;总体性只有通过第三者的补充才会产生出来,而这个第三者则是自在的绝对无差别,进而(§. 111,说明 2)也是无潜能阶次的东西。这是 §. 110,补充 2 的结论。而既然重力在内聚活动中被设定在 A 和 B 的形式下(§. 92),进而(§. 6)独立于两者,也就是面对两者时无差别地被设定,那么根据 §. 111 的补充,BC,亦即水,在这里作为重力登场,BC 在这里跟重力一样,相对于存在的两个形式,即 A 和 B 是完全等效的(我们也可以这样来表达这点:一个均衡的产物,越是具有外部规定,当下也就越是能被设定在这一规定下,但不管它眼下处在存在的这个形式还是那个形式下,都只能作为相同的同一者被设定)。而既然就 AB 和 AC 这两个物体来说,其一,比如 AB 是在其内聚活动中被提升的潜能阶次,而另一个,也就是 AC,是在其内聚活动中被对等降低的潜能阶次,但 BC 相对于任何一个潜能阶次都是等效的,那么根据 §. 107 补充 2 的法则(因为 AB 和 AC 聚合在一起等同于磁体, §. 75),通过 AB 和 AC,BC 也就会同时被设定在 + 极和 − 极的潜能阶次下,而既然 AC = +E,AB = −E,那么 BC 也就会被设定为**两种电荷的磁体**,又因为两种电荷只有在分裂中才实存 (§. 83, 补充 2),所以作为它们的磁体,在 BC 产生的那个环节里,AC 和 AB 也会彼此分裂。现在 (§. 95, 讨论 9) BC 通过 + E 而被潜能阶次化为氢元素,BC 通过 − E 被潜能阶次化为氧元素(对于元素,人们在其中把握的不仅是潜能阶次,而且一并还有基体。对这个命题的证明,我早就花了很多时间做了很多尝试,而这些尝试恰恰只有通过这一命题才能被把握)。所以在 ABC 这个形式下所设定的,乃是**水**的活动,用通常语言表达,就是对水的还原活动,更确切地说,是在 A 和 B 这两种存在形式下 [这首先是一种分解] 对水的设定。

2. 既然 AB 由于 AC 在其内聚活动中提升,AC 则反之由于 AB 被降低(这是出自前提的结论),而这两个物体中的每一个都有一种回转到其固有境况中的必然趋向 (§. 63, 补充 1),那么 1) AC 会通过在其内聚活动中消耗 BC,再次得到相对提升 (§. 63, 补充

1),用通常的说法表达就是,自行**氧化**。2)在其内聚活动中得到提升的 AB,在消耗 BC 的同时,会由于氢元素在其内聚活动中再次降低,也就是说,如果它之前是被氧化的,那么它现在就在自行**去氧化**(即还原)。——据此,在 ABC 这个形式下所设定的,就这两个物体来看,就是**氧化**和(在既定条件下的)**还原**。

3. "所谓的氧元素是一切化学活动的中间环节,而一切化学进程要么是氧化进程要么是还原进程",这个命题在我最早的自然哲学论著中就已经确立了,甚至纯然的经验主义者必定也会越来越不得不接受这一命题。因为在 ABC 的形式下被设定的进程,乃是化学进程本身。

4. 动力学进程之总体性的图型也是这样的形式;也就是说,动力学进程的总体性只在化学进程才得到呈现。

补充 1。化学进程,原本地看,仅仅建立在下面这个实情上:两个有所差别的物体由于接触而在彼此之中设定了内聚活动的交叠变化,并且两者中的每一个都要通过消耗无差别者方能重建自身原来的状态。——这一点不言自明是这几段所证明的东西的结论。

补充 2。这一进程的一般法则是:就两个处在化学进程某些条件下的物体来说,那个内聚活动相对降低的物体所进行的是**氧化**(也就是把水潜能阶次化为氧元素),而那个在其内聚活动中被提升的物体则与之相反,它进行的是**还原**(或者起码可以说,它把水潜能阶次化为氢元素)。这是自明的结论。

补充 3。从这一点出发,不管是关于氧元素的同族元素的一些说法等等,还是所谓的"化合力"本身该如何讨论,都是自明无疑的事情了。

§. 113.

化学进程既通过磁效应也通过电效应来得到中介。这一点从 §.112 的讨论出发就能清楚。**或者说**：一切化学进程的条件 (§.112，补充 3) 也由 (§.75) 磁体来给定，在上面的那个三角形里，磁体的两面 =AB 和 AC。依此类推。

注释。冯·阿尔尼姆曾经尝试,让磁体的两极彼此接触,并让它们跟水接触,进而认为北极是进行着氧化的一极。但磁体的北极等同于地球的南极,这就意味着 (§.85，补充 1)，在其内聚活动中相对减少的一极与地球的南极等同,因此也与 AC(§.112) 处在相同的情况中。

一般性讨论

1) §.112 的证明也可以直接从 §.69 出发得出。因为既然适用于总体磁体的也适用于个别磁体,那么前者跟后者一样,与其极点有着共同的趋求,并且都试图返回到自身中。但这只有通过化学进程才会发生,化学进程会把序列中的极点联结起来(§.94，讨论),并且在一个共同的图型下把它们统一起来。

2) 众所周知,伏打——最新实验物理学的各种伟大发现都要归功于他——通过对所谓"伽伐尼电流"进行的探索,早已发现了下面这一法则：两个刚性的但不同的物体之间进行完全意义上的电流传导活动所必不可少的条件就是,两者彼此接触,并都与一个作为流体的第三方相接触。但这些条件都是最纯粹的化学进程的条件,——从 §.112 的演绎出发可以明白这一点,我认为自已首先在这个演绎中已经表明了,化学进程**如何**且**为何**恰恰一定要在这些条件下才发生。因为化学进程在这些条件下发生,或者至少在这些条件下加剧和加速**这一实情**,已经通过众所周知的由**燃烧灰烬**产生的种种经验而确凿无疑了。从这一点出发,结论无疑并不是许多人大抵会想象的那样,化学进程是通过电流激发的,仿佛电流是一个独成其类的本质或者活动,其实结论反而是相反的:**电流就是化学进程自身,否则就什么都不是**,因此两者绝不处在因果关系中,而是处在同一性关系中,如此一来,所谓的电流现象也就从有其本己独特形式的活动序列(也就是指进程)中必然地彻底消失了。只有磁效应、电效应和化学进程存在,而对化学进程最纯粹的表达则是迄今一直所谓的"电流"。对"引发了化学进程的这个电流自身究竟是什么?"这个问题,人们迄今还没有去思考。在许多头脑里萦绕在"电流"这个词周围的晦暗,只有在人们不再自满于纯然的词语,而是向着**事情自身**,向着在所谓的链条之内的进程的本真**过程**看去之际,才会被完全驱散;而到目前为止,还没有一个物理学家做到高瞻远瞩,而我们前面的建构,其实就是对这一本真进程进行把握和直观的第一次成功尝试,人们很快就会信服这点。自然之造化行止的纯粹条件其实就在那里,要发现这些条件,人只有两条路可走:要么以先天建构的方式,这种方式的本质在于抽身于一切偶然之物;要么依靠那些卓越的实验,而这些实验往往依靠的是发明它们的人的幸运和敏锐洞见,如此方才远离了一切非本质性的要素。伏打做的所谓伽伐尼直流电实验就是一个这样的实验,他通过把蛙腿从实验电路中挪走而第一个表明,蛙腿在电路里是作为纯然的湿导体而起作用(亦即在一种完完全全一般性的性质中起作用),而相同的作用通过其他湿材料也同样能获得。只有通过伏打的实验,伽伐尼直流电才在已失去它原本的意义之际,占据了对于普遍物理学而言的重要高地,即便这一发现除了这一点并没有结出其他成果(即在其最源初的条件下指明了化学进程),它也必定足以借此位列那些曾经做出的最伟大和最值得关注的发现之列。对于有能力把握理念的人来说,电流与化学进程的**同一性**除了下面这点,无须任何进一步的证明:**电流的条件要能够从化学进程中并且也只能从化学进程中得到先天考察和推导**,也就是说,这些其实就是电流产生的条件;尽管我们的物理学家中有越来越多的人高唱赞歌地在继续使用伏打的理念和发现,并且极尽可能地不错过这些理念和发现的一切进展,但不仅他们自己,而且还有那些纯然的经验主义者,都不会很快就相信,**作为电流的电流**,也就是作为有其特有的属己活动之形式的电流,根本就不实存。因此如果今后进一步观察,它所呈现的自身性可能会比当下认为的还要少。

§. 114.

在化学进程里,一切其他动力学进程不仅潜在地,而且也现实地被包含其中;因为化学进程是动力学进程的总体(§. 112)。

补充 1。反过来看,恰恰因为如此,一切其他动力学进程都可以作为化学进程来考察。比如没有任何东西可以妨碍说,磁体在内聚活动中自行提升的极点,以消耗对立一极的方式在自行氧化。

补充 2。人们可以说，在 §.112 的三角形中，AB 和 AC 作为碳元素和氮元素，经由 BC，也就是氧元素和氢元素而聚合了起来（§.95，讨论 4、5、11）；而既然这里正好存在的四个动力学潜能阶次——它们共同上演了动力学的整个情景——，那么从这一点出发反过来也能明白，在化学进程中，动力学总体以及四重世域（Weltgegenden）是如何被统一起来的。

补充 3。接下来对于这一建构的一般性反思可以更进一步地确立起来。

a. 众所周知，动力学进程的三重基本形式的图型，是直线、角和三角形，或者也可以说：这三个进程也可以与数列最开始的三个素数对应。这三个进程的关系，跟 2 只会产生于 1 加 1，而 3 则来自 1 加 2 是一样的（因此，这些数如何是并非源自 1 的**潜能阶次**，动力学进程的三个阶段就反而怎样是源自相同者的潜能阶次）。甚至化学进程都仅仅产生自同一个的 1 的三重重复，也就是磁体的三重重复，它经由 AC，AB 和 BC 只是在自己与自己相加，而最初的总体性就呈现在这种相加中。正如在 2 中包含着 1，在 3 中包含着 2 和 1，在电效应中也同样包含着磁效应，在化学进程中也包含着磁效应和电效应。我们只消仔仔细细看到——当然，这也是值得留意的——，三角形 ACB 不过是在三角形 △ 这个形状中被延异了的直线 ACB 罢了，**因此我们一直都在跟相同的东西打交道，并没有出离磁效应的各种条件。**

b. △ 代现着一切存在的基本条件，AB 代现的是存在的否定性形式，AC 则是存在的实在性形式，而最终基础或 BC 就是**实体**，或者说在 A 和 B 的形式下被设定的同一者（重力）。

c. **基尔迈耶尔**① 已经指明了下面这条法则:直流电电路内的活动,也就是我们这里的 △ 内的活动,就是使两个物体的亲缘性程度差别被消解为氧元素的活动。这一法则以更抽象的方式来表达就是:活动的环节等同于 AB 和 AC 内聚活动程度的差别,而这里的"程度"当然不可理解为积极的内聚活动,而是被动性的内聚活动。因为积极的内聚活动其实在没有与被动性内聚活动在程度上有差别之际并不存在 (§.73)。这样来表达的话,这条法则也就无所不包、没有例外了,进而伽伐尼原电池中物体各自具有的电力次序,以此方式也就完全与刚刚建构的内聚活动序列相一致了。

§. 115.

彼此相接触而变得无差别的两个物体,不仅在彼此之中而且也在彼此之间交互设定了积极的内聚活动。因为 (§.84) 它们都力求彼此加热。但积极的内聚活动与热相抵触(从 §.91,补充 1 出发就能明白这点)。因此它们是在彼此之中交互设定积极的内聚活动,进而(§.68)在彼此之间设定了磁效应和内聚活动——因为它们都是能以交互的方式生效的(根据 §.107,补充 2)。

注释。这一证明也是直接从 §.70 和 80 出发得出的。因为即便两个已然无差别的物体,不可能**通过合并**而产生出一个总体,这与两个有差别的物体情形是一样的 (§.74);因此,每一个

---

① 卡尔·弗里德里希·基尔迈耶尔(Karl Friedrich Kielmeyer, 1765—1844),当时德国著名的自然科学家,思辨自然哲学的先驱。——译者注

物体必定都会力求成为**关联于自身而言的**总体性，亦即力求成为磁体。

补充。因此，把积极内聚活动设定在彼此之中并设定在彼此之间的趋求，要先行于彼此生热的趋求，前一种趋求在两者已然生热之后还会继续持存。——**证明**。因为一个物体只有就其在导热而言，它才会生热(§. 88, 补充 1)。但一切传导都是内聚活动或者磁效应的效用(§. 91 及补充 1)；依此类推。

§. 116.

反过来也可以说，有差别的物体只会在彼此之间设定积极内聚活动，但不会在彼此之内交互设定。前半句的结论见 §. 80, 补充 3。后半句结论出自 §. 75。如果两个不同物体通过合并的方式产生出了总体，那么它们各自也就不必独立自为地产生出总体了，也就是说 (§. 70)，不必每一个都在自身中设定磁效应了。

讨论 1。从这些命题出发足以理解，为什么根本上只有**已然无差别的**物体之间才会彼此之间发生磁效应，而非仅仅**有差别的**物体之间发生电效应。

讨论 2。这一点进一步表明，人们迄今视作"附着性"的东西首先至少着眼于刚性物体来说是磁效应，事实也确实如此，但是这里的这种磁效应并不像在铁元素中那样，能够具有持续性，相反，它受限于接触的纯然时间。一切"附着"的法则是，变得无差别的物体与另一变得无差别的物体最坚实地结合在一起，比如玻璃与玻璃，大理石与大理石，这种情况在铁在其中又居首位的所谓附着活动序列中也存在，确切说，对磁效应更敏感的铁（软铁），在附着强度上要超出敏感度较低的铁(钢)。①

§. 117.

说明。我现在完完全全把"附着"这个概念限定在流动性物体具有的依附性上。因为既然流体并不必定**在彼此之间**产生积极内聚活动(流体与流体之间跟固体与固体之间一样,即便通过合流交融,它们也不会进入任何内聚活动关系),相反,流体只有通过固体才会获得进入内聚活动关系的规定,所以一种仍然还不是鉴于事情自身而产生的区分之根据当然也就在这里。因为即便在流体和固体之间,起支配作用的法则也跟固体与固体之间的是同一个(§.116,讨论2)。比如,汞就是以这种方式与那些在特殊重量的程度以及许多其他特质上最临近它的金属,也就是金、银等等最紧密坚实地联结在一起,相反与铁则最脆弱地联结在一起。

§. 118.

在如其所是的化学进程自身中的磁效应环节是附着活动的环节。② 因为(§.110,补充2)如其所是的化学进程**自身**,唯有通过对流体,也就 BC 的补充才得到设定(§.112)。在 BC、AB 和 AC 之间不可能存在内聚活动,反倒只可能存在附着活动(§.117)。所以磁效应这个环节只能在如其所是的化学进程自身中呈现在附着活

---

① 可以参考盖通斯对化学力给出的基本法则。在铁对在聚合活动序列中最接近它的金属(钴,镍等等)的作用中,甚至也呈现出了处在极性特定形式下的附着;但当人们远离一切内聚活动的中心点之际——在这个中心点里,这种附着会在磁效应的形式下肉眼可见地出现——,这个现象(而非事情本身)当然就会彻底消失。(原版注释——编辑注)
② 更正为:磁效应只能通过附着这个环节得到表达。——作者注

动这一形式下。

补充。但凭这一点也不可否认,当物体具有客观的积极内聚活动(比如铜、铁、银),AC 或者 AB 可能也并不处在它们彼此共同呈现的极性之外,而可能**在彼此之中**呈现同一个极性。然而这一点建立在我们在此无法顾及的偶然条件上。

§. 119.

在如其所是的化学进程自身中,电效应环节建立在流体被潜能阶次化为氧元素和氢元素的基础上。这一点从 §. 112 的证明出发就可以看清。

注释 1。基于这一点可以清楚的是,动力学进程中的一切环节,都可以在单独考察的流体中得到指明,或者说,流体在它的种种转化中都贯穿在一切环节里。水是流动的磁体(§. 95,补充 4,讨论 7),无论在什么境况中,它都以同样的状态呈现着绝对的无差别点。在进行附着活动的境况中,水接近纯然相对的同一性,在氧—氢元素分离的境况中,水则在相对二重性这一环节中登场。我们随即会更进一步地规定第三个环节(化学这一环节中的化学进程)。

注释 2。在面对"所谓的电流不是其他,正是化学进程自身"的断言时,引入电流现象和放电现象之间不可否认地发生的巨大一致性,应该是十分自然而然的事情。至于人们对这种一致性提出过什么异议,这根本不重要,因为比如自身对于强电流表现为弱导体的物体,对于强电荷来说则并不弱,比如酒精等等。不过这种一致性从 §. 114 的命题出发就足以不言自明了。所谓的电流同时是磁效应,而放电则同时是化学进程(狭义上设想的化学进程)。① 但之所以如此,恰恰是因为放电乃是在其各种条件的总体性中被呈现出来的化学进程,所以在这些条件下,化学进程必然也是放电。所以,伏打电池既产生出了最惊人的放电现象,也产生出了意义最深刻的化学现象,这一点也同样是必然的。

不过在我们能够把这一点分辨清楚以前,我们首先还得说一些关于对这个惊人的整体进行建构的东西,这一整体至少一劳永逸地束缚住了**那位**在动力学进程中故意处在看起来如此之多的形态里以让人眼花缭乱的普罗透斯。就这一整体来说,我们也允许自己有一个关于这一阐述之一般规则的例外,这部分是由于那些对于这一领域而言最卓越惊人的发现的伟大——其伟大程度我们会在下面阐明——部分是由于对所有那些对直流电简单电路的意义与过程仍冥顽不灵的物理学家来说,建构这一更为错综复杂的整体必定会越发是一个谜,或者说,即便他们通过刚刚宣讲的内容(§. 112,讨论)已经把握了这种意义和过程,将之运用到更复合庞杂的情况上对他们来说可能仍然是个难题。但重要的是,真正的观点恰恰是关于这一发现而旋即提出的。在英国的那些专做这一研究的物理学家中,就有一位已经认识到,伏打电池迫使他们必须放弃自己迄今对于存在"电物质"的种种臆想出来的学说(最终也不得不放弃迄今的整个物理学大厦),而这样放弃的后果尽管是可喜的,但不可能一蹴而就。

一旦总体性在动力学进程中产生以后(通过动力学进程产

IV, 192

---

① 见《谢林全集》第 VI 卷,第 72 页。——编者注(已收入本卷汉译。——译者注)

生),那么在这一领域或者潜能阶次中,除了这一总体性持续进行的对自身的累加,就再也没有任何进一步的东西发生于其中了,而这种累加尽管会延伸至无限,但绝不可能超出这一潜能阶次自身。就动力学潜能阶次而言,这是通过伏打的发明而发生的。从这一纯然的累加出发,不管是这一整体内的活动,还是向着外部实行的活动,尽管都得到了加强,但这种加强还没有得到充分的把握,相反,对此仍需要考察下面这点:在此整体之内的每一个环节,同时也是前面提到的三个链条的环节,也就是说,每一个环节都是处在三重进程中已然独立自为地具有自立性的总体。而既然整体的每一个环节与把它作为某一链条之环节相接纳,或者说使它成为某一链条之环节的东西一道,已然在另一链条中登场,进而相互以此方式与整体相勾连,那么同一种力如何能通过持续不断的提升而获得可观的度,链条最极端的环节如何最终在对立的终端 A 和 B 那里,作为对整个 + 和 − 进程的代现而登场?如果继续从这些点出发设定整体,那么以此方式就可以看到,不管是 A 还是 B,在新的联结中都以一种向来属于进程的产物的力量来开启此进程,从这一点出发,无疑可以把握到,不管是狂风还是巨浪,几乎可以说都是整体在自身中活生生的共同燃烧,也是整体不可限制的力量朝向外部的表达。

不过根据上面给定的法则,在这一整体内的进程要借着纯然的非物质性潜能阶次(内聚活动的潜能阶次)才会发生,并且与其物质——如果人们把其物质称作"不可估量的",那意见的矛盾迷乱还会成倍增加——根本就没有任何关系;所以物理学家最好放弃他们迄今为止关于传导和传导力的概念,如此或许还有希望来理解这个活生生的整体。

如果我们现在转而反思这一整体的内部，那么可以看到，在整全的整体中发生的东西已经发生在每一个个别的部分整体内了，在前者中所包含的东西不会比后者中的更多。在其内聚活动中被提升的物体决定了，水要通过 + E 潜能阶次化为水，而在其内聚活动中被降低的物体（这种降低也是为了能凭借相同的东西而再次提升），则通过 − E（氧元素）把水潜能阶次化为水，因而使自己以此方式得到氧化；假使链条没有得到封闭完结，那也只可能是它最极端处的两个环节，始终因 + 和 − 被隔绝了；所以这个作为极点的环节除了放电现象，不可能显现出其他任何东西（因为缺少**第三者**），但这些现象无疑处在它们向来在其下自行呈现的每一种形式中；唯有通过第三者的补充（比如水），动力学进程的种种条件才就**整体**而言得以完备；只有在这个时候，化学进程才会完备地通过流体的每时每刻的侵蚀，通过还原和氧化，视情况的不同而登场。关于这个值得注意的论题，说这么多大抵已经足以呈现它会从其中出发得到考察的那个观点了。

§. 120.

尽管化学进程会朝着一切维度产生影响，但它在一切维度中仍纯然只是在刺激内聚活动。——证明。因为内聚活动是一切动力学进程的界限（§. 94, 补充）。**或者说**：甚至代现着化学进程的△也可以被还原为直线（(§. 114, 补充 3)；如此一来 (§. 62)，整个化学进程也就处在磁效应的图型下，也就是说 (§. 67) 内聚活动，或者复与之相同的东西 (§. 95, 补充 5)，乃是纯然的附着活动。

IV, 194

注释。因此完全可以料到,一切算术的最初基础就蕴含在这一点里。①

§. 121.

通过化学进程,物体不可能就实体而言发生变化,而是只能就属性而言发生变化。因为化学进程纯然只刺激内聚活动。通过内聚活动设定的东西,并非某物的实体(实体归属于重力②),而是它纯然的偶性(§. 70,注释)。因此通过化学进程,只有属性被改变。而实体则独立于属性;也就是说,实体不可能由于属性的变化而变化,就此而言,实体不可能通过化学进程被改变。

§. 122.

一切所谓的物质的质,都是内聚活动的纯然潜能阶次。迄今的全部内容都包含对此的证明。此外还可参见前面的《动力学进程论文》。

§. 123.

每一物体的实体都完全独立于它的质,并且并不由质规定。从 §. 122 与 §. 121 相比较出发就能明白这点。

注释 1。因此比如说,人们称作氮元素和碳元素的东西,就实体而言是全然等同的,只不过在潜能阶次上相对立。两者中

---

① 这是埃申迈耶尔先生在我关于动力学进程的论文(已收入本卷。——译者注)发表的时候,对我表达的想法。——作者注
② 更正为:重量。——作者注

相对的自—在体是同一个无差别者，就实体来看，这个东西就是铁。

注释 2。因此，物质在这里也服从于存在的一般法则。因为一切存在——且不管它们被设定于其下的潜能阶次——都是一（§.12，补充 1）。

注释 3。因此，抽离于其潜能阶次来看，物质的存在和一般性的存在是相同的，两者完全是同一个东西。

§. 124.

没有任何一个物体就实体而言是被组合而成的。——因为每一物体据实体来看就是绝对同一性自身（§.123，注释 3）。

补充 1。因此，凡是可以被分割或者分解的东西，绝不会以其被分解的方式来分解实体。这是本节与 §.34 的补充比较而得的结论。

讨论。因此，比如说金属由碳元素和氮元素"构成"或者"组合而成"就是错误的。因为这两种元素不过是同一个同一者实存的两种纯然形式，而非实存者自身。

补充 2。一个物体在化学上被分解，这就意味着：同一个实存者在不同的实存之形式下被设定。

注释。因此，所谓的构成物体的材料，其实是通过分解才被设定的，因而是分解活动的产物。

补充 3。从这一点出发的结论就是，一个物体，尽管它是可分解的，但仍然不是被组合构成的，相反，物体是直截单纯的。

§. 125.

一切物质内在地看都是等同的，它们的差别纯然是由于朝向外部的极点。——因为一切物质的差别并非就本质（§. 12，补充 1）或实体（§. 123，注释 2）而言，而是纯然就实存的形式而言的。不过现在，实体实存的形式本身就是内聚活动（§. 92 与 §. 70 的注释比较而得）；因此 (§. 68)，实存的个别形式就是**极点**；因此，物质之间产生差别纯然是通过它实存于其形式下的那个极点，或者说（因为某一物体的本质是内在性之物，而实存是外在性之物），是通过它凭之朝向外部的极点。

讨论 1。因此，比如说碱和酸自在地是完全无差别的，而之所以产生差别（至少在中和进程的开端是有差别的，因为这一进程的每一环节都会引发属性变化）无疑纯然只是由于，酸把氢元素这一极向外翻转呈现，碱把氧元素这一极向外翻转呈现。实体之所以会从我们手上溜走，恰恰是因为每一个物体唯有通过另一个物体才是可变的 (§. 36)，也是因为物体在进程的每一个环节中，就实存的形式来看都是一个他者，进而在任何时候都使得纯粹且无形式的本质自身无法出场。

讨论 2。每一个物体的朝向—内部都可以称作"被潜能阶次化"，而朝向—外部可以称作"进行潜能阶次化"。

§. 126.

没有任何一个进程能不让已然潜在地存在于物体中的东西在此进程中出现。就磁进程 (§. 115)，放电进程，热进程 (§. 86, 88) 来看,这点已得证明了。比如说,物体并不传导异己的热量和电荷,而是传导**本己的**。就化学进程而言,这是 §. 69, 补充 1 的直接结论。因为能通过化学进程被设定在某一物体中的一切,都是内聚活动的纯然潜能阶次 (§. 120),但在任何物质里,一切其他物质也潜在地包含于其中,而既然所有物质都仅仅是由于内聚活动的潜能阶次而彼此区分 (§. 125),那么这也同样意味着:内聚活动的全部潜能阶次都已然(以拟态的方式)蕴含在每一种物质中了;依此也就是得出以下结论。

讨论。所以,比如说自行氧化的物体,诚然在与物质进行内聚活动(与之联结),而物质的潜能阶次也就构成了内聚活动的否定性要素(氧元素);但这一物质借以让自己朝向外部的氧元素,乃是它本己所有的东西,只有在这一物质的 + E 通过潜能阶次从外部被限制或者扬弃之后,它本己所有的氧元素才会开始运作。这个观点可以运用到一切化学进程上。

补充 1。每一个物体都是一个单子。

补充 2。在化学进程中,没有任何一种"产生"是自在的"产生",相反 (§. 78) 所有"产生"都纯然只是形变。

§. 127.

化学进程的普遍趋势是:把一切物质转化为水。——因为自然的趋势是 (§. 109, 补充),以让它们彼此交替融贯的方式扬弃一切动力学潜能阶次,仿佛要把它们消解掉,进而以此方式把绝对(动力学的)无差别产生出来。但这种无差别只实存于水中 (§. 95, 补充 4, 讨论 7)。也就是说,自然在化学进程中以产生出水,或者把一切物质转化为水为目标。

补充 1。在这一趋势中,化学进程只会由积极的内聚活动限制,这种内聚活动一旦设定,就不可能在此潜能阶次内被重新扬弃,这就使得建构性的力量本身与普遍的化学进程交织在永恒的矛盾中,建构性的力量只能通过每一个动力学潜能阶次的对立潜能阶次来扬弃它,但倘若不同时再设定这一对立潜能阶次的对立潜能阶次,这个潜能阶次也绝无可能被挪开;因此,动力学进程在任何时候(在每一个潜能阶次中)都不可能实现目的,但也正因为这种矛盾,一切事物都交织进了**普遍的相互作用**中(因而至少交织成了相对的总体性)。

补充 2。水是无潜能阶次之物(§. 111,补充),而一切动力学潜能阶次都是内聚活动的潜能阶次,所以水就是**完满地去潜能阶次化了的铁**。

$$\S.\ 128.$$

定理。酸可以被视为刚性物质过渡到无潜能阶次状态(水)的中间环节。

补充。从这一点出发的结论就是,一切酸性物质所谓的"基"必定要么是一种刚性物体,要么必定是一种至少代现了积极内聚活动某一要素的物质。

注释。因为被动性内聚活动(§. 95,讨论)实际上会把自己还原为绝对无差别,所以恰恰在这种情况下**不会有酸产生**。自然中最初产生的酸是碳酸和亚硝酸。第二个等级上的酸才以刚性物体,比如硫,或者(很可能还包括盐酸)金属为基。

§. 129.

化学进程中的真化学进程，乃是从氧元素和氢元素(§. 119)向绝对无差别，也就是向水的过渡。这是迄今为止内容自明的结论。

补充 1。这一过渡必然与光的当下存在相关联。——因为(§. 103, 注释)光的两个实存形式，+ E 和 − E 是现成存在的(§. 95, 补充 10)，并且会在此过渡中彼此相对立地扬弃对方。

补充 2。因此，这一过渡也就是燃烧进程。

§. 130.

一切化学进程的基本法则是，在其内聚活动中被降低的物体会自行氧化到一个可观的程度为止。从 §. 112 的第一个建构出发就可以明白这点。

注释。这种内聚活动的降低以怎样的方式发生，是否在化学进程最原本的形式下发生 [在这种情况下，自行氧化的物体是相对的正极]，或者是通过放电效应，抑或通过热的直接作用发生，从一般法则来看这些都是完全没区别的。

§. 131.

一切化学上发生的化合都是对物质的去潜能阶次化。因为在所有所谓的化合中，自然的意图都是让物质具有的对立潜能阶次彼此相互融合和扬弃(§. 109, 补充)，或者说(§. 127) 产生出水。因此(§. 127, 补充 2) 一切所谓的化合都是一种(在一定程度上多少实现了的)对物质的去潜能阶次化。

补充。从这一点出发的结论就是,可以反过来说,**一切所谓的分解都是对物质的潜能阶次化**,这一点直接从 §. 124,补充 2 出发就能看清。

§. 132.

氧化(比如金属氧化)**不可能是溶解的根据**。因为溶解乃是对内聚活动的消解。而氧化毋宁是对内聚活动的提升 (§. 95,讨论 10)。依此类推。

补充 1。所以毋宁得反过来说,碳元素(在钻石中的)、金属等等,当它们自行氧化之际,它们反倒力求消解,而它们之所以消解自己,并不是因为它们被氧化,而是因为它们在其内聚活动中被不断降低。

补充 2。自行氧化的物体,当它的绝对重量变大之际,必然会在特殊重量上变轻。——这是刚刚讨论过的内容以及 §. 72 的结论。

补充 3。酸自在地是全然同一的 (§. 124,补充 3),因而它自在地也并不是酸;它只有在与在其内聚活动中力求提升的物体的对立中才是酸。

补充 4。**金属溶解在酸中也遵循 §. 112 中化学进程的一般图型而发生**。比如金属银之所以可以溶解在亚硝酸中,是因为彼此之间的碳元素和氮元素与水相接触了,这就意味着 (§. 114,补充 2),化学进程的总体被给定了。

§. 133.

甚至酸也在它对金属的作用中遵循极性的普遍法则,因为只有对立的极点才会彼此相对地指向对方。

补充 1。指向碳这一极的金属的,首先只有氮元素的酸,而指向氮元素一极的金属的,则是碳元素的酸。

补充 2。铁会被所有的酸,甚至纯水侵蚀。前半句可以从本节与 §.76 比较出发理解,后半句则出自 §.113。

§.134.

绝对无差别只能恢复被动性内聚活动的要素,不能恢复积极内聚活动的要素。

补充。化学的形变必定沿着对立的方向终结在独立于过程外的极点处。因为既然化学进程以产生出绝对无差别为指向,而这种绝对无差别只有就被动性内聚活动的潜能阶次,而非积极内聚活动的潜能阶次而言才有可能,那么化学产物的序列必定终结在相对立的两个极点中。这两个极点中的一个只代现积极内聚活动的一个要素,另一个只代现另一个要素,而积极的内聚活动在化学进程中,则徒劳地努力想把这两个要素统合起来。

§.135.

并非动力学进程是实在性之物,相反,由此进程设定的动力学总体 [交互作用] 才是实在性之物,因为根本上来说,只有总体才是实在性之物 (§.50, 讨论)。

注释。就地界物体而言,这一总体所呈现出来的丰功伟绩已经由施特芬在他常常被我们提到的论文中得到了宣扬。在这些论文里,施特芬也通过把种种事实敏锐地关联起来而首次论证了下面的结论:**大地**(这是化学进程的最高产物,因而也是两重形变活动的最高产物)构造出了两个对立的序列,其一(硅盐序列)代现着碳元素这一极,另一个(钙化物序列)代现着氮元素这一极。通过这一点,§.134的补充也就不言自明了。

§.136.

直接通过动力学总体的被设定的存在,光必定会作为产物登场,这意味着,整个潜能阶次的相对总体性被设定了(§.58,补充8,注释)。——证明:因为直接通过动力学总体的设定,光也就作为观念性本原找到了自己的界限(§.94的补充与§.134比较而得),也就是说(§.58),光直接终止了以观念的方式存在,成为有实在性的,或者说,登场成为产物。

补充1。如此一来,表达着总体产物[潜能阶次]的,也就是与重力相联结在一起的光。

补充2。这一潜能阶次中为一的自—在体是总体产物(§.58,补充8,讨论3)。

§.137.

直接通过整个潜能阶次相对总体性的被设定的存在(§.58,补充8,注释),**重力被设定为绝对同一性之存在的纯然形式**。[①]——因为正如直接通过 $A=B$ 的被设定的存在,作为相对总体性的 A^2 被设定,而通过 $A^2=(A=B)$ 的被设定的存在,作为 A^3 的相对总体性

[①] 更正为:设定为纯然的属性(并且仅仅存在于反思中)。——作者注

也同样被设定了;但就 A^3 在 A^2 和 A=B 的存在形式下被设定为实存着的而言,它是绝对同一性。依此类推。

讨论。就重力并不**存在**,而是包含着其存在的根据而言 (§.54,注释),重力是绝对同一性。但它是在内聚活动中被设定为存在着的 (§.92)。因此它也就不能被设定为绝对同一性了。因为存在属于绝对同一性的本质 (§.8, 补充 1);但属于重力之本质的,毋宁说是不去**存在**。所以重力也不能**自在**地被设定为存在着的,而只有在绝对同一性被设定为光 (§.94) 之际,重力才会现实地纯然被设定为实存着的,而光也同样并不自在地存在 (§.98)。也就是说,根本上来看,重力不可能作为自在实存着的被设定,也就是说 (§.15, 补充 2),重力只可能作为绝对同一性**存在的形式**被设定,而这种设定恰恰发生在这一潜能阶次的相对总体性中。

从这一点出发就可以看清,这一潜能阶次(动力学的)的整个活动之目的在于,设定作为绝对同一性之存在形式①的重力,而这只有凭借与 A^2(存在的另一形式)的相对对立,也就是只有凭借动力学进程才可能发生,所以这一对立也并不出现在这一潜能阶次的总体中(也就是并不自在地出现),而是 (§.27) 仅仅就个别之物而言,亦即在这一潜能阶次的总体之外才出现。

§.138.

通过被设定为绝对同一性之存在的纯然形式,重力自身也就被设定为属性。——从 §.70,注释出发就能明白这一点。

---

① 更正为:作为纯然属性。——作者注

补充。因此关联于重力来看，A^3 就是实体性的东西。

§.139.

说明。重力关联于绝对同一性来看被设定为属性，这就意味着：重力被设定为纯然的潜能阶次 (§.64,说明 1)，或者说被设定为纯然的极点。关于后面这点参见从 §.125 而得的证明。

注释。根据上面这点，对于源初形变 (§.95) 和由动力学进程，但首先由化学进程设定的进程——我们称作第二形变进程——的关系，可以用下述方式得到比迄今更准确的表达：源初形变暗示了重力被逐步设定为绝对同一性的纯然存在形式；绝对同一性只有在这个区域内才是**光** (A^2)，在此区域内重力仍作为重力被设定，而没有被设定为潜能阶次；但重力自身是这个最初形变的直接原因，或者说，是一切源初物质都落在其中的这个源初形变序列的直接设定者。与之相反，第二形变的直接原因虽然也是重力，但这里的重力已经通过第一形变而从其静息中被撕扯了出来，而在这种情况下的重力所力求的，则是通过磁进程、电进程，总体上通过化学进程，扬弃支配着自己的潜能阶次。

§.140.

作为纯然的潜能阶次或者极点，重力除了沿着对立的方向，不可能以其他方式被设定；这是直接结论。

因为在"极点"这个概念中，"**方向**"这个概念已经也被设想了。但既然重力自在地是无差别的，因而它也就自在地并非根据，所以它首先是沿着一个方向被设定的，如此一来，它整个地必定也要以同样的方式沿着相反的方向被设定。

补充。这一法则跟绝对同一性之存在的所有法则一样,适用于无限的情况。因此它不仅适用于个别之物,也同样适用于整体。

§. 141.

定理。重力以等同的方式作为绝对同一性实存之形式被设定于其下的对立极点,就整体来看乃是**植物**和**动物**,就个体来看则是**两性**。

注释。当我们抄近路达至目标的时候,读者最好能紧紧跟着我们,每一个读者一定要一如既往地通过自己的反思来亲自找到对这些命题的证明,而不是在没有证明的情况下就冗自把纯然的定理确立起来。不过,对于前面断言的进一步分辨接下来当然也会出现。

补充 1。从这一点出发可以看清,总体产物 (§. 136, 补充 1) 就是**有机体**。

补充 2。正如整个动力学潜能阶次服从于相对同一性的图型 (§. 125, 证明 1),整个有机体潜能阶次也同样服从于相对二重性的图型。从 §. 50, 讨论 3 出发,这一点是自明的。

注释。我们没必要去重复有机体这个潜能阶次的特殊图型,因为它跟第一和第二潜能阶次的图型 (§. 50, 58) 完全相同。

§. 142.

绝对同一性之所以是有机体的原因,直接是由于绝对同一性把 A^2 和 $A=B$ 设定为它存在的形式,也就是说,直接是由于它把自身设定为在这两重形式下实存着的。——迄今所有内容都是对这一点的证明。

§. 143.

说明。绝对同一性，就它把自身设定为在 A^2(§. 96) 和 A=B (§. 52) 这两个形式下实存着而言，才是起效用的。因为被提升为活动的力，或者说力与活动的同一性才是起效用的东西。

§. 144.

有机体由以产生的效用的目的，并不是要把实体保持为如其所是的它自身，而是要把实体保持为绝对同一性实存的形式。——因为从有机体来看，实体 (A=B) 自身也是实存的纯然形式 (§. 137)，依此类推。**或者说**。在最初的实存中，使它得以实存的力纯然指向不论何种变化都不增不减，也绝不会被消灭 (§. 34, 补充 2) 的实体。但有机体绝不是通过不可变的实体成为有机体，而是通过绝对同一性之存在的样态或形式成为有机体 (§. 142)。因此，有机体的所有效用都指向把实体保存为实存的形式，因此并不指向作为实体的实体。

§. 145.

有机体的实体 (A=B) 作为实体得以保存下来的原因，必定在有机体之外。——这是 §. 144 的直接结论。

说明。刚刚已经说明了，我们对于**自然**所理解的，首先是就其现实实存于 A 和 B 之存在形式下 (§. 61) 的绝对同一性。但这样的自然自身只实存于内聚活动和光中。既然自然通过内聚活动和光成为绝对同一性作为 A^3 存在的根据,它也通过重力,成为绝对同一性作为 A^2 存在的根据,而既然绝对同一性的存在在作为 A^3 之际,或许仍会复为自己在一个更高的潜能阶次中存在的根据,那么我们就可以一般性地说:我们在"自然"这个名目下所理解的,是就其并不被视为存在着的,而是被视为自己存在的根据而言的绝对同一性本身。所以从这一点出发我们可以料到,我们可以把所有处在绝对同一性之绝对存在彼岸的东西都叫作"自然"。

补充 1。我们根据上面这点也可以说:使有机体的实体得以作为实体保存下来的原因,蕴含在自然中。

补充 2。既然有机体的效用 (§. 144) 纯然指向把 A^2 和 $A=B$(实体)设定为自己实存的形式①,而 $A=B$ 作为实体只可能从外部被给予有机体②,因此,有机体也就只能从外部被决定去发挥效用。

说明。这种被决定就是被激起、被刺激等等;进一步来说,根据(在此表达为 $A=B$)是有机体实存的纯然形式 [属性],这一点蕴含在 $A=B$ 自身和它与 A^2 的同一性中 (§. 137)。也就是说,既然上面这点包含着实体是从外部给予有机体,亦即有机体必定是从外部被决定去发挥效应的根据,那么处在与 $A=B$ 的同一性中的 A^2 也就能被设定为**应激性**。③ 由此,A^2 和 $A=B$ 两者也就能被设定为有机体之实存的形式,而效用性自身——因为前两者被设定为有机

---

① 更正为:属性。——作者注
② 更正为:作为实体的 $A=B$ 的根据处在有机体之外。——作者注
③ 更正为:可激发性。——作者注

体之实存的形式是效用性之可能性的根据,而"去发挥效用"的这一决定要指望从外部获得——也就能被设想为有机体的**无差别化能力**了。

补充 3。我们可以看到,活生生的有机体的无差别化能力,与根据——通过根据,光首先被设定与重力相等同,进而重力也通过根据与光一并被设定为绝对同一性之实存的形式——是同一个东西;通过这一点,我们也同时明明白白地经验到,绝对同一性也同样是有机体的直接原因,或者说,既是 A^2 和 $A=B$ 的共同实际性的根据,也是在其最初实存 (§. 53) 中的 A 和 B 的共同实际性的根据。因此,有机体也就是第二位的实存;而既然绝对同一性作为有机体的直接原因再次成为它实存的根据,那么在这种情况下,绝对同一性也就以新的方式再次仅仅把自己呈现为更高潜能阶次的重力。——就此来看,通过整个序列,绝对同一性,作为它本己存在的根据,先行于就其实存着而言的它自身;如此一来,通过整个序列仿佛引导我们得出这样的结论:重力仿佛母性的本原,从绝对同一性那里受孕,以诞生它自身;从整体出发就可以看清,有机体跟物质同样源初,但与此同时,既不能以经验的方式来描述光首次穿透入重力,也不能以此方式描述观念性本原首次穿透入实在性本原本身。

讨论 2。公式 $A^2 = (A = B)$ 在被设想为相对总体性之际,所刻画的是就其并非实存着,而反倒是通过有机体,也就是通过作为产物的有机体自身为其实存之根据或者原因的绝对同一性。公式 $A^3 = (A^2 - A = B)$ 所刻画的则是在 A^2 和 $A = B$ 的形式(有机体的形式)下实存着的绝对同一性。——这是前面部分的结论。

补充 4。自在地看，公式 $A^2 = (A = B)$ 刻画的既是应激性，也是无差别化能力（比较说明 1 和 2）。也就是说，既然两者都是通过同一个同一性得到表达，那么两者实际上只是从不同方面看待的同一个东西。

说明 3。公式 $A^2 = (A = B)$ 为什么也能被视为对激发活动之均衡的表达，其理由也包含在前述内容中。

补充 5。有机性的无差别（说明 1），因而也就是激发活动的均衡（说明 3），这就是"健康"。

§. 146.

如其所是的有机体自身就是一个总体，有机体并不仅仅关联于自身是一个总体，而彻彻底底地就是一个总体。因为绝对同一性是直接通过有机体而实存的 (§.145, 说明 2)，它也只会作为总体性而实存 (§.26)。依此类推。

注释。但有机体并不是绝对同一性，因为通过有机体而实存着的同一性只不过是属于这个潜能阶次的同一性。在这里同时能够看清的是，同一性之于总体性的关系是怎样的，以及反过来是怎样的。比如说光是实存着的同一性，但它并非总体性；因为绝对总体性仅仅是在一切潜能阶次之形式下实存着的同一性 (§.43)；因此，属于这一潜能阶次的总体性，也就是在 A^2 和 $A=B$ 之形式下实存着的同一性。

补充。就有机体而言，实体也是属性 (§.70, 注释)，结果 (§.83, 补充 4) 也是原因，有机体直接就存在于与它自身的交互作用中 (§.127, 补充 1)。根本上看，所有对立都只适用于 A^2 和 $A=B$

之间的那些相对对立的领域,而这一对立同时也是凭着有机体而扬弃的(§.137,讨论)。

§.147.

说明。没有被提升为绝对同一性之实存形式的物质,我们称作僵死物质,或者也可以称作非有机物质。而作为绝对同一性存在之形式的物质,则是**有生机**的物质。

补充。从这一点出发也就清楚了,既然有机物是绝对同一性的实存形式,何以它的实存不为任何自己之外的事物或目的,而是仅仅为了自身之故,也就是说,它之所以能实存,只是为了能让绝对同一性实存于它自己的形式下。

§.148.

如其所是的非有机自然自身并不实存。因为自然这一潜能阶次中唯一的自—在体就是总体性(§.58,补充8,讨论3),也就是有机体。

注释。据此,所谓的非有机自然其实是有机化的,确切地说,是相对于有机化活动而言才存在的(它仿佛作为普遍的种子,而有机自然仿佛就源乎其中)。

§.149.

定理 1。天体是对世界进行着普遍直观的本原的官能,或者说,跟对绝对同一性进行着直观的本原是同一个东西。——见 §.55。

定理 2。每一个天体自在地看都是一个总体,因而每一个天体也都跟其他一切天体对立,是一个在自身中封闭完结,并且在任何角度上都有规定性的个体。

定理3。正如对世界进行着直观的本原在天体中个体化自身,对天体进行着直观的本原也同样在有机体中个体化自身。

定理4。一切体系的中心体都包含着这一体系全部余下部分的同一性(A=A),也就是说,一切体系的中心体乃是对这个体系进行着直观的本原,或者说这个体系的绝对同一性的中心—官能。

§.150.

有机体不仅把物质展开到其属性中,而且还依据实体展开物质。因为有机体把物质的整个实体都设定为属性(§.137)。

补充。换一种表达(根据§.137):有机体迫使物质的内在之物(作为极点)转向外部。因此有机体以最临近物质实存的方式登场。

§.151.

不管在个别环节还是在整体中,有机体都必须被设想为通过形变产生。——比较§.140和78就可以明白这点。

补充。所以有机体不仅在整体上,而且在个别环节上都可以被视为磁体。

§.152.

定理。就整体而言,植物(§.141)代现的是碳元素一极,动物代现的是氮元素一极。① 因此,动物就是南极,植物则是北极。就个别环节而言,动物这一极通过男性,植物那一极则通过女性来刻画。

补充。男性和女性彼此间在个体上的关系,就如同动物和植物在普遍者中的关系。

§. 153.

每一天体(比如地球)**的有机体,都是这一天体自身的内核翻转出来的产物,进而都是通过内在转化**(比如地球)**得到塑造**。——这是 §. 150,补充和 151 的结论。

讨论。人们迄今从每一天体的内核出发设想有机化活动的最初起源时遭遇种种难题,其根由首先就在于:人们既没有一个关于形变的精确概念,也没有关于每一天体源初且已然在动力学上进行的有机化活动之境况的概念 (§. 150, 注释);所以即便康德也把"一切有机化活动,比如地球的,乃是从其自己的母腹中诞出"这样的理念,视为荒诞乃至可怕的观点。从我们的基本法则出发,这一理念是必然产生的,而且是自然而然地产生。我们请那些对这一理念还不熟悉的人,起码首先远离那些在大多数情况下跟我们的这一理念绑在一起的错误概念,比如以为仿佛是地球直接产生了动物和植物(也就是说,在地球和它们之间尽管确实有一种现实的因果关系,但这种关系毋宁是一种完满的同一性关系。成为动

IV, 208

---

① 植物代现着殊异者的一极,动物代现着普遍者的一极。——作者注

物和植物的就是地球自身①，我们现在在有机化活动中看到的，正是这个已然成了动物和植物的地球）。我们也根本不可以认为，有机物的构成竟源自无机物（因为我们根本就不承认这一点，也就是说，我们当然不认为有机化活动是产生而得的，相反，我们认为有机化活动自开端以来就存在，至少潜在地是当下存在的）。现在在我们眼前表面上看起来非有机的物质，当然不是动物和植物从中生成的**那种**物质，因为这种非有机的物质毋宁是来自地球上不会成为植物和动物的东西，或者说，这样的东西只可能被转化到这样一个点上，在那里，它是作为有机形变的残渣而成为"有机的"；正如施特芬认为的，这种东西是整个有机世界暴露在外的骸骨。但一般而言，下面这点必须考虑：我们绝不可以把那些关于物质庸常的，迄今仍具统治地位的观点混杂进来，从到目前为止的内容出发，必定可以看到，我们断言的乃是一切事物的内在同一性，以及一切在一切之中潜在的临在，也就是说，甚至所谓的"僵死物质"也仅仅被视为沉睡着的动物和植物世界。通过绝对同一性的存在②，"僵死物质"可能就会在某一个还没有被经验所经历的时期重新获得生机，进而被重新唤起。对我们来说，地球就是植物和动物自身的缩影或者总体，如果说前者代现的是否定性的极点，后者代现的是肯定性的极点，那么地球就是这一有机磁体的无差别点（进而自身也是有机的）。

IV, 209

---

① 或者说：在地球成为它们以前，地球就已经是它们了。——作者注
② 更正为：通过绝对同一性投来的目光。——作者注

§. 153. [a]

有机自然与所谓的非有机自然的区分仅仅在于,展开的每一个层次,在后者那里通过唯一的无差别刻画,在前者那里则通过相对的差别刻画(通过性别差别)。

补充。如果所谓的非有机自然从外部来看有差别,而从内部来看无差别(§. 125),那么与之相反,有机体从内部来看是有差别的,从外部来看并无差别。也就是说,在有机体这里根本就没有自在的对立,相反,只有一种因翻转而产生的纯然对立。

§. 154.

氮元素是绝对同一性存在的实在性形式。——因为它是内聚活动的肯定性要素 (§. 95, 补充 4, 讨论 5)。

补充 1。因此动物 (§. 152) 是首先被赋予生机的。

注释。动物热能产生的根据也落在这一点上。

补充 2。男性通过整个自然而据有创生力或者说生殖力。交托给女性的则是植物的事工,也就是通过更高的内聚活动进程进行培育。

补充 3。植物只有通过性才获得生机,因为只有通过性,植物才能呈现出存在的实在性形式,从而 (§. 147) 得到生机;而动物的生机是独立于性获得的。

§. 155.

性让植物与太阳相联结,也反过来让动物牢牢栖居在大地上。

因为植物原本就(§. 95, 讨论 6)处在与地球的和合增殖中,因而绝对同一性——就地球也就**太阳**而言(§. 149, 定理 4),只有通过性(§. 154, 补充 3)才与植物相联结。在动物那里则情况相反,动物在独立于性的情况下就与绝对同一性相联结,因而也与太阳相联结,在动物这里,性毋宁只是与地球进行内聚活动的手段。

§. 156.

地球上被潜能阶次化到极致的肯定性极点是动物的大脑,而在其中首推人类的大脑。因为形变的法则不仅在有机化活动的整体中,而且也在个体中起效,而既然动物是普遍形变中的肯定性(氮元素)一极,那么形变的最高产物,也就是最完满的、被潜能阶次化到极致的肯定性极点,会在动物自身中再次出现。而众所周知,这个最高的产物就是大脑。依此类推。

注释 1。对这一命题的证明诚然不可能从化学分析中得出,支撑这一证明的理由我们留待将来再一般性地讨论。不过这个命题至少直接地已经由施特芬宣告了。

注释 2。从迄今的内容出发很容易推论出,形变活动在动物王国中所根本趋求的,必然是对氮元素最纯粹且潜能阶次化到极致的呈现。而这一点则是通过营养和呼吸活动——它们都只是为了把碳元素从血液中排出去——在有理智的动物中发生;它的发生越来越轻柔,进而在一个持续不中断的进程中仿佛不再发生了一般,仿佛自然也超出自己获得了静息,而这是通过所谓的任意活动实现的。——最初使这一进程静息的动物所呈现的,是整体上已经走出了自身的地球;而只有凭着最完满的大脑和神经元数量,地球最内核的东西才会展开,进而地球才可能把自己最纯粹的东西仿佛作为祭品供奉给太阳。

补充 1。性是动物的根基。花是植物的大脑。

注释。越是贴近大地,仿佛越是与之有更直接亲缘性的是具有植物特征、女性特征的物种,只有经过了这一类物种,才会出现动物性的,也就是男性特征的物种。既然每一个天体都是一个有规定性的个体(§. 149, 定理 2),那么每一个天体的特质也会要么更偏向男性要么更偏向女性,或者比如说,运行轨道处在金星和火星之间的地球,就把男性和女性特质以完满的无差别统一在了自身中。

补充 2。正如植物在花朵中完结自身,整个地球也同样在人类大脑中完结自身,人类的大脑是整个有机形变活动最高处的花朵。

补充 3。正如植物是通过花朵与太阳进行内聚活动(这就是植物的趋光性,花蕊会由于光的影响而移动就是对此的证明),动物也同样通过大脑进行内聚活动。所以伴随着最完满的大脑构成,植物世界的有机化活动会被彻底颠覆,只有在人类中这一有机化活动才会重新建立起自己。

补充 4。无差别在动物中把地球囊括在自身中,在植物中则把太阳囊括在自身中。

补充 5。正如最完满的大脑构成活动是向着普遍形变的某一个极点发生,同样,最不完满的性别分化展开活动[比如隐花植物],则必定也同样沿着最为对立的极点发生。——从上文出发很容易看清这点。

§. 157.

动物是有机自然中的铁,植物则是水。因为动物始于相对的分别(性别区分)。而植物的终点就在这种分别中。

补充 1。动物分解铁,植物分解水。

补充 2。植物的雌性和雄性就是水的碳元素和氮元素 (§. 95,讨论 13)。这是直接结论。

§. 158.

说明。我也把激发活动 (§. 145, 说明 3) 的平衡,称作 A^2 和 $A=B$ 在量上或者说算术上的平衡。

§. 159.

除了 A^2 和 $A=B$ 之间量的平衡,两者间必定还存在另一种关系。——因为两者之间量的关系规定了有机体之一般。但有机体不管在整体上还是在个体上都处在形变的法则下 (§.151)。既然这一公式①是对有机体的唯一表达,那么如此一来,除了两个要素量的关系之外,必定还有一种可能的关系,不仅在整体而且也在个体上表达形变的不同层级。

补充 1。这两个要素的这另一种关系不可能是其他,正是它们在关联于物质的维度之际获得的关系。

注释。在形变中,光仿佛与重力共同运作。但既然重力作为实体的规定者支配着第三个维度,那么不仅个体中,而且整体中的

---

① 量的关系。——作者注

形变,只有通过下面这回事情才会达至完满点:即实体被设定在了作为绝对同一性之纯然实存形式的全部维度之内。

补充 2。也就是说,如果说第一种关系是量的关系,即两者关联于有机体而言的关系——这种关系乃是作为绝对同一性之实存的根据——那么第二种关系就如刚刚规定的,是两者与实存着的绝对同一性的关系。而后者也可以称作激发活动的关系,这种关系是属于形变活动的关系。①

---

① 在这里我们不得不暂时中断我们的阐述。时间和外部情况都不允许它能马上在接下来的一期杂志上继续连载了;对象领域的宽阔无边,以及我们面对的必然性,既不允许每一个要点都能如我们本来希望的那样得到详尽讨论,也不允许在一种更加集中的形式下来讨论它们。所以这不免就产生了一种不利,让那些想要了解和评判我的这个体系的人不能一次尽兴,但对那些并不急着讲述自己的感受,而是已经从眼下这部残篇中把握到了整体的意义(这并非不可能)的人,至少能得到一个确定的理由,不要轻率地去下判断;但我相信,那些只愿意谈谈自己"感想"的人会占我读者的大多数,他们现在就会急不可耐地对我的这部阐述发表自己的见解,我不在乎这个,我现在只是在尽可能地做更加充分的准备,把我的这部阐述从有机自然的这个层次引到其他层次,直到有机自然中那些活生生表达的最高点,然后再从这个最高点出发,继续建构绝对无差别,直至达到绝对同一性在其中被设定在完全相同且均衡的潜能阶次下的点;我的计划就是如此,从这个点出发对观念序列进行建构,这一建构也会再次经由三重潜能阶次进行,从观念要素看,它们将是肯定性的潜能阶次,正如我们现在也是通过从观念性要素看的三重否定性潜能阶次,对绝对的重心进行建构,而真与美,作为对无差别的两种最高的表达,将会在之后的建构中落在这个观念性的重心里。(原版注释。——编者注)

谢林著作集

基于哲学体系的进一步阐述

1802

F. W. J. Schelling, *Fernere Darstellungen aus dem System der Philosophie*, in ders. *Sämtliche Werke*, Band IV, S. 333-510. Stuttgart und Augsburg 1856-1861.

目 录

§.I. 通论最高的或者说绝对的认识 ………………… 139

§.II. 证明:有一个点,在其中对绝对者的知识

和绝对者自身合一 …………………………… 165

§.III. 绝对者的理念 …………………………………… 179

§.IV. 论哲学的建构,或者一切事物在绝对者中

得以呈现的方式 ……………………………… 202

§.V. 论实在性和观念性序列的对立,以及哲学的

潜能阶次 ……………………………………… 228

§.VI. 对物质的建构 …………………………………… 243

§.VII. 寰宇定律(开普勒定律)的思辨性意义 ………… 254

§.VIII. 对我们星系的特殊构造与内在关系的考察 ……… 277

§. I. 通论最高的或者说绝对的认识

如果我们的意图,是要让作为一切哲思之官能的绝对认识成为我们探究的起点,那么我们要考量的这种认识,绝非某种对这种认识一无所知的认识,也绝非某种佯装对此有所知的认识,更非某种即便在没有这种认识之理念的情况下,也吹嘘自己据有这种认识的认识。就我们要考量的那种认识的真正理念而言,这种认识自身在所有这三种认识中肯定都是缺失的。

倘若我们把"绝对认识本身"仅仅理解为某种较之于它没有更高认识的认识,那我们就必须承认,一切知性,甚至庸常的知性,都据有这种绝对的认识。因为一切知性都有一个最终和最高的尺度,这一尺度决定了其真理以及它能把什么认作真理。只不过并非一切知性都对这一尺度有明确的意识,知性常常有一种冲动,把诸如外部感官之物的实存确凿性或者它自身的实存确凿性认作这种最高尺度。但在这里要讨论的是这样一种认识,它通过自身就能以肯定且绝对的方式,提供一种并非在任何一种关联或关系中,而是通过其自然本性在类上不同于其他一切认识的绝对认识。

倘若缺乏这种绝对认识,认识的境况将会如何?对此可以简要做一番综观。总的来看,一切存在者都可以回溯到三个潜能阶次上：有限者，无限者和永恒者，同样，一切不同的认识都基于下面这点：它们要么是纯粹有限的，要么是无限的或者永恒的。纯粹有限的认识，就是那种纯然出自血气和那些不可与之分离的规定的直接认识，这种认识当然处在直接的感官表象中，或者说处在那些根本上由于外部的影响——比如外部的教育——，或者某种其他影响而在灵魂中被设定的表象中。

然而，单凭认识的关联——既然有限的认识是血气的直接概念——，意识只能被提升到认识的无限概念上，庸常的认知所能自由到达的只有这种关联，因而这种关联根本上就是庸常认知的最高层次。

这种认识关联无非是一种涵摄性的**关联**，这一实情证明，在这种关联中根本无法得到有限者和无限者的真正统一体。因为倘若有限者要作为有限者得到接纳，那么它也作为有限者得到了认可，进而它与无限者的对立也得到了保留。

反之，若要把无限者设定在有限者中，而非反过来，那么只有通过使有限者自身无限化才是可能的。这里的意思当然就是指一些人所说的，经验认识的规定是通过先天概念，亦即通过那些直接源自意识具有的无限本原被理解的。似乎当有限认识自身以此方式成为无限的，两者的绝对统一体也就被设定了；如此一来，有限和无限的认识似乎仅仅只是在观念上彼此对立，但实在地来看则是全然等同，可这样的话，先天和后天认识间的区分就不复存在了。

但是，这些只能据有限和无限认识的表象方式，把两者的统一体设想为让前者派生于后者，并从后者那里得到其规定性的统一体的人，注定会落入一种绝对的二元论，因为这种规定或者说派生是根本不可能的。在这种二元论中，一方面是思想，即纯粹的、全然没有任何杂多性的观念性统一体，另一方面是素材，或者彻底经验性的东西，即绝对的多样性和杂多，这种杂多仿佛在这里被规定为先行于一切哲思且首先就确凿无疑的全部知识活动要素。但也正因为如此，这种二元论也就承认了：我们能够把绝对同一性设定为本原，进而从它出发来推导和把握殊异者。**但这种意义上的本原并非直接且彻彻底底的本原**，相反，**我们以此方式已经把杂多和多样性预设为被给定的东西，亦即预设为独立于这种同一性，并与之并立的东西。**

IV, 341

根本上来说，哲学要以此实情为出发点，对此无须进一步的分辨；因为当一个几何学家承认在三角形或者四边形的理念之外，还存在特殊的三角形和四边形，人们难道会怀疑他没有在最初的建构中就已经把作为特殊之物的有限者和作为理念的无限者统一起来了吗？所以这种认识方式其实在下面这种认识中已经有所触及了：在其中，有限者作为有限者被设定，并同时也作为被给定的东西被涵摄在无限者下，因而也就不需要再对无限者做特别的考察了。

但即便把有限者从与之绝对对立的无限者中推导出来的构想——人们通常把这种推导出殊异者的做法称为"先天"推导——注定只能被视为一种根本不可能的构想，我们还是得继续讨论那种自吹自擂的知性认识。这种认识的关键在于，纯然把殊异者还原到普遍者上，以及由果导因或者由因导果。

我们之所以必须刻画这种认识方式的特质，并不是为其自身之故，而是因为它已经侵染到了哲学中，无视各种对象的不同，始终如一地支配一切。

IV, 342　　　根本上来看，这种认识方式的基础是机械法则，并且在所谓的物理学的所有部分中都有支配性地位。在纯然反思的认识中，无限者和有限者的绝对统一体如何呈现为某种因果关联，在哲学体系中想必也已经得到了证明。但那些以此法则自身为本原的人，根本就没有能力去追问他们何以不得不以此法则进行推论的理由，这些人就像一台有脑子的自动机一样盲目行事、盲目被推动；这种认识方式就这样被运用在种种对象上，所以它绝非理性的认识方式，反而只是纯然知性的认识方式；不过在其中当然也存在着某种理性，这种理性的表现方式在于，从有条件者出发推论到条件的提供者，或者从条件的提供者出发推论到有条件者。

　　即便是更为庸碌的精神，也不会在始终只对那些变动不居和依赖性事物的考察中获得彻底的满足，彻底满足只可能在不变者，也就是就其自身而言真实且完满的东西中觅得。但在更加庸碌的精神那里，这种感觉是逐渐朽坏的，毕竟比起彻底满足，这类人倒是更乐于声色犬马，所以但愿这样的人有一天能燃起对这种彻底满足的追求吧。既然那种由结果推论到原因的认识——在这种认识中，本原就是它从某个东西出发而是本原的东西，也就是妄图在衍生之物中认识到的原初之物——绝不会导向某种就其自身而言存在，并通过自身而持存的东西，那么与之同样明确的另一点就是，这种认识根本无法认识它在条件序列中作为原因插入其中的东西，真正作为原因的东西据其本质而言是脱离于其效果的。所以除了那些从结果中随意发明原因的人，这种认识方式也常常能在那些半吊子们平庸至极的说法中看到；总而言之，这种认识方法之所以还算得上是个东西，不过是因为各人才能不同罢了，它之所以能成气候，也不过是无知需要一块谁都能用上的遮羞布罢了。

所以说，如果在这种认识方式的行止自身中还有什么值得尊敬和不应忽略的地方，那无非就是对有限者一个紧邻一个的考察。这无疑是这种认识方式最纯粹的一面，由于它所缺乏的是对自己行止的反思，因而也就没有在其中坦白承认自身的无知。

一言以蔽之，我们可以把这种认识方式称作"经验主义"①，在其领域中，对知性的需求度时高时低，或者说，哲学性的一面被重视的程度时高时低，但这种认识方式多少应被谴责并非因为这一点；这种认识方式整体上就是错误的，据其本原而言，它乃是错误永恒不竭的源泉。在这种认识方式去处理对象，并能产生出知识以前，必须变更的并非仅仅是它的形式，整个观点都必须彻底颠覆，并且在本原中得到重塑。

在启示持续不断地揭示迷信及诸如此类的东西，即与之斗争的努力中，最深的迷信及其真正的特质却从未得到指明，这难道不令人好生奇怪吗？毕竟还有什么比相信下面这点更大的迷信呢？——把诸如物理世界或者化学世界中的那些产生出效果的事物充作原因，或者干脆通过不断插入有条件的中间环节来妄图把握自然的本质和行动，这才是真正的拜物主义；如果我们的各门科学给人的印象，不过是一场强行组织出形式和体系的无知游戏，那么这一实情尽管一方面表明了表象这种认识方式是一颗毒瘤——毕竟所有

---

① 也就是被沿用到哲学上的独断论。——作者注

那样的科学都认为，这种认识方式才是唯一可能的。但在另一方面，这一实情据此也包含着巨大的真理：从原因到结果的推论实际上不是其他，而是一种以刻板且形式化的方式自说自话的无知。因为正如尽管一个知晓某东西的序列可能会是一种知识，但在其中在任何一个点那里都没有无条件的东西；链条中的个别环节有特定价值，但它是通过另一个环节才有价值，而这另一个环节亦复如是，以至无穷；如此一来，一切个别物的价值都以一个无穷的序列为条件，而这个序列自身却是个无稽的"非物"，进而绝不会成为现实的，而一切个别物之所以总是有所意谓，是因为人们确信，根本就没有必要去实现整体的价值①，也根本不可能达至最终之物，而只有在那里，整个被臆造出来的科学才会消解到全然的虚无中。

因此，这种臆造科学的买卖就以这副信誓旦旦的样子在运转着，因为它在其自然本性中就包含着一种意识的昏昧，这种昏昧阻碍着每一束光亮的刺入。而当光亮使整个序列得以明澈之际，它也随即会了解到这种知识的价值，这种知识的完满性仅仅在于绝不可能成为整体，也绝不可能得到完满。

想要说明一切，但无力在事物的整体中如其所是地理解它们的那种癖好，反倒是在原因和结果的分立中来把握事物。而这种分立，正是在大多数情况下，在思想和直观的无差别中首先被撕扯出来的，可这种无差别才是哲学真正意义上的特质。

在这种癖好所产生的趋求中，根本上来说没有任何东西安于

---

① 这就像英国人发的国债。它的伎俩总是相同的：发第二期是为了给第一期买单，发第三期是为了给第二期买单。——作者注

其位，也没有任何东西在其本质中。宇宙中的一切以自己的方式是无条件的，任何没有在自身中得到完满的东西都不会与自身等同。正因为如此，一切事物都有平等的存在权，甚至现象也是一样。并非某物对另一而言是真正的原因，相反，一切都在无条件者中以相同的方式得到奠基。倘若不承认这种平等的价值，不承认每一个事物在其潜能阶次中所是的，跟另一个事物在它自己的潜能阶次中所是的是相同者，那就要反过来把一物归秩在另一物之下，尝试从另一物出发来把握这一物，而这种行为，恰恰类似于几何学家要从三角形中推导出正方体，从正方体中推导出圆的做法。

倘若根本上来说，只有以最高的认识方式被认识到的东西才是真理，并且迄今所说的东西已经充分表明，所有其他真理都是一种纯然相对的真理。在人们已经在一切错误的根据和地基上渐行渐远之际，这种真理才是有用的，进而也只有在错误之内并且关联于这些错误，它们才是真理。倘若如此，那么根本上来说，能得到赞扬的只有那些真理的科学，也就是说，根本上只有那些在自己身上指明了绝对认识之特质的科学才能得到赞扬，我们也正是以此为首要准则跟因果律以及因果律能在其中生效的世界划清了界限。

IV, 345

几何学，或者根本上说，数学，迄今都是唯一能为那种绝对认识提供一般性范例的科学，我们也能把它称作演证性的科学。几何学的自明性建立在对因果律的全然取消上。几何学并不进行**说明**，比如下面这种情况：在三角形中，大角总是对应大边，而两个边的总和总是大于第三边，所以几何学总是在**证明**如此存在的**实情**。

我们要依循的，并非纯然的逻辑性同一法则——正如逻辑学自身只不过是一种纯然的知性学说,这种法则也仅仅是规定了分析性的知性,此外,在哲学中,这种分析性的知性唯一的受益者,或许只有那些如若不用此法就束手无措的人——,也并非某种综合性的法则,而是要依循同一性的理性法则——在这一法则之下,分析与综合的对立自身也就不复存在了——,这条法则才是一切建构和演证性认识的唯一本原。①

数学,包括几何和算术达至绝对认识的途径在于,它们把空间和时间,即绝对者大全一体的图像或者说绝对者的属性,当作绝对者来处理,也就是说,根据同一性的理性法则,即有限者与无限者、殊异者和普遍者间的绝对统一体来处理空间和时间。这个在一切事物的建构中得到表达的统一体,就是一切事物绝对确凿性的基

---

① 伴随着思想与存在,或者说普遍者与殊异者的对立(因为所有这些对立都是同一个含义),分析性和综合性知识的对立得以产生。正是因为在这里思想与存在分裂了,思想才可能仅仅作为自身在它单纯的同一性中一路狂奔,不去理会是否能达到客体性或者实在性。这种意义上的思想,仅仅是与自身等同的思想,但它不可能超出自身。尽管它的这种与自身等同的存在是一个无条件者,正如同一性在逻辑命题中是 A=A,但这并非在与自身等同的存在。这只是一种分析性的思想。但倘若知性——它的领地只有这个分裂的区域——反过来想把思想和存在现实地联结在一起,那么它的手段也就只可能有一种有条件、被终结了的知识,因为在知性的立场上,思想和存在并非自在地是一。在这种情况下尽管出现的是一种实在性的假象,因为思想和存在确实以知性的立场得到了联结,但这里还是完全缺乏无条件性。至于综合性的知识,思想的纯粹同一性已经在其中被超越了,通过这种知识,知识的一切绝对性也因此被扬弃了。真正的绝对知识仅仅在一个唯一点中才是可能的,在那里,思想和存在绝对地归合为一,也不再需要去追问在概念和客体之间是否有一条纽带,在那里,概念自身同时也是客体,客体也是概念。在这个点上,甚至分析和综合的知识也会归合为一。在其中,知识一方面会是分析的,但人们也不需要被迫超出思想的纯粹同一性,超出**概念**来达到客体,因为在这个点之中,思想的纯粹同一性就包含客体;在另一方面,知识也是综合的,思想在这个时候,不会再作为在其形式统一体的纯然直线上不断延伸的思想,相反,在这里思想能够不超出自身,在自身中同时就拥有实在性和客体。——作者注

础，这个统一体的自明性并非对反思性知性而言的自明性，而是对直观性理性而言的自明性。

算术和几何就是以这种方式道出了绝对认识的特质，这种道出并非就其素材或者说纯然属于衍生世界的直接对象而言的，而是在形式上以最高的完满性道出了这种特质。

为了我们能更加明白这一点，以上的这些暂先考察是必要的，所以结论是：尽管绝对者就其自身而言是有限者和无限者的绝对统一体，并且既非此也非彼，但就绝对者显现的形式来看，绝对者之本质的整全统一体在有限者和无限者中都得到了表达。空间是有限者和无限者在有限者中，或者说在存在中的统一体，而时间则是同一个统一体在无限者中或者说在观念之物中被直观到的情况。这一点已经很明确了，所以在此也不用再做进一步证明了。

既然哲学家的使命就是去考察这个统一体，那么他就始终都以此方式肩负着如下的急迫任务：在永恒者自身的本质中直接直观到这一统一体，并在理性中阐述它。

倘若根本上来说，思想和存在的每一个统一体都是一种**直观**，而数学也在它的一切建构中都道出了这种直观，那么由此可知，几何和算术两者都在其建构中道出了这种统一体，只不过前者是在有限者或者存在中道出它，后者则是在无限者或者说思想中道出它，这样一来，几何和算术直观的统一和区别也就得到充分把握了。

但既然哲学只能直接在永恒者自身的本质中阐述其建构，它也就只能在绝对的**认识**中道出这种建构，因为从这种绝对认识来看，无限者和有限者，思想和存在自身都是未被分裂的。

我们也可以把绝对认识称作原型性的认识，但原型本身是以下述方式区分于概念(原型和概念的关系,就如我在对话《布鲁诺》①中关于神性本原和事物本原所指明的),概念是思想的纯粹样式因而是无限的,并且与殊异者或者有限者对立,而在原型中两者反而得到了统一。

数学在其特有的直观中直接拥有其各种原型。几何学家所建构的三角形对他来说就是原型自身,因为对他而言,也就是对几何学家特有的直观而言,三角形就是普遍者和殊异者、思想和存在的绝对统一体。

但哲学则与之相反,既然它是在绝对认识中阐述统一体,所以它只能在理念中直观其原型,故而哲学的直观只可能是理智直观,因为理念是绝对认识的直接样式,而绝对认识则是一切理念的理念,一切形式的形式。

关于绝对认识,在数学科学的自明性中所举例子,起码还不足以把哲学一般地提升到这种认识之理念本身上去。同样,对哲学和数学间必然区别的反思——就认识方式笼统地来看,两者是完全相同的,但哲学作为一种科学的特质在于,它整个儿且直接地在绝对者自身中,以持续不变的方式在认识着绝对者——也无法做到这种提升;对此也不必感到大惊小怪,因为数学本身的真正理念,尤其是几何和微积分的理念自身,只可能是真正的哲学结出的果实。

然而伴随着意识活动自身,有一种必然的二重化分裂会出现,当存在于绝对者中的统一体以同样的方式被反思分裂为分立在有限者和无限者各自之中的有限理智之际,时间和空间就会成为必

---

① 在本著作集系列中,该文本已有庄振华汉译本,北京大学出版社,2020年。——译者注

然且非任意的直观。然而那个作为永恒者自身之本质的统一体的点,在被反思分裂的认识和行动中,会持续不断地溜走,唯有通过理智直观才能得到当下呈现和直接的认识。

观念之物和实在之物的这种无差别——你在空间和时间中就能直观到它,这种直观仿佛从你的内心中喷薄而出,只不过在空间那里这种无差别被归秩在有限者下,在时间那里则被归秩在无限者下——,在你自身中必定能直接在绝对认识中被理智直观到——从绝对认识来看,根本就不存在思想和存在的区分——,而这就是哲学的开端和第一步。

我们断言,在几何学以及数学的各门科学中,绝对认识的特质根本上只是在形式上被道出,这一点殊为必要,因为空间和时间自身纯然属于反思世界;这种绝对认识——刚刚所展示的各门科学自身不过是这种认识产生的纯然反射——,既然是彻彻底底绝对的,那么当它在形式上是绝对的之际,就**对象**而言也直接是绝对的。这种认识完完全全在绝对者自身中,它不会出离绝对者,也不会走出绝对者,更不会终结在绝对者中。

独断论把一切哲学的最终目的都置于对绝对者的认识中,独断论尽管种类繁多,也有古今形式上的不同,但它在下面这点上仍始终值得尊敬:它使得那个彻彻底底就是哲学自身的东西成了哲学的目标或者说结果。

在对绝对认识没有任何意识的情况下,独断论绝非在绝对者自身中看到那个直接的、对理性而言首要的真实之物,相反,独断论只是在某种知性概念或者说臣服于知性的理性中看到它的;对知性而言,哲学认识存在于纯粹知性做出的摆脱特殊之物、让知性自身殊异化并彻底抽离特殊之物的活动中,所以在本原中,知性所认为的哲学认识已然建立在了这样一种操作上:它根本就没有任何实在性,进而在实际性之物自身中有一种永恒的自身矛盾;"有一个殊异于一切实在之物的纯粹观念性思维,它能反过来被引到实在之物上",这个预设证明了自己对下面这点的无知:一切在统一体中的真正实在性,都是观念与实在的统一体,进而一切绝对认识都是直观;倘若一种已然误入歧途、彻底脱离了真实之物的知性有能力做出这种反思,那么它就会发现,纯粹的知性认识——只要它具有实在性并且是一种直观性的认识——,已然绽脱于哲学之外存在了,它的存在仅仅在数学部分中,而为这一部分奠定基础的,是对时间的纯粹直观;从这一点出发,数学或许随即会把握到知性认识的这种从属地位;若非没有这种把握,那么当在数学中,却不在直观中意愿知性的时候,数学所留下的不过是知性空洞贫乏的幽灵,它的认识并非错的,毋宁说是彻彻底底空洞的,进而是绝对的虚无。

如果知性的绝对者或者说知性的认识,就是哲学最终极的目标,那么必然会出现的情况就是,人们由以达至这一目标的哲学自身,只会跟纯粹的概念打交道——而从绝对者来看,纯粹的概念根本没有任何意义——,也就是说,倘若只跟这些自身非真的概念打交道,那么在哲学只能在绝对者中存在的前提下,其后果必然就是,在绝对者那里完结的东西,压根就不是哲学。

通常人们可能也会把独断论描述为这样一种努力,即把依赖一定条件而存在的拟像(Abbild)延展为原型的无条件性。这种努力最为明显地表现在关于因果领域以及世界等等对象的有限性或者无限性问题上，这就导致仿佛有某种东西，它据其自然本性和概念是有限的，能够通过在空间和时间中向着全部方向的无限延展而变得无限似的，也导致仿佛当一个绝对者存在之际，有条件者的序列随即就以有限的方式存在了，而与绝对者同时并立的，并非有条件者处于其中、自身所拥有的那种经验的无限性。

IV, 350

倘若从我们的洞见和信念来看，批判主义始终无法宣称自己就是哲学，甚至也无法宣称自己是哲学的基础。那么同样，当它无一例外地把一切有限性的形式完完全全沉淀下来，进而以此方式至少否定地揭开了哲学的天国——尽管在这一天国自身中，根本就没有任何能够把自己升华和塑造为哲学的要素，哲学自身反倒在自己的天国面前以独断式哲思的基础命题彻底消沉了下去——，批判主义也仍作为一个宏大的沉淀过程而继续发挥影响。

倘若批判主义根本就不以哲学为旨归，反倒以我们刚刚描述过的哲学的亚种为旨归，甚至仅仅以那种或许还处在其德国的首创者时代的哲学亚种为旨归——这种哲学至多不过对理性做一番批判。因而仅仅是知性，这一方面在于其种种特有功用，一方面也在于，当它妄称自己为理性之际，它就已然屈从在了批判之下，因为进一步来看，当它与独断论斗争时，由于它斗争的方式本身，批判主义也就持续以下述的妄想为前提并始终保持着它：倘若真有真正的哲学，以那种独断方式进行的哲思其实必定也会是真正的哲学——，那么在批判主义自行赋予自身的限制之外，还有下面这个必然的后果：首先，从批判主义出发，不可能以任何方式产生出对哲学而言肯定性的结论，相反，批判主义毋宁必定只会显而易见地被限制在纯粹的修剪、驳斥和否定的活动上，所以进一步来看，如果没有某种能被修剪的东西,修剪活动就是不可能的,同样,如果没有某种已然被驳斥的狂妄,驳斥也是不可能的,所以就其本己的实存而言,批判主义必定会假定独断主义(这大抵就如同新教之所以绝不可能成为至大而公的 ① 一样,因为倘若它真这样了,那它就不再是"新教"了,因为它所能"对抗"的东西不复存在了);如此一来,由于这种批判行为的纯粹否定性,再加上不费吹灰之力就能完全以"绝对命令"捏造的预设,即哲学存在于这种从有条件者向**自一在体**或者无条件者的回溯推论中,尽管这种批判主义不费吹灰之力就能被直接改头换面为怀疑主义,但它终究无法在这一形式中成为哲学;总的来说,因为独断主义的基础是一种必然的禀赋,并且在它所力求的东西中,它也拥有着对绝对者的认识,一种自己特有的理性本能,只不过在对达到这种认识的手段的选择上,独断主义陷入了盲目和迷误,所以,只不过当独断主义认为自己是通过这种独有形式与一切批判相对立地被确立下来之际,它才陷入更加狭隘和贫乏的形式里,因此才总是竹篮打水一场空。

我们认为,那种把自己限制在批判上的哲学最恶劣的影响在于,它确证并仿佛认可了精神在绝对者面前仅仅处在知性中的被奴役状态,这是一种畏缩;而这种如今恬不知耻地摆出一副体面的样子,进而使自己成了本原的畏缩,反倒成了广济非哲学的收容所,而它之所以能做到这点就在于,它从不承认存在一种绝对认识,而这种认识恰恰是这种哲学彻底缺乏的,它在提防自己让绝对

---

① 罗马教会就是"至大而公教会",新教的名字是"对抗罗马教会",谢林在这里玩了一个语言游戏。——译者注

者成为认识的唯一本原和对象之际,反倒总是只从某种**能被概念把握到的真实之物**,即从某种知性的确凿性出发,进而仅仅以临时性地或者说暂时打发问题的方式在进行哲学。但这种哲学狭隘和令人反胃的形式仍在伪装自己是哲学,并妄图强行成为哲学,这就是这种哲学之片面性的原因。如果人们的灵魂感受到这种片面性的压迫,并且不愿继续放任它,那么人们随即就会因此达到对绝对者的认识。

倘若哲学终究注定是成为关于绝对者的科学,那么它就要主动放弃那些非哲学的要求,即通过某种形式的殊异性而强行给自己充门面;因为只有在人们置身事情之外,想要绕开绝对者,主动把作为目标的对绝对者的直接认识挪至远方,并声称这个目标必须通过曲折的道路才能阶段性地逐步接近的时候①,所有这些差别,所有这些特定的说法和五花八门的特殊措辞,才会粉墨登场。真正的哲学会让所有这些所谓的"独特性"烟消云散,在无知者那里,人们就能看到某种声称自己具有"个别性"的哲学正是要凭着这些独特性在强撑门面。而真正的哲学消灭它们的方式在于,它直接把自己设置在绝对的无差别点中,它绝不会从这个点出发走向那些限制性状态,也绝不会从后者出发走向绝对的无差别点。

只要哲学的绝对立场被找到,那么甚至哲学的方法也不再可能可疑了,哲学中只可能存在唯一一种进展和推论方式[正如在两

---

① 总的来看,在哲学中大部分人都对投身到绝对者的广阔汪洋中去怀有一种巨大的畏惧。这些人对待绝对者的态度,类似于那些知道英格兰是个岛的时候,仍认为只要能绕一条"正确的弯路",就还是能到达英格兰岛的人。这帮人将这条所谓的弯路美其名曰:这是我自己的道路,这是我自己的哲学。——作者注

点间的直线只有唯一一条,但曲线却有无数条]。正如在其最内在的本质中,哲学是彻彻底底断然且不可置疑的,同样,人们也可以外在地在方法的确凿性上认识到哲学:这种方法上的确凿性无一例外地贯通一切,并能同时满足各个方面的全部探究。

对一种绝对认识的断言,在自身也直接包含着对一种独一无二哲学的断言,之所以如此是因为,这一信念仍需通过个体来道出,而这种信念也被非哲学以为是个别人在表达"**他的哲学作为他的,乃是独一无二的**"[①]时的借口,仿佛所有特殊的哲学观点之所以灰飞烟灭,并不是因为它们是独一无二的哲学之理念似的,在这种意义上,说"某一个人的哲学"无异于搞笑,因为这就好像几何学家要把几何学称为"他的几何学"。

先验唯心主义——在遭受了人们长久以来对它的无知之后——,首先把哲学的真正理念再次带入了光亮中,而批判主义仅仅是从有限者之限制的否定性中摆脱出来,可这种摆脱绝不是断然和肯定性的东西,先验唯心主义正是凭着这两点重新创造了哲学,这一点当然可以归功于绝对认识这一理念,而批判主义对这一理念是完完全全缺乏的。[②]

如果费希特的这个先验唯心主义体系把自己宣告为先行于全部哲学,进而无条件先行于哲学自身的真理:"一切知识的知识学必须从无条件者出发",这样一来,如果说在知识学所采纳的首要

---

① 这样的话当然十分狂妄。但如果他不这么看哲学,或许反而更自大。一个在哲学中自以为是的人,其实对哲学没有兴趣。他胆敢声张的,不过是自以为如此的东西。——作者注
② 人们绝不能否认,先验唯心主义甚至在费希特给它的形式中,也已经首次再度激发起了作为哲学之本原的绝对者的理念。——作者注

形式中，体系保持在了纯然的"出发"中，进而凭着绝对认识这一理念没有导致任何撕裂，那么可以说，这一点正是这一体系本质且必然的要素，若无这一要素，不管是这一体系本身还是它的某一形式，都是不可设想的，这一体系能够把偶然之物——它们都处在特殊反思和阐述带来的种种限制中，而这种反思和阐述都在其根基上殊异于本原自身——彻底弃置，但这种弃置并不会在自己的本质性要素中产生丝毫改变。与那种提出无理要求的体系，即要求把哲学的某个殊异形式，及其种种固有特质一并视为哲学自身的无理要求相对立的不是其他，正是知识学的首要且无条件、已然自在地消灭了一切限制的理念。处在知识学这个形式中的唯心主义直接从批判主义那里继承而来、注定不能长久的方面——由于这个方面，知识学形式中的唯心主义在自己的形式上付出了代价，这一代价在于，它所开辟的仅仅是一条暂时性的道路——，在费希特那里是明明白白的，毫无疑问，这个方面就存在于他与斯宾诺莎相对抗之际而出现的问题中：他如何有理由超出**在经验意识中被给予的纯粹意识**？借此，也就是通过这种把对绝对意识的理解限制在那个在经验中被给予的纯粹意识上，其整体后果就是自我和绝对者间的差别关系，以及"绝对自我"所具有的不可消解的两义性必然且明确地被构造出来了：这种后果的出现，一方面在于绝对认识自身，而另一方面在于与绝对认识相对的"知识学"唯心主义这一特殊形式所固有且无法克服的自我与非我间的对立。

IV, 354

绝对意识作为绝对认识自身，仅仅通过在经验意识中出现的纯粹意识进行的媒介作用才能被看到，这就意味着，在最初的理解中，伴随着纯粹意识和经验意识的对立——两者既不可能作为无限者和有限者,先天之物和后天之物被统一,也不可能通过自在所考察的绝对意识被统一———,这种不可消解的两义性也就成了知识学的负累,进而也使得有限者和无限者的普遍统一性也被局限**在个别的情况下了**。甚至斯宾诺莎也没有像人们关于他声称的那样,把纯粹的和经验的意识彻底分离开,相反,他对两者的设定方式,反倒是彻彻底底无所分离的,而且是把两者统一在绝对意识中来设定。正如他也仅仅认为,绝对的和经验的意识的分离,仅仅是在哲学家的意识中被设定的,毕竟他——这一点能在每一个瞬间得到持续不断的证明,并且在这些考察的序列中能得到越来越切近的呈现——自己清清楚楚地把理智直观认作了最高认识的唯一本原,在他之前,这么做的人屈指可数,而在他之后更是寥寥。

　　经验性的自我绝不会通过与绝对自我的共在和关联而终止为经验性的,而这一点恰恰是这种尤其与斯宾诺莎相对立的立场之特质的基础;经验意识在这个统一体中(从上文自然可知,这个统一体是个相对的统一体),是与纯粹意识一道被看到的;但倘若经验意识作为经验意识要被根除,亦即被带入与纯粹意识的真正绝对统一体中,绝对意识就得替代经验—纯粹意识间的对立而登场了,而这一点正是斯宾诺莎的遗产,斯宾诺莎所持的对于绝对意识的观点作为哲学的另一种完全不同的路径,已然把这种绝对意识预先规定为了一个被经验—纯粹意识间对立而产生的限制看漏的本原了。

　　自我性是绝对者面对直接意识和表达自己时处于其中的形式,这一点可以用下面这个自明的命题表达:在"自我性"中的自—在体自身其实就是绝对者;在理智直观中——理智直观使**自—在**

体摆脱了所有由对象而来的限制——"自我"这一形式就作为**殊异形式**消失了;纯粹意识和经验意识间的对立和相对统一,其实根本上只属于殊异意识;这一对立恰恰是作为殊异形式的"自我性"的基础自身,在理智直观中,"自我性"会彻底消失,进而在对永恒者自身的直观中,一切殊异性也就都被根除了。

那个在与纯粹自我的关联中仍然表现为经验性之物的经验自我,必然且难免地不可摆脱于客体,进而也无法逃脱一种**来自异在者的影响**,这种建立在经验—纯粹自我上的建构呈现出的图景,完全就像是一根只有独臂的杠杆;经验性自我通过与纯粹意识的联结,一方面得到了支撑进而与前者合一,另一方面却依赖于客体施加的影响,客体不是其他,正是一个**施动者**,一种**对立的力量**;但要获得一个真正的统一体——这个统一体让经验性自我及其影响,连同纯粹意识都消沉到了绝对无差别中——,仅仅通过前述那种对于意识的限制根本就是不可能的。

经验意识与纯粹意识的直接结合使得自我与客体的关系只能被设想为一种纯粹意识从自身中的走出,经验意识无法表达出这种走出,因为正是凭着这种走出和客体自身,经验意识才被设定,所以对于绝对意识,经验意识根本上什么都说不出来。

根本上来说,自我——并非绝对地考察,而是经验地考察的自我——,总是暴露在异在者的影响或者说作用下,这个纯然经验性的自我,是从**每一个自我**中抽离出来的概念;因而在绝对自我中,肯定潜藏着先于一切现实影响以及来自异在者之影响的可能性根据和条件——当然,这一影响并不作用于绝对自我自身,而是作用于经验自我;经验性自我根本上只属于当下显现着的世界,进而没

IV, 356

有任何实在性，客体也是同理，所以即便如此，经验性自我在这里仍可以断言自己具有一种较之于客体的优先性。

值得注意的是，在知识学实践部分的一些文段中，知识学这种唯心主义的特质最为明确地被道出，进而也得到了最终的揭露，诚如费希特自己明确说的，知识学这种唯心主义所呈现出来的，是一个永远不可能被消解的循环，"也就是说，有限的精神必定会把某种绝对之物（某个物自身）设定在自己之外，然而从另一个角度出发必须承认，这个绝对之物仅仅对于有限精神而言才有其实存（有限的精神才是必然的本体）"。不过我们倒是认为必须这样来看，即这两种情况并非彼此对立，而是同一个情况。设定—在—自己—之外已然把对于—自己—进行设定包含在了自身中（在我之外存在绝对者，这根本上就是说，绝对者永远**只对我而言**存在 [并非自在地，作为纯然的本体而存在]）；因此，在设定—在—自己—之外这一行为自身中，已然蕴含了有限精神的受限状态以及与绝对者的差别关系，有限精神为自己所赋予的那个绝对者，着眼于绝对自身来看根本毫无意义，同样，费希特这里所谓的循环仅仅对如此进行哲学思考的人才存在，即便有限精神把这个循环拓展到无限中，它也绝无可能逃出这个循环。

这种在—自己—之外拥有绝对者（纯然的对—自己—而言拥有绝对者，这种"绝对者"的存在是纯然被构想出来，诚然是直接伴随着在—自己—之外拥有这一行为一并出现的）这种行为自身仅仅是一个假象，并且完全属于假象，但它也是对抗所有独断主义，走向真正的唯心主义，进而走向绝对者之中的哲学的第一个决定性步骤。

在面对**物自身**这个理念时，必定会有一种矛盾蕴含在下面这点中：物自身是某种对自我而言才存在的东西，所以物自身在**自我**之中存在，但它同时也不应在自我之中，而是应在自我**之外**存在。这个矛盾的根由，完完全全就包含在知识学的狂妄要求中：不仅要把绝对者保持在自我之外，而且还要把自我保持在绝对者之外。倘若不是要在你之外寻觅自—在体，或者说，不是要寻觅在自—在体之外的你，那么在此情况下，自—在体就会直接终止作为纯然对**你而言**的自—在体而存在了：这种自我——自—在体之所以会对它而言才存在，是由于自—在体在自我**之中**存在，并且**不独立于自我**，从而终止作为自—**在体**存在，并成了一个纯然的本体——自身就是最狭隘、最受限制的东西，它是凭着一个绝对的对立被设定的，进而根本上只是主观的自我［它并非理性，也非绝对自我，相反，这里的自我乃是某种经验性的自我］。在这个意义上，正如在这里已经明了的①，**自—在体**绝不可能在自我之中存在，同样，在真正哲学的意义上，它也不会在自我之外存在。

IV, 357

下面这点是对知识学最明确的说明（《全部知识学基础》，272页）：它从**一个独立于意识、在意识之外现成存在的东西**出发来说明全部意识，借此，知识学也就佯装自己对独断主义和康德主义做了最佳的综合，而它除此之外也别无他想；知识学的先验方面仍始终会通过下面的问题而有效：**对谁而言**，意识可以不通过其他方式，仅仅通过一种独立于它的现成存在力量得到说明？**对谁而言**意识应得到说明？做这一说明的，究竟是**谁**？——正是有限的自

---

① 也就是说，不会在主观的经验性自我中存在（这只是一种殊异化活动）。——作者注

然存在物自身;尽管这一反思已经足够明确地道出了,那种愚弄和迫使进行着哲学思考的庸常人类知性徒劳伸向**自—在体**的假象,而当庸常知性恰恰妄图照此方式去把握自—在体时,它也就因而错失了它①;尽管如此,这一反思自身仍然完全停留在这种假象中,它认为这一假象是不可消解的,并且不可克服地包围着有限的自然存在物(仿佛在有限的自然存在物中根本就不存在某种东西,使它能够在诸如哲学中把自己提升到这一假象之上似的),但这种反思不仅非但没有把这一假象彻底抛弃,以便把自己提升向绝对者,反倒以下述方式在不断确证它:这种反思仅仅试图在主观上来说明这种假象并摆脱它,也就是把说明的基础推延出去,直至无限中;因为一旦反思到,即便是这一说明仍要依循有限自然存在物自身中的内在法则发生,那么"(绝对者)的独立性(**在—我—之外**)也仍不过是我思想力量的纯然产物罢了"(毋宁说,自我必定会通过下面这点得到了加强,即绝对者作为一个**在—我—之外**的东西,彻彻底底就是**无**),"甚至这一把非—我设定为说明根据的行为,始终也已然是一种被限制了的设定,所以延伸至无限中,也不可能有任何自我没有在其中已然受到刺激的环节会得到指明,**而作为对**

IV, 358

---

① 庸常的人类交织于其中的那种冲突,就是在费希特那里哲学交织其中的冲突。每一个人都出于自然本性而被驱使去努力成为一个绝对者;但当他意图在反思面前把绝对者固定下来的时候,绝对者就会在它面前消失。绝对者就像幽灵在他周围盘旋,但他就是把握不住它。只有在自我不拥有绝对者的时候,绝对者才存在在那儿,一旦自我拥有了它,它就不复存在了。在这种冲突中,只有主体性活动和客体性之物进入未曾料想的和谐中的瞬间,绝对者才出现在灵魂面前。那些经历过这样瞬间的人,把它描述为宗教仪式般的瞬间。但这样的和谐是不可能被强行"建立"的,所以反思总会一再出现,进而让这种至高的和谐无从显现。可哲学不是这样的东西,它是精神更高、仿佛更安静的完成。——作者注

立面的非—我也不可能指明任何这样的环节,在非—我这个对立物中,得到表象的并非其独立性,因此,非—我只能依赖于自我而产生"。

以这种方式,自我和非—我之间本应平息的往来争斗,就被推延到了一个无限进程的长久历程中;但哲学必须在时间中接纳永恒,毕竟我们实际上经验到的都是我们先前已经知道的东西,不仅如此,我们永恒地被这样一个循环把持着:在它之中,某个虚无之物通过与另一个虚无之物的关系而获得实在性;反过来说,自我若无对非—我的依赖就是虚无,而非—我延伸至无限中亦复虚无——因为非—我是由自我设想为一个独立于它的东西的——,这样一来,为哲学开启的坦途就是,在这一对立中看清绝对的虚无,进而通过提升到一个绝对的统一体而达至绝对的实在性。

如果根本上来说,**自—在体**只能被认作**说明基础**,那这就意味着,当处于因果形式的独断主义的精神中——正因为如此,独断主义被设想为一种通过对立得到规定、总是伴随着某个**在—它—之外者**的东西——,这个作为自我之中的规定或者说感受之基础的**自—在体**,绝不仅仅是一个本体。相反,它绝对地——不仅客观地,而且主观地——是无,因此它也绝不是某个必定会为我们的全部哲思奠定基础的必然理念的对象,毋宁说,它才是与一切真正合乎"理念"这个词本义的理念相对立的那一极,是一切哲学的直接对立者。

同样也不可以说,我们是由于自—在体这个理念而处在一种不可消解的矛盾中,对此倒不如说,自—在体这个理念不仅总的来看,而且甚至对我们的思想来说,绝不只是某种必然的思想迷乱或

IV, 359

者诸如此类的东西,相反,它是彻彻底底的虚无,意识到这一点,才谈得上更加明朗和准确。

正如已经看到的,我们已经充分表明了,把绝对意识限制在纯粹和经验意识相对统一体上的做法,进而根本上来说,以关联于经验自我的方式使绝对自我成为本原的做法,不仅根本上把在哲学最重要的几个点中进行的建构直截就搞成了彻头彻尾的残次品,而且还取消了绝对认识的理念。

我们当然还可以通过更多的点以及它们更加深远的影响,来指明上述这种殊异形式和限制产生的后果,毕竟这是当下的目的所要求的,但我认为,先提一提下面这点就足够了。

首先,从这种纯然相对的统一体出发,根本上也只能推导出仅仅相对的真理。既然纯粹的自我,或者说关联于经验意识的意识只能做到赋予相对的统一体最高的对立,而无力做到把它带回绝对统一体中,那么这个处在**自—在体**名目下的绝对统一体,这个全然独立于主观自我的东西,就必定是一个在它之外的东西,所以即使不考虑它的同一性,它也会一并地跟自我(以非—我为条件的自我)和非—我相对立;落入这种作为纯然影响和施动力量的非—我的自然,因此也就彻底存在于绝对者之外了,也就是说,完全成了绝对的**虚无**。既然在自然中存在着一种对绝对者的表达,那么自然也就在此程度上仍然获得了实在性,而这种实在性必定是实践性的实在性,因为恰恰只有在"应该"或者说在义务中,绝对统一体才可能在绝对独立的质中成为客观的,而这种绝对独立在于,在实践中,绝对统一体独立于只能在与经验性意识相关联时才能被设想的纯粹意识。借此,对自然的目的论说明和演绎也就重新获得了合法性,进而重新被引回到了哲学中,一切关于自然的思辨观点也就全部被消灭了。

既然**自—在体**在理论上始终只能作为一个构想物被设定和采纳在自我之中,因而依赖于自我并且只能在观念上被产生,进而仅仅在"应当"中才在真正意义上具有客观性,这种自—在体一成不变地持留在一种"纯然"的同一性中,既然如此,一切关于绝对者的思辨观点也就借此自在且自为地彻彻底底被取消了;除了道德认识,再没有其他对绝对者的认识了,除了通过道德存在物,再也没有其他方式能与绝对者关联。这样的道德存在物,把宇宙、一切卓越不凡之物、一切的美都最终消解在了一个道德的世界中,这个道德存在物自身想要享受永恒,并为作为当下的无限和谐而欣喜。但这种意图注定永远失败,因为对于当下而言,绝对的和谐又被投向了无限的远处,被投射为一个无限进程的目标。

要把以这种方式从其本己本原偏离的哲学引回到其真正的本原上,只有一个办法,那就是首先把本原自身从已经假定的种种限制中解放出来。在此基础上,当我们回转到一切哲学纯澈的源泉,也就是绝对认识上之后,哲学的有机体才会通过一个从所有方面来看都符合哲学的整体得到表达。

所以这个首要任务所涉及的,就是提升到绝对主—客体,提升到绝对认识自身的必要性,也就是彻底从理智直观的主观性中抽离出来,自在且自为地去认识绝对者。

一方面在这一考量中,另一方面在对更遥远目标的通达以及在对合于某一本原的体系的塑造中。而那些在其他地方也已然发挥作用的方面,我们在此就不予赘述了,我们只好假定至少我们读者中的一部分对此早已熟知；而眼下进行的各路阐述的任务，尽管首先是要为读者展开和呈现出绝对认识或者说理智直观的自然本性，但最事关宏旨的原理，以及在其中得到奠基的哲学体系的内在建构——这一建构一直都在招致批判，但新加入进来批判它的人也越来越少，因为它的批判者也越来越理解它——更需首先面向读者展开和呈现。

§.II. 证明:有一个点,在其中对绝对者的知识和绝对者自身合一

无须对纯粹直观做任何进一步的指导,几何学就直接迈入了自己的建构中;甚至几何学的公设也并非其直观本身的要求,因为对于这一直观,没有任何怀疑或者说任何歧义性被预设在先,相反能提出对公设之要求的直观,并非直观本身,而是种种特定的直观。

对处在严格科学建构中的哲学家来说,理智直观或者说理性直观也以同样的方式是确然无疑的,对于这种意义上的理智直观,没有任何怀疑可以被确立起来,也不需要任何说明。理智直观是无须任何要求、彻彻底底直截作为前提的东西,进而在这种考量中,它也绝不可以被称为哲学的公设。

关于这种直观,人们大抵会像柏拉图追问德性那样发问说:它是可教吗?是可以通过训练获得的吗?或者它既不能通过教学,也不能通过勤奋获得,而是天生的?抑或是通过神意赠与人的?

很明显,它并非能被教授的东西;因此在科学的哲学中,所有去教授它的尝试全是彻底的徒劳,进而所有引向它的指导——毕竟它必然地塑造了哲学的入口,以及对哲学种种暂先的呈现或诸

如此类的东西——在严格的科学中都是不可寻求的。

有待理解的问题并不是哲学为什么偏偏有责任去特别地顾虑那些无能者，毋宁说，哲学最好严严实实地关上通达自己的入口，并且从各个方面让自己与庸常知识隔离开，使得没有任何道路或者阶梯能从庸常知识出发通达哲学。哲学的起点就在这里，谁如果没有已然在此，或者在这个起点处畏缩不前，谁就会总是离哲学十万八千里，或者落荒而逃。

理智直观并不是稍纵即逝的灵光一闪，而是作为稳定不变的官能始终实存，它构成了科学精神本身的条件，并且存在于知识的所有部分中。理智直观就是在殊异者中看到普遍者，在有限者中看到无限者，看到将两者统一在活生生的统一体中的能力本身。把一株植物或者一只动物的躯体分剖开来的解剖学家，当然也认为自己直接所见的就是植物或者动物的有机体，但他管窥到的其实只是他自己称作"植物"或者"躯体"的个别物；在植物中看到植物，在器官中看到官能活动，一言以蔽之，在差别中看到概念或者无差别，只有通过理智直观才有可能。

为了眼下的目的，我们首先要在下面这个程度上来规定理智直观的自然本性和本质，即有必要认识到它不是什么，进而把它从人们平常也会称作"理智直观"的东西中剥离出来单独考察，而人们平常所谓的"理智直观"，要么是跟它压根没有任何共通之处的东西，要么仅仅是它的一种特殊形态。

"哲学毕竟存在"，这个事实自在且自为地看，也不过是在理念中证明了下面这一前提的必要性：人们以常规路径而达至的那种知识，并非真正的知识，而既然哲学自身所力求的，是从那种在另一种考量中拥有自明性的知识——比如数学知识——出发，去探究一切的根基和条件，那么这就证明了，与任何一种哲学的前提一并被预设的，就是所有通常的知识只不过是纯然有条件的真理。

下面这点是哲学发明的一般性基础。通常来说，即便有某种天赋知识，下面这点也是清清楚楚的：这种天赋知识必然被设定在与纯然有限实存的关联中，进而是一种在后者中被反思的知识。然而归根到底（这一点当然也能直接看清），这种已然作为有限者的先天知识反过来看仅仅对于我们而言才存在，进而必定也仅仅在与无限者的关联和与无限者的对立中才存在。这种我们也能将之称为"观念之物"的无限者，不可能以任何方式既非被限制的，亦非能被限制的，而有限者在任何时候并且永远都只能是一个被规定的东西。

IV, 363

借此，观念与实在，无限者与有限者的普遍对立，也就在意识自身中被设定；既然在无限者中（对它直接的表达就是概念）——所包含的东西在任何时候都比在有限者中的更丰富（对有限者直接的表达就是客体）——，那么必然的结论就是，有限者和无限者——两者中的一个总是关联于另一个——同时也是彼此相对立设定的。

对于任何徒有其表、实则并非哲学的哲学，人们首先都可以说，这种玩意始终都停留在上述那种对立中，它不过是求仁得仁，出现在它所意愿的形式中罢了。

与之相反，几何学乃至数学完完全全摆脱了这种对立。在这两门科学这里，思想在任何时候都合于存在，概念在任何时候都合于客体,反之亦然,进而下述问题也绝不可能产生:在思想中正确无疑的东西,是否也在存在或客体中如此,或者说,在存在中被道出的东西,是否拥有思想的必然性。而在这里,一言以蔽之,根本不存在任何主观和客观真理的区分,主体性和客体性就是绝对合一的,在对这类科学的建构中,不存在任何会产生这种区分的情况。

　　数学自明性的基础仅仅基于上述这种统一性,这一点之前(§.1)已经得到表明了;甚至可以说,这种统一性就是纯粹的自明性自身,在几何和算术中,它仅仅在某种特定的归秩下显现,在几何学那里显现在存在的归秩下,在算术那里则显现在思想的归秩下(能够被思想把握的东西,根本上来说已经被思想把握了,正如一切都被包含在一切之中,同样,一方面在存在中的东西,另一方面也在思想中得到表达,因而不论从哪一个方面看,得到反映的都是理性的整全有机体):这个自身自明的东西,或者说思想与存在的统一体,并非处在这种或那种关联中,而是彻彻底底自在且自为的,因此,这种自明性是作为一切自明性中的自明性,一切真理中的真理,一切已被认识者中纯粹的已被认识者被看到的,而看到它就意味着提升到了对绝对统一体的直观中,进而也彻底提升到了理智直观中。

　　谁若是先彻彻底底从一切自明性中走出了,谁就也从思想和存在,主观性之体和客体性之物的这种同一性中走出了;伴随着这种走出,属于同一性的演证性本原也就一并失落了,或者说,一旦这种走出发生,本原至多也就保持为知性本原而冥顽不灵,从这种本原出发所进行的演证也就成了朝向逻辑同一性的演进，它所倚仗的是反思中的概念——统一性，在其中缺乏真理和内容。

然而理性——甚至在那些完备性更低的对理性的追求中——，也就是最高最直接的明证性，始终都与最高的统一性相勾连。思想与存在的那种贯穿在有限认识的全部概念和形式中的对立，在独断主义看来仅仅是主观上不可克服的，即便独断主义，也把认识的最高客观之物认作这样一种统一性，在其中存在会直接依循勾连于概念，实在性也会直接依循勾连于同一性。所谓的对上帝实存的存在论证明就与这种统一性相关联，反思—体系有理由把这一证明视为最纯粹的哲学自明性的点。就绝对者的理念来说，这个证明并无错误，只不过它所倚仗的认识方式是颠倒的。就其自然本性来看，反思建立在思想与存在的对立上；思想与存在的统一性对于独断论体系来说自身又成了一个存在［一个客观之物］；只有在这种统一性之内，思想和存在才能在这些体系面前得到统一，而神之所以是绝对的，正是在于思想和存在在他之中得到了统一，并且从他自身来看，存在或者说现实性直接源自理念或者说可能性；但在这一统一性之外，在各种独断论体系看来，思想自身仍然保持在与可能性的主观对立中；尽管这一对立在神之中被扬弃，但并没有在独断论体系的认识活动中被扬弃。以此方式并且照此方式，思想与存在在绝对者自身中的统一性，也就又消没为了纯然的存在，这一存在之于哲学家的思想又像实在性之物之于观念性之物，或者客体性之物之于主体性之物那样了，神的存在不再是神自身中理念的结果，反倒成了哲学家思想的结果；如此一来，绝对者的理念自身的存在，即思想与存在的统一性的存在，跟消失不见也就又没什么两样了。①

从关于绝对者纯然的**思想**中根本就得不到其实在性（因为从"我能够设想一座金山"出发，并不能得出金山现实存在，或者假如我们完全用康德的说法来说，就是某个人设想一百塔勒并不能得出，他所持有的现金就增加了这么多）这一点，——自从批判哲学关于它而引入了许多观点，进而产生了深刻透彻的影响，乃至成了一种普遍的智识上的下流以来——已然成了反对所有关于绝对者肯定且断然认识的普遍决定性要素，如果人们并不想彻底放弃关于绝对者的认识，至少如果人们暂先假设性地从纯粹思想，或者从同一性的知性本原出发进行哲学思考，进而看到，人们通常会从哪里出发得到存在，那么由批判主义带来的这种决定性要素就仍在持续产生影响。

反思之所以会力求即便面对绝对者自身，也仍要把它作为客体性之物固定下来，其原因恰恰在于对绝对认识的无知，这一点再清楚不过了。而批判主义表面上与之对立的原因也在于此，尽管批判主义与这种力求相抵触，但如果走出这一抵触的作用范围，那批判主义自身就一无所是了。它唯一能做到的就是指明，在真正的哲学面前，自己不过是一种坏的怀疑主义，而这种怀疑主义自身完全是在反思中成长起来的，它也与反思一道，妄图打倒哲学自身而后快，妄图把哲学自身污蔑为思辨的玄想，妄图灭之而后安。但真正的怀疑主义所针对的，完完全全就是反思性的认识，甚至可以

---

① 我们与独断论的区别并不是在于，我们宣称在绝对者中存在一个思想与存在的绝对统一性，相反，我们断言的是这种统一性存在于知识中，也就是说，我们断言的是知识中的绝对者的存在，和绝对者中的知识的存在。——作者注

说，真正的怀疑主义出自真正的思辨本原，只不过怀疑主义不能断然把这一本原道出而已，因为否则的话，它就终止为怀疑主义了。但若要针对思辨或者说针对绝对认识，人们完全可以确信，除了下面这点，怀疑主义绝对找不到其他任何武器，即从庸常的或者相对的知识中来提取绝对认识自身，并且一定要亲自去攻击它的实在性，这样一来，绝对认识不仅被怀疑主义怀疑了，而且还被它无条件摈弃了。在这种关系中，怀疑主义和哲学尽管根本无从交汇，但一者之于另一者就像某种彻彻底底有所欠缺的东西，或许也如同黑暗之于光：对于黑暗来说，光根本就不存在，但黑暗也间接地由于光本身而消散了。 IV, 366

绝对认识，以及在它之中的真理，并没有在自己之外的真正对立，如果绝对认识之于某人并不像光之于天生的盲人那样，或者说，倘若某个有理智的存在物可能看不见光，但空间概念还是可以被演证给这个人，那么与之相应，绝对认识也一样不可能跟任何东西对立；它就是刺破一切的光，它自身就是不识任何黑夜的白昼。

总之，要从对某种暂先的、仅仅形式性的绝对认识的承认——尽管任何一个人，只要接触到哲学的领域，都会从所有方面出发去孜孜以求绝对认识，但"常人"当然不可能允许这个人在自身中活生生地去把握绝对认识，甚至还可以逼迫他——，走向下面这种洞见仅有一步之遥了：这种绝对认识直接地也是关于绝对者自身的认识，并且它还伴随着对绝对者作为被认识者和主体作为认识者之间的全部差别关系的扬弃。

我们现在只差几步就能完成下面这点的证明：对意识自身来

说存在一个点,在这里,绝对者自身和关于绝对者的知识彻彻底底合而为一。

根本上来说,如果思想之为思想,总是有一种与存在的必然对立,那么这种思想就并非绝对认识,或者说不可能是绝对认识,这一点尽管就其自身来看已经足够清楚了,但只有通过迄今所讨论的内容,它才完全无可置疑。因此总的来看,绝对认识之为绝对认识,只能被设想为这样一种东西:在其中思想与存在自身并不对立,从它出发来看,思想与存在两者仅仅在反思中或者说对知性而言才是分离的,而在绝对认识自身中则是绝对不可分离、全然等同的形式。

IV, 367

进一步来看,对所有仅仅笼统地拥有"绝对者"这个理念,但完全没有考虑它是否具有实在性的人来说,通过这个理念自身也能直接清楚看到,在它之中被设想的是观念性和实在性、思想和存在相等同的绝对统一性。

我们眼下的意图绝不是从绝对者自身的本质出发来理解这一点,关于绝对者的本质,我们在这里还没有下任何判词,我们仅仅在讨论绝对者的理念,而下面这点也是对这一讨论的必要补充:

在一切存在中得到统一的,是普遍者和殊异者,从这一点出发来看,普遍者对应于思想,殊异者对应于存在。从普遍者出发推论出殊异者,这种行为无视了有限或者个别的事物。有某个个别的人实存的实情,或者说,眼下不多不少,正好就有一个人实存这个实情,不可能是从人的概念出发看到的。在这种情况下,存在绝不出自本质,也没有任何一个个别事物是通过其概念获得实存必然性的,相反,它获得实存必然性是通过**某种并非其概念的**

东西。

一切事物的本质都是一，单独来看，在其中并不蕴含任何殊异者的根据；而使得事物由以彼此相殊异和区分的东西，是形式，形式就是普遍者和殊异者的差别自身，在两者身上通过它们的实存得到表达。

着眼于绝对者来看，存在直接源自本质，这个人所共知的说法没必要反反复复说，但我们仍要对它做更进一步的规定：着眼于绝对者来看，普遍者和殊异者是彻彻底底合而为一的，绝对者的概念（即注定绝对地去存在）同时也是其殊异要素，因此凭着这两个方面，绝对者才是绝对的，所以绝对者既不与其他任何事物等同（这是由于其普遍概念），也不与之不同（这是由于其殊异要素），绝对者绝对地且在本质上是一，仅仅就是它自身并且彻彻底底与自身等同。既然形式就是使得殊异者由以殊异，有限者由以有限的东西，那么——因为在绝对者中，殊异者和普遍者绝对地为一，**甚至形式也与本质为一**，也就是说，两者都是绝对的——**在本质和形式的这个绝对统一体，或者说两者相等同的绝对性中，就已然蕴含了对我们先前提到的命题的证明了**，也就是蕴含了对绝对者自身何以能够与关于绝对者的知识为一的证明，也就是对关于绝对者的直接认识的可能性的证明。

既然根据下面这个前提：在有理智的意识中只能出现形式上绝对的认识，而处在认识中的绝对者是据形式而言的绝对者，那么基于必然属于绝对者之理念的本质和形式的绝对无差别，处在认识中的绝对者也是据本质而言的绝对者；思想与存在，观念之物和实在之物的绝对统一体，是绝对者永远不会与其本质相分别的形式,因而就是绝对者自身;因为既然观念之物和实在之物的差别也设定了本质和形式的差别——但在绝对者中两者是为一的——,所以观念之物和实在之物的统一体也同样是绝对者的必然形式,正如在绝对者自身中,形式也是绝对的并且与**本质**等同。

但在绝对的认识中,现在恰恰只有这种思想与存在的绝对统一性(这一点已经指明了);唯一可能遗留下来的对立,或许就是认识已经被规定为**是形式上的**,进而作为这样的认识或许会与**绝对者自身**相对立,然而形式同时就是绝对者自身,因为本质和形式的统一性属于绝对者的理念:**因此根据这一点,形式上的绝对认识同时也是对绝对者自身的认识**。因此,一种关于绝对者的直接认识是存在的(进一步来说,这种认识**仅仅**关于存在者,因为只有在绝对者身上,才可能有作为直接自明性的认识条件:本质和形式的统一性),而这种认识就是首要的思辨性认识,也是一切哲学之可能性的本原和基础。

我们把这种认识称为理智直观。之所以是直观是因为,一切直观都是对思想与存在等同的设定,在笼统意义的直观中,只有实在性:在反思的情况下,被设定的只有关于绝对者的纯然思想,而这种意义上的绝对者据其理念而言则被规定为直接通过其概念**存在**的东西,因此,关于绝对者的纯然思想绝非对绝对者的真正认识。这种真正的认识仅仅存在于绝对等同地设定了思想和存在的直观中,当这一直观在形式上道出了绝对者之际,绝对者的本质也就同时被道出了。我们之所以把这种直观称为"理智的",是因为它是理性—直观,并且**作为认识同时也与认识对象绝对地合**

二为一。①

哲学的基础就在 [a] 这个形式上的绝对认识与绝对者自身的会合点上，在 [b] 这种会合所发生的这种认识上，也在 [c] 对认识能够与其对象绝对合一的这个独一无二观点的洞见上（这一点只有从绝对者来看才可设想）；一切哲学的自明性都源自这个点，而它自身就是最高的自明性。

一切科学都要把它的实在性建立于其上的要求就是：被这种科学绝对地认识到的东西，即理念，也得是实在之物自身；在几何学的建构中，这种情况是直接自行出现的，因为几何学的建构能够即便在外部直观中也表达出原型；在哲学建构中存在的，是没有任何关联牵扯的彻彻底底绝对的理智直观，在其中，绝对认识同时也作为最具实在性之物，即绝对者自身被认识到，因而这种认识的模式也被认作唯一的真实且实在之物。

---

① 大多数人把"理智直观"理解为某种不可把握的神秘的以及不再需要任何理由的东西，可是，有人会把对纯空间的直观也设想为某种神秘的东西吗？——这个纯直观难道不正是使一切外部直观只有在它之中且通过它才得以可能的直观吗？时间和空间两者，不过是跌落入感官世界中、处在不同形式下的存在与思想的统一体。反思产生的世界正是无限者和有限者在其中分裂显现的世界。正因为跌入了感官世界自身中，思想与存在的统一体才会要么被反思认为处在无限者中，要么被反思认为存在于有限者中。这两种反思的归处我们称为时间和空间（两者的关系＝主体性和客体性的关系）。两者的统一性，不再会存在于无限者或有限者中，相反，自在地看，这种统一性就是绝对知识的本原，是纯粹理智直观的对象，同时也是理智直观自身，因为在这里，直观和对象是一。而无限者和有限者在其中合二为一的东西，就是永恒者：据此，绝对科学就是关于永恒者的科学，是安于自身的永恒者的科学。在永恒者中，绝对科学同时也必定会呈现出它的种种建构，正如几何学也在永恒者的大全一体图景，也就是空间中呈现出它的建构。既然空间自身落在感官世界中，进而空间直观本身也仍是一种感性直观，那么几何学本身也仍是在感性直观中确立起它的种种原型——或者说：几何学是在经过反思了的理智直观中呈现它们。如其所是的永恒者自身完完全全在感官世界之外。——作者注

在形式和本质的这种无差别中,同时也蕴含着唯心论和实在论唯一可能且必然的统一点。

唯心主义之所以难以成为哲学,完全在于形式、知识和认识。如果这种知识或者认识自身是绝对的知识,绝对的认识,那么它所缺失的仅仅是在于反思到,绝对的形式[绝对的知识]同时也是绝对的本质、存在和实体,如此一来,唯心主义也就不会再看到实在论与自己的对立了。但是只要人们还在与存在的对立中来看待认识,进而没有同时把它视为绝对的实在性,那么认识也就还没有被视为绝对的。

实在论佯称从一个绝对的存在出发,但如果这个存在确确实实是绝对的,那么直接的结论就是,这是一个在理念中的存在,这个存在作为彻彻底底绝对的,存在于一切理念的理念,即绝对认识中。① 而这种关系就是我们已经刻画为无差别的那种关系[这种关系并不像许多人设想的那样,是一种荒唐的综合]。

绝对认识——它也是**一切**通过理性而进行的概念把握活动的本原——,也是对它自己进行概念把握活动的本原。哲学活生生的本原和一切能使有限者和无限者被绝对等同设定的能力,都是绝对认识自身,就此而言,它也是灵魂的理念和本质,是灵魂由以在绝对者*之中*存在的永恒概念。这个概念既不是被产生的也非暂时性的,而是彻彻底底无时间地永恒的,它在认识中同时设定有限

---

① 或者说:所以它与绝对的理念,与原型性的本质合而为一,与它在认识中归于一体。——作者注

者和无限者,同时也让绝对认识成为唯一真实的存在和实体。①

从这一点出发,任何人都可以进一步自发推论出,一切直观——一般意义上的直观都依其所意愿进行的直观活动得到规定,在这种直观中,有限者与无限者的对立并没有被绝对消除,也就是说,这种直观源自经验主体,或者说源自某种不同于作为普遍形式,即纯粹主—客体意义上的自我——都残留着某些在这一普遍形式之外的东西。或者也可以说,一般意义上的一切直观都是这样一种直观,它仅仅在**对它自身的直观中**,指向主观的主—客体同一性(在这一点上,理智直观和所有经验性直观的区分或许仅仅在于,在经验性直观中,被直观到的是某种与主体有别的东西,但在理智直观中,直观者和被直观者是同一的),所以这种直观绝不可以称为理智直观。

同样,对下面这点也大可不必惊讶:在把认识彻底规定为形式性的东西的情况下,绝对者(就绝对者而言,不存在本质与形式的区分)的必然**理念**还不足以指明,恰恰是绝对者并且唯有绝对者,才是那个能够拥有一种绝对且直接认识的东西。关于这一点,我们要提防下面的误解:不可以认为,绝对者是一切之中最具自明性的东西,因为它能够通过自己的自然本性使认识与它自己的绝对统一性作为被认识的对象,也不可以认为,绝对者是一切自明性的基础和最纯粹的自明性自身,因为倘若绝对者真的这样被看待,那

---

① 正是由于从这种绝对认识出发,哲学也就在运作的同时,对自身进行证明(哲学只可能自己证明自己,因为它是绝对的科学);哲学会一直前进到这样一个点上,在其中,等同于绝对者自身的绝对只是,内化并塑造我们,因而它也就是我们灵魂的理念和本质。——作者注

么对它的认识就是另一种被臆造出来的直接确凿认识的最终结果了。或者说,绝对者的实在性本身在另一种实在性身上才能得到指明①,也可以说,绝对者的实在性是通过分析被探究出来的,或者用其他术语说就是,肯定是基于道德根据而被信仰的,通常来说,殊异的认识形式就是这种认识所意愿的形式。同样,根本上来说,只要一开始就无视或者说没有认识到认识和存在、形式和本质的绝对无差别,同时也没意识到理智直观,那么其结果就是哲学自身的惘然失落。

---

① 比如只有在自然或者伦理世界那里,才会出现所谓"信仰"。——作者注

§. III. 绝对者的理念

斯宾诺莎——这个人并非由于人们对个别概念的误解或者无知,而是由于对哲学自身的绝对无知,才被刻上了独断论者的烙印——把思想和广延设定为神性存在物或者说绝对实体的直接属性,就此而言,这两种属性跟我们作为观念之物和实在之物,或者在上文的关联中,作为绝对认识的两种形式所规定的东西所指相同。所以表面上看,斯宾诺莎主义缺乏作为同一、必然且首要形式的绝对认识理念,并且既然本质和形式的无差别关系——我们把它刻画为哲学的最高点——也同样基于对这种形式的认识,所以在表面上看来,在这一点中就包含着在斯宾诺莎主义中看不出的绝对哲学——这种哲学就其自身而言既不是唯心论的也不是实在论的——,以及把斯宾诺莎主义视为实在论的根由。

然而人们必须做下面的考察:首先,根据斯宾诺莎的说法,作为思想的思想,和作为广延的广延,仅仅在被生的自然那里才被区分开,也就是说,在绝对者之中,自在且自为地看,既不存在来自思想的东西,也不存在来自直观的东西,而是只存在两者的统一体,斯宾诺莎对这个统一体的明确规定是:着眼于绝对者来看,进行着思想的实体和有广延的实体是同一个实体,只不过这同一个实体

IV, 373 当下总是在这个或那个属性下被考察罢了（在这一点中已然蕴含了下面的断言：绝对地看，纯粹实体既非思想实体也非广延实体），进一步来说——毕竟关联于神性存在物来看，思想和广延仍被设定为———两者间的关系作为神性属性的关系，已经使两者成了形式，即已经使两者的统一体成了绝对的形式，因此，人们由此就能得到这样的启发：如果在斯宾诺莎的阐述中并没有直接把思想和广延的统一性认作同一的，但也并不因此就把这种统一性认作不由两者所包含的，也没有直接认识到，绝对本质的形式，即绝对形式自身也与本质处在彻底的无差别中，如果出现这种情况，所缺乏的要么不过是精确的反思，要么不过是明明白白地把这一点宣告出来罢了。

如果人们更深地钻研斯宾诺莎主义的内容，并且直到这样一个点，即就算在一个被反思的世界中，两种对立的形式复为绝对—同一的，仍在不断地转变为绝对形式，而绝对认识——与本质等同并且就是实体自身的认识——也凭着绝对形式得以被生产出来，那么人们就会以扬弃一切对立的方式，置身斯宾诺莎将之作为绝对认识的形式本原，即永恒概念或理念中。在斯宾诺莎看来，这个理念建构了灵魂的本质，在其中，作为思想样态的灵魂，和作为直观样态的身体彻彻底底合二为一。

因此，这里所提的理念是关联于绝对者的理念，也就是一切理念的理念，即绝对形式，绝对认识，它已经明确被表达成这样一个东西：从它出发，才有思想和广延，因而从它出发，在有限事物身上或者有限认识中，才有观念和实在的分离，而在这种绝对认识之质朴性和纯净的同一性中被设想的东西，就是绝对者自身的本质和实体。

我们已经一方面从理智直观出发，另一方面从绝对者的必然自然本性出发指明了，绝对形式是绝对者和认识之间永恒且普遍的居间者，只有通过绝对形式，认识才能达至绝对者和永恒者自身，所以在指明了这一点之后，为了依其整全的内在性并在其完满性中把握绝对者的理念——在哲学中，这个理念是其他一切的前提——，首先必须知道，在绝对者的理念中，永恒形式以何种方式等同于本质并且就是本质自身。

IV, 374

在这里，我们也感觉到，将它们——与所有这类阐述相伴生、在讨论对象中绝对地为一，并且也只有凭着一种绝对的统觉才能被把握的东西——条理清楚地详细呈现出来的困难；因为对于在细节上理解一切，但并没有在把握每一个细节，以及对于在如它们各自所是地那样认识到它们之后，把一切殊异的规定统括为整体的人来说，在我们现在要讨论的这个领域，肯定不会遭遇除了徒劳的矛盾之外的任何东西。所以我们在眼下的探究中，尽管确实需要据其主要环节在细节上进行阐述，但我们同时也必须期待，谁要是真心实意地追随我们的步伐，并且想要达至绝对者的完满理念——对于哲学的目的来说，这是必须认识的东西——，谁就得知道，还需把这些不同环节再次统一起来。

下面的内容就是关于绝对者之理念的主要原理，我们在其他地方已经证明过它们了，在这里我们只是事关宏旨地来试着讨论一下它们。

1）绝对者的内核，或者说绝对者的本质只能被设想为绝对的、彻彻底底纯粹且澄澈的同一性。

绝对者之为绝对的是因为,在它之中存在的东西必然且始终是同一个东西,也就是必然且始终是绝对的。倘若绝对者的理念是一个普遍概念,那下面这点就无从避免:在绝对者中会遭遇一种差别,而这一差别无视了绝对者之绝对性固有的统一性。因为即便一些最为不同的事物也仍可以在概念中始终为一并彻底同一,比如"形状"这个概念,不管是矩形、多边形还是圆,都始终且必然地属于"形状"这个概念;在概念的完满统一性中,一切事物间差别发生的可能性在于,事物中的殊异者与普遍者联结的方式,一言以蔽之,在于事物存在的形式;在绝对者中这种情况被彻底排除在外,因为就绝对者的理念来看,它之中殊异的东西必定也是普遍的东西,普遍的东西必定也是殊异的东西,进一步来说,通过**这种**统一性,形式和本质在绝对者中合而为一。所以从绝对者出发可以直接得出下面的结论:绝对者之为绝对的,也在于把一切差别从自己的本质中排除在外;因为在它之中存在的东西都是绝对的,而倘若它是绝对的,那么殊异者在它之中也是普遍者;而既然我们能够在绝对者中设定的东西也适用于一切,进一步说,既然普遍者与殊异者的差别,以及由此而来的本质与形式的差别是一切可区分性的普遍基础,那么在绝对者中,恰恰由于它是绝对的这一**实情**,并且因为一切在它之中都是绝对的,所以没有任何东西可以区分,绝对者就是纯净的同一性,所以就是唯一者(从到目前为止讨论的内容来看这是自明的),关于它唯一可能的谓词就是"绝对同一性"。

绝对者只可能是唯一者,以及绝对者据其本质而言也同样是彻彻底底同一的,这两个命题实则是同一个命题;因为如果绝对者在量的意义上被刻画为一,那么这也同样意味着,绝对者也能通过反思在片面—质的意义上被规定。但毋宁说，绝对者是这样一个东西：就它的量（量的根据在普遍者或者说概念中）和质自身来看，并非统一而成的东西，相反，绝对者毋宁是一个彻彻底底不可分、绝对地为一的东西。

这样一来，上面提到的命题就可以用接下来的这一对立来反驳下面这些观点，根据这些观点 [a] 要么实实在在地把某种差别如其所是地接纳到绝对者的理念中，要么 [b] 差别把绝对者设定到了一个普遍概念中，或者说完全把它设定在这样一种从差别而来的同一性中，在其中稍作考量就会看到，这种同一性与某种差别，亦即某种殊异之物处在对立中。

把某种差别设定到绝对者的本质中，这就跟人们把唯心论的绝对自我理解为**同时具有**主体性和客体性意义上的主—客体性是一样的，或者也可以说，人们把这种意义上的绝对自我理解为主体性和客体性的纯粹同一性，但如此理解的绝对者又落入了某种主体性意义或者客体性意义中，因而绝不是绝对意义上的绝对者。即便不愿去规定，在唯心论的某种殊异形式中，主—客体性本身和绝对者的理念会处在怎样的情况中，那也有充分的理由注意下面这点，即作为哲学的唯心论明明白白地并非从绝对者中的一切主—客体性中抽离而来的，毋宁说，作为哲学的唯心论就存在于绝对者的理念中，它绝对地消除了主观和客观的对立，并且把绝对者认作这样一个东西：它既非主体也非客体，亦非同时是这两者，而是两者在下面这种方式中的统一性，即从一个被反思的世界来看，绝对者彻彻底底把主体和客体统一了起来，但它并没有在自身中包含任何源自前者或者后者的东西（见《先验唯心论体系》，第433

IV, 376

页及以下①)。

但从绝对者的理念中,彻彻底底被披露出来了这样一种哲学:在绝对者中所看到的同一性不是别的,正是那种一切普遍或者类概念也具有的同一性,而这一点从关于绝对认识的自然本性已经做的规定出发(§.II)也同样清楚,倘若没有对最高的、必然走向唯一者并且仅仅能被唯一者谓述的同一性的认识,也就是对本质与形式的同一性的认识,那根本就不可能找到进入思辨的入口。

2)**与绝对者自身等同的必然且永恒的形式,就是绝对认识。**

因为理智直观是绝对的,这就意味着,绝对者在理智直观之中,但理智直观也仅仅作为认识,也就是形式上的东西,所以在其中的绝对者的绝对性,仅仅是形式上的绝对性,它仍始终可能与自在且自为的绝对性形成对立。但在这个时候,绝对者的理念就登场了,凭着这一理念,在绝对者中不可能出现本质和形式的区分(§.II),所以绝对的认识尽管作为形式上的认识,但必定仍是绝对者自身,据此,必然且与绝对者等同的永恒性就是绝对认识。

对理智直观的这一情况所做的种种说明——当它在形式上是绝对的之际,它同时也遵循本质或者对象而存在——,在之前的文段中已经给出了,所以我们无须做更多讨论,但我们因此也要注意到,有必要厘清这一命题与其他哲学形式的关联,下面就来做这一工作:

我们在这里表达为必然、永恒的首要形式,表达为绝对认识的东西,跟在唯心论中被刻画为**绝对自我**的是同一个东西。作为知

---

①《谢林全集》卷III,第599页。——编者注

识学的唯心主义所缺乏的,仅仅是反思这一形式与绝对者自身(据其本质而言的绝对者)的统一性,正因为缺乏这一反思,知识学也就必然地滑落到了某种殊异形式中,并坚持认识与绝对者的形式对立,进而当它一贯地如此处理纯粹—理论性的或者思辨哲学时,也就求仁得仁地作为纯然的形式主义而止步不前了。

斯宾诺莎回答了关于作为神性本质两重属性和确凿性的认识基础问题(斯宾诺莎认为除了这两重属性,没有其他属性具有对我们认识而言的确凿性),但斯宾诺莎的回答一方面来看仅仅是否定性的,他说,在这两重属性之外没有其他属性,也就是说,在人类灵魂的自然本性那里,除了思想和广延①,没有其他的绝对者的属性会得到表达,在这两重属性之外,灵魂不可能认识其他属性,或者说,不可能推导出其他属性。如此一来,在斯宾诺莎的这一表述中,在最高认识中对认识和存在的绝对统一性的洞见似乎尚未被切中,而要在斯宾诺莎那里找到对这一问题的明确说明,或者要找到一种或许不同于能从他的体系精神推论而得的说明,都是徒劳的。然而**雅各比**——他就此已经在他的阐述中,最为深刻地钻探到了斯宾诺莎主义的内核中②——,在他关于斯宾诺莎学说的箴言集的一处注释中,至少已经尽力表明了,从上述的描述出发,不可能推论出任何与斯宾诺莎对下面这点的确然意识对立的结论:除了思想和广延这两种属性外,绝对者**没有其他**属性。但如果确实

IV, 378

---

① 补充:广延并不等同于空间,斯宾诺莎明明白白地只把空间刻画为广延的一个方面,相反,广延其实就是作为非同一性,等同于殊异性。——作者注
② 正是在这一点上,真正的绝对唯心论和斯宾诺莎实在论之间的本真界限也就被我们遭遇到了。——作者注

如此,那么就会自发产生另一种结论:倘若没有对于形式上的绝对认识与绝对者自身(从存在考察的绝对者自身)的同一性的确然意识本身,那么不仅哲学不再可能,而且下面这点的确凿性更是不可能的了:在神性本质的永恒形式中,除了那两种属性以外再也没其他属性被包含其中。

3)绝对的或者永恒的形式跟绝对者自身一样,都是绝对同一性,即彻彻底底质朴、纯净和没有分裂的等等。

因为绝对的或者永恒的形式与绝对者等同,甚至就是绝对者自身;但绝对者据其本质而言是彻彻底底同一的。因而具有如此等等特质。

为了能够把握必定作为绝对认识的永恒形式的绝对质朴性——因为它是存在和思想的统一者——,下面这点是必然的要求:即要能够自在地、完全从种种对立中(这些对立并不在永恒形式之上,而是在它之下)抽身而出地思考它。因为即便我们确实已经先行认识到,思想和存在的这种统一性,同时也是在反思中分裂的种种形式,即思想和存在在其中合一的东西。可既然我们现在是自在地,也就是把它作为本原来考察,那也就绝不能还在这种反思的关系中做这种考察。对我们来说,这种统一性首先不是任何东西,它就是没有任何进一步规定的统一性。基于一种迄今为止还未得到把握,甚至在眼下还未得到把握的方式,那种**显现**为或者说把自己表达为思想与存在之统一性的统一性,并没有自在地得到考察,而是在某些特定关联中进行了考察。所以从这一点出发,并不能得出,这种统一性是一种出于思想和存在统合而得的统一性,正如不能从光在某些特定的条件下会被染色就得出,颜色事先就在光中存在,只不过常常由于普遍的颠倒,使得一切都仅仅通过统合被把握,而这种做法诚然只是一种假定罢了。

自在的首要之物,在反思中总是表现为第三者,所以总的来看,从有条件者和综合出发提升到自一在体,提升到断然明确者和通过自身而自明者的做法,都是出于反思的做法,根本上来看,反思不过是某种总是显得败事有余的东西。所以反思没有能力把绝对形式的纯粹主—客体性设想为绝对统一性。进一步说,即便下面这一点已经说得明明白白:在这一绝对形式中,根本就没有任何源自对立的东西,相反,其中被设想和直观到的,只有彻底独立于一切对立、通过自身而在的绝对统一性。即便这一点说得再明白,人们对于绝对者的理念也还是有误解,当绝对者的理念被规定为观念之物和实在之物、有限者和无限者的统一性,被规定为一种综合,被把握为一种出自这些对立的荒谬统合时,那就陷入误解了。

对这种误解,唯一的说明只可能是,误解了这一点的人首先就没有把握到斯宾诺莎所确立的首要命题:substantia prior est suis affectionibus [实体就其自身而言先于其后果],没有把握到这一点的人根本就没有进行哲学思考。

尽管对于观念之光的直观——所谓观念之光就是那种无须其他类型的光亮就能变得可见的光——不可能直接被给予人;然而即便出自最平庸反思的那种遁词"作为思想与存在之统一体的东西不可能同时也是绝对质朴简单的东西"也仍会遭到反思[①]的驳斥。因为这种统一性的形式,如果它是绝对的,如果它是主体和客

[①] 更正为:在反思面前。——作者注

体的统一体的形式,那么它必定也是两者具有相同绝对无限性的统一形式,也就是说,在这种形式中,两者都是全然不可分的,所以它真正来看或者说实际上既不是主体也不是客体,更不是任何源自在反思形式中对立的东西。

我们把这一点刻画为量的无差别,与之对立的是质的无差别,我们把后一种无差别归给绝对者的本质。但正如已经强调过的,既然我们已经又把绝对者自身设想为了本质和形式的无差别,那么在这一最高的无差别中,甚至一切量和质的统一体的对立也烟消云散了。

唯有从**绝对**无差别这个点出发,才可能有我们认为具有绝对形式的那种统一性的认识。而我们要断言的是,这个统一体,只要它是绝对的,就是一个**有实际性的**统一体,因为处在这一形式中的统一性与绝对者的本质是等同的,因而也被设想为实在性之物自身。但大多数人都以为,处在这一形式中的统一性是观念性之物,以为它与实在性之物对立。但我们所断言的恰恰与之完全相反。在形式上**实在的**东西,恰恰就是绝对统一性自身,反之亦然,在绝对统一性那里纯然观念性的东西,恰恰也是其对立物。① 也就是说,如果思想和存在是对立的,那么根本上来说其统一形式也就只有观念上的规定性了;如果要根除这一对立,那么观念性之物自身(认识)就也得是实在性之物,进而(下面这个命题对于接下来的建构十分重要)**形式中的无差别**(也就是思想和存在的统一性)也同

---

① 大多数人把这种统一性理解为一种由思想构造出来的统一性,但它是我们的思想自身首先规定为绝对理念的东西。或许是因为这么想的人以为统一性先是思想构造出来的,所以会觉得它是观念性的东西,是实在性之物的对立物;我们则与他们相反。——作者注

时是形式和本质的无差别，两者彼此不可分离。

我们把思想与存在在形式中仅仅在观念上对立起来，但**实际上**还是得让它们彻底为一，这一点为我们把形式提升到了与绝对者自身的统一性中。从这里开始，一道崭新的亮光再次投向了关于形式和本质的这一统一性已然确立的内容上了。

如果我们把存在和思想从根本上设想为不可分的，那么对我们来说也就根本不存在本质和形式的对立。倘若我们把两者彼此对立地设定——在反思或者概念中，至少正如必要的那样，为了我们起码能对之有所表达，通常还是会伴随着对于这一对立设定的纯然主观性的意识——，那么对我们而言，两者在其中被对立起来的那个东西，也就基于这个理由自身必然要成为观念性的东西，成为绝对认识了；但如果我们已经重新反思到，这个观念性的东西也还是一个绝对者（**绝对认识**），那么我们就会注意到，这个观念性的东西与实在性之物，或者说与绝对者的本质彻底的无差别，进而形式与本质的对立自身也会跟这里所谓的观念性的东西一样，彻底烟消云散。

这就是真正的唯心主义的意义，也就是要能（在绝对认识中）把思想和存在的种种对立自身把握为纯然观念上的对立，同样，真正的实在论的意义在于，把这种纯然观念上的对立及与之相对峙的实在统一性两者视为唯一肯定和断然的东西。

但这两者如何尽管在观念全然对立，也正因此仍然在实际上也同时是绝对为一的，这一点或许要首先得到完备地说明，在此之后我们才会对这两个命题自身做出比先前更进一步的规定。

4)思想和存在在源初形式中的关系就是自在自为的无限者和

自在自为的有限者间的关系。

　　对于自在自为的无限者和自在自为的有限者,我把它们分别理解为据其概念而言的无限者和据其概念而言的有限者。毕竟因为思想和存在在源初形式中,只可能在观念上,也就是据概念而言对立(3),所以如果两者间的关系根本上也如同无限者和有限者的关系,那么根本上来说,两者间的关系也只可能如同自在自为的无限者和自在自为的有限者。

　　观念之物本身(并非绝对的观念之物,而是那个在绝对者那里并且在绝对者之下与实际性之物对立的观念性之物),进而思想本身是根本不可分割的事实,使得一切可分割性反倒都落入了与之相对立的实际性之物中,关于这一点,我们在这里就不用再重复一遍证明了,可以参见《先验唯心论体系》第 97 页以下。①

　　更为必要的,似乎是说明自在自为的无限者这个概念,同时指明,**自在地就是无限者的独一者**,同时也是思想或者概念自身。

　　自在地无限的东西,并非就是根本上未受限制的东西,因为毋宁说,"未受限制"这种状态直接在自身中包含着可限制性,相反,根本**不可被限制**的东西,也就是其概念与"被限制"相冲突的东西,才在根本上是由于其概念而无限的东西。

　　反过来看,未受限制状态也并没有把有限性排除出自己之外。一个通过从有限到有限的定量之累加而产生的无限序列,尽管可以被设想为"未受限制的",然而这个序列**据其概念**仍是有限的,即便可以设想这个序列可以延展到无限中,但它仍然绝不可能成为

---

① 《谢林全集》第 III 卷,第 398 页。——编者注

真无限。因为在整个序列中,没有任何东西不是有限的,它们只有在无限的累加状态中,或者说,在这种累加所造成的对于静止状态的否定中,才有自己名不副实的"无限性",也就是说,它们只有在某个独立于它们自身,或者说在概念上完全独立于它们的东西中才有所谓的"无限性"。如果这个序列被中断了,那么它直接就会由于这一中断自身被设定为有限的了。①

真正的或者说自在地无限的东西,与实存毫无关联地直接通过其本质并且对一种绝对统觉而言是绝对的,正如斯宾诺莎所言,是凭着自己的定义是无限的,相反,仅仅没有界限的东西,并非凭着自己的本质是无限的,反而只是凭着其原因 (vi causae suae) 是无限的。

为了能够在最明确的点上指明下面这种无限性——这种无限性是其概念或者根本上说是自在自为的思想应有的,也就是说,是不通过任何东西,也不通过任何与自己之外某物的关联而获得的无限性——,人们要注意到,概念如何能在无损于其观念上的无限性的情况下,实在地也是彻彻底底有限的,同样,反向推导也可以得出下面的结论:如果存在在观念上或者据概念而言是有限的,那它就不可能是无限的。

诸如人类、植物等等最一般的概念看起来也是如此,毫无疑问许多这样的概念都是一个无限的概念,因为它包含着一个个人、一

---

① 不管时间还是数,都不能被叫作"无限的"。否则的话它们就不再是时间和数了。时间和数恰恰不过是形式,它们必须被理解为存在于永恒者之外的东西,殊异于绝对者的东西,因此必须被理解为有限的。而在这两者中被谓述的无限性,只是一种对有限性的无限重复,也就是一种对非—无限性的无限重复。——作者注

棵棵植物的无限序列的无限可能性，而不管是这个无穷的序列，还是个别的环节，都适用于这种概念。但这些仍然绝不是这个概念无限性的根据，而定量，或者确切说，一个概念被运用于其上的某个实在性之物的有限性或者无限性，跟这个概念的真正无限性没有丝毫关系。所以概念不会通过累加而变得更加无限，也不可能通过缩减而在无限性上有所减少。就算把"人类"这个概念首先限制在某个阶级或者某类人上，随即又把它限制在某个个体上，这个概念——尽管它的实际性诚然确确实实地是有限的——也仍然在主观上或者说在观念上并没有停止是一个确确实实越来越无限的概念。

我们现在集中讨论的是自在的或者说观念上的无限者概念，我们要做的不仅是撇开一切侧面，纯粹地去把握它，而且还要明确，有待把握的无限者概念跟一切不能清楚地或者通过概念得到把握的无限性毫无关系。这种无限性反而只是由妄想捏造出来的，比如无限的时间，或者根本上来说，一切通过下面这种方式产生的无限性都是捏造的：自在并且凭其自然本性有限的东西，被强行延展为一种自在自为无限者的无限性——我要强调——，为了把握自在的无限者概念，必须把这种彻头彻尾被捏造出来的无限性从观念性的无限性中排除出去，而既然后一种无限性是观念性的，那么它也就必定与反思所刻画的那种无限性有一种确然的对立，这种观念性的无限性存在于与有限者自身的同一性中，所以我们也可以对立于反思的无限性将之称为绝对的无限性或者理性的一无限性。

理性的一无限性是这样一种无限性：在其中，自在自为的无限者在自在自为的有限者中呈现，直至呈现出与后者的绝对同一性。若论对某个几何命题的建构，比如在一切三角形中，三内角和等于两个直角，对此当然可以说：这个命题适用于所有的三角形；然而在这个例子里得到把握的，仅仅是在一切建构中，并且根本上来看，在所有的理性—明证性中都得到表达的无限性的单一方面。因为明证性仅仅在**普遍性**这个方面发挥效用，而且它的根基恰恰在那个在所有的东西中都发挥效用的东西上，但这里要讨论的是某个殊异之物。因此，观念性的无限者既不作为普遍者，也不是要把这种普遍性现实地无限运用到自在的有限者上——这种运用也是不可能的——相反，观念性的无限性是在某个具体之物中同时呈现为普遍性的。

IV, 384

关于这种无限性，在斯宾诺莎那里有个著名的例子：一种绝对不可能通过数的累加而可能的无限性，既是当下的，也在直观中呈现在理性面前；斯宾诺莎就用了这个例子来说明这种无限性，也就是有限者在面对理性之际，所呈现出的无时间的、当下的无限性，这种无限性不可能通过某种无限的时间来表达。

无限者和有限者的纯粹对立，同时也为一切其他的哲学对立（比如先天和后天的对立）、空想的哲学家和那些事实上以这一对立为其思想之始终的人奠定了基础。

既然观念性的无限者自在自为地已然在此对立中表现为主体性的一极，那么伴随着这种纯粹由于分殊产生的无限性——它成了思辨和生产活动的本原——入戏最深的主体性和古老的迷误也必定会同步出现，而这种迷误就是这样一种想法：把只可能是自在的实在之物或者实体的单一形式的东西，弄成实体的固有本质或者原因。

我们是如何把存在彻底规定为思想的观念性对立物的,就是上面说的这样,关于存在我们也证明了,它是自在自为的无限者,它同时也由这一无限者所造就。存在与思想的关系,就是自在自为的有限者和无限者的关系。

5)思想与存在,即能够是自在自为的无限者,和自在自为的有限者的东西,当它们实际对立之际,实际上也会由于下面这点合一:有限者既然是在观念上有限的,那它实际上就是无限的(所以反过来也可以说,自在自为的无限者既在观念上无限,那么在实际上有限。)

此外,绝对形式中的有限者以何种方式依于无限者存在并与之等同,这个问题无法由上面这点明确,不过下面这点至少是明确的:两者都被把握在绝对认识中,所以两者只是在观念上对立,并在这种观念对立中彼此表现为**观念之物**(无限者)和**实在之物**(有限者);在另一种不同于在绝对认识之必然形式的有限性那里,或者根本上来说不同于自身复为观念性的有限性那里,这样的情况根本不可设想。

总的来说,上面已经确立的命题,在下面这点得到证明以后就是自明的了,即绝对认识就是思想和存在的绝对(澄澈的、未经两者浸染的)统一体,进而也是无限者和有限者的绝对统一体,对此不需要任何进一步的证明了。

只有下面这件事情或许需要进一步讨论:有限者如何在没有据其概念而终止为有限的情况下,实在地或者说据事情而言是无限的,进而在能够等同于其对立物且在绝对者中存在的情况下,并没有成为在**绝对者**中的某物或成为有限的或者无限的，也没有成为某种由于有限和无限的对立而达至的统一体。

根本上来说，据其概念而有限的东西，也能在无损于这一有限性的情况下**实际地**是无限的，这一点或许确实看起来难以把握，因为有的人会混淆真真切切的有限性概念和笼统的、通常以"有限性"概而论之的东西。**后面这种**有限性不仅不在与无限者的统一体中，而且它根本上就是彻彻底底的虚无，并且仅仅属于拟像世界。"拟像"意义上的有限世界，就是通常所谓的**实在世界**，而根本上说，它就是**脱胎**于绝对者，并依循反思，以及主体性和客体性的相对对立的法则而产生的，进而这个世界没有任何与绝对者的实际性关联，不过在这种意义上，这个世界与绝对者起码还存在一种因果关联。尽管如此，但在绝对世界中，无论如何必定已经预先确定好了反思，以及与之一道被设定的所谓现实世界从绝对者中殊异脱出的可能性。

IV, 386

这个拟像世界必定依循的这些法则属于有限性概念，第一，由时间而产生的规定，已经彻底通过存在于绝对者中的东西被否定了；第二，因果关系的规定，亦即一切有限者首先要通过某个在它之外的东西才被规定为存在，也就是说，这个有限者的可能性在自己之外，而据此来看，它自身又是某些并非直接在它之中并且伴随它自身被设定，反而在它之外的结果的原因；第三，（我们之前其实已经演绎过这一点了）本质和每一个事物身上形式的差别，也就是说，尽管每一个事物通过本质都与所有事物为一，并就此而言（在有限性内）无生亦无灭，但据它单单作为这个东西而注定在实存上的形式不同于他物来看，这个事物就屈从在时间本身之下，并且有生有灭。

所有这些自身首先必须得到推演，并且作为那些在自身中不包含任何真理与确凿性的法则之结论的规定，进一步来看也是这样一种规定：关于它们已经表明了，**它们首先只能从有限者和无限者的相对对立出发来看待**，从这一对立来看，这些规定不可能有任何意义，而从这些规定来看，这一对立自身也不可能发生。

进一步来看，实在的或者说现实的有限性的种种规定，在这一对立面前都是捕风，毋宁说，实在之物若不同时有这些规定，它也是无限的，这些规定只可能为实在的有限性所遭遇，而在观念的有限性面前只可能灰飞烟灭。

不存在实在的有限者，也不存在自在的有限者。根本上来说，在任何一种意义上真真正正实在的东西，绝非纯粹实在性的，亦绝非纯粹观念性的，相反，真正实在性的东西始终必然是两者的统一体。两者绝对的统一体，因而还有绝对的、超出其他一切实在性的实在性都只存在于绝对者中。而绝对且自在永恒的统一体现在它既反映在有限者中，也反映在无限者中，而当原因成了结果的观念性之物，结果成了原因的实在性之物的时候，绝对的统一体也就**转变**为一种时间关系和因果关系。在绝对者中，每一个观念性之物与其实在性之物并非有限地，而是无限地相联结，所以反过来也可以说，没有任何实在性之物可能在自己之外有其原因中的可能性，但既然实在的有限性的设定者，正是"原因在自己之外"这一点，也就是说，既然某个实在性之物通过另一个并非它自身的实在性之物，才能被规定为存在，那么在绝对者中，也就没有任何东西真正的是有限的，相反，**一切都是绝对的**，都是完全完满，与神类似且永恒的。

进一步来说,正如已经多次指明的,既然处在形式中的统一体(观念与实在的统一体),和形式(绝对观念性之物的形式)都伴随着本质被设定,那么在理念面前——正是在理念中,事物恰恰得到了在观念和实在上有着相同无限性的表达——,甚至一切有限事物都具有的本质和形式的差别,都是不可能设想的。因为这一唯有在面对有限实物时才会出现的差别,单单基于下面这点:一切事物与它身上观念性的部分同在时——我们一般把这一部分称作事物的灵魂——就是无限的,而与它们之中实在的部分——也就是事物的身体——同在时必定是有限的。但在本质或者事物的理念中(因为两者是一回事),无限的实在性之物也直接地系缚在无限的概念上,进而实在的有限性之所以从无限的实在性中脱产而出,仅仅是由于概念与事物纯然相对的统一性,从这种相对的统一性而来的概念,仅仅是在理念中与事物联结在一起、只有无限现实性概念的一部分而已。① 如此一来,人类灵魂的本质或者说其中的永恒者,就是绝对者中理念的直接拟像,而有限实存的形式并不堪当这一等同于本质的永恒者,但当这一形式处在绝对者中时,它却是堪当的;因为现实意义上的灵魂正是身体的观念性之物,正如肉体也是这个身体的直接实在性之物,而就这两者各自来看,前者不过是无限灵魂的一部分,后者也不过是无限身体的一部分,在绝对者中身体与其理念无时间地结合在一起。

IV, 388

---

① 更正为:实在的有限性从绝对者中脱产而出仅仅是由于对无限现实性的部分设定,对绝对者来说,无限现实性是系缚在理念中的(不过这种部分的设定在此还是没有得到解释)。——作者注

在以此方式达至理性的永恒性理念后,要是我们这样来设想这个理性永恒性自身之于显像世界的无论哪种关系:这种关系之于理性永恒性自身仿佛又成了限制性的实在性之物,这就像诸如一个先行者之于后来者的关系或类似的,那就无厘头了。因为尽管这种永恒性先行于一切时间性之物,但它仍然并非据时间来看,而是据理念或者自然本性来看是先行的;而时间性之物则是在彻底独立于永恒者、与之无关的情况下绵延的,或者毋宁说,**单独**来看,在反思中,在假象面前,时间性之物的绵延出自在两个方向上的无限序列,但无限者并不在时间性之物之先,而是超越于它之上。正如圆的理念超出它向来已是或将是的个别圆的无限序列之上,这并非据时间而言,而是据自然本性而言,而在这个意义上,圆**的理念在任何时候**都是永恒先行的,既不会时而被其他东西先行,也不会时而先行于其他东西。

要认识真正的哲学,本质性的地方在于,要保持显像世界与彻彻底底实在世界的绝对分离,因为唯有如此,前者才会被设定为绝对非—实在性的,而每一种与绝对者的其他关系都会赋予这个显像世界自身某种实在性。只有做到了这一点,哲学的领域才会即刻得到纯粹的划定;整个来看,哲学完完全全就处在绝对者中,并且如一切事物在绝对者中那样考察它们。

把有限的或者实在的序列本身仅仅捏造为观念的,尽管也并没在庸常意义上,但还是在更高的观念反思意义上,终究还是把有限者确立为了在这种更高反思中的实在的,这种做法是某种不完满且没有突破到真正思辨中的唯心主义的失误。

在理念中与无限者自在自为地联结在一起的有限者的实在的

无限性,已经通过迄今为止的内容得到了证明;但观念上的,或者说据概念而言的无限者的实在的有限性,如何并且在何种意义上与有限者的这种实在的无限性相联结,这一点对于已经理解了我们整个证明的人来说,尽管固然是自明的,但还是要在下面做进一步分辨。

6)绝对者的理念分别根据形式和本质得到规定之后,我们也就以此方式从先行的、作为一切建构之前提的命题(1—5)出发综括出了直接的结论。

在自在的绝对者中既不存在有限者也不存在无限者,而是只存在两者的绝对统一体,由这一点可得,全部事物都必定存在于绝对者中,然而它们也并不是作为自身如其所是地存在于其中,也就是说,绝对者在其统一性中并没有因而被浸染扰乱,或者说以某种方式被限制。

就此而言,如果显像世界被假定为现实世界,那么在绝对者的理念里,这个世界也仅仅是潜在地被包含在其中的,甚至它作为显像世界所具有的现实性本身,也仍是一种纯然观念上的现实性。真正的存在只在理念中,但每一个自身殊异化,进而通过这种殊异活动自身设定自己的时间和时间性、经验性实存的事物,仅仅是**为了自身**并且**通过自身**而殊异化的,而最高最普遍的从绝对同一性中殊异化和过渡入现实性的点,就是观念性之物和实在性之物的相对统一性,及相对的自我性;但这种相对的自我性始终仅仅是它自己的行为,绝非独立于自身、在自身之外的东西。

绝对者怎样单独就其自身而言能够是绝对的统一体,怎样彻彻底底在无可区分状态中无区分地存在,它也就正因为就其自身而言是**一**，所以在反思面前也是**一切**，进而过渡到了一个宇宙或者说一个绝对的总体中。对于那类已然把握到绝对认识，并在其中把握到实在性和观念性之物的实在统一性的同时，也把握到它们之间的对立仅仅是观念上的对立的人，上述情况不会在他面前隐而不彰。而所谓的"多样性中的统一性"和"统一性中的多样性"的秘密，就包含在这里。

我们已经把握到，一切在其真正意义上如何是绝对的，以及一切如何在那个并非最高，但彻彻底底的单一体中被预先规定为观念性之物与实在性之物的同一性，而这一要求已经蕴含在"要把一切作为理性的来把握"这一点中了；因为对于拟像世界而言，理性作为无差别跟彻彻底底如其自身被考察的绝对者自身，是等同的无差别。只有对于理性而言才有一个宇宙，而"理性地把握某物"就意味着：把这个东西首先作为绝对整体的有机环节，在与这一整体的必然联络中来把握，进而通过这种方式将之把握为对绝对统一体的反映。

所以，尽管对于许许多多事物和行为等等我们都可以根据庸常的表象，判定它们是非理性的，尽管如此我们还是预设并且假定，一切存在的或者发生的东西都是理性的，一言以蔽之，理性是一切存在的原材料和实在性的要素。既然理性是永恒统一体最直接的拟像，以及永恒统一性是彻彻底底的实在性之物，那么我们就必须说，物体由以填满空间的东西，或者根本上来说，一切可以为我们的意愿对象、在我们面前显现为实在性之物的东西，都表达出了理性的本质。

"存在着一种绝对者从自身中走出的活动"，这种想法不论以何种方式都注定会出现，但这是完完全全不可设想的，同样，一切事物彼此间以及与神性本质的统一性和内在亲缘性，也一并成了真正哲学的又一条衍生公理。

所以，如果有人要为处在永恒者中并且伴随着它的有限者和无限者的统一体，寻求一个人人都能知晓的象征，在其中把这种统一体表达出来，那么除了神性本质中的三一性这种象征，不可能为之找到更合适的了；因为既然有限者存在于绝对者中，那么它就是绝对的，无限者和永恒者也是如此，它们都是绝对者自身。

§. IV. 论哲学的建构，或者一切事物在绝对者中得以呈现的方式

既然我们现在已经进展到了我们探究的另一部分——这一部分要讨论的东西，基于科学并且源于科学，正如认识的整体源自首要认识的统一体——，那么我们无须怀疑，从这里开始的阐发实际上已经超出了一些人的能力，而另一些人或许还对自己的能力没有清楚的认识。①

---

① 总结回顾。——通过迄今讨论的内容，我们得到了下面这些认识作为接下来建构的素材，所有到目前为止的探究的目标，都是对这些认识的展开和证明。

　　1. 绝对知识就是绝对者自身。证明。绝对知识 = 思想和存在的统一体，它是绝对者存在的必然形式或方式，凭着理念自身，绝对者的这一存在形式或方式与绝对者自身又是合一的。也就是说，凭着绝对知识，形式或方式必定就是绝对者，因此它就是绝对者自身。

　　2. 从绝对者来看，没有思想，也没有存在，也就是说没有主体也没有客体，相反，绝对者就是绝对者，没有任何关联，也没有任何进一步的规定。但恰恰这样的绝对者凭借其本质的必然形式——这一形式就是绝对同一性——，自行把自身设定为客观的，也就是说，它设定出了它本己的本质性，这一本质性与在与客体的对立中，拥有着主体，也就是无限者的特质；它把自己作为无限者的本己本质性设定入有限者中，但也正因为如此，有限者反过来在自身中也作为无限者了——这两种活动是一体两面。

　　无限者和有限者如何从绝对者中产生的方式，首先就是通过绝对者本己的主—客体化活动（但它并不发生在时间中，而是一个永恒的活动）。在这一关联中，绝对者被规定为自在地既非思想也非存在的东西，但它也恰恰因此是绝对的。但当理性被要求，仍要去思考既不作为思想也不作为存在的绝对者时，就会产生一种在反思看来的矛盾，因为对反思来说，一切要么是思想，要么是存在。但正是在这一矛盾中，理智直观登场了，(转下页)

在我们已经把有限知性的全部惯用伎俩抛诸身后，甚至通过说明切断了返回有条件者的退路以后，哲学就彻彻底底地处在了绝对者中，然而在此之后，我们却几乎没有考虑到，为什么到了这一步我们还是会想走回头路，我们有这个想法实际上就已经说明了一些问题了，也就是说，一方面，大多数人其实根本就没有把握到，我们如何能在绝对者中看得清清楚楚，并能够在其中奠定一种科学（当然，这里说的这点的可能性，已经包含在先前已经证明的内容里了），而另一方面尤其在于，大多人也根本把握不到，我们如何能够单单从绝对者彻彻底底相同且质朴的本质中，就获得一种科学的素材。因为对于某种彻彻底底的始终相同者，这些人会断言，不可能有关于这种东西的科学，这些人反倒断言，为了产生科学，在这里仍需某种其他的东西，这个东西并非同一的，反倒是"多"且"异"的；然而正如即便在三角形、矩形、圆形等等不同的统一体中，几何学所表达的，都是空间这个相同的形式和绝对的统一体，所以那个始终且必然同一的东西，也在**依于**它而存在、必定作为非——一的"多"身上被证明了。

借由上面这点，我们现在完全又处在了一与多的首要对立，和认为"多出自一"的表象中，这一点再清楚不过了，然而我们必须相信，这种想法在对**下面这种**统一体的认识中会一劳永逸被扬弃：就

（接上页）并让绝对者得以产生。在这个流程中存在着一个光照点，在其中，绝对者能得到肯定性的直观（所以在反思中，理智直观仅仅是否定性地被直观到的）。通过这种肯定性的直观，哲学性的建构，或者说在绝对者内进行阐述——两者是一回事——才根本上得以可能，本章就讨论这一点。——作者注

这种统一体而言，一与多的对立自身根本就没有意义，进而多毋宁就在一之中存在，并且无损于更高的统一性，相反，一和多都存在于这种更高的统一体中，所以我们眼下仍需再次看到回到上述那种"一与多对立"的想法是否必要，毕竟**绝对统一性**这个理念——这个理念在没有被"多"所贯穿的情况下，**同时直接地**也是**总体性**的理念——，这一点是在那些哲学的最高点真正强而有力、能支配这些最高点的想法的前提。

因此，为了能把这个理念设定在其最可能的光亮中，并且也同时保持住上面已经证明的东西，和其中的遗留问题（前者是指那个始终必然为一的东西，后者则是那个应该为非——的"多"）之间的对立，我要说：那个已得证明的东西，以及据其前提始终作为相同者的东西，就是有限者和无限者的绝对统一性，而对于眼下要处理的问题来说，这个统一性也叫作**普遍者**；而在依于已得证明的东西被证明的，则是某种特定的统一性，因而也可以叫作**殊异者**。现在要做的证明，就是把普遍者和殊异者绝对地等同设定起来，也就是把已得证明的东西，和依于其上而得证明的东西等同起来，如此一来，在一切建构中，它们必定是彻彻底底的一，既然如此，那么根本上来看，哲学的建构也就能被称作"绝对的"。但既然据前提来看，殊异者和普遍者绝对且永恒地是一，在建构中两者就是等同的，所以这一点的结论就是，即便是殊异者，在一切建构中也是绝对为一的，因而既不是处在对立中的一与多两者间的一方，也不是另一方，相反，对立中的每一方自为地就是一，并且"多"也存在于绝对的统一性中。因而一与多两者都是有限者与无限者相同的统一体，而两者之间的这个统一体，则是实在且本质性的统一体。①

借此也就清楚了，在一切建构中——如果这种建构真实不虚——，处在与普遍者的对立中，作为殊异者存在的殊异者何以被消解了。殊异者自身得以呈现在绝对者中的条件在于，它作为自身把**整个绝对者**呈现性地包含在了自己之中，进而与作为普遍者的绝对者，仅仅在观念上相区分，也就是作为原型的对立物与之相区分，但殊异者自在地看，或者说实际上与普遍者是彻底等同的。但倘若**殊异者之为殊异者**，不过是因为它能够是多或者能被计数，那它反倒就是无了，殊异者之为殊异者反倒在于，它是那个把一切数，把进行计数的东西（概念统一体），把被计数的东西（殊异者）重新囊括在自己之中的东西。

IV, 394

在这两种统一体——我们将之区分为殊异者和普遍者——的等同性或者说等同的绝对性中，静息着创世最内在的奥秘，也可以说，这就是对原型和拟像进行神性的内化塑造活动（想象）②的最内在奥秘，一切存在物都在这种内化塑造活动中有其根源；因为独自拥有实在性的既非殊异者也非普遍者，除非两者在绝对者中已然

---

① 一再被人反复提到的普遍者与殊异者的对立，因此也就能以下面的方式得到消解：普遍者和殊异者，每一个都伴随着第一位的同一性被设定为第二位的同一性。每一个处在绝对者中的殊异者自身也是绝对者，也就是说，自身就是无限者和有限者的统一体，只不过是在殊异的形式中被直观到罢了。殊异的形式＝在有限者和无限者的普遍同一性中存在的各种可能性。这些形式就是在对它们无限地分支化活动中被建立的。——作者注
② 这里的内化塑造活动为 Ineinsbildung，想象为 Einbildung，可以看到其实是同一个词被拆成词根之后进行的重新赋义。在德国古典哲学中，自康德开始，"想象"这个词都不是指一种主观的"幻想"，而是指一种原初的构型活动，谢林对此进一步发扬光大，特指有限者和无限者的彼此内化交织。详见谢林：《艺术哲学》，先刚译，北京大学出版社，2021年。——译者注

被塑造为一,也就是两者都是绝对的,否则绝不会如此。

借此同时也说明了,一切统一体呈现在绝对者中的方式或者说可能性;各个不同的统一体作为不同的东西并不拥有任何自在的本质性,相反,它们仅仅作为观念性的形式和图型,在这些处于绝对认识中的形式下,整体被压印上了清晰的纹理。既然这些形式就存在于绝对认识中,那么它们也就是整个世界自身,进而在自己之外也没有任何东西能够与自己相比拟或者对立。在绝对者中,整个宇宙作为植物、动物和人存在,但也因为在其中的每一个里存在的都是整体,所以宇宙也就在每一个中并不作为植物、动物和人,或者说并不作为特殊的统一体,而是作为绝对的统一体存在;只有在现象中,也就是宇宙终止作为**整体**存在的地方,形式才会成为某种独立自为存在的东西,进而从与本质的无差别中绽脱出来,在这个时候,每一个事物才会成为殊异者和特定的统一体。

因此,据殊异者之为殊异者的方式来看,在绝对者中它就是无:并不存在自在的植物或自在的动物;所谓植物,并非本质或实体,它不过是概念,不过是理念上的规定,而一切形式只有在它们接受了统一体的神性形象之际,才获得实在性;通过这一点,这些形式自身也就成了宇宙,并且可以被称作"理念",同时,每一个形式也不再是一个殊异的形式了,在这个时候,形式也就拥有了绝对性所基于其上的那种双重化的统一性了。

IV, 395　　在世界观的各种源初图型中,甚至哲学家所认识到的也并非许多不同的本质,而是唯一的本质;哲学家建构的并非植物,并非动物,而是处在植物这一形态中的宇宙,也就是处在这一形态中的绝对形式,或者处在动物这一形态中的宇宙;而那些图型的唯一可能性在于，它们能够在自己之中承接统一体不可分的完满内核，因而也就作为殊异者被消解了。因为倘若这些图型作为殊异者而拥有自身性，那它们就会限制绝对本质，这个时候它们就把其他形式从自身中排除在外。但倘若每一个形式都在表达绝对者，并且一切形式也表达在每一个形式中，进而每一个形式也会复归于一切形式，以此方式，一切形式也就把自己证明为了神性想象的形式，进而也就是真实的，或者说实际永恒的。因为它们的可能性来自绝对者，而在绝对者中，可能性与现实性的区分根本就不奏效。

当绝对认识以这种方式在自己之中把握了所有的形式，并且一切形式也以此方式处在完满的绝对性中，那么就绝对认识而言，每一个形式自为地都是绝对的，在每一个形式中也存在着全部形式[因为是绝对的]，正因为如此，在任何一个形式中，都不包含一个被把握为殊异者的形式，如此也就清楚了，在何种程度上可以说，绝对者包含着一切形式，但也正因为如此，绝对者不包含任何形式，以同样的方式可以进一步推论说，绝对者自身和每一个理念一样，都同时是**统一体和全体**，两者不可分离，而是以相同的方式处在同一个不可分的本质中。

与之相应，下面这个进一步的推论也是明明白白的：每一个**作为自身**的殊异者何以直接且必然地同时也是一个**个别物**。因为每一个事物都通过本质而与其他一切事物等同，并且就此而言表达出了整体；因此，如果形式是**殊异的**形式，那么它就不合于本质，并且处在与本质的矛盾中了，正是形式和本质的这一矛盾，使某一事物成了个别和有限的 (§. II)。

据此而言，一切作为现象显现的事物——尽管是最不完满的——都是作为原型的整体的拟像，都在力求让自己处在殊异的形式中，仿佛要作为殊异之物强行把宇宙挤压到自己之中，在自己之中把它表达出来。殊异形式作为殊异事物的存在建立在**殊异的图型上**，这些图型自身自在地都是无，尽管每一个殊异之物都在力求尽可能地把普遍性纳入自己的殊异性中，进而作为有限者而力求无限地去存在。但如此一来，殊异之物也仍会由于它借以成为殊异之物的那种不完满性，或多或少地要服从下面这个法则，即它作为普遍者，无法达到完满的极乐。真正或者说自在地拥有这种作为普遍者的极乐的，只有理念，这些尽了最大努力要成为普遍者的殊异之物，或多或少不过是这样一种受造物：它们至多只能与理念雷同，或者说，它们的殊异形式至多只能在最大程度上与绝对形式接近，并且在自己之中尽最大可能把握其他形式。因此，这些殊异之物或许也是在享受让自身成为这一法则，享受在其殊异性中把握普遍者，并且在其普遍性中把握殊异者。然而在这种双重性的趋求中，一切都得到了亨毒化育，这种趋求自身源自最初的内化—塑造为一的活动，或者说，出自绝对者不可分的本质在实在性之物和观念性之物中的同等显露，而在这两个方面中，只有绝对者不可分的本质才是实体。

　　正如现在已经认识到哲学存在于绝对者中，同样，哲学的整个事业和工作也通过迄今为止的阐述得到了尽可能的曝光，一切表象活动的谬误也被看得清清楚楚：这些表象活动把哲学的工作本身视为(a)一种**演绎**，即通常从绝对者或者某个其他本原出发进行的推导，或者视为(b)对现实的、如其所是的现象世界，或者说对经验的可能性的演绎。

第一种谬误，即认为哲学是某种演绎而得的东西，或者是某种能被演绎出来的东西，这种谬误大抵是没有认识到下面这点：固然我们能够认识到的绝对者和能够认识到的一切，都不过是出自永恒本原的绝对本质的一个片段，而这个片段也仅仅被塑造在"现象"这种样态中。然而哲学要做的，可不就是如一切事物自在地所是的那样考察它们，也就是考察在永恒者中的一切吗？

可难道哲学就是对如其所是的**现实**世界的演绎吗？毕竟在"现实世界"中不存在理念，比如不存在三角形的理念或者人类的理念，相反，任何时候都只存在个别的三角形和个别的人。但倘若人们想说，如此一来，哲学还是得在其直接的可能性，也就是必然普遍的法则中来指明现实世界，毕竟正是这些诸如因果律的法则规定了现象，那我对此的回应首先就是，所有这些法则，都远没有道出作为现象显现的事物真正的可能性，遑论真切道出这些事物的绝对虚无性和非本质性了，比如通过"尽管实体持守不动，但属性变动不居"这条法则，就道出了在种种事物中并不存在形式和本质的统一体，因而也不存在真正的存在，即出自事物自身的存在，而这种非自身的存在又进一步表达在下面这条法则里：每一个事物都是通过某个**他物**被规定为此在并运作着，而这个他物又是通过另一个他物规定，如此以至于无穷。

IV, 397

在所有这些法则中，得到表达的只有一种纯然相对的统一体，因而也只有一种在绝对统一体**之外**自在地乃是无的存在。在绝对同一性中，非存在直接是由"某一存在**通过另一存在**被规定"这一点带来的，据此，非存在也就在自身中包含着"非—自—在—的自身性—存在"这一点。所以通过因果律，以及根本上通过事物身上的相对对立的法则被规定的，必定始终都是对事物身上实在性的否定，或者说，被规定的都是那个使事物由以并不真切存在的东西。一个非本质总是在一个他物身上寻求自己的实在性，但这个他物本身在自身中也不拥有实在性，进而还是得再假求另一个他物。事物彼此之间由于因果而产生的无穷相依性自身，不过是对事物屈从其下的空洞性的表达，也仿佛是对这种空洞性产生的意识，这仿佛也是一种重归到唯有在它之中，一切才真真切切存在的那个统一体里的渴望。

我要回应的第二点是，这些法则既然是对反思性认识的规定，那它们自身其实也并不比由它们所规定的事物更高级，它们与事物一道都属于现象领域，哲学固然需要指明这些法则，但哲学还是在**自—在体**内对它们进行指明的，这些法则不过是**从自在体而来**的现象，而自在体则是形式与本质，可能性与现实性的绝对统一体。

那些偶尔也有对于建构之本质的洞见，但也可能产生误解，把哲学的建构视为一种演绎，进而视为一种彻彻底底建立在某种条件上的工作的人，把上述那些观念性的规定当作本质和事情自身来对待了，但这些观念性的规定之所以作为自身出现，不过是为了能够通过哲学建构再次沉入绝对的统一体中罢了。不过即便在对作为实在统一体的绝对统一体进行阐述的时候，为了去了解形式的总体性和整体可能性，这些规定确实必不可少，但这种认识绝不能以下面的方式进行，即以为这些形式自在地拥有一种本质性。与其这么认为，还不如认为单就这些形式自身来看，它们只是纯然观念上的蓝图，它们唯有通过整体的想象 (Einbildung) 才在自身中包含全部的本质性,而通过这一点,这些蓝图也就终止作为规定而存在了。但总的来说,把科学之于本原的关系,设想为前者从后者中的被演绎关系,仅仅有下面这种意义,即要么如已经假定的那样,整体作为被演绎出来的东西,就**存在**于作为其统一体的本原中:在这种情形中,事关宏旨的并不是从本原中演绎出整体,而是要在作为整体之统一体的本原中阐述整体;要么认为,从本原中被演绎出来的东西,并非绝对统一体自身,而是某个从整体中被撕扯出来、并不比所有其他殊异之物更高级的有条件的部分。① 所以尽管这样的一个部分,作为出自**知识活动**主观关联的统一体的种种形式中有着最高殊异化程度的过渡点,可以被断言为是一个优先之物,但这种行为不啻是把纯然有条件的东西捏造为事情本身,这样一来,手段也就获得了远远超过目的的比重,甚至手段自身成了目的。从这种做法出发,只可能产生一种彻头彻尾有条件的有限哲学思考,这种哲学思考根本就不会达至绝对的统一性,也不会在其神圣的和谐中重建宇宙,遑论达至对绝对者的直接认识,这种哲学的结局就是堕入分裂和矛盾之中。

趁这个当口,提一提分析与综合方法的区分,我认为并不是无益的,这个区分是以笨拙的方式从数学里嫁接到哲学上来的。毕竟数学确实可以驾驭这两种方法,我们想请读者自己从我们(在§.I中)对算术和几何中认识方式区分已经说过的话中看出,尽管在这两种认识方式里表达出的都是有限者和无限者相同的统一体,前者是在无限者或者纯粹的同一性中表达,后者则是在有限者或

---

① 仅仅在某种特定关联中才是优先之物,比如作为相对统一体的自我。——作者注

者差别中表达。但既然哲学既不在前者中也不在后者中表达其建构，而是在自在自为考察的统一体或者说直接在永恒者自身中表达其建构，那么哲学也就只可能有唯一的一种方法。

关于这种绝对的方法，人们在近来将之称为综合的方法，这种称呼尽管有其真实性，但这种方法不过是在反思中彼此拉扯的图像而已。因为这种方法被设想为一个演进过程，并且被表象在了正题、反题和合体这三个彼此外在的环节中，但在这种外部图像中被表象的东西，在真正的方法和哲学的一切真切建构中，都是彼此内在为一的。正题或者说断然性的东西是统一性，反题或者说假定性的东西是多样性，但被表象为合题的东西，并非自在地就是第三者，而是最初者，即绝对的统一体，而处在对立中的统一性与多样性自身不过是这个绝对统一体的不同形式。以此方式，哲学的一切建构单独来看都是一个宇宙，进而又在自身中把握着每一种建构，由此，哲学建构中的殊异之物自己也就作为形式能够与本质相分离，进而能**在自己之中**进行统一性与多样性的二重化，但它自身也并没有在这个意义上成为一或者多。

不过，通常被另一些人作为分析方法和综合方法而对立起来的东西，其实在哪方面看都是一种无稽之物；毕竟不管是某个被假定之物的种种条件是向前追溯还是向后追溯的，甚或这种有条件的思想是客观被道出还是主观被道出的——比如"我假定有一个A，但如果没有B我不知道怎么以A为起点，所以也要假定有一个B"（这种说法通常大抵就是最大的废话）——所有这些自在地看都是无所谓的，都等效地是一种经验性和分析性的哲思方式。

然而我们刚刚描述的那种有条件的哲思方式，甚至还放肆无度到了下面这个程度：有一些人甚至到了连形式都轻视的地步，较之于哲学，这些人乐意以云山雾罩的面目或者以沉湎于偶然念头的思想贩子形象示人。不管是哪种人，都同样对建构的本质一无所知，建构的本质是怎样的，每个人都可以在几何学那里清楚看到，科学的绝对特质也是如此。你难道可以在几何学中，抽出一种不在自身中绝对且是整体的认识吗？每一种真理难道不就是作为一个特殊的世界而持立的吗？你能牵出一条从一个世界指向另一个世界的线，并指明世界之间的机械连续性吗？你要是愿意，完全可以从宇宙中截取一部分出来，看看它有着怎样无限的生育力，能承受并孕育一切本质的多少可能性吧！你要是能赞同自然中存在着种种形式，那你全部的反思性和有条件的知性，又怎会不让你回忆起自然的绝对性呢？你能命令金属处在你的知性秩序所支配的点上吗？你觉得花该开了，你就能命令花儿开放吗？或者根本上来说，你想特殊对待某个存在物，你就能命令它在自然中殊异化自己吗？如果你要如此下命令，那么一切难道不是反倒会让你觉得处在一种神圣的混乱中吗？不去把一切挤压到一中，而是让一切和平共生，一切事物都以自己的方式愉快地生活，难道就会弄得乾坤失序，万物相离吗？所以结论只能是每一个事物都在对整体进行着拟像，并且与整体共在，进而也在自身中对他物进行着拟像。所以万物都以同样的方式并基于同样的根据是一，但这并不影响万物各自殊异。

IV, 400

不过我认为，根本上来说，一切高贵的材料都由于形式而高贵，那么与之相应，一种足以崇高的认识肯定也尤其不能听凭偶然的洞见，这种偶然的洞见是个别的，或多或少也有一些普遍的形式,而且在任何时候也都会出现在那些崇高杰出的精神中,但即便如此,我们还是得掂量掂量,这种洞见是否足以塑造绝对的形式,从个别知识的片段出发是否足以过渡到认识的全体。我要在此声明,绝对的形式和认识的全体,正是我全部科学劳作的最终意图和目的,即便大多数人不会去悉心钻研,但在我所有的作品中也颇容易认识到,我不是通过任何东西取得作品中的成就,甚至也不是通过我自己认识水平的不断提高而步步为营,相反,我的全部努力都在于对必要形式的构造上。

IV, 401

  我的意图是要在一切细节的方向上都认识到真理,如此方能自由且不受扰乱地探究直至绝对者的最深处。所以一种轻率的思想总结在此根本不可能有用——我们之前的许多人就这么干——,相反,在这里事关宏旨的是一种持续稳健、把真理的全部个别声音与色彩都带入协响与和谐中的塑造过程,这一塑造过程也是对每个人在部分中所见之物的塑造,最终要表达的则是原型。在最古老智慧的残篇断简里,你们会轻而易举发现一切认识中最崇高的认识;在毕达哥拉斯那里你们就已经可以找到理念学说了,而在柏拉图那里,理念学说则更多的是作为流传下来的东西。对立中的统一性(二重性之中的同一性)作为宇宙的普遍形式,并不是赫拉克利特首先认识到的。一切事物的双重统一性——也就是每一个事物源初地在其殊异性中是绝对的,并在其绝对性中是殊异的——你们也很容易在莱布尼茨的单子论中看到,而你们也可以自己把单子论的起源追溯到无尽的远方;而那种从对一切而言当下的、不可分的统一性,即万物的实体出发把握一切的学说,你们则可以从斯宾诺莎和巴门尼德开始追溯,这个谱系是你们确实可以碰到的——对哲学和人类认识历史的回顾就说这么多。这些思想的源泉向每一个人涌流不息,但只有少数人能对此形成认识,因为这些人诞生于内在且富有生机的形式中,并且追求属于自己独一无二的生命艺术。至于你们,只要每一个人自己在认识上达到的水平越高,那也就会越发清楚地看到,所有那些主动为自己塑造了形式的学说,在何种程度上不是其他,而是那个唯一的真正体系在不同方向上延异而生的图景,这个体系就像永恒的自然,既不年轻也不衰老,它是最先和最初,但并非据时间而言,而是据自然本性而言。所以,那种严肃地要以真正唯一的对象为其目标的努力,不可能是其他,正是要力求把贯穿在整个人类的构想和创设中的认识整体的可见脉络呈现为清晰形态,勾勒出其源初之美,并永远让它得到承认。

IV, 402

在这一点上,每个人都很有可能已经注意到了,对一种认识如何从最纯粹的明证性中——这种认识甚至就是明证性自身——,涌流到一切具有基本力量的构想中,又如何回溯到这种最纯粹的明证性中的考察,迄今还没有获得稳定不变的形式。关于这种形式的缺失,原因无他,不过是因为倘若要在科学通向普遍性之前,就在哲学中铺上一块奠基石,那么随即就会出现与这块奠基石相对立的矛盾了,因为只有最终的总体才把握一切并且在自身中承载一切,进而终结着全部冲突,只有在它之中一切才有其稳靠的稳定位置。

目前来看,导致这一点的首先是一切反思规定和概念的模棱两可性,这些规定和概念也恰恰由此在其殊异化活动中表明了自己是空洞的知性,也就是说,从一方面看显现为实在性之物或者有限者的东西，从另一方面看也能表现为观念性之物或者无限的东西，反之亦然。正如在磁感线上的每一个点，根据观察角度的不同，都可以是正极、负极或者两极的无差别，所以在这个生机勃勃的整体中，"一"总是进入他物来运作，比如"颜色"要进入色彩，时间要进入自然，空间要进入历史，知性所固定的一切都缺乏持存，进而绝非在其殊异性中同时也能被清楚认识到其绝对性的东西，更不可能凭借一种直通总体的建构而切切实实地在一切之中把握一切了。知性固然构造出了一种统一体，但这种统一体同时也是一种错乱，而它所固定下来的东西在这种统一体中所呈现出来的，几乎只是一种神性的混沌。

当然，人类的能力肯定有某种固有的界限，这种界限必定也蕴含在对象的自然本性中，我深深知道，草拟出一份对于宇宙万有清清楚楚的通报也是不可能的，所以我起码抱有下面这种完完全全的信念：只消这个体系在其总体性中得到了呈现和认识，宇宙的绝对和谐以及一切存在物的神性就会在人类的思想中得到永恒的奠基，进而也不可能再有任何与绝对和谐相矛盾或者误解它的学说从普遍的不确定性中出现了，从此以后也不会再有任何限制会从丰富的库藏中被采纳并生效了。不过这些限制甚至也抓住了最贫乏和天底下最荒芜的东西，如此才能把它们提升直至思辨中，在此之后，才能把这些已经处在其完全的可理解性和通俗性中的限制再次带到公众面前：一件人们总是以下述方式获得的事情——从可能的反思点和相对的同一性中提取出来，并且把整个大众都抛到了自己的形式中，但又根据自己的形式使一切发生了扭曲——，也必定会由于下面这点而永远终止：如果在一个囊括着一切的体系范围里来刻画这些反思点,并且在其彻底相对的真理中呈现它们,那必定会大大有益,每一个把自己奠基在这种体系之上的人,都会把自己视为归属于真正体系范围的现象,一切殊异的哲思方式的可能性——它们为什么可能出现,前面已经指明了——都被扬弃了,反之,不断胜利的大全一体的哲学,将会开启自己的统治。

下面这点不仅需要考察,而且我认为有必要看清楚:自从哲学作为绝对科学被谈论,以及哲学建构被引入,许多人就开始讨论这件事并且努力地跟着鹦鹉学舌起来。不过对此有真正认识的仍是少数人,所以我决定为另一部分人先行给出仿佛进入学说自身之内核的端口,我要先把这一争辩端出来,在表明自己已经在先前的步骤里指明了本原和全部哲学建构的大全一体性之后,我现在仍要一般地讨论作为本质之开解者的绝对形式,以及认识和绝对者之间的普遍中介者。

大多数人在绝对者的本质中除了空洞的黑夜什么都看不到,也没有能力在其中看到任何东西;绝对者的本质在这些人面前仿佛沉入了对杂多性的纯然否定中,进而对他们来说是一个纯粹通过剥离而得的本质,所以这些人也就鸡贼地把它捏造为了自己哲学的终点。不过呢,我属于对真正的哲学建构有所认识的第一类人——我把他们视为抵御那些缺乏首要认识的人的壁垒,因为这类人还不认识进入真正科学的切入口,这帮人自己已经被有限的概念和条件扭曲了——,我已经一般性地充分讨论了绝对者和认识的统一性关系(§. II),所以我在此仍要更明确地指出,绝对者的黑夜是如何在认识面前转化为白昼的。

只有在一切形式的形式中,统一体的**肯定性**本质才会被认识,但那个绝对形式已经被我们等同为绝对者活生生的理念，所以我们在绝对者中的认识就是我们认识中的绝对者，在绝对者中，我们能够清清楚楚地进行考察，正如我们能够在我们自身中进行考察一样，一切都在同一束光中被看到，较之于这种在绝对者之中的考察，其他一切认识，尤其是感性认识，都是至深至暗的无明。

并不存在一种单独的绝对知识，也没有一个在它之外存在的绝对者，相反，两者是一，而哲学的本质就在这里：因为除了哲学，在其他认识中也有一种绝对知识，只不过在其他认识里，绝对知识并没有作为绝对知识，也没有同时作为绝对者的本质性和实在性罢了；哲学最初的认识就建立在对绝对知识和绝对者的等同设定，以及下述洞见上：除了在这一形式中［在绝对的明证性自身中］的绝对者，没有其他绝对者存在，除了这个形式，没有其他通达绝对者的入口，从这一形式中而得的，也是从绝对者自身中而得的，存在于这一形式中的，也是存在于绝对者中的。

在绝对的理智直观中对形式与本质的同一化活动①，让二元论摆脱了最终的分裂，而二元论就囿于这种分裂中并以之为基础，这种同一化活动也让**绝对唯心论**取代了那种局限在现象世界中的唯心论。

绝对者的本质自在自为地并不启示给我们任何东西，它以这种种表象充满着我们，比如无限的沉默，不可探究的寂静和锁闭，这就像最古老的哲学形式所描述的，宇宙在通过自己的自身直观性认识行动，呈现**在本己的形态中**，呈现出自己在成为生命以前的

---

① 或者说洞见到，绝对知识就是一种绝对者进行的知识活动。——作者注

那种状态。永恒的、与绝对者自身等同的形式是白昼,我们在其中把握着黑夜和掩藏在黑夜中的奇迹,这个形式也是我们在其中明明白白认识到绝对者的光,它是永恒的中介者,是全视和启示着一切的世界之眼,是一切智慧与认识的源泉。

在绝对形式中,存在着一切持存在普遍者与殊异者之统一体中的东西,唯有作为统一体的统一体自身,才是与本质等同的形式;普遍者与殊异者之所以会作为对立物不过是因为,它们是形式的纯然要素,即便它们具有实际性,它们自身每一个单独地又会是普遍者与殊异者的统一体,因而两者也纯然只是在观念上可区分的,进而绝不是以一种本质性的(质的)方式,而是始终仅仅以一种非本质性的方式形成对立。因此,**理念**必定始终是绝对的,因为在其中普遍者与殊异者必然被等同地设定,理念不会由于任何东西,比如由于与对象的关联而终止为绝对的,因为理念作为绝对形式在自身中包含着绝对的本质性,进而自身就是绝对的对象。①

所以也不能说,我们在理念中把握的仅仅是事物的可能性,不能说我们在理念中认识不到具有实际性的事物;因为绝对的形式和殊异的形式恰恰是通过下面这点形成了对立:殊异的形式与本质相分离,因而也与实在性分离,进而自在地是无,而绝对的形式则与之相反,它同时在自身中也把握着绝对实在性,正如绝对者在

---

① 理念中的普遍者就是绝对者,但它的殊异者也同样是绝对者,因为它把整个绝对者接纳在自身中,并且恰恰在最完满的殊异性中复为彻底绝对的。——人们可以说,理念是有限的,因为它必然会把自己关联在一个殊异的对象上。然而在这种情况下说的其实是概念与客体的对立,这种情况在理念中不存在。每一个殊异的对象在其绝对性中都是理念,就这一点来看,理念也是绝对的对象自身,作为绝对观念性之物的东西,也同时是绝对实在性之物。——作者注

自身中把握着等同设定着思想与存在的断然形式。几何学所建构的三角形诚然不是现实的三角形,也就是说,不是个别的三角形,但它是绝对的、彻彻底底具有实在性的三角形,现实的或者说作为现象的三角形则与之相反是完全不具有本质性的。

从这一点出发可以看到,下面这种人是何其愚蠢和不理性:他们在绝对统一体的理念之外还允许某种殊异的东西存在,以便能达至现实性,这些人还认为,个体性之物之为个体性之物,是对普遍性的绝对否定,因而也是对理念的彻底取消,看来这些人大抵只是想在他们称作"质料"或"物质"的普遍者中来固定这个理念罢。因为既然物质是绝对的,也就是说,既然它是实际性的并且就是本质,那么它就处在绝对形式自身中并且与之等同,毕竟绝对形式要获得实在性并不需要任何它自身之外的东西。

毋宁说,因为绝对形式也是绝对本质,也就是说,在绝对形式之外**不存在任何东西**,所以在思想中的形式也就直接通过下面这点被扬弃了:尽管有某些东西在它与同一性相对抗的"非同一性"形式下仿佛被设定为实在的,即便如此,一旦绝对形式被设定为绝对的,那么一切与它矛盾和不合于它的东西就会直接被设定为非本质性的。

而且下面这点也很容易看到:根据绝对形式与本质的关系——绝对形式是唯一真实的形式,也就是说,它能够是这样一种哲学方法,根据它,一切都是绝对的并且绝对者绝不会是任何一个物。

当绝对形式通过哲学,也就是通过作为殊异者之本原的绝对者来把握殊异者时,毫无疑问,它是在一种相同的概念把握活动中进行认识,即一方面一切都在本原中为一,另一方面,在这个统一体中，每一个形式都与其他形式绝对地相殊异；但倘若不一道把握其他东西，那么绝对形式也不可能达到某一形式或其他形式中的任何一个，因为绝对形式不可能在不把某一形式和其他形式构造为绝对的统一体，即构造为自在自为的宇宙的情况下，就把某一形式跟其他形式绝对殊异地区分开；唯有宇宙是真真切切绝对地得到了区分，因为在它之外没有任何与它相同或不同的东西存在；反之亦然，绝对形式之所以能够把殊异形式作为自为的宇宙来把握或者说**绝对地**思想，正是在于殊异形式恰恰也通过这一点作为自身而**沉没在绝对者中**了。

IV, 407

由此出发就能直接把握下面这点：哲学的真正方法只可能是演证式的，不过因为关于演证方法的普遍理念毕竟还不很为人所知，所以我还要对此做一番特别的分辨。演证并不先行于建构，相反，两者是不可分离地为一的。在建构中，殊异者（特定的统一体）被呈现为绝对的，也就是独立自为地被呈现为**观念之物与实在之物的绝对统一体**。既然殊异者是作为统一体的统一体，而统一体不可能以任何方式被扬弃在任何东西中，那么就不存在任何一种这样的哲学建构：在它本身中，某个殊异者会作为殊异者被表达，从而纯粹的有限者或者无限者也作为其自身得到了表达，反倒是绝对者相同的统一性和不可分的完满性没得到表达，所以单就这一点来看，哲学并不脱离绝对者的范围。既然在形式中，这个表现为实在之物，那个表现为观念之物，但两者始终且必然都处在统一体中，而统一体之为统一体，总归是形式，所以不管是有限者还是无限者，既然被实在地，亦即绝对地设定了，那么**两者中的每一个都是有限者和无限者的整全统一体**，也就是说，没有任何一方自在地并且在无视观念规定的情况下，是有限的是无限的，相反，双方都是绝对且永恒的。从这一点出发，下面这点也就能是自明的了：有限者和无限者的这个统一体——它存在于绝对者中并且就是绝对者自身的本质——是一个**实在的统一体**，我们先前①已经把它刻画为了同一性的同一性。因为不管是自在考察的有限者，还是无限者，每一个都包含着**有限者和无限者相同的**（尺度性的）**同一性**。所以，为了能够把握这种实在的统一体，我们必须首先认识到这种同一性（§. III. 5）。

如果以此为前提，那么第一，**建构**本身就是对处在绝对形式中的殊异者的阐述，而哲学的建构尤其是对处在彻底考察中——所谓彻底的考察，并不是像在数学自身的两重分支中那样，要么是观念的要么是实在的，相反，彻底的考察是在自在或者说被理智直观到的形式中进行的考察——的殊异者进行的阐述。在此，为了能把握绝对的形式何以在任何建构中都不会背扬弃——不管殊异者通常（对观念上的规定而言）是有限的还是无限的——，首先要考察，在对立的彻底相对性中——既然既不存在自在的有限者，也不存在自在的无限者，两者仅仅在关联中才存在——，在两者各自把整个绝对者接纳入自身之际，每一个也就作为殊异者（有限者或者无限者）被消解了，进而在自身中又成为有限者和无限者的统一体。

不过，建构的另一个方面是演证活动本身，它把形式和本质等同设定在了绝对统一体这个形态中，演证活动本身由在绝对形式

---

① 见本卷前文第114页及以下。——编者注

中建构的东西来证实，或者说绝对的同一性，以及绝对的实在性也是直接从中得到证实的。

如果绝对形式直接在自身中把握着绝对本质性，那么着眼于一切建构来看，从上面这点中也得出了作为形式或者认识的绝对形式，与作为对象的本质的无差别，也就是说，绝对形式就是绝对明证性。

上面这点已经能够让演证活动的自然本性得到充分的认识，这一活动的基础完全在于，每一个殊异者，当它是**绝对的**，也就恰恰由此存在于**绝对者中**，反之亦然，我们不能在没有绝对者的情况下把握殊异者，也不可能在没有殊异者的情况下把握绝对者。所以一切科学都建立在对双重化了的统一体的认识和等同设定上，第一重统一体是让一个存在物得以在自身中存在的那个统一体，而第二重则是让这个存在物由以在绝对者中存在的那个统一体。

所以根本上来说，建构是一种对于绝对样态和本质的认识，正因为如此，建构与如其所是的所谓"现实世界"毫无关系，相反，建构据其自然本性就是唯心论［如果唯心论是指关于理念的学说］。①正因为这样，通常所谓的"现实世界"恰恰就是通过这种建构被扬弃了，你之所以把现象世界称为"现实世界"，不过是因为形式成了某种对你而言独立自为的东西。你所谓的"现实"，其实不过是殊异的形式，比如植物、动物等等。但这些恰恰会在建构中被扬弃，因为在建构中所蕴含的（根据先前已经证明的结论）恰恰只是一种可能性：比如说植物这种可能性，**作为宇宙的形式**，但宇宙恰恰并

IV, 409

---

① 当然，声称感官世界是虚无也不是唯心论的行径。——作者注

不是现实的植物,倘若植物这一形式就是宇宙,并且并没有从其本质中自行分离出来,那植物也就不会现实地**作为植物**存在了,所以反过来也可以说,在绝对者中不可能存在任何来自所有被称作"现实"的东西①;因为在绝对者中,没有任何形式与其本质分离,一切都彼此内在,一切都作为唯一一个本质,唯一的总体,一切理念都是作为神性的产物从这个唯一者中走出的,因为每一个理念都是出于绝对者的整全本质被塑造的。所以某一事物的**本质**[自—在体]不可能仍是这个**事物自身**;因此,倘若你要在绝对世界中寻找现象的现实性,你在这里是找不到现象的,在绝对世界里处在绝对实在性中的东西,你在现象中也找不到。也就是说,所谓的"现实性"只可能来自**作为其自身而如其所是存在**的现象世界,而在它绝对者中的**自—在体**,实则并不存在,反倒毋宁说,现象意义上的"现实性"只能被认作绝对的非现实性。

在我们断言"哲学的一切建构和认识都是同等绝对的"之际,或许其中会表现出这样一种矛盾:根据演证方法的形式,唯一的认识是其他认识的工具,而每一个处在整体之联络中的演证,唯有通过其他演证才是可能的。

我们也用消解之前的矛盾的方法,来消解这个表面上的矛盾。

使一切建构由以绝对的那个东西,与哲学演证活动之关联脉络的本原自身,是同一的,并且就是相同的东西。

因为一切哲学建构相同的绝对性的基础在于,有限性和无限性这样的规定乃是虚无的东西,一切事物的统一性在一切之中都

---

① 因为所谓"现实"恰恰源自形式与本质,与自一在体,与宇宙的分裂。——作者注

是相同的统一性,但这个贯穿于一切的实在的统一性,恰恰也是下面这一实情的根据,即自在地或者说据形式而言绝对的东西,在相对的对立中能够有限或者无限地存在,以及它作为有限者或无限者能在观念上产生对立。但不管作为哪一方,都包含着另一方并与其共在,因为在两者中,据本质而言所道出的都是相同的,而两者的联结也就构成了实在性的统一体,因此,一切都要回溯到这个绝对的同一性中和神性统一体相同的深渊里,并归根于其中。

因此,在一切建构那里是观念的东西,也给予了建构本身以对立,也通过这一点让建构与对立相关联,但这种纯粹观念上的规定又会在建构中被消解,因为在自在自为的每一个东西中,得到呈现的都是相同的绝对统一体。

既然在某一个独立自为者的相同的绝对性中,任何一种认识都有对其他认识在观念上的依赖性,而这种依赖性与一切独立自为之物相同的绝对性一道,都属于作为科学的哲学之形式,所以从这一点出发我们也就明白了,尽管形式以此方式得到了确立,但重要的是人们能够确信,没有任何必要的中间环节被跳过了。我的《先验唯心论体系》的首要使命就是针对这一点,通过我的体系,哲学中的一个片面方面,即主观和观念性的方面,也得到了阐述,在我的体系中,整个框架服从于建构,而这一框架的图型则必定会为得到了完成的体系奠定基础。① 毕竟在那种主观的、观念性的唯心论中——这种唯心论不过是哲学的一个片面方面罢了——,"自我"的意义不是其他,正是与绝对者相分离活动的最高的、仿佛达到顶

---

① 同样的说法参见作者后来的《神话哲学之历史批判导论》,第370页注释1。——编者注

峰的点，是为了自身—独立存在，出于自身并以自身为目的的行动的顶点，也是形式的顶点，所以一切观念性的规定必定不仅同时附着在这个点上，也同时伴随着它而登场，如此一来，就可以在总体性中重新返回到**绝对同一性**里。

但为了让我们断言的彻底实在性的统一性的可贵之处得到恰当体现，了解下面这点具有根本意义：我们是在最严格和最本真的意义上在理解这种统一性。我们认为，每一个一心一意追随我们到现在的人，都能自发地注意到，并不是对立仅仅笼统地在某个普遍概念中被构造为了统一体，因为这种统一体不过又是一种形式化的东西，相反，事情实际上是，在一切彼此在观念上对立的东西中，**本质性的东西**都是一，一切之所以具有同一性，并不是纯然通过概念的外在纽带，而是据内在的、仿佛自己份所应有的实体。比如说，你在自然中将之认作某个封闭在空间中、有总体性的东西，则会在历史中反过来把它认作被牵扯拉伸到无尽时间中的东西。之所以如此并非因为，这个东西在空间中是纯然有形象的而在历史里则存在于概念中，相反，正是因为是真真正正的**相同者**，才能够以如此不同的方式显现。只不过它在一种显现方式中被打上了有限性的烙印，而在另一种中则处在无限性的规定和法则下。永恒的形式自身，即绝对认识也是如此，哲学已经通过自己的名号，把绝对认识刻画为了自己奋斗的对象，绝对者与生俱来的对自身的反映 (Reflex) 也属于它的本质。在这种固有的反映中，绝对者预先塑造了它在永恒性的种种奇迹中整全的完满性，同样，在整体的充溢中，一切看起来与他物不同的东西，仍作为他物的喻像而存在。本质与形式的首要等同性，把自己延伸到了"某物"与"他物"

的种种对立所塑造出的各种二重化分裂上，甚至又延伸到了一切本质的无限性中，所以在他物面前既不复为其拟像也不复为其原型的东西，将什么都不是。

不管是这一点，还是那个本质性的同一性——即一在一切之中，一切在一之中，在科学中并且通过形式就能成为认识——仍要通过整个阐发过程自身，并且首先要通过对作为科学、把握一切的哲学的整个图景进行先行描绘，才会得到显明。　　　　　IV, 412

§.Ⅴ. 论实在性和观念性序列的对立，以及哲学的潜能阶次

绝对性的形式是"一"，这个"一"不可分且未分，始终是相同的"一"，正如个别者承载着整体的烙印，反过来也是一样，整体的形式不可能以其他方式，只可能也在个别者中得到表达。

因此，当我们在整体性地讨论哲学的一般形式和建构时，我们也能把之前更多的在细节上对建构已经做过的证明，直接运用到建构本身上。

那些就刚刚提到的内容直接从哲学的理念出发已得证实的命题，也可以完全在形式上从本原出发得到证明，通过本原，绝对者在理性中向认识道出了自己。这种证明方式我在之前的阐述[①]中已经用过了，而那个阐述通过下面这几点也与眼下进行的阐述相衔接。

在形式中，各种对立的绝对非本质性，已经在同一性命题 A=A 中完满道出了自己；因为在这个 A 中没有任何实在性被道出，不管是 A 本身，抑或 A 作为主体或者客体而言，都没有实在性被道出（被道出的只有作为统一性的统一性，在 A 中，统一性是断然被设定的，甚至只有统一性才是形式身上的实在性之物 [见之前阐述的 §.6]）。

---

① 即本卷中的《对我的哲学体系的阐述》。——译者注

基于哲学体系的进一步阐述 229

既然作为主体的 A，和作为客体的 A，也就是处在观念对立中的 A，两者都没有实在性，那么根本上来说，两者获得实在性的唯一方式就在于，它们自在地既非主体也非客体，而是两者的统一体，只不过在一种情形中处在主体性的规定下，在另一种情形中处在客体性的规定下，一言以蔽之，是同一个整全的绝对者在作为主体的 A 和作为客体的 A 的位置上被设定了 [因此，既不存在主体性的东西也不存在客体性的东西，相反，存在的唯有同一性]（之前阐述的 §. 16. 22)。

IV, 413

借此，一种主体性之物和客体性之物间本质性的或者说质的统一性，替代了两者观念上的对立，但对立——尽管就本质而言或者自在地看，不可能在任何关联中发生——既然发生了，[也就是说它自身出现在了现象中] 只可能是一种量的对立，所以就此而言，对立能被设想为对在一种情形中主体性程度，和在另一种情形中客体性程度的规定——对立的存在，依于处在这两重规定下的自一在体相同的内在统一性——，并能被设想为主体性或客体性轮流相互占据上风的关系 (§. 23)[比如说，同一个东西，在存在（自然）中的凭客体性的上风而存在，在知识中凭主体性的上风存在；相同者拥有这两种不同的显现方式]。①

---

① 如果把主体性和客体性的对立设想为正极和负极的对立，那么对立关系的最好表达方式，就是用磁感线图示了。在磁感线里，也存在正极和负极。但其中每一个可能的点都是正极和负极，与此同时，在每一个点里，两者都是一。在这里，本质表明自己是不可分的，可分也只是相对的。在线段 $\overset{A}{\rule{2em}{0.4pt}}\overset{B}{\underset{C}{}}$ 中，AC 构造了观念世界，BC 构造了实在世界，但在 AC 中进行构造的，仍是整体；只不过 AC 中的整体是沿着某个极点进行的，比如沿着 C 就是朝向负极构造，沿着 A 就是朝向正极，同样，BC 沿着 C 是朝向正极，沿着 B 就是朝向负极。——作者注

就绝对者而言，即便这种（量的）对立也是不可设想的，因为既然绝对者是统一体的**统一体**，是在对立的规定下仍在双方中被相同设定的统一体，所以绝对者自身就是这三重显现方式的同一点。整个绝对者既能在这种情况下是主观的，也能在那种情况下是客观的，因此在绝对者自身中，既不存在某种源自由主体性所规定的统一体的东西，也不存在某种源自由客体性所规定的统一体的东西，毋宁说，通过主—客体性**这两种规定中的任何一个**，由之被规定的东西也就直接处在了绝对者**之外**，因为毕竟绝对者是统一体的统一体。因此，不管是主体性还是客体性，它们作为规定，始终只可能在绝对者之外的东西，也就是个别的东西那里得到区分，或者说：一切量的差别首先**产生**于，它们把作为自身独立存在的观念规定，从绝对者或自—在体中分离了出来。

如果说，在如其所是的绝对者自身中，观念性的规定或者说殊异者，跟本质或者说普遍者自身又是等同的，所以每一个独立来看都是普遍者和殊异者（这一对立是作为观念性的对立）相同的统一体——毕竟它们都在同时作为统一性和多样性的形式中呈现自己——，那么上面说的那种统一性，既然它既在普遍者中（在本质中）也在殊异者中（在形式中），那么这种同一性就是把统一性与多样性同时把握在自身中的同一性，就这一点而言，它作为这种同一性同时也直接是总体性。所以从"**在绝对者中不存在量的差别**（§.25）"这个命题，直接过渡到了"**绝对同一性之为绝对同一性，也是绝对总体性**（§.26）"。基于相同的原因，我们也同样进一步地产生了其他的断言：一切**关联于自身**[或者说独立地看]的统一性都是**总体性**（§.41），进而只有在绝对者中，才有作为如此这般的统一性。

既然绝对性的形式始终且必然与自身等同并且总是这个与自身等同的形式，那么哲学**作为整体**，其一切个别的建构就都表达在双重的统一性中，这个统一性既是有限者（殊异者）中的统一性，也是无限者（普遍者）中的统一性，因而这个统一性就是这两种统一性的无差别；进而据此而言，倘若我们把观念上的规定（在本质相同的内在统一性上的规定）刻画为**潜能阶次**，那么哲学的形式整体，以及一切在个别环节中的建构，都可以回溯为"有限者""无限者"和"凭着对这两个潜能阶次的绝对等同设定而产生的永恒者"这三个潜能阶次上。

所以从上面所涉及的问题出发，就可以看到，不管是**有限者中的统一性**，还是**无限者中的**统一性，都仅仅是为观念性的规定而存在的，自在地看或者说在绝对者中，两者都是绝对的。也就是说，仅仅对于观念性的规定来说，两者才各自独立地塑造出了相对的无差别点，这两个无差别点就像是椭圆轨道的两个焦点［椭圆轨道法则恰恰也是从哲学的这一点中推导而来的］，但绝对者，或者说这两种统一性在其中得到实在地等同设定的那个东西，则是中心点或者说绝对的无差别点。①

所以为了能够把整体的这个有机体从最内在的核心中展开，并且在由展开过程带来的千头万绪中尽可能地使这些头绪清晰，有必要回溯到那个形式和本质最初的、绝对的内在—塑造—为—

IV, 415

---

① 在行星之间，存在一种它们本己的无差别（它们由以殊异）和太阳的无差别（普遍者）的冲突。倘若现在把这二重统一体假定为一，那么两者就会共同落入椭圆的中心点中，圆周就会由此而产生，因为在圆周中，点与点不会有所区分，存在的将会是一个唯一的点——所以在这个时候，二重统一体就会存在于绝对者或者说自—在体中。——作者注

的点上。

也就是说，尽管我们到目前为止已经完全把形式和本质相同的绝对性预设为了前提：但我们在何种程度上能把它预设为前提呢？根据刚刚 (§. IV)[对殊异者存在于绝对者中的阐述]已得证明的观点，形式[也就是殊异者]并非独立自为存在，相反，它既是绝对的，也是本质内塑于其中的，或者说（根据 §. II. III 中已得证明的），只消知道形式是有限者和无限者的统一性，就不需要再赘述什么了。根据同样已得证明的内容，既然本质中的形式是绝对的，也就是说，既然本质中的形式就本质的存在和思想而言是一[在本质中，思想也是存在]，那么就此而言，本质[或者说普遍者]除了绝对地存在，不会以其他方式存在。如此一来，根本上来看，形式和本质又是在何种程度上处在无差别的关系中呢？这个程度纯然在于，本质被塑造入形式和形式被塑造入本质的方式是相同的。因为形式如何被设定为无限者与有限者的统一体，本质也就如何被设定为有限者和无限者的统一体。

首先要涉及的问题是，既然独立自为的形式 (§. IV) 是殊异者（有限者），那么本质则是通过对无限者进行添加而被塑入了形式中，即统一性被接纳入了多样性中，无差别被接纳入了差别中。而涉及的另一个问题则是，自在有限的形式通过下述方式被塑入了本质中，即有限者被接纳入无限者，差别被纳入无差别中。

IV, 416

或者说：殊异者之所以成为绝对的形式，是通过普遍者与之合一，而普遍者之所以成为绝对的本质，则是殊异者与之合一。但普遍者和殊异者这两种统一体在绝对者中并非彼此外在，而是彼此内在的，所以绝对者是形式和本质的绝对无差别。

通过这两种统一体——在其中一个里,通过把无限性接纳到有限性中,本质同时被塑造入形式中,在另一个里,通过把有限性接纳到无限性中,形式[殊异者]被塑造入本质中——两个不同的潜能阶次(它们处在观念上的对立中)就得到了规定,但自在地看,两者在绝对者中都出自完全相同的根基。①

　　在作为现象而显现着的自然中存在的,是源自最初的绝对内—塑想象活动(Ein—Bildung)(把统一性内塑到多样性中,把无限者内塑到有限者中)的种种拟像活动,所以**自在考察的自然**不是其他,正是如其在绝对者自身中那样的(并未与他物分离)内—塑想象活动自身。因为通过把无限者塑造入有限者中,本质也被塑造入了形式中;既然形式唯有通过本质才获得实在性,那么倘若本质被塑造到了形式中,而(根据前提)形式没有等同地被塑造到本质中,本质也就只可能把自己呈现为实在性的可能性或者根据,而非可能性和现实性的无差别。但恰恰这个表现出如此存在事态,即只作为实在性的根据,因而尽管被塑造入形式中,但并没有反过来让形式塑造到自身中的本质,把自己呈现为自然。② 也就是说,那个通过把无限者接纳到有限者中,进而由此把本质的内塑活动设定到形式中的统一体,根本上来说就是把自己呈现为自然的那个东西。

IV, 417

---

① 这两重不同的潜能阶次或者说统一体,不仅出自绝对者的完全相同的根源,而且也完全等同于绝对者自身。观念规定无损于绝对性,毋宁说它所凭依的就是绝对性,两重统一体在绝对者中并非纯然否定性地——并不设定为"并非不同的"——而是肯定性地被设定,这恰恰是因为潜能阶次的观念性规定与绝对者自身为一。——作者注
② 见本卷前文第145页及以下,尤其是第151页。——编者注

首先要注意的是下面这几点。既然在把一种现实的绝对统一体预设为前提的活动中，不论是把无限者接纳到有限者中，还是把有限者接纳到无限者中，被设定的都是相同的统一体，那么通过对有限者和无限者完满的内塑想象活动，自然如何回溯到绝对者中也就清楚了，自然不仅是绝对者之完满性的构成部分①，而且我们也能通过自然（在自然中，处在不可区分状态中的绝对本质的统一性能被认识到）观入绝对者自身的本质 [内核]。

本质闪烁到形式中，但形式反过来则以回到本质中的方式闪烁，所以这就构成了另一种统一体。

这个统一体通过有限者被接纳到无限者中得到设定。借此，形式作为殊异者也就被砌入了本质中，进而自身也就成为绝对的。被内塑入本质的形式，在与正在进入形式的本质的对立中——在本质正在进入形式之际，它仅仅显现为根据——把自己呈现为绝对的活动和实在性的肯定性原因。把绝对形式②内—塑入本质并与之为一的，我们将之设想为**神**，从这种内—塑合—活动而来的拟像，就存在于**观念世界**中，所以在其自—在体中，这些拟像也是另一种统一体。

正如实在（或者说自然）世界的产生是通过把无限者接纳到有限者中，同样，理念或者说神性世界则同样的是通过把有限者接纳到无限者中来产生。但在绝对者中，无限者乃是无时间地、永恒地嵌入有限者中，有限者也是如此嵌入无限者中，在绝对者中持立着

---

① 是主—客体化活动的第一个必然的可能性。——作者注
② 更正为：形式的绝对想象活动 (Einbildung)。——作者注

两种统一体，其一是通过本质内—塑入形式中与之为一而设定，其二则是通过形式内—塑入本质中与之为一而设定，前者被作为形式的绝对性被设定，后者则作为本质的绝对性被设定，这就是自然和神，两者处在相同的永恒动态互渗中。

IV, 418

正如我们已经预先指明的，这就是哲学的一般图景，然而这幅图景并没有就此得到完成，因为既然一切统一体，要么是通过把本质接纳到形式中，那么是通过把形式接纳到本质中得到设定，进而一切统一体之为统一体都直接地是整个绝对者，所以在一切统一体中，肯定又包含着全部潜能阶次，只不过在其中一种统一体中，全部潜能阶次处在有限性的普遍支配下，而在另一种中，则处在无限性的普遍支配下。

第一个潜能阶次——因为在反思中，普遍者被补充到殊异者上并为它所需要——我们可以笼统地称之为**反思**的潜能阶次，我们在谈到实际性的世界和观念性的世界时，所说的潜能阶次跟这个是同一个。因为就这两个世界的区分来说，这个潜能阶次都是通过把无限者接纳到有限者中，把统一性接纳到多样性中而设定的。但在其中的实在性的世界中，通过相对的接纳，被塑造入形式中的本质成为有形体的，并拥有了躯体性的形态；在另一个，即观念世界中，通过同一种内塑活动，本质成为知识并且接纳了精神的形态；因此，在实在世界中的本质，即有形体的自然，是在绝对者中持续存在的、把**本质内塑到形式中**的活动的显现或者拟像，而观念世界中的本质，则是知识，它是对在绝对者中持续存在的、把**形式内塑到本质中**的活动的拟像，所以自然和知识通常都表现出完满的平衡（因为在每一个［在自己的领域内］里，无限性都嵌入了有限性),只不过自然处在有限性的规定下,知识处在无限性的规定下,前者表现为存在,后者表现为知识。

两者中没有任何一方是通过观念上的或者说因果性的结合,与另一方面联络在一起的,知识与存在的联络和存在与知识的联络均不是以此方式进行的,相反,每一方与另一方都是**实在的一**,也就是说每一方独立自为地都是绝对者中的那个在—彼此—之内—闪耀活动的等同拟像,只不过一者是本质闪耀在形式中时的拟像,一者是形式闪耀在本质中时的拟像。

两者的**自—在体**持存这两种等同的、存在于绝对者的统一体中,同样,**两者之统一体**的本原也存在于绝对的内塑为一的活动中,也就是把本质内塑入形式中并与之为一,和把形式内塑入本质中并与之为一。

迄今讨论的关键点在于,不仅要认识到在**这两重统一体**中,每一个都会回溯到相同的潜能阶次,这两重统一体都是就整体而言,并通过自身和它们由以被联结为一的统一性得到刻画的,而且也要认识到,一切潜能阶次如何通过处在另一种统一性中同时也接纳了另一重形态,比如说,在有形体的存在物中诞生的潜能阶次,跟在另一种统一体中精神性地或者说作为知识诞生的潜能阶次是相同的。

首要的一点直接就通过下面这回事情得到了明确:一切统一体,就其是**绝对的**而言,必定接纳了未经划分的整体,因此每一个统一体都是另一个统一体完满的镜子和镜像。所以这里涉及的另一点就在于,在每一个统一体中存在的都是相同的宇宙,因此在每一个统一体中也存在着全部的统一体,这些统一体都是通过把无限者接纳到有限者中,把有限者接纳到无限者中,也就是通过两者绝对的内塑为一的活动得以设定,**实情就是如此**,因为把本质内塑到形式(这是第一个统一体)中的活动的图型,就是**把无限者接纳到有限者中**,而把形式内塑到本质(这是另一个统一体)中的活动的图型,就是**把有限者接纳到无限者中**,第一个统一体中的**全部潜能阶次则又处在有限性的一般规定下,另一个统一体中的则处在无限性的一般规定下**,这就是相同潜能阶次以不同方式显现的根据,而相同的潜能阶次也据此在这一个或另一个统一体中不断复返。但我们还需要进一步地去单独考察每一个潜能阶次,毕竟它们不仅在第一个统一体中,而且也在第二个统一体中复返。

所以我要强调的是,每一个潜能阶次——不论是在实际的还是观念的序列中——,独立自为地看**又都是绝对的**,因此在每一个潜能阶次中,不仅一切潜能阶次都自行复返,而且因为统一体与统一体之间并无区别,把无限者内塑入有限者中的活动,以及由之产生的把本质内塑入形式中的活动——这里的形式是指"绝对形式"——,必定也把握着把有限者内塑到无限者中,把形式内塑到本质中的活动,反之亦然,**所以出于这个理由,在一切独立自为的潜能阶次中,本质和形式的整全无差别也得到了表达**,只不过在每一个潜能阶次中,这种无差别都服从于殊异潜能阶次的图型,在某一个潜能阶次中服从于某一种图型,在另一个中则服从另一个图型,如此等等。

"反思"这种殊异图型(我们现在要返回到第一个潜能阶次上),即把无限者接纳**到有限者中**的这个图型,使得在这个潜能阶次中,本质进入形式的**整个**内塑活动,因而还有形式进入本质的**整个**内

IV, 420

塑活动,**在殊异者**中唯有通过空间中(**寰宇中**)的一种物质性塑造活动的总体才有可能,在**普遍者**中唯有通过时间中的一种理念性塑造活动的总体(这发生**在知识中**)才有可能。

若是只想用一种一般性的梗概就证明或者充分讨论上面这回事情,显然是不可能的。

所以我们要补充:在**反思**中,绝对的一要么把自己呈现为实际性宇宙的总体,要么把自己呈现为观念性宇宙的总体,前者存在于持存于绝对者中的把本质内塑入性质中的活动,后者存在于把形式内塑入本质中的相同的活动,在这两种活动中,本质都是作为它们的**自—在体**,因此,这两重总体都是潜能阶次,前者是处在**实在性之物中**的反思的潜能阶次,后者则是处在**观念性之物**中的,而哲学正是在作为绝对无差别点的潜能阶次中建构绝对的一。

正如第一潜能阶次是把本质内塑入形式中这一活动的潜能阶次,那么同样,在本质中进行着照亮①并已然内塑于本质、与之合一的形式则是**第二潜能阶次**,既然把形式内塑入本质中,要以把有限者接纳到无限者中为条件,那么我们也就可以对立于第一潜能阶次地把第二潜能阶次称作**进行涵涉活动的**(Subsumtion)潜能阶次。

这个潜能阶次也以同样的方式在实际性的和观念性的世界中复现自己,也只有在这种情况里才可能讨论它对于第一潜能阶次的意义,本质被塑造入形式中正如从黑夜里升入白昼,与之相应,

---

① 更正为:被接纳到本质中。——作者注

被塑造入本质的形式则是在黑暗中闪耀的光。①

在**实在性之物**中得到表达的,是形式内塑到本质中的活动,这个活动的**自—在体**,则在绝对者中以本质内塑入形式这一绝对的活动为其根基,而既然这一绝对者中的内塑活动是绝对的,那么它也就在自身中把握着全部潜能阶次,只不过所有这些潜能阶次都归秩在**实在性之物**或者说有限者本身的图型之下。因此,作为形式的光乃是在永恒的、如同在绝对者中存在的自然中闪耀的光——源自其中的那种感官上可见的光自身不过是这种光的某种反射而已——,这种光不是其他,正是在有限者自身中穿透并打通它,或者说在把本质内塑入形式的同时,反过来也已然置入了本质的形式,这光是在自然自身中的神性本原,正如重力作为无限者进入有限者中的设定者,光是让黑夜进入白昼的设定者,是自然的本原。

与之相对,在**观念性之物**或者说无限者中表达的,把作为殊异者的形式内塑入作为普遍者的本质这一活动中的**自—在体**,这是在神之中持存的把形式内塑入本质中的活动,这一点从之前的内容出发不难看清。

知识在何种程度上是被形式塑造入了白昼中的绝对者之本质,**行动**(行动被刻画为把有限者接纳入无限者,在**观念性的**序列中,它是涵涉性的潜能阶次)也就与之相应地是把作为殊异者的形式内塑到绝对者之本质中的活动,在实际性的世界中,已然与本质

---

① 被塑造入形式中的本质,把自己从黑夜中塑造入了白昼,塑造入了不可区分性中,但也由于进入了另一个东西——在差别中——被遮蔽了,这个时候本质不再作为同一性。相反,被内塑入本质的形式则使得本质自身可以被认作同一性。——作者注

同一的形式怎样作为光闪耀,在观念世界中神自身也怎样以本己的形态,闪耀为在把形式塑造入本质的活动中,已然贯穿于一切的活生生的形式,所以在每一种考察中,观念世界和实在世界彼此又表现为对方的喻像。

进一步来说,已然**内塑入**本质中的形式在实在世界中如何作为**光**显现,在观念世界中就如何作为神显现,所以把形式**内塑入本质的活动自身**在实在世界中就是**普遍的机械过程**,之所以是机械过程,是因为它仅仅是在把本质内塑到形式中的活动中,一并被把握的把形式内塑到本质中的活动的拟像,所以它是伴随着**必然性**这一规定被设定的,相同的活动在观念世界中则是**行动**,而行动则是把作为殊异者的形式直接内塑到本质中的活动的拟像,作为这一拟像,行动是凭着自由这一规定被设定的(因为唯有在作为自身存在的殊异者中,才可能存在自由)。

就这一点而言,仍要再进一步强调的是,把无限者内塑入有限者的活动在现象显现着的世界中把自己呈现为**空间**,把殊异者内塑入无限者中的活动则把自己呈现为**时间**,但两种活动是相等且程度相当的,后一种活动(把殊异者内塑入普遍者)如何影响前一种(把普遍者内塑入殊异者),前一种也就怎样影响后一种,也就是说空间和时间根本上是不分离的。

这两种在反思而来的世界中,在整体和个别中始终分裂的统一体,在自—在体中每一个都是彼此内在的,也正因为如此,两者在作为一的绝对**自—在体**中是同一个唯一的统一体。如果首先,一切统一体——经由每一个统一体,本质被塑造入形式中,形式被塑造入本质中——在其绝对性中也必定在自身中把握着其他统一体,那么在每一个统一体中的**自—在体**都源乎自身地就是两者(本质和形式)由以得到把握的那个统一体。只不过即便是这个统一体,在每一个统一体中都服从于它殊异的图型,也就是说,在第一个统一体中服从于把无限者接纳到**有限者**中的图型,在另一个中则服从于把有限者接纳到**无限者**中的图型。

从第一个统一体出发,在有限者或者说实在性之物中,从另一个统一体出发,在无限者或者说理念性之物中被道出的这两种统一体的内塑为一的活动,乃是拟像,而这个拟像所模拟的东西,则是前一种统一体在实在性世界中,后一种统一体在理念世界中所标识出的**第三潜能阶次**,我们也可以把它刻画为反思与涵涉的统一体,即对有限者和无限者进行**绝对**等同设定的潜能阶次,就此而言,它也是理性的潜能阶次。

对两种统一体的绝对内塑为一的活动在实在性之物中以下述方式进行:在实在性之物中,物质整全地就是形式,形式也整全地就是物质,所以这就构成了**有机体**,有机体就是对自然最高的、如它在神之中那样的表达,也是对神如何在自然中,即在有限者中存在的表达。

有机体的**自—在体**蕴含在绝对者中,因为在其中,本质以下述方式被塑入形式:在绝对者中不再存在形式与本质间的对立,相反,只有两者绝对的无差别或者说相同的绝对性,而这种绝对无差别则存在于**理性**中,有机体作为理性在反思而来的世界中最完满的拟像和绝对无差别点,也在这个世界中彻底脱去了外壳并得到了启示。

IV, 423

在观念性之物中发生的两种统一体绝对内塑为一的活动,正由于其素材整全地是形式,形式也整全地是素材,因此就是**艺术作品**。在反思而得的世界自身中,掩藏在作为一切实在性之根基的绝对者中的奥秘,就在艺术这个最高的潜能阶次中,即在对神与自然最高的统一化活动里,突显为**想象力**。

在反思而得的世界中,存在着美与真理,想象力与理性;在绝对的世界中,在把形式内塑到本质中以及把本质内塑到形式中的这两重活动里,有限者和无限者的统一性乃是绝对的统一性,从这种统一性出发,两者中的任何一个都在其绝对性里在自身中把握着另一个,进而自身也在另一个中得到把握。绝对者中的宇宙被塑造为最完满的有机本质和最完满的艺术品:对于在绝对者中对宇宙进行着认识的理性来说,宇宙处在绝对的真理中,对在绝对者中呈现着宇宙的想象力来说,宇宙存在于绝对的美中。不过这两者中的每一个所道出的,不过是具有不同面相的相同统一性,因此两者都归属到绝对的无差别点里,而科学的开端与目标,就在于去认识这个绝对无差别点。

§.Ⅵ. 对物质的建构

凭着绝对者中的两重统一体——**这两重统一体以与绝对自身相同的自然本性得到把握并彼此相区分**——,也就构造出了绝对者的一种三——一性的本质之图景,这一本质内在的有机体又把一切呈现到无限之中,并努力使一切能被认识,而存在于绝对者自身中的哲学,必定也都是依据绝对者的形式得到构造。

先前论述的东西已经充分证明了,大多数人对于我们通过实在序列和观念序列的对立,以及在此基础上要表述的自然哲学与唯心论的对立,理解得是何其粗鄙,遑论理解下面这点了:若无自然哲学,就根本就谈不上还有哲学,即根本谈不上还有对绝对者的认识和科学,因为自然哲学是作为科学的哲学必要且本质性的部分。

但正如这个三——一体既在哲学的整体中表达,它也同样会在每一个部分中表达,如果我们要把这三重在绝对者中得到把握的统一体中的某一个作为永恒的自然来考察,那意思并不是说,仿佛在这个作为永恒自然的统一体中,不复有作为自然和神的整全的绝对者之本质,而是说,第一个统一体的本原对于概念规定而言是支配性的,并且也在自身中把握和筹划着其他统一体。

IV, 424

但仍可能产生一些问题,首先要问:为什么如此?毕竟在两重统一体中被把握的是相同的东西,在其中一个统一体中表达出的,据本质来看也在另一个中被表达出了,一个统一体中同步或者说平行的潜能阶次跟另一个中的并非共时的,也没有合二为一,而是被表象为分离的。对此,我的回答是:没有任何东西会妨碍得出这一结论,但即便在这种情形中,在每一个统一体中也始终存在着其他统一体,在实在性的统一体中,观念性的统一体能得到表象,在观念性的统一体中,实在性的统一体得到表象,因此,两者表面上的区分其实是彻彻底底非本质性的。第二个问题是:为什么自然哲学必须得有较之于其他部分的优先性?对此我的回答是:对存在于殊异者中的绝对者的认识,必定先于对存在于绝对者中的殊异者的认识,正如只有借助把本质内塑到殊异者中的活动,殊异者才会反过来作为形式被内塑到本质之中,同样,认识作为殊异者和形式,也只有通过作为入口的对自然的认识,才能走进对神性本原的认识。

沿着对前面两个问题的回答,我们也就直接走向了事情本身,并且预设:在普遍者中,自然作为绝对本质中的一重统一体,这个统一体是通过把本质内塑入形式中被设定,但在这个统一体中仍有(根据绝对者的样式)三重统一体需要考察:第一重统一体通过把普遍者绝对接纳到殊异者中被设定,第二重则是通过等同地把殊异者接纳到普遍者中被设定,第三重统一体的被设定,则是通过对前两重统一体的绝对等同设定。显而易见,在自然中**这三重统一体**又共同地表达在**殊异者**中,或者说,共同处在殊异者这一极点的支配下。

现在则来讨论源初—统一体,在它之中定然包含着上述这三重统一体,而既然在把本质内塑入形式的绝对活动中,物质自身又自行回转为这一活动①,那么我们就可把这个作为永恒自然的源初统一体,也称为永恒物质,只不过这里所谓的"物质"跟通常所谓的物质的形象相去甚远而已,因为通常所谓的物质不过是这个永恒物质自身的一个潜能阶次。

因此,永恒的自然或者说永恒的物质怎样在自身中掌握着全部形式,绝对统一体本身也怎样在自身中掌握着全部形式,因此,在每一个独立自为的统一体中,统一性与多样性都合而为一,也就是说,每一个独立自为的统一体都是一个宇宙。

但首先要明确的是,每一个统一体都把握着这三个已得规定的统一体的形式或者说潜能阶次,在**它们**的绝对性中,每一个潜能阶次又表达出本质和形式等同的无差别,因此,没有任何一个潜能阶次与其他的不同,只不过在**反映**中,每一个潜能阶次都把自己呈现为殊异的统一体罢了。

统一体的这些形式中的每一个,又在自身中包含着种种殊异形式,但这些殊异形式中的每一个仍是绝对的,并且在其绝对性中永恒地诞生,所以不管在有形的自然中,还是在有机自然中,甚或根本上在物质自然中,都不存在殊异事物,殊异事物并不是鉴于那种在绝对统一性中支配着自然的统一性才作为殊异者,绝对统一性中的自然不过是没有实在性的纯形式,自然获得实在性的唯一途径在于,整个统一体(把本质内塑入形式中的统一体)自行沉没

---

① 更正为:这一内塑想象活动自身会再次出现,然后作为物质而复返。——作者注

到自然中,并且在它之中显映出来。

然而不管是这一点,还是在自然的绝对统一性中,各个殊异的统一体得到把握的一般方式,以及这些统一体中的每一个如何又能生出种种统一体,都要通过对每一个统一体进行说明才能真正得到最明确的澄清。

在把本质内塑入形式的绝对活动中的第一潜能阶次,就其对于**观念性**规定而言被设定为殊异的统一体来看,它也通过把观念之物内塑入实在性之物中的纯然**相对**的活动被设定。但**自在地看**,或者说在理念中来看,第一潜能阶次是把普遍者内塑入殊异者中的绝对活动,正因为如此,它跟所有与它在第一个统一体(永恒的自然)中一道被把握的统一体也就合为了一体[自身也就成为永恒的自然],而既然第一潜能阶次在理念中或者说自在地是绝对的,那么正如前面已经说过的,在一切中存在的仅仅是那个独一的统一体。

而下面的内容都是我们鉴于第一潜能阶次所做的证明。

首先我们必须表明,发生**在殊异者中**的把本质内塑到形式中的相对活动,把自己表达为物质。

接着我们会在其自—在体或者说理念中来说明物质,在其理念中,相对的内塑活动也是一种彻头彻尾的绝对活动。

A. 所以关于第一点,既然我们在这里其实是回顾之前关于"物质"已经描画过的内容,并且我前不久已经在对话《布鲁诺》中,对之做了详尽的讨论,所以在这里我们只用限制在几个最重要的点上。

因此,首先必须知道的是,即便在第一潜能阶次的相对同一性中，一切潜能阶次也仍然在复现，只有出于这样一种对于一切潜能阶次的内塑为一的活动，并且在映射(Reflex)中，物质的自然才被把握。

1)所以，即便在把无限者内塑入有限者的相对活动中，第一潜能阶次还是这个进行着内塑为一的想象活动自身，或者说，仍是无差别与差别，观念性之物和实在性之物的相对同一性，所以观念性之物仅仅是把握着实在性之物的直接概念，而实在性之物则是纯粹的差别，**纯粹的非同一性**。这种相对同一性通过"线"得到了表达。

IV, 427

下面就来讨论这点。线是形式最初的为一自身一独立一自为一的存在(这里的形式是跟**本质**分离的形式，也就是非绝对的形式，这里讨论的是这种形式进行的把普遍者内塑入殊异者中的活动)。空间不可能独立于物质得到把握，因为只有**在把无限者内塑入有限者的相对活动中**，也就是说只有在物质这个潜能阶次中**才有空间**，而空间作为反思而得的总体性，也是一个贯穿于一切的有限者与无限者的绝对统一性。正因为如此，线作为无差别和差别相对统一体的图型，存在于作为总体性的空间之先。

在线中，**支配性的要素**是差别，即纯粹的广延，在延伸至无限的广延中，每一个点都在其他点之外，没有任何一个点在其他点之中，因此，这就是一种有着不可尽分性的统一体具有的绝对—彼此—外在—设定的特质(因此这也是一种无限的可分性)，这是一种彻底的**非同一性**，但它仍通过概念的相对统一性被接合到了同一性上。

既然空间不能与物质相分离，并且唯有通过物质并伴随着物质才存在,那么从就其自身而言的物质的非本质性来看,直接也可以得出空间的非本质性。

鉴于物质而言(跟鉴于整体而言一样),第一潜能阶次也是**反思的潜能阶次**,是把灵魂相对地植入肉体的最初活动[肉体就是被赋予了灵魂的物质]的潜能阶次,也是把无差别相对地植入差别中的活动的潜能阶次。

2)存在于把本质内塑入形式的相对活动中的第二潜能阶次,是在本质中重新被把握的有限者与无限者的相对同一性,也是把差别接纳到无差别中这个活动的相对同一性。这个潜能阶次是第二个维度,以及物质身上的那个使它由以进入**可感受性**之要素的规定者,也正是这个要素使物质得以获得形态,并使之同时能为**判断**所规定,正如物质通过第一潜能阶次能为概念所规定。这种把有限者内塑入无限者中的活动的绝对图型,就是圆周。

就物质而言,前两个潜能阶次是纯然规定性的形式,唯有在对这两个潜能阶次的等同设定中,才产生了绝对形式的拟像,而绝对性形式同时也是绝对的实在性。

3)把无差别内塑入差别中的相对活动的**第三潜能阶次**,是把反思和涵涉这两个统一体的内塑为一。在把无限者塑入有限者的相对活动中,第三潜能阶次自身是贯穿在前两个潜能阶次中的等同性,因而是绝对的空间,所以,这个绝对的空间也就表现为纯粹的同一性①,并且在有形体的事物中与实在性相分离,在有形体的

---

① 也就是说,显现为纯然的形式,因为绝对空间就是贯穿在观念规定中的同一性。——作者注

事物中，其他把有限者内塑入无限者的统一体（比如我们接下来会看到，时间就是如此）也会影响到第一个统一体并在其中发挥作用，但因为这些统一体都没有呈现出自在的绝对形式，所以它们在自己身上承载的，仍不过是从绝对统一体之**本质**而来的拟像罢了。在支配着处在绝对者中的物质的统一体里，空间和物质必须被设想为不可分，但也正因为如此，在这个统一体中，空间既不作为空间存在，物质也不作为物质存在。

把前两个统一体**进行等同设定的东西**（所以通过它，时间渗透到空间中，空间渗透到时间中，这一点从刚刚作为前提设定的东西出发就很清楚了），就是第三维度的设定者，在其中，前两个统一体在作为两者的同一者面前得到了综合，就此而言，它也是空间中的实在性的规定者，即**重量**。

重量是永恒自然自身，或者说把无限者内塑入有限者的绝对活动的直接拟像，所以重量也在自身中把握着其他统一体，并且在绝对者中处在神性的①明澈和通观中，进而只有在现象世界的反思中，才产生了那种被扰乱沾染、无法被明证性穿透的实在性。

IV, 429

重量也可以被规定为自然中的自然。因为在其**自—在体**中，作为把本质内塑入形式的**绝对**活动的自然，并非纯然就是存在的**根据**，因为它也把其他内塑活动包含在自身中，所以毋宁说，这种意义上的自然是绝对的实在性。因此，作为存在之根据的重量，仅仅是永恒自然中的**自然**的现象，也就是说，不过是纯然把本质内塑入形式中的活动。

---

① 更改为：绝对的。——作者注

我们可以把在第一个统一体中的第三潜能阶次——第一个统一体把反思、涵涉和在其中两者归一的那个统一体彼此外在分立开来，但它们仍是同一的——，像在推论的形式中所做的那样，标画为**理性**或者**直观**的潜能阶次。

只要从我们在这里以及别处关于物质的自然所讲的内容出发，就能完全明白：首先，从两种对立力量纯然直截的角力出发，根本不可能看清物质的实在性，要看清这一点，仍需一种建立在潜能阶次上的建构，这一建构的要素就是之前说过的那两个统一体，在其中，观念之物和实在之物形式上的对立（在我们的建构中，它们被刻画为收缩力和扩张力）作为质的对立已经被扬弃了，正如在毕达哥拉斯定理中，两直角边的平方和等于斜边的平方，并且与之共同构成了一个统一体。其次，对这两重统一体的内塑为一活动**自在地**又是第一位的实在性之物，在它身上，才会绽脱出前面两个作为观念规定的统一体，所以总的来看，在真正意义上，不管是纯粹的收缩或者扩张力，还是某个纯粹观念性之物或者实在性之物，这些东西作为彻底形式上的要素，根本上只可能在现象中，或者说通过量的差别（即某一方对另一方的纯然比重）而绽脱出现。

B. 但第一潜能阶次也纯然只存在于观念的对立中，而非存在于其**自—在体**中，它不过是把无限者内塑到有限者中的**相对**活动，而在其自—在体中，第一潜能阶次又是绝对的了，所以它也就回归到了彻彻底底绝对的统一性中。

为了在这里再次更加明确地把握到，在绝对者中，如何在存在着一切不同的形式的同时，在其中也并不存在任何不同于作为独一者的绝对统一性的他者，正如哲学是在观念性规定持续不断的设定与重新被否定的过程中前进,那么同样,当绝对者是有限者和无限者的统一性之际,绝对者也并没有因此就注定必须通过把有限者内塑入无限者的活动,**或者**通过把无限者内塑入有限者的活动而是绝对者;毋宁说恰恰相反,正因为绝对者是绝对的统一性,所以它必定会在其统一性中把握前两种统一性[包括第三种]。就前两种统一性来说,一种是通过把无限者接纳到有限者中被设定,另一种是通过把有限者接纳到无限者中,但两者都只是对绝对同一性**观念上的**规定。**实际性的要素**在于,两重统一性都是绝对的。观念性的规定之所以**能**在绝对者中存在,是因为它并不取消绝对性,毋宁说观念性的规定自身在绝对性中才得以持存,而既然它能在绝对者中存在,那么它也与绝对者**共在**。如果我们现在要把各种统一性确立下来——首先是我们刚刚已经规定了的前两重统一性,以及第三重统一性,它又是前两重统一性的统一性,这三重统一性中的每一个都处在其观念的规定中——,那么每一重统一性都以此方式在无损于这种规定性的情况下,把一切统一体把握在自身中。因此,为了能保持在第三重统一性那里,第一潜能阶次——它被规定为把普遍者内构入殊异者的形式化活动——在自身中也包含着**第三重统一性**。① 这重统一性的观念规定是,在把普遍者内塑入殊异者的活动中,它自身复为这个内塑为一的活动;即便在这一观念规定中,它仍是绝对的,进而仍在绝对者中与其他统一性共在并作为独一的统一性而存在,它并没有在与反思的关联

---

① 第三重统一性作为自身,也就是作为潜能阶次而登场之际,第一潜能阶次才=物质。——作者注

中丧失观念性要素,而这一要素在它身上也是绝对的。这一点也适用于每一重可能的统一性,不论它们的观念规定是什么。

因此,在绝对者中支配第一潜能阶次或者物质的统一性,以此方式复为彻彻底底绝对的,不论人们在它身上指望看到的是**普遍者**(即绝对统一性自身)还是**殊异者**(即特定的把无限者内塑入有限者中的活动),这重统一性都如此存在,并且在其中普遍者与殊异者,殊异者与普遍者都绝对等同,每一方独立自为地都是**统一性与多样性的绝对统一性**,在独立自为的每一方中,与无限的可能性相等同的现实性都无时间地与此可能性相联结。正如本质与形式的那个绝对且永恒的统一性,仅仅在相对的内塑为一活动中,才呈现为有形体的本质并成为物质,源自其中的东西在观念中乃是虚无,同样,每一个事物所具有的、包含在永恒自然中的统一性也是如此,把本质内塑入形式中的绝对活动就存在于这个统一性中,或者说自在地就是它,一切个别之物都通过形式所赋予的为一自身—独立—自为—存在,以及形式和本质的差别化活动,从这个统一体中涌流了出来,但这种差别化活动并非鉴于绝对者,反而仅仅是**为了这个个别之物自身**被设定的;因为每一个存在物恰恰由于普遍者和无限者已然被植入了它存在于绝对者中的殊异性要素,也被赋予能够在自身之中和能够为了自身独立自为存在的能力。

从这些统一性出发——在永恒的自然中,它们是与自然自身相等同的绝对肖像,所以在现象中,它们必定只是拟像,在把本质内塑入形式的绝对活动中,处在反思中的前两重统一体所具有的相同性,仍为这些处在不同统一程度上的统一体所保藏,而处在统一中的**前两重统一性的那种绝对不可分性**,乃是绝对者中的自然的支配者——,也就有了**那个被遮蔽在绝对者中的各普遍定律的本原**,寰宇中的物质正是依循这些定律而对自己进行构型,而我们是由对把本质内塑入形式的**相对**活动的**自—在体**,或者说物质的**自—在体**中绝对同一性的认识,引到这些定律那儿去的。唯有在对这些定律的思辨性认识中,对物质的建构才能被证明完成。

§. VII. 寰宇定律（开普勒定律）的思辨性意义

如果其他人是由于其种种影响和所引发的后果,而为**约翰纳斯·开普勒**[①]揭示的寰宇的定律越发地感到惊叹,那么我们最好反其道而行之,最好就其自身而言地去考察这些规律,在下面这点上去认识它们崇高的声誉:它们在自身中映照出了诸理念的理性和生命的整全样式。

这些定律已经被牛顿的万有引力学说,和人们想要通过机械—数学的方法,从随意截取的偶然和经验性条件出发来把它们推导的尝试搞得面目全非,**黑格尔**的论文《论行星轨道》就明晰地揭示出了这一点。

这些法则——我把它们视为绝对且纯粹思辨性的法则——的意图,我在对话《布鲁诺》中已经表明。所以在这里重要的仅仅在于,一方面在更严格的形式中来考察眼下的研究本身,另一方面把在《布鲁诺》中可能还不明确、仍然晦暗的地方以更加明确的清晰

[①] 约翰纳斯·开普勒(Johannes Kepler, 1571—1630),德国天文学家,谢林的同乡,天空的立法者,柏拉图和毕达哥拉斯的天文学传统的优秀继承者,牛顿天文学有力的批判者,描述天空最浪漫的人,德国唯心论体系模型的另一个提供者。——译者注

性展示出来。

在眼下的研究中，我们的任务不是其他，正是去探究**天体的殊异生命和存在的定律**，所以我们要回溯到一切殊异生命的定律——法则上，这种法则在于，一切殊异生命的样态和独异性，单单通过在自身中统一和呈现在绝对事物中不可区分的两重统一性的方式就能得到规定。

接下来的就是迄今已证明内容的直接结论。

第一重统一性，作为把无限者内塑入有限者的活动，乃是使每一个事物由以获得**在自身之中**存在之可能性的那重统一性，因此，这重统一性也是使每一事物由以成为这个特定的被规定之物的统一性。情况要么是在无限者已然内塑入其中的有限者里，其他事物的实在性已经或者还没有得到或多或少的把握，在这种情况下，已然被内塑入有限者中的无限者，也或多或少地是其他事物的可能性和这些事物的概念；而另一种情况就是，无限者或多或少地只包含这一有限者的可能性，进而只是它的概念而已。

在前面那种有限者中——因为它并不是独立自为的总体或者宇宙，而是仅仅在通过其他存在而得的规定中存在——，把无限者内塑入其实在性要素中的活动，仅仅成了与其他事物合而为一地存在、与它们共同呈现出总体的本能：也就是说，那个**使有限者由以在自身中存在的东西**，偏离到了对立中，也就是偏离到了**在他物中存在**的本能欲求中，即偏离到了对自己进行补充的本能欲求中，在作为现象而显现的事物身上，这种本能欲求把自己外化表现为**内聚活动**。

IV, 433

但天体仍然在现象中表达出了理念的存在，每一个如其所是、作为自身的理念，都在自身中把握着**全部理念**，而一切理念也都作为唯一一个理念存在。所以每一个天体就其独立自为的存在而言，都承载着整体，并且承载着一切世界的丰饶果实，只不过每一个天体同时也要适于自己殊异的根基及其本己统一性的自然本性。在理念中，在何种程度上不存在任何外部结合，而是只有内部结合，并且没有任何东西彼此外在，相反一切都彼此内在，在作为理念之拟像的天体中，彼此分离的一切也在同样的程度上仍然处在混合运动中，一切仿佛看起来处在混沌中，所以没有任何东西与他物纯粹相殊异。在这种情况下，一切其他事物都呈现着独一者中的全部潜能阶次，天体也在其统一性中把握着**一切中的一切**。因此，就天体而言，把无限者内塑入有限者中的活动，并没有偏离到对自己进行补充的本能欲求中，因为天体不需要自己之外的任何东西，就能跟有限者共同呈现出总体。

所以要把握的第一点就是，天体摆脱于一切关联脉络或者内聚活动，在自身中就是自由的。

很明显，我们在这种普遍性中还不可能考察任何限制，只有在考察完满性的一个个程度的时候，才可能去考察限制。

有机存在物——**既然**它存在的**根据**蕴含在永恒的物质中，而永恒的物质则在有机存在物之外，存在于它从中获得其自身的那个整体的统一体中——，那么它恰恰由此就是依赖其他事物并与之处在关联脉络中的，从其他事物那里，有机存在物自身才包含无现实性的可能性。

柏拉图在《蒂迈欧》中关于宇宙所说的，我们也可以用在天体上：它不需要任何外在之物，因为它自身中拥有一切；它并不从自

IV, 434

己之中丧失任何东西，它自发地切近自身，进而总是在衰朽之际重焕青春。它不需要能使它在自身中接纳新物质或者从自身中排出被加工物质的代谢器官，它不需要脚，因为不存在在它之外、需要它向之运动的对象，它也不需要手，因为它既不会把任何东西引向自己，也不会把任何东西从自己这里扔出去。

因此，在天体这里，把无限者内塑入有限者的活动，达到了真正的同一性，进而产生了实际的把绝对性接纳到殊异性中的活动。

正如大家都已知道的，另一重统一性则是在无限者之下涵摄有限者的统一性。在这里必须同时注意到，正如纯粹的[①]把无限者内塑入有限者的活动，独立于其对立活动单独来看，也就是在观念性的规定中是纯粹的**空间**，那么同样，这一活动独立于其对立活动单独来看，就是纯粹的**时间**。

在把有限者内塑入无限者的活动中，一切都服从在纯粹同一性的图型下[②]，或者我们也能以更适用于眼下目标的话说：当有限者被内塑入无限的概念中时，无限的概念（在有限者中，它通过第一个维度被道出）就成了有生气且积极的，而当它被内塑入有限者中时，它就成了纯粹的存在，成了绝对的静止。这个活动着的概念，也就是已然变得有生气的线，就是**时间**，在这里，时间就成了唯一的一个维度。

倘若某个事物并不在自身中拥有无限的概念，那么在此情况下，它也就并没有**作为殊异者是绝对的**，或者说自身并非绝对者，

---

① 更正为：绝对的。——作者注
② 因为能接纳一切者，始终即为支配者。——作者注

相反，它仅仅存在于另一个对它而言是绝对者的东西中。

反过来也可以说，倘若某个事物在自身中拥有无限者，那么在此情况下，它也就**作为有限者**在无限者中存在，进而有限和无限这两种统一性也就成了唯一的一个统一性。

我们先在第一种情况那里停留一下，在那里，并没有**作为**有限者而无限地存在的事物，它与那个有限者与无限者在其中合而为一的那个东西，处在差别关系中，所以这个东西（因为只有在统一性中才有实在性）之于这种事物就表现为根据。因此，这个事物不是在自身之中，而是在一个作为其根据的东西中**存在**，所以既然它只存在于根据中，那么这个事物中的有限者也就被接纳到了无限的概念中。

因为把有限者内塑入无限者中的活动的图型是时间，所以某个有限者并没有**在其自身中**被接纳到无限者里的事物，必然是在自己之外拥有**时间**，进而通过那个有限者与无限者，因而还有空间与时间绝对地在其中被构造为一的东西，与时间相联结。

空间和时间的相对内塑—为一活动乃是**运动**，此外，既然就刚刚提过的那种事物来说，把有限者内塑入无限者中这一活动的根据并不在它自身中，而是蕴含在对它而言是本质的东西里，所以这种相对的内塑—为一活动，或者说运动，必然是一种进入或者说朝向那个对此事物表现为根据的东西的运动。对于这种运动，我们可以用一位古人的话把它表达为 πόρευσις εἰς τό εἶναι[使之进入]，我们也可以把这种运动称为**落体**。

要能认识到这一运动的法则，必须知道，无限者之于有限者，乃至据此来看的把有限者塑入**无限者**的活动之于把无限者内塑入

有限者的活动（因为前一种活动服从于有限者的图型，后一种服从于无限者的图型），根本上就表现为第二潜能阶次或者平方；从这一点出发，就产生了眼下研究的下述结论。也就是说，既然绝对者**之外**的存在或者说差别，在一切关联中只可能是一种**量上的差别**，那么就前面所说的那种事物来说，这种差别只能是**关联于空间的量的差别**，也就是距离。所以（由于有限者和无限者的各种一般性关系，在这里作为观念上的对立存在，也就是说，在这里，无限者是作为有限者的第二潜能阶次存在）"落体"这种运动是这样发生的①：时间并非直截单纯的距离，而是等于距离的平方，而牛顿定律的基础则在于，重量本身与差别②的平方成反比。

因此，正如自在的重量无疑是**绝对同一性**——它不接受任何量的差别——，那么同样，声称重量能够以某种方式，或者在某种关系中增加或者减少也无疑是荒谬的。这一点黑格尔在《论行星轨道》一文中已经提到了，此外，时间这个单独的要素自身只拥有一种差别，牛顿及其追随者把这一差别视为重量本身的增减，但重量作为空间和时间的绝对无差别 (§. VI)，既不会伴随着空间的增

---

① 在作者手稿上，这一句之前还有如下内容：当事物正在进行落体，在它之中也恰恰因此发生了无限者并没有被内化塑造入有限者中的情况，这个物体较之于那种无限者在其中已然内塑入有限者的物体，就表现为量的差别，纯粹的有限性，因而据此就表现为根之余平方。从存在于同一性，自身为一的事物来看，前一种事物仅仅是一个要素，也就是有限者。另一个与之等效的要素，也就是无限者，并不包含在这个物体中。因此，既然就量的差别来看，绝对同一性是无限者和有限者的等同设定，因此绝对同一性就是这个事物的平方，而这个事物自身只是平方的根。但在这种情况中，量的差别只可能关联于空间得到表达，所以就此而言，既然在空间中除了距离再无其他差别能被表达，那么这种量的差别就只能表达为距离。——编者注
② 更正为：距离。——作者注

加而减少,也不会伴随着其减少而增加。在运动中,时间这个要素在某一个时刻中被分布到物体上,在这里,时间与距离的平方成正比;所以 [因为在更长的距离内,物体落体得会更久,这就造成了仿佛在这种情况下,重量被减少了的假象,但这是不可能的;反之] 当物体持续落体之际,时间必定减少了,因而毋宁说,物体落体经过的空间与时间的平方成正比 [因为如果时间这个要素与距离的平方成正比例地增加,那么在**落体过程**中,时间与距离的关系**也成正比**,随着距离减少,在与距离的平方的反比关系中,时间这个要素必定也要**减少**。因此,如果在第一个时刻,物体穿过一个等于 2 的空间,在第二个时刻穿过等于 4 的空间,在第三个时刻穿过等于 16 的空间,那么如此一来,在**落体过程**自身中,物体经过的空间就与时间的平方成正比了]。

在讨论另一重统一性的时候,我们也用与讨论第一重时一样的方法,亦即首先已经指出了,就某个并非自身是总体的事物来看,纯然相对的把有限者内塑入无限者中的活动,是通过什么得到表达的,我们认为,"落体"就是对此的表达(我们之后还要回到"落体"这里来,到时候我们就会在讨论物体在动力学上的趋求的时候,发现与重量相对抗的趋求,也就是光,光是被内塑到殊异者和形式中的东西,处在与重力的斗争中);而我们现在要做的则是指明,就那些作为其自身存在的存在者——比如天体,实体——而言,在其绝对性中的相同的统一性。

实际上人们可能会惊讶,何以天体公转的定律跟落体—时间定律间的直接关系,并不能总是普遍地被看清楚,何以其中一种定律总是要通过与另一种产生的对立才能被发现,进而要在这种对立中才能认识其意义。①

在落体中，时间本身与距离的平方成正比，这一实情的基础——正如已经证明的——在于，有限者和无限者彻底处在观念的对立中，也就是说，表现为(A=B)和 A^2 [前者表现为后者量上的差别]（为了服务于眼下的目的，我们在这里使用了大家都已经知道并且之前常常用到的潜能阶次公式）。

与之相应，如果有一个即使在现象中也承载并把两重统一体**绝对地**塑造为一[这是理念具有的特质]的事物被设定，那么首先，其中的每一重统一性独立自为地就是绝对的，因为第一重统一体，也就是把无限者内塑入有限者中的活动，在其相对性中对应于**空间**，而另一重统一体，即把有限者内塑入无限者中的活动，则对应于**时间**。所以结论就是，这两重统一性中的每一个——因为都是绝对的——都把握着对立的统一性，与另一个实际地是一，而既然绝对者存在于对这两重统一体的内塑为一，或者说渗透互融的活动中，而这两重统一体也能被设定为 A^3 的平方根，那么它们每一个都可以被设定为 I，并且在彼此相乘之后，得出的仍然是 I，所以反过来也可以说，两重统一体都是 I 相同的平方根。

我们在这里要做的，是深入考察处在殊异者中的三重统一性的本质和等同性。但在我们继续前进之前，还需进一步规定，就刚刚提到的殊异者，也就是天体而言，不论起运作方式是怎样的，其中的本质是什么，我都要强调，第一重统一体（也就是把无限者内构到有限者中的活动）乃是天体凭着它**在自身中存在**的统一体，天

IV, 438

---

① 手稿中并无这段话。——编者注

体之为自身，只有在维系着它距焦点，或者说距统一体之拟像的空间和距离之际，才能维持自己作为天体的存在，所以为了能暂且把我们的理念衔接到某些已然为人所熟知的东西上，我们也可以把这重统一性称为天体的**离心力**；而另一重作为把有限者内塑入无限者中的活动的统一性，即那种使天体在自身中存在的同时，也由以在焦点或者绝对者中存在的统一性，我们也能以相同的理由在这种情况下将之刻画为天体的**向心力**。①

所以我在此首先要断言的是：就天体而言，**这两重统一性中每一个的产物必然是彻底相同的**。

既然在第一重统一性中，A^2 被彻底内塑入了（A=B）里，那么同样，当这重统一性的产物在观念的规定中被设想之际，它就是差别，或者说是让天体从其统一性中殊异独立的东西，它为天体规定了距焦点的距离，而当它与 A^2——它自发地就是活生生的，并且是一切生命的原因——绝对地联结起来，这一内塑为一活动的产物也就成了**活生生的距离**，即公转。

第二种情况是（A=B）绝对地被接纳到了 A^2 中，在这种情况下，既然在其相对性中的内塑为一活动显现为**时间**，那么其产物就是，天体作为永恒性的图型，在自身中承载和把握着时间，或者说，既然（A=B）等于距离，而就（A=B）来说，A^2 是时间的设定者，那么在此情况下，**距离也就成了时间**。因此，从第一点出发就可以明白，既然这两重统一性中的每一个都是**整体**（也就是说，每一个都把

---

① 因为两重统一体中的每一个自为地都是绝对的，所以一个并不需要与另一个集合为一，相反，每一个都自为地在自身中包含着另一个。——作者注

自己呈现为**公转**)①,所以:物理学家和天文学家确立起来的两重统一性之间的形式对立,即引力和斥力间的对立,根本不可能发生。因为不仅物理学家和天文学家在他们自己的研究中甚至已经明确道出,而且**黑格尔**在他的雄文里也出色地表达出的一点就是:Revera ubi de vi centrifuga, de vi centripeta, de gravitate loqui sibi videntur, de *toto phaenomeno* semper verba faciunt[实际上,当他们讨论离心力、向心力和重力时,讨论的是一个**整体现象**],以及 per vis centripetae, centrifugae et gravitatis quantitatem unum idem totius motus phaenomenon ita determinatur, ut perinde sit, utrum ex vis gravitatis, ex vis centripetae, an ex vis centrifugae quantitate problema aliquod solvas[所有运动的现象是被同一个东西规定的——即向心力、离心力和重力的量的大小之整体——,因此,你也可以反过来用同样的方式,从三者整体的量出发找到所有运动问题的解答]。

而从另一点出发的结论就是,既然在两重统一性中,时间都在空间中,而空间也不可分地生长进了时间中,所以这种已然与空间综合的时间(即**公转时间**)不可能再有与作为空间的空间(即距离)的直接关系,而只可能有与那个就前两重统一性而言不可分的东西②,即 A^3 的直接关系。

进一步来说,既然时间作为**公转**—时间,也就是作为已经与空

---

① 一个包含着另一个。除非天体使统一性自身成为它由以被殊异化的那个东西,并且反过来,使那个它由以被殊异化的东西成为统一性自身,否则天体就不会远离焦点,或者与之关联。——作者注
② 即两者对之而言为一的东西。——作者注

间绝对综合了的时间,在两重统一性中,并不是作为一个**部分**,而是作为绝对的**整体**持立其中,而这两重统一性之于绝对者(A^3),则表现为相同的绝对平方根,以此方式,时间也能表现为在两重统一性中**实际性的时间**,或者说公转—时间,能够之于 A^3 表现为平方根。

如果现在把距离设定为 D,那么 A^3 的平方根也等于 D^3 的平方根。

IV, 440

既然在观念上被设想的(A=B)等于 A^3 的立方根(正如已经证明的),而且(A=B)也等于 D,因而据此可以说 A^3 的立方根就等于 D,那么结论就是, D^3 也等于 A^3 ,并且 A^3 的平方根也等于 D^3 的平方根。因此,一般性的结论就是,就一切天体而言,**公转时间跟它们与焦点距离的三次方的平方根成正比**,这就是开普勒第一定律。

这整个比例关系或许用下面的方式道出会更加清晰。前述的那两重统一性仅仅有观念上的区别,它们实在地是一,也就是说,在其中一重中通过把 A^2 内塑入 A=B 中所设定的,跟在另一重中通过对立的内塑活动所设定的,是**彻底相同的东西**。所以在通过空间与时间的联结而设定的运动中,时间也就不可能再表现为空间或者距离的平方了,而这一点的根据恰恰在于,在两重统一性中,时间是**绝对的整体**,所以当时间甚至也把握着它的对立者之际,距离与时间,时间与距离也就绝对地关联了起来。这种关联并不发生在**落体**中,在落体运动中,由于时间(也就是由于把有限者接纳到无限者之中),距离被排斥,由于距离,时间也被排斥。但作为 A^3 的平方根的公转时间之所以表现为 D^3 的平方根,则是由于——这一实情的根据也在于这点——,绝对的 A^3 仅仅蕴含在**前两重统一**

性的绝对同一性中,因此这两重统一性独立自为地是绝对的,但复为 A^3 的平方根。

我们迄今所关注的唯一论题,是就天体而言空间与时间的内塑为一活动中的**实际性要素**,而这个要素就是公转—时间;不过我们也需要提一提**形式性要素**,在实际性的统一性中,形式性的要素就是时间与空间的全然等同设定,也就是时间与空间的对等隶属关系①,而在落体这种情况中,这种对等隶属反倒不会发生。我们会发现,就时间和空间在现象中的这种等同设定而言,差别化和重新建构的普遍法则是如何生效为一个统一体:眼下我们还需要进一步考察我们从最初根据出发所展开的定律具有的理念。

很明显,通过对这一定律的演证,对**公转运动**的建构同时也就被给予了,就这一运动来说,在机械性的表象方式中,甚至其中的理念也被取消了。这种机械性的表象是如此根深蒂固,以至于仿佛凭着牛顿的学说,天体运行的力学机制甚至以数学的方式就能得到建构,所以很明显,这种表象的行止方式就在于,让数学在其中进行一种彻底形式化的工作,这种意义上的数学,远没有能力建构公转运动,遑论一般性地对它做出说明。两重完全只在观念上对立的力,在这种说明中,除了作为一种假设,不可能有其他含义;数学之所以缺乏从其自身出发把握圆周运动的能力,必定在于这样一种缺陷:即它是通过人工捏造出来的无穷小,以及强行把不同要素等同设定在首要或者说最终的比例关系中,从而完成了一种偷换;然而在这种对公转进行的形式化处理中,能得到表达的理

---

① 也就是说,伴随着空间与时间的实际统一体,形式统一体也同时被设定。——作者注

性要素其实仅仅就是两重统一性绝对且实在的同一性,这两重统一性由于反思被分裂为了向心力和离心力,又通过仿佛得到了自身优化的反思(这种反思借助于从由其对立出发而被建构起来的力矩结构回溯到了点或者无穷小上,在无穷小中,曲线被当作直线[切线]考察,直线也被当作曲线来考察)为反思之故被重建起来了。

总而言之,无需对下面这回事情感到惊讶,就这一对立来说,所有的经验根本上都是不充分的,就所有在现象中承载着理念之烙印的东西来说,所有的经验也根本上都是不充分的,而之所以会产生这种乌龙,不过是因为在天体那里,理念的特质纯粹地把自己表达为**运动**,所以就导致表面上看起来,纯粹的数学考察,竟能适用于唯有基于思辨的深刻才能把握的关系所适用的对象。

在天体中,首先得到明示的是理念世界,正如在天体的运动中,首先得到明示的是一切事物的双重生命,第一重生命是通过在绝对者或者中心中存在获得,第二重则是通过在自身中存在获得,通过差别化活动,作为现象的生命也就从这重生命中产生了出来。

但总的来说寰宇的这些定律,都是哲学的普遍图景,初学者可能需要牢记深入钻研这些定律的重要性,以便能够以正确的方式在殊异者中直观到哲学在普遍者中直观到,或者说理智直观到的东西。

寰宇的这些定律彼此之间的关系,就像是普遍者和殊异者绝对的等同性(关于这一点,就天体来看,前者是使它得以在本质或者绝对者中存在的东西,后者则是使它得以在自身中存在的东西),在天体中,由于形式中的差别化活动,普遍者和殊异者产生了差别化，但通过在总体性中对普遍者与殊异者的等同设定，同一性得以重建。①

因此，我们之所以能考察其他定律就在于，**天体普遍具有的椭圆轨道**也同样不是其他，正是在第一个定律中得到表达的等同的差别化活动。两重统一性显现为分列在两个焦点中的相对同一性，而把两者内塑为一的绝对活动——在第一个定律中，它仍通过公转时间与**平均**距离的平方根之间的正比关系得到表达——则在中心点中阐明着自己，所以椭圆不是其他，正是在差别中道出的对两重实在统一性进行内塑为一活动的普遍图型，就此而言，椭圆也是哲学纯粹观念性方面的图景，这个方面只能在两重绝对统一性（实在和观念的）相对的分离形式中呈现绝对同一性 (§. V)。

借由第一个定律，不仅两重统一性**实际地**被绝对等同设定，而且空间和时间也**在形式上**被绝对等同设定。在这种考量中，通过两重统一性的绝对一致，也就出现了美的形象，这就是对把殊异者内塑到普遍者中、把普遍者内塑到殊异者中的绝对活动最完满的表达，在美的形象中，内在于同一重统一性的空间和时间的绝对等同性得到了设定，所以在相同的时间中，运动必然地也具有与之对等的相同空间。

不过，即便在上述关联中的差别，也并非仅仅完全是为现象而存在的，相反，即使在现象自身中，它仍重新产生出了同一性。就天体而言，如果统一性就是使天体得以凭自身绝对地存在，也使天

IV, 443

---

① 差别化活动必然是作为现象的一般形式，因为天体与天体之间恰恰首先是通过差别化活动的程度才有区别。差别化活动并不是对同一性的扬弃。同一性仅仅作为被差别影响了的同一性而被设定。——作者注

体凭着它得以在绝对者中存在的东西,那么在天体那里,绝对无差别就是那个代现着这种统一性的点,凭着这个点,天体与太阳也就共属为一了。然而这种共属为一仅凭始终只要差别的现象法则是不可能的,而这种不可能的另一个方面在于,天体除了在差别中,也无法以其他方式呈现同一性。①

同样事关宏旨的,还有运动中空间与时间在形式上的等同设定,所以既然在公转中,天体距中心的距离并不总是相同的,那么基于差别,时间与空间的这种等同设定只能以下述方式产生:**在同样的比例关系中**,伴随着距离的增大,时间——作为刻画着把有限者内塑入无限者中的运动之要素——也增加,与之相反,伴随着距离减少,空间作为把无限者内塑入有限者中的要素反倒会增加。

对两重统一性进行的实际性等同设定——它的图型是圆周——,恰恰通过下述方式得到了重建,即时间并不是跟行星走过的曲线,而是跟**整个曲线路径与中心之间的空间**成正比,因为就内容来看,单位时间内行星扫过的空间扇面面积是彼此相同的,所以结论就是,在这种情况下,时间跟空间成正比,在相同的时间内也会有**对等的空间**隶属其中,因此,圆周——倘若并非据表面现象,而是据事实和实情来看——就是天体在运动时要道出的东西。

而这就是开普勒第三定律的意义。

但在一般意义上已经很明显了,这三重定律彼此之间表现为同一性、差别和同一与差别的综合,通过这种它们在彼此之内共同塑造的总体性,这三重定律同时也证明了,天体运动规律的整全样

---

① 更正为:作为从差别中得到重建的同一性得到表达。——作者注

式已然通过这三重定律得到了穷尽。

在这一演证的整个过程中，我们从来没有采取过任何强制性的举措，首先，我们没有假定某种特殊的、促使天体欲求中心的力，好让我们能躲在它的庇护下，因为从建构出发可以明确看到，永恒自然中的每一个存在物已然**自发地**存在于中心，也在自身中存在，而这种在绝对同一性中的存在，并不仅仅是这个存在物自然本性的一个部分或者规定，而是它的整个本质和实在性（相比之下，力这个概念在这里只不过是一个彻头彻尾经验性的概念）：进一步来说，因为实体是一，它未经区分也不可区分，对每一个也存在于其他任何一个存在物中的存在物来说，实体在构成存在中心的程度，在于这个存在物自身在何种程度上把作为普遍者的中心接纳到了作为殊异者的自身中，而之所以如此，恰恰是因为中心或者实体自在地是不可分且彻彻底底绝对的，而每一个事物，只有在它与彻彻底底的独一者相对，与一切相对之际，才获得其生命之重，而当它与一切相对之时，它也与彻彻底底的独一者相对。所以我们根本就不需要预设一种让天体偏离了中心的力，这种力在与向心力相对的形式性对立中，只可能仅仅是一种机械性的力而已。在对世界的认识中，没有什么比把机械的表象方式强行搅和到其实**是**对绝对生命的直接表达的东西中更为粗野的了，而机械性的表象方式其实源自绝对的僵死。很明显，那位应把他关于天体运行的机械力学中的一切实际性要素，都归功于**开普勒**如神明一般的伟大发现的**牛顿**，之所以在离心力问题上遭受了异议——他还把离心力和向心力捏造为**物体**（也就是作为量的差别的物体）的一般性特质——，就是因为乍看起来，物体身上的离心力的存在，无法像向

IV, 445 　心力**那么**明确地通过诉诸重力就能得到支持。

所以,尽管牛顿对离心力问题不置可否,他也许通过某种属于物质的冲力和压力——这又完全是另一码事了,引入它或许只能增加困难——说明了离心力,但不管怎么样,牛顿对离心力问题的态度,在下面这一点上是完完全全明确的:他对离心力的机械起源毫不怀疑,在这一点上,牛顿的追随者越来越多,其中一部分人根据他的说法,把物质的重量说成是绝对且本质性的,这些人还认为,单单从物质在最初诞生之时所接受的一种直接神性印记出发①,就能把握物质(这种观点所缺乏的只不过是恰当的表述),而牛顿则与之相反,他认为,从神出发可以推演出,由重力塑造的物质在时间开端中已然运作的片面的所谓"冲力",与他的数理式自然哲学完全合辙;在一定程度上无意识地把机械性的东西混入直接出自生命的绝对源泉,即理念的东西,这种行为所表明的不过是认识上的粗野,然而如果说牛顿追随者中的一小撮人对此还有所觉察的话,这不过证明了,他们自己已经意识到了牛顿方法的无力,也就是说,机械的方式不可能是唯一的与绝对者相联结的方式,但同时也证明了,真正的,即以绝对者为旨归的认识深深的没落,这种没落其实肇始于牛顿和他的时代,并且在后来的时代里得到了越来越完善的表达。

而后来的另一些人,则以同样经验性的以及至少前后一贯的知性方法回溯到了最古老的机械论观点上:他们在经验性的混沌中寻找离心运动的源头,并且让这种经验性的混沌先于对世界的

---

① 更正为:物质通过神的唯一存在从自然那里持续获得的印记。——作者注

构造。① 我们并不否认，可以把认识回溯到混沌中，但我们认为，认识所回溯到的那个混沌，是一个彻底不同于那些人所认识到的混沌，在其中，一切都作为一蕴含在绝对同一性中，而事物也以不同于从某个彻底有限、不可能在永恒中存在、在时间中呈现出某种自身中的矛盾的东西中涌现和走出的方式，从这种绝对同一性中涌现和走出。

在具有永恒性的绝对知识中所把握的混沌，不存在于任何时间里，或者说即便在时间里，它的状况也不会改变分毫，这种意义上的混沌不可以被比作那种无形式、非理性、未经加工的团块，这种"团块"意义上的"混沌"不过是一种错误的幻想，一种对于宇宙的胚芽做的诗意虚构。绝对同一性之所以是混沌，是因为在它之中，一切形式和殊异性都消解了，这种混沌之为混沌，在于它穿透形式自身，并且处在对殊异者的无穷渗透中，因为在它之中不存在任何殊异者和形式，仿佛没有任何其他殊异性和形式被塑造入其中，**所以在这种意义上，混沌就蕴含在形式的这种无限性和绝对性中。**

每一个天体的理念都存在于那个自永恒以来无时间的、伴随着对无限者和有限者的绝对联结的东西里，所以天体是它能够在无限的时间中所能是的一切，天体的存在是现实且须臾不可分的；但天体仍不止于此，因为它是永恒自然的统一性，所以所有其他统一性也潜藏在它那里，这就使得天体也在向着本质回归，在本质中，一切统一性都作为唯一的一重统一性而存在。在这种把一切统一性内塑入唯一者的活动中，天体这个殊异者复为**普遍者**，作为

---

① 康德也是如此，他把构成世界的一般素材平分在了两种彼此对立的片面运动要素中，然后再把它们一起聚合为一个东西。——作者注

殊异者的天体已经被塑造到了普遍者中。① 某种统一性的殊异要素越是在现象中保持着普遍性的特质,在此统一性中被把握的多重统一性也就越能在这个殊异要素中呈现自己,从而也越能绝对且独立自为地自身存在。相反,某种统一性的殊异要素越是独立自为地远离本质,封闭 [包含] 在它之中的多重统一性也就越是服从在殊异的形式下,进而只能在这一形式中呈现自己。

在第一种情况下,多重统一性从它们被内塑入其中的统一性中走出,作为具有自立性的统一体而存在,这就像是天体从它们的中心中走出,并作为天体出现,行星也从太阳中走出,作为行星而运行,而在太阳那里,被内塑到本质中的形式作为光而普照。

在另一种情况下,这些处在某一统一性中的多重统一性,只能作为殊异的事物,比如金属等等出现;因为在这种情况下,这些统一体只会在殊异形式中,而非在绝对形式中得到构型。比如说在所有的行星上,金②被构造出的质是不同的,因为它服从于支配性规定的全部要素,仿佛备受压抑一般。但在它的理念或者说在它永恒的诞生中,金又是绝对的、自由的、等同于天体的存在,在它的理念中,这种金属并不是僵死地,而是活生生地诞出。

唯有从永恒认识中对诸统一性进行的绝对内塑为一活动出发,下面的事情才能得到把握:每一重统一性作为殊异的统一性都力求独立自为地自身存在,但绝对的彼此内在状态过渡到了彼此外在状态,这是如何发生的呢?虽然沉入某一殊异的形式仍相当

---

① 比如说,太阳在太阳系里是一个殊异的统一体。但着眼于所有行星来看,这种殊异性又成了普遍性。——作者注

② 更正为:一切地界金属。——作者注

于沉入了整个统一性,但绝对同一性把自己塑入深渊,在作为绝对本质中离基深渊(Ab-grund)之可见图像的深渊中,一切维度都作为相同的唯一者存在,彼此之间无从区分,这又是如何发生的呢?①

因此,在绝对同一性中的宇宙也是如此存在,它并不处在作为无秩序无形式的混沌的绝对同一性中,而是处在作为绝对的美与形式的绝对同一性中,尽管这种美和形式之为自身,是在混沌中被把握的,也就是说,是在绝对的彼此内在状态中被把握的,在这里,没有空间、时间和任何区分,即便有所区分,所有被区分的东西也**同时作为统一体和全体而存在**。

但宇宙也绝不会以时间的方式从这种同一性中起源,相反,它现在怎样正在起源,它也就永恒地已然从这种同一性中起源了,而它怎样永恒地已然从中起源了,它现在也就是这样正在起源,也就是说,宇宙的起源**方式**在于,绝对同一性并非据时间而言,而是据理念而言先行于宇宙。在绝对同一性,也就是理念中,宇宙与自己永恒地等同,也就是说,永恒地是整全完满的绝对当下;但在眼下的这种时间性状态中,宇宙始终且必定只能保留一部分在那个永恒当下的宇宙中绝对且永在的卓异性,同样,把本质内塑入殊异者的活动——在绝对者中这一活动的相关项还没有彼此外在地存在——在反思中也落入了广延,而广延这个属性既不可能作为无限的而与宇宙相适(因为倘若宇宙作为无限的广延,那它就无法获得统一性),也不可能作为有限的而与宇宙相适(倘若宇宙作为有

---

① 在绝对的空间中,每一个点独立自为地就是绝对的,彼此间既不近也不远,一切都仅仅处在唯一的空间中,没有任何一个被另一个引发,也没有一个没有另一个就不存在。——作者注

限的，那它就不可能获得全体性，在自一在体中，全体性绝对地与统一性相联结），同样，把殊异者内塑入本质的活动——在绝对者中它作为把现实性绝对接纳到可能性中的活动，是彻彻底底当下的——在反思中也延展到了**时间**之中，不论时间有一个开端还是无限且无开端的，它都根本不与绝对统一性相适，因为绝对统一性根本没有任何与时间的关系，不管是在无限的时间还是有限的时间中，绝对统一性都不会被穷尽。

在绝对者中，统一性在未被分裂且不可分裂的同时，也作为全体性而持立，反之亦然，所以正是这一点让我们认为，宇宙是从永恒的统一——全体性中起源的，这种起源既完全独立于时间，**也在一切时间中**，既在瞬间中也在无限的时间序列中。不管在哪一个方面里，这都是一种相同的绝对起源，而非前后相继的逐渐展开过程，而这正是因为没有任何东西具有与绝对者的时间性关系。而我要说的是，正是这一点证明了，那种经验性的混沌概念无非是一种根本没有合法性，实则盲目臆测、根本无从设想的概念，所以我们不得不说，永恒地，也就是在时间中但无时间的宇宙，作为已经由神性智慧预备好了的图景，起源于永恒力量的中枢。

实际上人们大抵会想，单凭对自然的动力学观点——对经验而言，这种观点已经是对哲学中思辨性要素的一种表达了——那种认为混沌就是荒疏无形状态的糊涂概念或许就已经被扬弃了。如果这种意义上的混沌明确被设定为对一切形式的否定，那么它又如何能是形式、运动和构型活动的源泉呢？古老的宇宙起源学说在混沌之外还设定了作为神性道语之流溢的光：而新进的宇宙起源学说则把神性的道语之光与其他的物质归结为一了。如果人们为了对抗原子论,主动把引力和斥力设想为自然的源初运作方式,并在各种力中假设它们,而且既然混沌被设想为对一切殊异性和形式的否定,那么引力和斥力也就从任何方面看都是相同的。因此,在任何地方都不存在某一物质团块的最初发端或者说萌芽在其中通过引力得到塑造的点,否则的话,就可能还得通过引力为在空间中进行的其他构想活动继续寻找基础了。也就是说,为了能在混沌中思考引力—斥力这个维度,就必须像康德已经做的那样,把一切都消解为表现出不同密度的基本粒子——至于为什么各种粒子密度如此不同,则是绝对偶然的——,并让它们广泛散播在寰宇中;一言以蔽之,要回到原子论,就必须诉诸伊壁鸠鲁原子论中的那种偶发偏斜运动。

我们可以预先假定,这种学说中有一种洞见上的缺陷,尤其当我们在它的讨论中继续前进时,我们仍会问道,这种经验是如何把握彻彻底底绝对的普遍运动之法则的呢?毕竟在形式和本质的绝对未分离状态中,我们也不可能把物质和法则分离开;两者相和为一,只不过是从不同方面被考察而已;两者中的任何一个都没有离开另一个而在,两者处在共同的根基和本原中。我们称作"物质"的东西,只不过是躯体,形式正是凭着躯体而有所依附,而形式或者法则是这具躯体的灵魂,两者都处在相同的统一性中,即便在现象中,实际性也仍是从这一统一性中诞生的。①

---

① 如果物质性的混沌是最初的,那合法则性又是从何而来的呢? 混沌可能存在于绝对同一性中,而绝对同一性自身也是绝对的合法则性。当绝对同一性让自身成为客体,成为殊异者时,混沌就成了对现象而言的绝对同一性的象征。如此一来,合法则性就成了自一在体,成了灵魂,就此而言,现象就成了躯体,但现象之为现象,也恰恰因为它与合法则性为一。——作者注

甚至在纯然现象的反光中,事物也在表达着自己在绝对者中存在的方式,**一切法则**不是其他,正是永恒统一性的一面镜子,也是对事物如何在永恒和谐中持存之方式的稳固不变的反映。因此,绝对者就是一切定律—法则的源泉。唯有在绝对者中才有绝对的内塑为一活动,而正是这一活动在推动天体围绕它的中心运动,也使得时间把自己表现为三次方的根,即实体和实在性的根。而正是因为在天体中,在现象中分裂到了两个相对统一性点中的两重统一性,被绝对地塑造到了彼此内在的状态中,所以在这种塑造而得的统一性中,这两重统一性也就能把自己从差别重新建构到了统一中。

每一个天体的生命——在无限的周而复始中,天体的生命总是持续不断地回返到自身中,并且在这种持续不断的自身回返中从未终止过继续行进——,在绝对者中都作为独一的绝对生命存在。虽然在绝对者中,时间并不作为**时间**独立存在,但作为有限者和无限者的一种相对统一性,时间仍在绝对统一性中有其根基和可能性,而绝对统一性就在于绝对生命中。在时间的不息涌流中被抛洒出来、离置在个别之物中的东西,又会被时间的涌流吞没,但在绝对者中,它们都作为一体而存在。地球和其他一切星球已然孕育和今后将会孕育的东西,都已然存在于在绝对者中支配着星球的统一性中了:绝对者整全的可能性已然在现实性中得到了完全的道出;因此每一个事物都通过其理念静息在永恒之至满的怀抱中,无缺无漏,而运动的法则和天球运行的节律,不过是诸理念生息其中的绝对至福与和谐的摹像与回声。

§. VIII. 对我们星系的特殊构造与内在关系的考察

我们星系的特殊构造和关系也是哲学考察的一个对象。在之前的内容中，我们已经建构了在其绝对性中的天体之理念。现在我们要把天体作为一个有机整体的环节来考察。为了能达到对这个有机整体的思辨性直观，我们必须穿过反思的种种规定，因为正是凭着这些规定，某个天体才被设定为**个别的**。这些规定并不属于此天体的本质，而是单单属于其现象，正是这些支配着天体的规定，使它在自身中尽管是绝对的，但同时也把自己作为环节隶属于宇宙整体的有机躯体。

既然自然哲学关于物质的反思性规定所确立的各个命题毋庸置疑，那么我们到目前为止都把它们运用在星系上当然也是毫无疑义的，只不过如果需要没有遗漏地阐明星系，还需更加完备。所以为了眼下目标，我们要继续采取这种形式。

我们先回到对物质的第一重建构上。

据潜能阶次或者可能性而言，包含在物质中的三重基础统一性分别是把无限者内塑入有限者中的相对活动，与之等同、同样相对的把有限者内塑入无限者中的活动，以及这两重统一性的统一性。

在第一潜能阶次,也就是反思的潜能阶次中,这三重统一性或者潜能阶次又以下述方式登场:第一潜能阶次表现为**统一性与差别的相对同一性**,第二潜能阶次表现为**相对地把差别接纳到统一性中**,而第三潜能阶次表现为**对前两者的综合**。

在物质那里,把统一性相对地设定在差别中的活动,通过磁现象表达出自己。在磁感线上,没有任何一个点跟其他点相同,也就是说在磁现象中,倘若物质是本质和实体,那么磁感线上发生的则是物质这个彻彻底底的唯一者无处不在的差别化活动,但这里的差别作为殊异者已然与作为普遍者的统一性相联结了。

凭着殊异者与普遍者的这种相对等同性,个别事物得以与自身等同,进而借此与他物相殊异,但也正由于这种殊异化活动,个别事物也注定在自身中并与他物构成统一体,或者说,与他物共属一体。

内聚活动——或者说它跟磁效应是一回事——是物质中的自身性或者自我性产生的刻印,通过它,物质才首先作为殊异者从普遍统一性中绽脱了出来并把自己提升到形式王国中。

把差别相对地纳入统一性中的活动,是在有形事物身上规定**第二维度**的东西,也是根据"宽"这个维度来为有形事物赋予形态、轮廓和关联脉络的东西。①

所有这些命题作为已经在他处得到了证明的命题,在此只被

---

① 更正为:这个东西为它赋予形态、轮廓和一切可感特质,并且根本上使它得以分有与其他维度的关系。——作者注

用在眼下探究的特殊关联脉络中。

将把统一性相对地内植入差别（统一性的差别化）中的活动，以及与之相当的把差别内植入统一性中的活动（差别的无差别化）彼此内塑为一的活动，则是通过第三维度最完满的产物——因为这一产物存在于流体中——，即通过**流体**最完满地得到了呈现，所以，流体作为长和宽已然相融消解于其中的东西，乃是物质最纯粹的图像，仿佛就是物质的原型。

但刚刚提到的那些规定，不过是纯然观念性的纯粹形式规定，因为它们共同关联于内聚活动。据此来看，它们又共同隶属于第一重统一性，进而共同规定了事物中的**殊异者**(A=B)，而殊异者则是使事物由以在自身中存在的东西。

而**普遍者**则是在这些规定的形式下被塑造到殊异者中、并在观念上与之对立的东西，在这里，普遍者是**重力**，而重力就是使某一事物由以在作为其根据的本质中存在的东西，在与殊异者的对立中，重力表现为此殊异者所具有的重量，也就是**特殊的重量**。就"重"而言，其关联于殊异者的特殊性并不蕴含在作为 A^3 的潜能阶次中，因为它并不接纳任何量的差别，相反，重的特殊性蕴含在作为殊异者的**事物**中；而即便事物，也并不作为**物质**，而是仅仅作为**量场**处在与重力**殊异的**或者说不同的关系中。

既然我们是在**内聚活动**下把握第一潜能阶次全部观念上的规定，并且也正是在它之下，**特殊**的重量在个别事物身上道出了与殊异者的形式，进而与普遍者或者说本质的对立，因此，根本上来看，关联于具体之物才有殊异者—普遍者**这两重统一性**的存在，每一个个别事物的生命都存在于这两重统一性的合一中。

IV, 453

既然内聚活动和特殊的重量只在个别事物上**作为其自身**呈现出来，那么从绝对事物或者那些在现象中仍承载着理念之烙印的事物来看，这些规定根本就没有任何意义。也就是说，这些规定根本就不是如其所是的天体自身①的属性，因为我们并不把这种意义上的天体理解为那种具有外在躯体的物质团块，而是在其内在统一性中理解它。只有在天体不以其他方式被考察，而是仅仅像某种金属或者某个个别事物那样被考察的时候，它才可能根据内聚活动和特殊的重量被考察。

在个别事物那里，天体这个理念中绝对的形式失落在了殊异形式中；在这种情况下，离心力就等于内聚活动，反过来也可以说，个别事物身上的内聚活动也是这个事物身上的离心力，也就是使个别事物由以走出中心并从中自行殊异化的东西，但人们在天体那里能够作为离心趋势而规定的东西，不可以反过来从内聚活动出发来把握。离心趋势是绝对的形式，而内聚活动不过是绝对形式在如其所是的殊异者自身那里留下的印记②而已。这个说法也同样适用于向心趋势。"离心力"所指的东西，在其绝对性中也把向心力包含在自身中，因为没有任何东西能够在自身中绝对地存在，没有任何东西能够在自身作为本质存在的同时，不恰恰因而也在作为中心的绝对者中存在，反之亦然。内聚活动和特殊的重量的

---

① 如其所是的天体自身不具有任何内聚活动；这样的天体就像一个神一样在自由的以太中穿行。这样的天体也没有特殊的重量；因为特殊的重量只有作为殊异者的殊异事物才会触及。——作者注
② 烙印，表达。——作者注

关系也是如此。①内聚活动只有在它把另一个东西,也就是重量把握在自身中的时候才能被设想;因为它是一个不同于重量的差别[或者说形式],同样,特殊的重量之所以能被设想,也仅仅在于它把内聚活动把握在自身中,因为若无从本质中的殊异分化,就不存在任何殊异的重量了。这种情况源自最初的绝对差别化活动,凭着这种活动,本质和形式不可能在任何事物中以任何方式彼此分离,进而即便在个别事物乃至无穷事物中,普遍者和殊异者也都彼此表现为原型和拟像。

"只要事物作为个别的被考察,那么内聚活动和特殊的重量就是它们纯然的规定",这是迄今内容的结论。但眼下的任务恰恰是要在星系那里指明下面这些**殊异的**规定:正是通过这些规定,在星系各个环节的总体中,某一环节得以与其他环节相区分,并作为个别环节得到标识。所以我们要首先考察**特殊的重量**和**内聚活动**的规定,以及着眼于未被绝对地考察,而是作为殊异者被考察的天体来看,这些规定彼此间的**关系**。一言以蔽之,任务就是:在星系那里阐明**反思**的潜能阶次。

那些作为各个潜能阶次被包含在反思的潜能阶次中的各种规定,纯然只跟**形式**相关;而特殊的重量则作为普遍者与这些规定对立。作为把多样性涵涉或者说内塑入统一性这种活动的**第二潜能阶次**,也在自身中把握着包含在第一潜能阶次中的各种规定。但在第二潜能阶次中,这些规定不是作为存在的规定,而是作为活动的规定,也就是说,这些相同的要素现在是动力学运动的要素了。

IV, 455

---

① 只不过两重形式在这种情况下不复为绝对的。——作者注

在这里，就个别事物而言，作为普遍者的**光**与行动的各种殊异规定相对立；上面的这条断言我们只是暂用一下，我们必须为后面的探究预留对它的证明，在这里只能对它捎带一提，毕竟对于眼下的目标来说它必不可少。而眼下我们首先要把自己限制在**第一潜能阶次的各种规定上**，因为这些规定在星系那里得到了表达。

如果说，在磁体那里得到表达的差别和差别中统一性的图型，就是把统一性内塑入多样性这种活动的普遍图型，那么它必定也是下面这种普遍的内塑为一活动的图型：通过这种活动，物质的统一性过渡到了形式多样且可区分的地界物体中，这种活动既然可以回归到线的形式上，那么就此而言，它也可以跟磁感线相类比。

假设，上述情况对于天界物体也是可能的，那么由于事物的不同内聚活动程度而构造出来的天界物体的序列，也跟地界物体的序列完全相同①，反之亦然，因为根本上来说，天界物体只有在绝对性中的时候才仿佛闪耀在理念世界里，而个别之物在拟像中所呈现的也是相同的绝对性。不管是地界的金属还是天界的星辰，都在绝对者中有着共同的根基；只不过金属所展示的，是处在内塑入某一支配性的统一性的活动中的理念，而星辰所展示的则是自在的理念。

因此，我们现在得完全从作为进程的磁效应那里抽身出来，也暂且不用去规定，它是否就是星系得以塑造和续存的规定之根据，我们现在能做的，毋宁只是把星系自身跟有其特定的极点与无差别点的磁体相比较。

---

① 平行。——作者注

自在自为的重量纯然只是实在性的永恒根据，它没有任何现实的实在性并且也把全部形式锁闭在自身中，但这些形式都纯然作为萌芽，处在彻底的未区分状态中，在这里，没有其他统一性能让一切纷繁杂多的东西仿佛作为产物从这些形式中盛放和展开。既然在殊异者身上对这种统一性的表达是内聚活动，那么把多样性和可区分性带入星系之统一性中的，也是这种统一性。在对星系的构造中，决定性的图型是磁，但通常人们对于星系，要么是在杠杆的形式下来思考它——在这种情况下，**重量**与距支点的距离成反比，同样，在各个行星内部，那个最殊为致密的团块离支点最近的时候，其他质地较小的部分则散落为彗星，进入了无穷的远空——，要么则是在动力学的内聚活动形式下来思考它，在这种情况下，从一方面看是收缩活动占优势，从另一方面看是扩张活动占优势，或者说，在这种形式下，星系被设想为一种有机产物并且处在有机变容过程 (Metamorphose) 的形式中。真实的情况是，磁、杠杆和动力学这三种形式，不过是对在星系那得到表达的同一个相同形式的不同表达罢了。

刚刚关于星系的观点已经把我们指向了其中的一个方面，也为我们证明了地界中的两极，其中一极是在其内聚作用中被缩减了的一极，它由彗星界来标识，另一极则是其内聚作用得到了提升的一极，它则由行星界来标识。

正如地界的最初产物是最殊为致密和最无差别的形体，也就是贵金属，或者也称作赤道—金属，同样，在星系中，在物质构成上最纯粹的团块首先是被安放在围绕太阳的位置上，仿佛是许许多多被设定在太阳之外的重力点。

同样，在地界的自然所诞出的最重金属中，铂、黄金等等都是最稀有且储量最少的，与地球上这些金属的含量比，它们根本经不起被长期挥霍，与之相反，对于那些非贵重的、极其容易获得，比如铁之类金属的挥霍，则拓展到了无以复加的惊人数量，甚至在星系整体中，相比于非高贵的部分，行星世界所塑造的高贵部分也同样在消失。行星界相比于彗星界，从量的方面来看几乎趋近于无，但在个别地方那里，只有在特殊的重量减少的时候，高贵部分的重量才会增加①，而最新的发现表明，天界最致密的团块跟地球上的铂一样，只有到了粒子的程度上才可能碎裂。

在定律和特定比例关系中就其自身而言模糊不清的类比，只能通过认识规定着特殊的重量和内聚活动的普遍定律得到转化。

"特殊的重量"和"内聚活动"这两者表现为两重统一性，它们分别作为普遍者和殊异者在每一个存在物中被塑造为一，对这一实情的洞见已经让我们有了充分的理由把前两者的**统一性**认作本原，从这一本原出发可以看到，前两者在表面上被颠倒的关系不过是衍生性的。在一篇专门的文章里（载于这个杂志的下一期②）我对这一点做了详尽的说明，并且指明，作为两重统一性被颠倒了关系的**等同性**，毋宁才是其**定律**。

接下来我们要穷究重力和内聚活动的一切可能的关系。

情况一：如果特殊的重量和内聚活动，也就是本质和形式被等同设定，而本质表达出了就个别有形事物而言的塑造活动的最高

---

① 比如木星。——作者注
② 即《论四种贵金属》一文。——编者注（在《谢林全集》IV 卷中，并未收入著作集。——译者注）

同一性，那么在这种情况下，本质就是肯定性之物，其他一切的多样性仅仅通过限制和否定从本质中产生。

情况二：如果**形式**的比重大于实体，殊异者的比重大于本质或者说普遍者，那么伴随着内聚活动的增强，特殊的重量就会减小。 IV, 458

情况三：如果发生的是本质的比重大于形式，普遍者的比重大于殊异者，那么据此而言，特殊的重量会增强，内聚活动会减少。

情况四（最后一种情况）：形式没有完满地被内塑入实体中，实体也同样没有完满地被内塑入形式中，在这种情况下，物质的存在近乎对最初同一性的彻底消解，其产物既不能通过内聚活动，也不能通过重量来刻画。

我们现在回到最初同一性上。

实体和形式的等同，进而重力与内聚活动的等同是一个彻彻底底不可分、作为一而存在的中心点；只有从最高内聚活动中差别化过程的明确胜利中，才可能产生出沿着两重对立方向进行的差别化过程①，在此过程中，一方面伴随着否定性或者说进行着个体化活动的潜能阶次的持续增加，差别化过程向着相对的内聚活动行进（因为绝对的内聚活动只有在差别化过程的首个高峰点上才具有支配性），另一方面则伴随着作为个体化活动之对抗者的肯定性之物的持续增加②，向着扩张活动行进。

我在《论四种贵金属》这篇论文里已经指出，所有的贵金属都由于**本质和形式的无差别**，因而也作为重量与内聚活动的无差别

---

① 不断向前延伸。——作者注
② 普遍者。——作者注

而彼此等同，尽管在贵金属中，这两重统一性（形式的统一性）中的另一个也会在感官上**作为内聚活动**而把自己外化表达出来，但这另一重统一性并不依赖于其他的规定（接下来首先就讨论这个），所以下面这点并不矛盾：伴随着本质和形式等同的统一性，仍会产生不同的统一性，形式**作为内聚活动**的**外化**，也能在独立于各种特殊的重量的情况下，以不同的程度发生。正因为如此，比如汞表面上看起来的缺乏内聚性就并非缺陷，相反，这毋宁是与形式的绝对无差别，而汞之所以能够如此，恰恰在于其形式与重力的各方面有一种相同的无差别对应。

IV, 459

贵金属之所以能表达出本质和形式相等同的无差别，恰恰在于它们每一个都独立自为地呈现着未被分裂且彻底独一［绝对］的**重力点**，进而在内聚程度的比例线上最终都落入了无差别点中。从这个点中走出并且在内聚程度比例线上作为差别，进而据此**处在线这个形式下**的第一个东西，就是绝对内聚活动的代现者，也就是**铁**。从铁这里开始，金属序列一方面落入了在各个层次上不断提升的内聚活动中（伴随着这种内聚活动，金属越来越容易跟不断蔓延的氧化活动关联在一起），在另一方面则落入了彻彻底底的延展过程中。

在星系中，**高贵的行星**存在的情况也是如此，并无它状，所有高贵的行星都以下述方式彼此等同：它们把两重统一性的无差别自在地表达为量，尽管在这种情况下，各种统一性中的某一个还会由于处在某种特定的形式下而把自己外化表达为依赖其他规定的**内聚活动**，对这些规定，我们在下面再来做进一步的描画。人们首先将之称为"行星"的那些天体，就像是仿佛作为金属之金属的贵金属，它们构成了太阳系的中心区域，这些行星同样也是许多处在不同观念规定下，被设定在绝对无差别点之外的图景，或者说，是对这个无差别点所进行的种种呈现，所以它们在整体的内聚活动比例线中所刻画的，事实上仿佛是唯一的一个点。当一方面相对的内聚活动在**月球**或者**卫星**那里获得更大比重，另一方面在**彗星**中对抗着个体化活动（在彗星与太阳之间发生的内聚活动中，这种个体化活动通过彗星轨道的离心率，以及在近日和远日运动中显著的极性现象得到了刻画）的潜能阶次则获得更大的比重，并且开始了对内聚活动的消解时，积极的现实差别化过程才会突显出来，伴随着它，**作为内聚活动之形式**的外化过程，也会越来越多地能为感官所见。

IV, 460

这就是星系的一般性图景，它为我们带来的教益就是，正如在地界和每一个天体上，具有不同性质的物质并没有殊异为个别的东西，而是处在混杂状态中，同样，天界中的一切与其说要在一种机械秩序中得到考察，毋宁说更应该在一种动力学的混成过程中来考察。所以这并不妨碍，一切高贵的行星在观念性地被考察的情况下，并非在那个差别在其中作为内聚活动程度之差别而能可感地表达自己的序列里有其特定位置；正如整体的普遍同一性也并不妨碍，它并非对地界以及所有行星都有效，同样，在星系中，物质一方面在表现着收缩，一方面在表现着扩张。

总的来说，一切差别都是纯然量的差别。在卫星和彗星的关系情形中活生生地证实着自己的内聚活动，仅仅是从整体的形式中迸发浮现的，在整体之中只有各种殊异的条件才是必不可少的，如此方能让形式把自己外化表达为内聚活动。

现在为了能够了解这些殊异的条件，并且了解在本质和形式等同的不可分离性中，行星如何仍然通过这些殊异的条件彼此被区分为一个个的，我们必须把下面这点牢记为一般性的法则：物质的一切观念性规定或者说潜能阶次的根据，只能在反思和涵摄这两重形式统一性的要素中觅得，而这两重统一性正如已经证明的，在个别的有形事物身上分别表达为绝对和相对的内聚活动，而这两种内聚活动就是物质身上的观念性要素，即形式的规定者。从这一点出发①下面这点也就一般性地得到了廓清：存在着许多规定或者说潜能阶次，它们实为一切事物从物质的怀抱中诞出的普遍形式，进而也是这些事物在从整体中首先殊异绽脱出来从而培育出个体性之际所包含的必然印记。

下面的考察则是为了进一步看清这点。

谁要是已经把握了我们眼下这个探究的那些首要命题，谁就肯定已经看清了，我们之所以把**绝对**的内聚活动称作把同一性内植入差别的活动，是因为事物正是通过这一活动才在真正意义上**在自身之中存在**，才与自身构成关联脉络，与自身等同。正是遵循着这一点，事物才彻底从与他物的关联脉络中**殊异绽脱**（尽管在个别事物中，据其意图来看或者说自在地现实作为**绝对内聚活动**的东西，乃是使个别事物由以服从于在它之外的统一性的东西，从而也使个别事物再次成了相对的，比如在铁之中仍有**与其他金属的关联**）；与之相应，我们把**在前述的那种殊异化和个体化活动中**，

---

① 也就是说，两重统一性中的每一个独立自为地复为普遍者与殊异者的统一性。——作者注

通过绝对的内聚活动而再次突显,并且通过绝对的内聚活动把事物身上的**殊异者**有条件接纳到普遍者中的活动,称作相对的内聚活动。

因为一切事物的形式那里,必定有对于那两重以可感的方式把自己表达为绝对和相对内聚活动的统一性的表达,所以这就导致,在这重考量中,事物只可能以下述方式彼此区分开:要么第一的和其他的统一性都完全在其形式中有更高比重,要么在这个和那个统一性中,现在这个潜能阶次坐庄,然后又是那个潜能阶次坐庄,现在是殊异者的潜能阶次坐庄,接着是普遍者的潜能阶次坐庄,所以一切物质差别都源自四个潜能阶次在不同比例关系中的混合。

四个潜能阶次并不仅仅是象征性的,也不可与所谓的四重"天域"相比较——尽管**巴德尔**① 已经了不起地尝试过把作为"毕达哥拉斯四面体"的这所谓四重天域概念引入物理学;而既然绝对的内聚活动,是使就其作为个别之物而非在其理念中考察的天体,得以在自身中存在的东西,那么就天体与太阳的特殊关系来看,绝对的内聚活动规定了天体身上不变不动的东西,也就是公转轴,它的方向和绝对内聚活动的方向完全合辙,而它的两极也与绝对内聚活动的两重潜能阶次相应,相反,片面的② 内聚活动——这一点在接下来会得到证明——则为天体赋予与太阳的这样一种关系:通过这一关系,公转得到规定,而且也使相同规定的两重潜能阶

IV, 462

---

① 弗朗茨·冯·巴德尔(Franz von Baader, 1765—1841),德国神秘学家、物理学家、医学家,继承了埃克哈特大师的思辨神秘主义传统,对谢林和黑格尔思想都有影响。——译者注
② 更正为:相对的。——作者注

次——包括相对的内聚活动在内——形成了两重天域，也就是"东"和"西"：所以也就清楚了，在绝对和相对内聚活动的四重潜能阶次中——因为通过绝对的内聚活动，某一事物得以在自身中存在，所以我们可以把它称作**积极的**内聚活动，通过相对的内聚活动，某一事物得以被接纳到一个他者中，所以我们可以把它称作**经受性的**内聚活动——四重天域如何在动力学上得到了规定。

既然从迄今的内容出发，已经廓清了如何一般地并且从建构的最初条件出发看到，在每一个具体事物那里，都必定存在一种对于此四重天域的表达，那么结论就是，这种样式会延伸到一切之上，并且自身也会拓展到物质凭着下面这一潜能阶次的更高比重被设定的程度：这个被化学家当作素材的潜能阶次，会让他们给人以一根筋的错觉，但恰恰是这个潜能阶次的更高比重赋予了化学努力去把物质殊异的质消解在普遍的质中的最强烈愿望。

进一步来说，既然很明显，一个事物越是构成要素单纯、具有自立性和具体，在它身上肯定会越发碰到对一切潜能阶次的表达［如此一来，这个事物才会愈发与一切无差别的东西相对，越发作为一个独立自为的宇宙存在］，那么下面这点也同样明显：在星系中，每一颗行星首先也必定被**一切**所浸染，进而要么只能通过积极内聚活动，要么只能通过经受性内聚活动的**更高比重**，在这一种或另一种要素所具有的不同内聚活动中与其他行星相区分。

解开星系产物中全部潜能阶次的交叠纠缠状态并非不可能，但其难点在于，要集中找到那些不仅在个别人那里，而且也在整体中会让人确信"此问题不可解"的理由。

既然在之前的阐述中，下面这个命题已经被多次提到，也能经受严格的证明:高贵行星的源初素材要视特殊的重量,或者说密度,内聚活动,乃至体量决定,这跟地界上的金属是一样的①,所以这点诚然也就构成了我们证明的衔接点;然而既然我们已经决定要把展开这一就金属而言的关系的事宜留待未来再做,况且这种展开也并不会比展开行星的动力学关系遇到的困难更少,那么我们必须运用一种一般性的证明方式,不过我们首先还是会常用到金属的类比。

我们每一个人都发自内心、毫无疑义地承认:行星与**太阳**间不断增加的距离所刻画的,正是逐渐增强的从作为同一性的中心中的脱出活动,也就是行星不断增强的在—自身—中—存在。但正如在前文中已经数次提过的那幅图景已经证明的,殊异者在完善性上或高或低的在—自身—中—存在,唯有通过在完善性上或高或低的把**普遍者**内塑入殊异者的活动才得到设定。

如此一来,我们也就能把下面这点预设为可靠的基础了:正如在磁感线上得到表达的不是其他,正是逐步增强的把普遍者内植入②殊异者中的活动,同样,行星序列也是通过逐步增强的把普遍者内塑入殊异者的活动得以塑造。只不过两者间的区别在于,在第一种情况,也就是磁感线中,根本就没有任何一个点独立自为地自身存在,相反,在行星序列中则呈现出一条**绝对整体**的比例线,因为整体不可能与整体真正的相区别,所以全部天体所刻画的仍是绝对无差别的**唯一点**。

---

① 因为金属就是地下太阳的行星。——作者注
② 进入。——作者注

我们现在还需要对普遍者和殊异者概念做出比之前更精确的规定，因为正是普遍者和殊异者之间的纠缠让我们无法通观星系的内在关系。

根本上来看（我们现在要回顾这一点），并不存在**作为自身独立存在的**普遍者和殊异者，存在的其实只有唯一的一个东西，这个东西时而作为普遍者或者说在普遍性的规定下存在，视为作为殊异者或者说在殊异性的规定下存在。一言以蔽之，普遍者和殊异者的对立仅仅是量的对立，正如我们时常强调的：并不存在某一个主体性之物或某一个客体性之物，相反，存在的只有作为相同者之对立规定的主体性和客体性。

内聚活动之于重量，正如殊异者或形式之于普遍者或本质；但在内聚活动自身中，复有普遍者和殊异者，确切说，绝对的内聚活动是普遍者，相对的则是殊异者。但即便是这两种内聚活动，也纯然只是在量上有所区别，所以通过殊异者的更大比重，绝对的内聚活动过渡到了相对的内聚活动中，而通过普遍者的特定比重，相对的内聚活动过渡到了绝对的之中。所以当**普遍者被塑造入殊异者中**之时，殊异者必定也越来越作为殊异者而**具有绝对性**，但在这一关系中，如果殊异者成了绝对的①，那它反倒会把自己扬弃为要素（即观念规定），并且逐步把自己消解在普遍者或者同一性中。比如在地界就有这样的例子：积极的内聚活动作为如其所是的自身，只有在把普遍者（统一性）内植入殊异者（作为差别）这一活动的某一特定点上，才获得其**最大值**；所以也就产生了如下命题，比如在金

---

① 与普遍者相等同的。——作者注

属的序列中,铁必定会主动朝着负极等等,这就让人得以观察到, IV, 465
在磁体的积极内聚活动中,真正意义上的中心点并非正好在中间,
而是肯定在朝向北极的地方。

真正的行家肯定不会一直忽视,不管是在对物质的最初建构中,还是在眼下的探究中,我们从来没有强行使用收缩力和扩张力这对表达乃至这对概念。实际上这些概念道出的不是其他,正是已然彻底在形式上得到确立的普遍者和殊异者间的对立。然而正如既不存在某个纯粹的普遍者或者纯粹的殊异者,同样,收缩力和扩张力也不可能以量的方式被设想,因为它们毋宁必须被设想为绝对地在彼此之内成长起来的,因而是彻彻底底不可拆分,也不可能被拆分到任何东西中去。比如说,在磁感线上能够形式地被规定为收缩力的东西,实际上也真真正正地是伴随着殊异性或者说差别化活动更高比重的**整体**。在关于收缩力的通常断言中,说出的也是相同的东西,即收缩力的作用并不是连续的,而是超距的,通过这一点道出的,恰恰并不单单是无限的可分性,而且还有现实的无限差别化活动产物,或者说已被区分的状态。

如果我们打算根据这些讨论,厘清星系中各潜能阶次千头万绪的关系,并把它清晰呈现出来,那么很明显,**一般地看**,当距中心逐渐增加的距离所暗示的,是一种逐渐增强,直至把殊异者彻底消解在普遍者中的把殊异者内塑入普遍者中的活动。**那么在距中心最近的地方**,殊异者,亦即相对的内聚活动必定具有最大的支配性优势,并且在这种相对的内聚活动中,复为自身独立存在的殊异者必定也具有最大的支配性优势。

我们从这里开始进入细节上的考察:普遍者只可能根据刚刚

论定的法则,在距中心最近的地方,被内塑入作为**相对**内聚活动

IV, 466 （这是作为殊异者的殊异者）这一要素的殊异者。因此,作为对这种内—塑活动之表达的行星之所以是绝对的,仅仅是由于其普遍者而绝对,但由于其殊异者,它们仍然是殊异的,并且服从于相对的内聚活动（或者说涵涉活动）。

（我们请读者一定要抽象地,而不是具象地来看待我们现在展开的交互相继关系,不要把它们用在具体事物上,把注意力首先只放在形式的恰当性上。）

若要从殊异者在其中仍作为殊异者被设定的关系出发,达到在其中殊异者作为殊异者被**绝对地**设定的关系,除非把普遍者自身,也就是积极的内聚活动设定在殊异者的形式下,否则没有其他可能的过渡。借此也就获得了第一个同一性点,在这个时候,普遍者和殊异者也由此合二为一了,因为两者被设定在了殊异者的规定下。因此,既然在行星那里,不管是**普遍者**还是**殊异者**都表现为**殊异者**,那么自在地表达着这种同一性的行星所标识的,就是殊异性的**最高点**,就此而言,也标识了**相对的内聚活动的最高点**。

通过已经论定的、行星在其中把普遍者在自身中设定在殊异者之形式下的关系,从普遍者中获得普遍者和殊异者,或者说,理解殊异者怎样通过普遍者被绝对地设定的可能性就得到了拓展,也就是**绝对内聚活动**的可能性得到了拓展。这一关系在其中得到表达的天体,因而也就在星系中表达着积极内聚活动的无差别点,也就是表达着在一自身一之中一存在的最大值的天体。

既然凭着之前的关系,已经获得了一个最大值,那么我们首先就可以指望,从这一点开始,沿着对立的方向颠覆第一种关系,也

就是说，在普遍者与殊异者最高的交叉点已被觅得之后，这一关系也就要在这里进行一次翻转，因为之前是要让普遍者成为殊异者，现在则是要让殊异者成为普遍者。道出了这种从普遍者到殊异者的翻转，并且也反过来道出这种关系的东西是恒星，它们从绝对的内聚活动中获得其殊异者，从相对的内聚活动中获得其普遍者。

通过上述关系可知，把普遍者内塑入殊异者中的活动①，只有到了下面这个程度上才算完成，即不管从普遍者中还是从殊异者中，行星都能得到作为其规定的**普遍者**，也就是说，不管是从相对还是从绝对的内聚活动的方面看，普遍者都被内塑到了行星中。

据此来看，前述的关系仍只能是一重关系而已，也就是说，既然在前一种关系中，殊异者自身已经成为普遍者，普遍者和殊异者都是从殊异者中获得的，由此，普遍者和殊异者的无差别最终完全是**在殊异者中**呈现的。

现在所展开的不同关系的相继交互关系并不难理解，其实就是对在两个方向中彼此相对应的交叉点做的一般性评述。其相应关系是：

1. 这两个点中的一个是，在其中普遍者从普遍者中，殊异者从殊异者中获得，而另一个方面的点则是，在其中，普遍者与殊异者的关系，在从普遍者（绝对的内聚活动）出发，殊异者具有绝对支配优势时发生颠倒，使在从殊异者（相对的内聚活动）出发时，普遍者具有绝对支配优势；

2. 关于这两个点，其中一个方面的普遍者与殊异者的结合点

---

① 对普遍者和殊异者进行同一化的活动。——作者注

中,有绝对支配优势的是殊异者,另一个方面的普遍者与殊异者的结合点中,有绝对支配优势的是普遍者。所以显而易见,相对的内聚活动的最大值在每一个点中,都对应其中绝对的内聚活动的最小值。

3. 这两个点,一个是普遍者和殊异者来自普遍者,一个是普遍者和殊异者来自殊异者。第一个点是把普遍者内塑入殊异者活动的顶点[或者说是这样一个点,在其中,这种内塑活动仍显现为在—自身—中—存在],这个点同时也是整个系统中灵魂赋予过程的最高点,从这个点开始,普遍者与殊异者的关系将沿着对立方向相背离,经由许多不同的中间阶段,物质最终在与先前方向相对立的同一性点中,彻底消失在了身体性中。①

之前已经证明了,通过作为绝对和相对内聚活动之潜能阶次的普遍者和殊异者的潜能阶次,四个天域得到了规定。如果我们用 S 和 N(南极和北极)来标画两个绝对的天域,用 W 和 O(东极与西极)来标画两个相对的天域——前两重天域始终对应于普遍者,后两者则对应于殊异者,那么我们也就可能把相应的同一性点标画为(图 2-8-1):

$$SO \text{ 和 } NW$$
$$NO—SW$$
$$SN—OW$$

图 2-8-1

---

① 更正为:彼此消失在绝对内聚活动彻底消解的对立同一性点中。——作者注

如此一来，星系中各潜能阶次间的交错关系，也就能更进一步地根据距中心的距离次序在下面的序列中得到表达了，我们现在也可以在这个序列中附上所对应的行星了（图 2-8-2）。

SO	NO	SN	NW	SW	OW
水星	火星	木星	土星	最外层行星	彗星界
金星	智神星	天王星			
地球	谷神星				

图 2-8-2

接下来对这个序列做一般性考察。

第一，在无损于本质和形式等同的无差别的情况下，每一个行星都表达出了这种无差别，星系一方面展示出一种收缩的境况，以及相对的内聚活动逐级增强的比重，在整体的相对无差别点上，这种内聚活动会成为绝对的。而与之相反的方面则通过一系列居间层次反倒更近乎一种扩张的境况和内聚活动的逐步消解。在这种彼此相继交互的关系中，也同样可以明确认识到动力学进程的各个要素，动力学进程可以分为磁、电和化学三种效应在其中分别起支配性作用的领域，关于这一点下面还会讲到许多。

第二，在这一序列的种种规定中，我们会碰到密度、质量、离心率，以及与之相关联的内聚活动程度之所以会不同的充分理由，在我建立这个对应序列之前，人们还无法指明关于这种不同知识的蛛丝马迹。

第三，行星序列跟金属序列是完完全全合辙的，尽管这个命题

IV, 469

根据之前已经讨论过的内容,已经足以在一般意义上得到充分证明,但我们还没有在细部证明它。我们在此只是想提醒,在一个几乎共同的平面上围绕太阳运行的那些行星,——在其中所表现出来的不是其他,正是黄道金属的特质(**施特芬**就这么称呼)——,这跟这些金属在一个共同的平面上围绕黄道的分布相同,如果新进发现的行星在这一考量中超出了天文学家迄今为止的普遍假设,那么这些新的行星呈现出的状况恰恰不是其他,正是地界的对应金属,而与之相应的金属也同样会超出既有的贵金属范围。此外,彗星在所有可能的角度都会表现出指向行星轨道共同平面的倾向,其原因毋宁也恰恰在于上面这点,天文学家据此或许可以认识到自然或者说创世者的一种意图,即仿佛通过这种轨道的倾向性,即便至为庞杂无端的东西也终会进入同一个空间中。不过我们接下来要做的仍是更加明确地说明,彗星何以恰恰由于并不在自身中具有积极的内聚活动,反而服从在与太阳共同构成的内聚活动下,正是这种内聚活动为彗星轨道赋予了尽一切可能朝向行星轨道的黄道的倾向。

我们现在继续考察星系中的个别区域。

离中心最近的深空星辰,是天上的金子,而这些金子中的金子,就是金星,它乃是作为 SO 星域与太阳之间的中项;紧接着金星的是水星,它在自身中仍有着更大的身体性和殊异性的比重,所以它接纳到自身中的太阳的本质更少,但它也服从星群间共有的朝向太阳的亲缘性,由于被赋予的殊异特质,它也在轨道上表现出越来越大的离心率。而距中心更远的地球,则已然把源自本质更多的东西塑入了自身中,并且更具坚固性并且更倾向于把系统的关联脉络囊括在自身中。但总的来看，所幸所有星球都有南极作为其构成法则，进而都能把源自太阳的普遍者融入到自己的殊异性中，并由此而获得了一种活物的性质，正如金子是地界金属中最美的，这些星辰也是行星界中最美的。

行星在普遍的交互渗透过程中始终包含的那种潜能阶次化过程，把自己表达为包裹着行星的**大气**，因为既然完满地把普遍者内塑入殊异者中的活动，以及完满地把殊异者内塑入普遍者中的活动，把自己呈现为消解入同一性中的活动，那么据此来看，这两种活动也会把自己呈现为无内聚性状态。

具有这种特质的大气也就以此方式超越于地面之上，此外，与大气的一般性质相应，存在着两种类型的气，但它们仍像渗透在自己之中的潜能阶次一样，是彼此内在的。这两种气的类型分为东部的和南部的，之所以这么划分，是因为我相信化学要素的普遍与个别意义已经是人所共知的事情，并且在其他地方——尤其是它们涉及的与积极内聚活动相对应的意义——已经由**施特芬**证明过了。

IV, 471

无须怀疑，根据各种观察，水星上更加致密和厚重的大气——这合乎我们规定的次序——，由于氧的更高比重，使自己更加呈现出作为殊异者的相对内聚活动的更高比重。同样，地球作为这三个星球中的正极，由于更高的氮比重，则更加呈现出作为普遍者的绝对内聚活动的更高比重。但金星的大气则与水星和地球相反，它把相对—绝对内聚活动的这两重本原把握在更完满的平衡状态中。

对于"为什么天界的各潜能阶次间的交互联结要通过许多星

体表达，而在地界（根据我们的假设）则只需通过唯一一种金属"这个问题，我的回应是，因为每一个行星自身都只表达出了**唯一一种**特定的交互联结关系，而所有的形式也只能以合乎这种关系的方式，从自身中把自己诞生为个别的形式，所以从任何关系出发，地界上只可能存在唯一一种合乎其**殊异统一性**的表达。

距地球最近的那些行星表达出了以东—北天域的法则进行的交互联结，因为它们从绝对和相对的内聚活动中获得的是殊异者，所以从作为本质的普遍者中接纳到自身中的东西最少，同时，这些行星也具有最坚硬和最小的质量，它们仿佛是星系中的铂金凝结核。

所以可以料到，金星、水星和地球这三颗行星相互遵循的是同一种关系，这三颗行星中的第一颗，也就是金星在最高程度上表明了这种关系。因为在金星中，那些在此天域中所进行的合于各潜能阶次的交互联结活动的特质，被证实达到了均衡，所以在这三颗行星中，不管是质量最小的还是最大的，其轨道都有一定的离心率。

IV, 472　这些星体本身都有相当可观的离心率，尤其是智神星在回归过程中有着整个星系里最大的离心率，这一事实跟**相对内聚活动的最高点**精准地相合辙。从我们的观点看来，这也是必然的。现在，通过这种合辙——我们已经在水星那里有了一个关于它的例子，而且在其他星体那里还会有更多例子——以及更多的例子，我们的观点必定又会得到证实，但这些例子并不能被提升为一般性的根据，因为我们的观点正是凭借直接的明证性产生于一般性的根据。

智神星和谷神星这两颗行星之间有一种特殊纠缠关系，一些观察已经确凿无疑地表明，它们的轨道彼此相交。关于这种关系，尽管在星系中并不存在其他更明显的例证（如果人们并不会把卫星之于大行星的关系视为从后者出发塑造而得的关系），但在宇宙系统本身中完全存在着许许多多显著的例证，而这种特殊的纠缠关系，也同样不仅一般性地暗示着星系的这个区域乃是作为最高建构的对象，而且更指向着这些行星**之间**某种特定的内聚活动的趋求冲动，在我们看来，对这种趋求冲动根本无须大惊小怪。

如果有一些人信誓旦旦地想要从中推论出，这两颗星星是同一颗行星的碎片，那么从我们对星系的整个排列出发可以看清，这种说法中所蕴含的尽管是一种普遍性更大——不仅限于天体——延伸范围更广的意义；但是完全可以设想，这些人之所以眼下还倾向于这种想法，不过是因为他们大都是从体积和质量出发来理解那些关于"崇高壮美"的概念，并且以为这些概念跟智神星的极小体量根本不搭。

在发现了这两颗行星中的一颗之后，天文学家们就开始了单方面的自吹自擂，觉得自己事先早就确定了这颗行星的实存，确切说，是基于人所共知的对于距离序列的计算。在这个情况里或许确实是这样，但在别的地方就不一定了，不过我觉得我还是不要去打击别人的自信比较好。不过话说回来，人们不可能自吹自擂说，某个基于错误前提——不过这个错误前提有时候据事实来看其实是对的——被**意指**的东西，仿佛能进行所谓先天**知识**。因为之后对于智神星的发现是这些天文学家始料未及的，而这彻底摧毁了所谓的"序列计算"，表明了这玩意一无是处。

尽管所谓的经验知识道出的常常是某种普遍之物，但它能从持续增长的经验中指望的，不过是驳斥而已。正如不论某种理论是间接还是直接的，知名度是多是寡，从理念还是从建构出发被推导，它始终都只能由经验来证实。新发现的智神星怎样大大震撼了天文学家既有的看法，这一点刚刚已经强调过了。与天文学家相反，我可以保证（而且这也是不言自明的），对这些行星的发现就是对我关于星系之建构的各种观念的最好证实。那些多年来都受我观念的影响，或者上过我的课的人早就知道，我是出于那些源自我关于内聚活动和星系中内聚关系的学说中得出的理由，才不仅一般性地断言了火星和木星之间有一颗行星存在，而且还精确地把它的位置标识**为星系中密度最大的点**。所以我实际上比那些还在对这个新发现行星的殊异特质做着许许多多无益玄思的人看得更远。我之所以提这茬并不是为了自我标榜，而是为了事情和科学，在天文学家之中，还有一些平庸的、长久以来早就被琐事榨干的愚蠢之辈在跟科学唱反调。与此同时，天文学家里还有一部分人高度评价了对这颗早就存在的行星的发现，表明了大唱愚蠢的凯歌是多么徒劳无益。

尽管经验知识伴称，它所有的定律都源自经验。但当某一在这条道路上确立的臆断的真理已经过时，超出了它生效的特定时间段之际，这条所谓的真理仿佛就遗忘了它的本原，在面对新情况的时候，它会亲自转而反对作为自己母亲的经验，反咬她一口。

天文学家就是这样抽象思考的，他们觉得一颗行星，除了人所共知地肯定有一定的体量以配其尊崇外，它的轨道肯定既不会有超出一定程度的离心率，也不会在一个比较大的角度上朝向共有的公转平面运行。在谷神星和智神星被发现所处的位置与预料中不同之后,这些天文学家就根据在公众中广为流传、由**赫舍尔先生**[①]捏造的消息妄下论断说,这些星星只是差不多或者说仿佛是星星——也就是小行星——而已。认为这两颗星星是介乎行星和彗星之间的中间环节,其实根本无所助益。但确实有一种近似的关系,为这两颗行星以及彗星的轨道赋予了不同于其他行星轨道的显著区别(这种近似性在我们接下来的探究中还会更明确地接触到)。但这也始终会产生一个问题,什么才构成了行星与彗星间最确然明晰的区分?因为可以肯定的是,在关于两者的种种首要概念中,并没有建立区分两者的间隙,如果一些星星由于一些殊异特性更接近彗星,那它们当然只能被理解为两者间的**中间环节**了。

在 SO 和 NO 天域之后的是行星中的王者——木星。在行星普遍的融合活动中,木星之所以能获得"自给自足"的玺印,正是在于它的普遍者和殊异者都是普遍者或者本质。它把在—自身—中—存在的最大值作为无差别点引入自身中,并恰恰由此成了整个太阳系的动态平衡点。

星系中积极内聚活动的最高点落在木星中,尽管这一结论十分明显地出自为了把南天域的法则内塑入北天域而规定的位置所刻画出的交叠相继关系的一般性蓝图;但这颗行星所有其他可被认识的特性也由此跟我们刚刚提到的一点相一致,即它的自转轴倾角最小(我在下面还会证明,自转轴的倾角值遵循着一种完善性的颠倒关系,天体也是凭着完善性把积极内聚活动的平衡引入自

[①] 威尔海姆·赫舍尔(Wilhelm Herschel,1738—1822),德国天文学家。——译者注

身中的),此外,木星的质量是星系中最大的,根据我们之前已经证明过的①,星系能被磁效应的无差别点所刻画,比如地界中的铁在所有金属和其他星体中分布得最广。

人们在这里可能会发现的矛盾是,我们并没有把铁算在贵金属之列,可一旦让属最高贵行星之列的木星,成为绝对内聚活动的承载者,那它就会由于下面这点自行消解了:正如全部行星中的每一个都在自身中呈现出其交互关联活动,木星也在自身中呈现出其交互关联活动,它特有的这种交互关联活动,呈现为积极内聚活动的南北极的绝对无差别点。并且既然从磁感线来看,木星在自身中代现的仍非其他,而恰恰是完满的无差别(而非差别),那么木星也跟其他行星一样,只有在自身中通过绝对同一性或者说无差别点才能行此代现。铁则与之相反,因为它从绝对内聚活动那里得到的差别多于根基或者说本质,并且当它就形式而言从无差别中绽脱而出时,也由于走出形式和本质的无差别而导致了自己的降格,所以它恰恰由于作为无差别的磁现象,才被设定为个别的金属——因为根本上来看,一物之高贵乃是由于本质或者普遍者——,被设定在贵金属之外。

既然从南极和北极来看,木星在自身中承载着绝对无差别,即南极—北极。既然在它之中,普遍者和殊异者都源自**普遍者**,那么作为这样的统一性,木星也必定在自身中把握着大多数其他统一性,并且是所有统一性中最丰产、最大程度上呈现出总体的统一性。所以,如果木星在自身中最完满地拥有磁效应,那么从这一点

---

① 本卷第172页。——编者注

出发也并不能得出结论说,木星没有把整个动力学进程,比如电等等,也以最具生机的方式把握在自己的领域中(因为在所有天体那里,其他的动力学进程都由磁效应奠基)。木星形态和气候的变化都出自这一整体性的动力学进程,在木星那里,这种变化发生得似乎要比在其他行星那里更显著,而若没有电这种殊异的能量这是不可能的,所以这就是木星中存在整体的动力学进程的一条线索。木星这位"朱庇特"确实也掌控着雷电。

或许可以指望,若要论其他的交互关联方式,木星拥有的那些所道出的东西,要远远超出一般的一颗星星,并且木星还有一些尚不为人知的卫星。然而也有更充分的理由让人想到,木星之所以能证实自己是行星之王,恰恰是由于它的**独一无二**以及不被任何行星分有的统摄性。完全可以假设,就其交互关联活动而言,绝对内聚活动在木星中更高的比重使得其他星星之于木星没有除**相对内聚活动**之于绝对内聚活动之外的其他关系。也就是说,认为木星让其他行星成为卫星,而让其他与它有着相同潜能阶次的行星作为小行星服从在自己之下的观点,则必然显得越来越有根有据。因为即便在地界,那些源自铁的交互关联活动,并且在积极的内聚活动中距铁最近的金属,比如镍、钴等等,也以同样的方式仅仅表现为铁的伴生物,就像分布在它周围的卫星一样。

然而通过对卫星之关系情形范围更大的研究,会有更宽广的光芒投射到上面的这个问题上。

我们现在转向星系的另外一个方面,在前面讨论的联结活动中,被塑入殊异者和普遍者中的是普遍者,那么到了另一个方面里,关系就会翻转,从而,殊异者成了普遍者,普遍者成了殊异者。

IV, 477

已经得到证明的、可以通过 NW 天域表达的那种交互关联活动，首先通过**土星**得到代现。内聚活动的程度刻画了土星在太阳系中的位置，所以可以一般性地看到，没有任何源自 SN 天域的关联活动能比源自 NW 的更接近土星位置，因为在殊异者中的 W 在普遍者中就表现得等同于 S，在金属序列中，作为 NW 之无差别的银和铜（通常来看，比如说通过颜色，铜就已经暗示出西天域法则的更高比重）就是对此的例证。

但与此同时下面这点也是很清楚的：因为在这种交互关联中的普遍者源自相对的内聚活动，所以不管在金属序列还是星系中，其位置通常都是会由绝对内聚活动与相对内聚活动的冲突来彰显，我们接下来会对此附上进一步证明。

更高的轨道离心率和较低的密度，使土星有特别长的回归周期，因而也以这种方式使得就天域次序来看，在其天域中离太阳最远的土星自身伴随着西天域法则的更高比重（这一法则自在地与积极内聚活动相抵触），作为 NW 天域之中点和无差别点的天王星在密度上超出土星，在离心率上则低于土星。

天王星的更大密度在它被发现之后就成了先前的一切既不建立在建构上也不建立在完备经验上的理论素材，比如康德的理论，根据这一理论，密度会随着与太阳距离的缩短而减小，牛顿也持此说，可这种似是而非的"真理"实则建立在他庸常的目的论观点上。在新进发现深空领域中还有与这种观点对立的更大矛盾，这一点我们之前已经强调过了。从我们的理论出发，天王星的这种更大密度可以得到先行确定，此外，十分值得注意的一点是，我们的理论确证了 SN 和 NW 关系的等同性，根据天文学家的计算，土星和天王星的密度是相同的（若把地球的密度设定为1.00，这两颗行星的密度比就是0.22）。

IV, 478

在这个次序里第三颗还没被观测的行星，也不可能由于北天域法则的更高比重在密度上超过天王星。

现在回到土星上，如前所述，绝对内聚活动向着相对内聚活动进入的倾向，以及两者间的冲突——我们出于其他原因（首先是出于 N 和 W 的联结活动）不得不就其自身而言假定它——，同时构成了土星存在的唯一法则，从它出发才能把握，这颗星球不仅有数量众多的**卫星**环绕，而且以自己特有的方式构成了一个围绕自己的环。

这里关键的**一点**就是，下面这则普遍法则的充足理由已经蕴含在了先前的内容里：**不仅卫星的数量，而且它们彼此之间以及与大行星的距离在增加的同时，在它们之中持续发挥着巨大能量的积极或者说绝对内聚活动就会在相同的比例关系中，越发让自己倾向于成为相对的。**

根据上面这点，比如行星的普遍分布问题就不可能再是个秘密了，像诸如为什么那种表达了相对内聚活动**最大值**的交互活动不能促成卫星的形成，为什么除了那些至多只由积极内聚活动刻画的联结以外，只有南—东天域的内聚活动给出了卫星形成的例子——但这也仅仅是一个孤例而已——这样的问题，也就不再可能是个秘密了：因为由南和东构成的联结活动是除了上述那些联结之外，唯一在一定程度上把普遍者内植入殊异者中的联结活动——而在地界，这种内植活动能够出于其他原因被预设为已经达成了的——，唯有这种联结活动才能给出一定量级上的积极内聚活动，然而在这里，积极的内聚活动并不是通过与相对内聚活动的冲突而登场（在绝对内聚活动中这种情况根本就不会发生）。进一步来说，木星中积极内聚活动的更高比重使得卫星的形成缺乏上述这种潜力，而土星和天王星则具有这种潜力［在这两颗行星中，绝对的内聚活动又已经更加倾向为相对的，也已经超出了相对内聚活动的最大值］。

现在来讨论卫星与大行星间的距离问题，月球距地球约60倍地球半径，而木卫一距木星只有约6倍木星半径，而距土星最近的卫星甚至离土星只有约3倍土星半径。① 就某颗行星的各卫星之间的距离来看，也有一种相同递减的关系自行表明了出来。根据卡西尼斯②的观测报告，木卫一离木星约6倍木星半径，木卫二则约6+3，木卫三是2×6+3，木卫四是4×6+3（根据牛顿表面上看起来正确的计算，木卫一距木星大约是5倍半径，木卫二是5+5，木卫三是2×5+5，木卫四是4×5+5）。在**土星**的卫星那里，一直到土卫四，距离关系都反过来呈现出一种显著的递减性：土卫一是3倍土星半径，土卫二是4倍，土卫三是5倍，土卫四是6倍。

与处在相对内聚活动中的主行星相对应的极大质量——以及首先在其最强而有力的外化表达中出现的相对与绝对内聚活动的冲突——，显示在土星的环上③；关于这一点首先要明白，土星的体

---

① 在这一点上就能表明，绝对的内聚活动又越来越倾向于成为相对的。——作者注
② 乔凡尼·多美尼科·卡西尼斯（Giovanni Domenico Cassinis，1625—1712），意大利天文学家，发现了土星环的间隙。——译者注
③ 在这里发生的和在植物进程中发生的是相同的，之前以次第演替的方式被生产出来的东西，在这里同时一下子就被生产出来了，正如在芽叶的同心位置会开出更多的花朵。——作者注

量超出地球 $23\frac{1}{2}$ 倍,所以在相当大的程度上可以认为,**就卫星的数量及其彼此之间进行的内聚活动程度来说,土星及其行星构成的系统远甚于地球和月球构成的系统**,就主行星来看,这些卫星处在经受性的内聚活动中,但它们彼此在自身中则处在积极的内聚活动中。

对于处在这个天区的绝对与相对内聚活动间的冲突 [以及综合] 来说,没有什么比土星环这个**形式**更有说服力了,因为绝对的内聚活动指向"长",相对的指向"宽",在长和宽之间的这种斗争中,必定会出现环。

IV, 480

为了揭示土星环这一形式的更高含义,或许也可以这么说:既然两重统一性——也就是绝对的内聚活动,即把普遍者内植入殊异者的活动,以及把殊异者接纳到普遍者中的相对性内聚活动——在具象性的方面或者说质量上,跟在行星本质中支配着其运转的两重绝对统一性是相对应的,而土星环仿佛是在质量或者说在有形躯体方面表达出的两重统一性的内塑合一活动的具象轨道,这两重统一性在绝对性中规定的,则是活生生的圆周。

总的来看,在星系的这个区域里,具象性的方面肯定是支配性的,这一实情从殊异者翻转为普遍者,普遍者翻转为殊异者这点出发就能被看清,从我们的证明来看,它也彰显出了这样的一个翻转点,如果我们还想考察一下潜能阶次的交互关联,我们也能清晰看到相同的东西。由碳和水这两种元素及其各种化学表达所呈现出的植物王国的各种枝状分化——在植物王国中,形式和殊异者完完全全就是普遍者和支配性的要素[①]——,跟银和铜呈现出的枝状

[①] 在动物王国里则恰恰反过来,支配性的要素是普遍者。——作者注

结构,其实是同一个东西。这一观察所表明的,正是相对和绝对内聚活动间的冲突普遍表达在具体形式中的实情,我们可以把土星环视为前述的那种枝状分化在宏观上的具象化成形。此外,总的来看,从这些反思出发也就可以更普遍地确定,在星系的这一部分里存在着生机化过程,植物性生长的进程在其中占据着更大比重。

如果地球和土星间存在的关联,就是它们彼此之间在两个方面相对应的同一性点,不论这一关联是否采纳,它都可能引发下面的问题:在某一个时期,地球也跟土星一样被一条环带围绕,根据另一些线索,由于积极内聚活动的比重后来发生了增加,这条环带也就自行解体了,它部分地转化为大气,部分地则与相对内聚活动一道重新沉入了无差别中,沉降为了水。如果我没有搞错,实际上康德就已经把在一切族群那里流传下来的普世大洪水传说,关联到对于先前存在的地球环的猜想上了:许多人站在风雨过后悬挂在空中的彩虹中时,会觉得神清气爽,彩虹之所以在一定程度上被人视为与神和解的图景,是因为它仿佛让人回想起了已经变得晦暗的地球环消失之后,地球曾经陷入的种种危险,而彩虹仿佛就是地球环的替代物。

唐·乌略亚①对位于月球**边缘**裂隙的著名观测——通过这一观测,他就能把消失在月球背面的太阳作为一颗星球来观测了——是否指向了月球的构成来自地球环的剩余物抑或其他蛛丝马迹,其他后来的一些仍令人十分震撼的观测现象,是否跟曾经存在的

---

① 安东尼奥·德·乌略亚(Antonio de Ulloa,1716—1795),西班牙探险家,天文学家,还发现了铂元素。——译者注

地球环有所关联,我们在此无法对这些问题做进一步探究。

在对金属的卓越研究中,**施特芬**已经表明,金属具有的诸如成型、矿化等等活动形成环。在那些最重的金属,比如金、铂那里,这些环尤其狭小,而在铁、银等金属那里,则越来越宽。很容易看到补充的这一点与眼下论题的关系。上述金属服从于动力学进程(这个进程自身不是别的,正是对把殊异者内塑入普遍者这一活动的表达)的程度越小,它们也就一定显得更具自身性且纯度更高,进而也能够越少地呈现出由于殊异的构成活动而产生的特征,那些与这些金属相对应的行星也是如此;而那些在其最初的形构过程中,殊异者已经自行转构成了普遍者、与前述行星性质相反的行星①,根本上来说肯定会表现出与动力学进程更深的纠缠,而这种纠缠也通过超出形式与质量简单关系的更错综复杂的成型活动得到突显。

在之前的那些交互关联活动发生后——在其中,不管是从普遍者出发还是从殊异者出发,支配性的都是普遍者,而且普遍内塑入殊异者及其对立者的持续不断的活动,也存在于其中——就开始了对殊异者的消灭。在这个消灭殊异者的序列中的那些星体,尽管仍属于高贵的行星界,但它们已经跟彗星混杂在一起了,而之所以彗星与之有相同之处则是在于,它们身上的形式并没有把自己外化表达为内聚活动,在这个序列中起支配作用的是两个与内聚活动相抵触的潜能阶次(S 和 W 的潜能阶次),在这个序列的行星和彗星中,这两个潜能阶次彼此联结在一起。

---

① 在这些行星里,殊异者已然是支配性的。——作者注

迈向阐明如其所是的殊异者自身的最后一步只可能以下面这种方式进行，此外无他：绝对者在普遍者中进行的是绝对的内聚活动，普遍者和殊异者在其中将达到一个无差别点，同样，在殊异者中两者进行的是相对的内聚活动，也会构成一个无差别点，但不管是在普遍者还是殊异者中，存在的都是分别建立在两者上的内聚活动所构成的两者的无差别点。我现在说这些只是抽象地在说；因为相对内聚活动的潜能阶次怎样生效到绝对内聚活动的领域中（我们现在还是能把行星界整体视为绝对内聚活动），绝对内聚活动的潜能阶次必定也同样反过来生效到相对内聚活动的世界中，从这一在相对内聚活动世界里的冲突中所产生的多样性，毫不逊色于我们所看到的从处在行星界的冲突中所产生的。

我们把下面这点预设为已得证明的真理：相对内聚活动的无差别点，或者说把 O 和 W 关联到绝对无差别中的东西，通过**水**得到了标识。我们在这里也没必要重复在其他地方已经关于无处不在的相对极性讲过的内容：作为相对极性的可感形象的只可能是水①，因为自立性的极性唯有通过把**作为普遍者的普遍者**，而非作为普遍者的殊异者内植入殊异者中才是可能的。

在这里，唯一事关宏旨的是从这些根据出发去规定行星界与彗星界的对立。

既然 SN 和 OW 天域是两个对应的无差别点，那么当前者把自己塑造为一个世界的无差别点，也就是行星界的无差别点之际，后者必定也在成为另一个世界的无差别点上不遑多让，也就是说，后

---

① 本卷前文第 169 页。——编者注

者必定也会相应地成为彗星界的无差别点,其方式在于:既然绝对内聚活动的无差别点,就是把绝对者内塑入普遍者之活动的无差别点,进而也是**离心**趋向的根据,而相对内聚活动的无差别点则与之相反,是把殊异者接纳入绝对者之活动的无差别点,因而是**向心**趋向的根据,我要说的是,即便是太阳系整体,也是依据椭圆图形,以两个相对立的**焦点**和**绝对的中心点**(在这里也就是太阳)被建构的。

在星系中,积极的内聚活动是支配性的,根据之前的内容,对这一点大抵不需要再做证明了;不过为了进一步的讨论之故,下面这点还是要强调一下。以下实情是自明的:既然**除**绝对的内聚活动本身外,从内聚活动两个方向来看,剩下的只可能是**相对的**内聚活动,那么从星系中内聚活动在两个方向上的无差别来看,除绝对内聚活动的无差别点外,必然也会出现**相对内聚活动**的无差别点。但区别在于,在一者中起支配作用的殊异者这一要素,在另一者中(在相对的内聚活动中)起支配作用的是普遍者这一要素。所以据第一重方向来看,在相对和绝对的内聚活动处在纯然量上之差别的关系里,绝对的内聚活动充当了根据,但由于殊异者之潜能阶次的比重上升,它仍会始终不断地向相对的内聚活动趋近(仍始终会**进行内聚活动**),据另一重方向看,在每一阶段上发生的内聚活动向着无差别点的过渡(从前述的各种根据出发来看,这种过渡不可能只发生在这个方面)唯有通过绝对与相对内聚活动的斗争才可能发生,因此根本上来看,在星系中起支配性作用的是积极的内聚活动。 IV, 484

此外,借由这一点同时得到了证明的,还有彗星界的无差别点是**西—东天域**的无差别点。

关于彗星系统的内在法则和秩序,从我们的基本命题出发只能看到最一般性的东西，也就是东天极（也就是氧化活动起支配性作用的领域）沿着内部朝向星系，而西天极（氢元素在其中起支配性作用的领域）则沿着外部朝向星系，此外——根据彗星和行星间始终存在的纯然量的差别——认为大部分彗星都缺少纯粹稳定的内核的想法，从我们的基本命题来看是错误且没有根据的，毋宁说，在我们的考量中，彗星和更具流动性的金属，以及与这些金属最为相近的物体，比如硫和磷所呈现出的性状是相同的。

　　彗星由于其数量而构成了星系中具有更大比重的一个部分，这一实情之所以是必然的，是因为在彗星中，普遍性涌入殊异性的程度，甚至到了消除后者的地步，在这里，一切都进入了多样性和差别中，正如在构成更加纯粹的世界里，一切都进入统一性中；但一般地来看，就"数量"这个规定而言，唯有通过类（普遍概念）和个体的对立它才是可能的，因为在类和个体合二为一之际，一切"数量"都被排除在外了，在整体中那些高贵的行星那里也是这种情况（每一个都同时是个体和整个类）：也就是说，就行星而言，在这种情况中，作为现实性的数量与理念中的可能性合而为一（理念中有多少可能性就有多少颗行星）；与之相反，在可能性与现实性，普遍概念和个体分离，也就是前者并没有与后者自身合一的地方，由"数量"所渗透的规定就会出现，这一规定据其自然本性而言没有任何界限，只有通过自然的衰朽过程，它才获得界限。在有机世界中，自然不可能获得个体与类之间的这种绝对统一性，正如个体和类也不会凭着有机自然本身获得不可消逝性和不会凋零的续存，而天体则彰显着这种不可消逝的续存；然而在自然中，如果从那些最高的个体性之物来看——在这些最高的个体性之物中，个别存

IV, 485

在物已然独立自为地表达着一个类，它作为"个体"的特质在程度上越来越低——比如哺乳动物这个类的惊人丰富性，完全可以同鱼类以及其他海洋生物[甚至包括原生动物]相比。在哺乳动物这个类之下，还有高等动物类，比如狮子、大象等等，而在独立自为地为自己构造了一个世界的人类中，单凭个体就足以代表类了，自然慷慨馈赠着万类，由此在其生产过程中得以有着样态各异、每一个都独一无二的典范性产物，所以就此而言，在自然中起码有一种个体与类的不断趋近过程在发生。

所以在这一考量中，下述断言压根就不可能是什么出乎意料的惊人之语：彗星界中的自然跟植物界中的自然一样①，只可能在数量上无限地复制增多个体，而由于这种无限复制对于类自身而言毫无影响，所以它也不可能损耗自然。在行星的自然中，从同一个类中会产生出一系列数量惊人的摹本，这跟从海洋生物的绝大多数类中也会产生一系列摹本并无二致；而这个观点也是唯一能够让彗星不可思议的数量得到理解把握的观点。

因此除此之外，我们还要说：行星界是**类**的世界，而彗星界则是如其所是的**个体**自身的世界，不过关于这一点我们还需假定，像产生与消逝、转换与更迭这样的概念，就行星而言不具有任何意义或者说只有有限的意义，但就彗星而言，这些概念则具有更加普遍的意义，也就是说，如果行星所呈现的是不变者、普遍者、静息者，因此在整体上又呈现出了反思的领域，那么彗星则相反，它所呈现的是殊异者和可变者，因而是进程和变化的领域，所以在整体上它

---

① 更正为：跟处在最低等动物的类中的世界一样。——作者注

又呈现出了涵摄活动的领域。

　　从之前论定的基本法则出发,彗星界与行星界的区分,也同样建立在后者轨道中起支配作用的离心率上(不过即便在这一考量中,两者之间有的也是一种纯然量的差别,这一点之前已经强调过了)。也就是说,既然在一者中,起支配作用的是第一重统一性,即把无限者内塑入有限者中,在另一者中,起支配作用的是另一重统一性,即把有限者接纳到无限者中,那么彗星必定更加服从于向心趋势(除此之外,由于一种与太阳的殊异关系,彗星轨道会以一切可能的角度趋向它)。正如在星系中,随着相对内聚活动超出绝对内聚活动(水星、火星、智神星之类的行星呈现的均为绝对内聚活动)的更高比重,越来越大的离心率也必定会出现,这一点之所以是必然的,是因为那个在天体的理念或者绝对者中是离心力(在之前规定的意义上)的东西,在具体之物或者有质量的东西上把自己表达为绝对的内聚活动。尽管不同轨道的同心率建立在前述两种统一性的均衡上,但从这一点出发并不能推论出,离心率的最小值跟绝对内聚活动的最大值是共存的。

　　就作为个体的天体而言,伴随着对绝对内聚活动的否定[①],相对内聚活动与太阳[②]的某种关系也就直接被设定了,就大行星那方面来看——在其中,积极的内聚活动始终仍具更大比重——,由于轨道的离心率,这种关系更加普遍地通过殊异的动力学现象外化呈现出自己(此外,从太阳那方面来看,这一关系也通过围绕黄道

[①] 最小值。——作者注
[②] 与中心,与对在—自身—中—存在的否定。——作者注

光带普遍且持续存在的流星被呈现了出来,而从行星那方面来看,则周期性地通过流星来呈现,而关于流星我们接下来会进一步讨论)。反之,彗星——这几乎不超出目前为止所考察的结论——通过在近日时彗尾呈现出的不同光现象,普遍地指明了这样一种朝向太阳的相对内聚活动,或者说**电的极性关系**。很明显,这里的这个断言来自一种更加普遍的关联和一种把自己延伸到整体之上的洞见:在我们的这些构想中,有个别的之前已经由**施罗特**[①](在他著作的第三卷里)表达过了,在那些新近的天文学家中,他是唯一一个敢于把"极性关系"这种构想用在星系上的人(我之所以要强调"新近"是因为我想我可以假定,**开普勒**对这种构想并不陌生这一点是众所周知的),此外,这位天文学家通过自己的观察所做出的最大贡献在于,把这种存在于更宏大宇宙中的关系在各种殊异现象中指证得明明白白。

在我们对星系的内在关系试着做更深入的探究之前,我们还是得再看一下整体的建构,当我们从积极内聚活动的无差别点出发,沿着两个相对立的方向——在一者中相对内聚活动可以被设想为处在上升中的**内聚活动**,而沿着另一个方向,相对的内聚活动则可以被设想为不断趋近于消极的**内聚活动**,进而(通过向无差别的过渡)把自己落在扩张活动中。**这个方面完全由彗星规定,而前一个方面在整体上则由行星**(那些在自身中表达积极内聚活动最大值,或者说最切近这一最大值的行星除外)刻画,但因为相对

---

① 约翰·希罗尼姆斯·施罗特(Johann Hieronymus Schröter, 1745—1818),德国天文学家,曾经精细描绘过火星。——译者注

内聚活动朝向绝对内聚活动的这种倾向或多或少只有就所有的主行星而言才会发生，而真正意义上经受性的内聚活动则发生在**小行星**中，所以就此而言，小行星必须被视为星系中与**彗星**相对应的方面。

为了还能更进一步地探究这种特殊关系，我们现在要把我们的考察首先定向到星系的这个部分上，这个部分仿佛是外部星系里的内部星系；因为完全可以指望，在星系那里关联于大行星才能被认识到的内聚活动关系，可以为我们认识对等、但更高的大行星之于太阳的关系开辟道路。

下面这点可以一般性地看清：如果根本上说，把有限者内塑入无限者中的**一般形式**是**时间**，**殊异者**把有限者接纳入普遍者中的活动，则由某一领域固有的相对内聚活动及其中心来规定，那么在这种情况下，**绝对的**、已然内植入相对内聚活动中的时间（公转时间）就会被转化为一种**殊异**的时间，或者说，与某一**殊异**的时间被等同设定了；但如果就卫星来看，情况恰恰就是如此，因为不仅在地球的月球上，而且还在其他行星的卫星上——不管是木星的卫星还是土星的两个卫星——都能无可置疑地观察到，**它们始终都以相同的一面朝着自己的大行星公转**，这就明显表明，与其公转时间相联结的，还有另一重时间，也就是自转时间，或者说，它在其中围绕其中心自转的那个时间，跟它在其中围绕其公转轴公转的时间，是相同的时间，反之亦然。

我们已经表明，这一关系乃是之前预设的某一领域与其中心之殊异［相对］关联的必然**结论**；但反过来说，这种持续以相同的一面朝着大行星的公转，若无一种殊异的、动力学的、为这一面所

IV, 488

独有,因而也为整个小行星独有的与其中心的内聚活动关系,也是不可能得到把握的。所以即便没有我们根据自行倾向相对内聚活动的绝对内聚活动之关系而对卫星分布做的证明,上述关系也足以奠定卫星与其大行星的**一种实在的相对内聚活动关系了。**

IV, 489

进一步来说,同样也可以一般性地看清的还有下面这点:卫星与其大行星的某种相对内聚活动关系也会影响到后者的磁效应,进而影响到它普遍的动力学进程;就地球来看,这种情况确实就是这么存在的;而刚刚这点所涉及的,乃是普遍的气象变化,有目共睹地深刻影响这一变化的,不仅有与卫星的关系,而且地球上的普遍动力学进程的影响力也不遑多让:所以卫星对于**地磁**的直接影响更加无疑就是接下来要考察的。

为了这一目的,我们得返回到某些更广的东西上。在公转时间中,地轴倾角会先增大,接着才逐渐得到一个在确定幅度内变化的倾角值,这一断言既不是新近的,也并非得不到基于特殊或普遍理由的证明。如果我们想做的,并不是把这件事跟所有族群关于一个在其中地上还没有季节区分的时代联想到一起——尽管确实也有必要认为,由于突如其来的四季之区分而发生的变革,已经大得足以使最古老的族群留下难以磨灭的记忆——,那么那些比传说更加长久的标志,那些在北天区诸如西伯利亚、北美这些地方留下的南天区法则的造物的剩余,仍然是对传说中这样一个时代更有说服力的例证,而既然季节与地球在黄道上的实际位置并没有一种相协同的对应关系,那么这些剩余也是对下面这种境况的例证:在其中,地轴倾角即便不曾彻彻底底 =0(这是根本不可能的),也曾到了至少几近忽略不计、略等于无的程度,这种情况现在在木星那里仍然很明显。而众所周知，**布冯**①就曾努力以自己的全部才智让这一例证得到广泛认同。

那我们又该如何设想这种随着时间推移而出现的越来越大的地轴倾角之原因呢？很明显，关于这一点到目前为只有尚未证明且不可证明的一些假设。

就这一点来说，机械的说明方式只可能介于从**引力**或者**物质**（布冯所设想的就是这种方式）出发的两种说明方式之间。

既然星系的产生不可能部分地设想，而且重量的作用在每一个环节中都是绝对的，这就导致由于重量的持续作用，一个物体在任何时刻都会一样重，因此，倾角的规定根据不可能单独蕴含在普遍的引力中，这一根据反倒通过持续不断的作用才得以突显；即便对于倾角周期性变化的庸常说明，也只能诉诸地球围绕黄道时产生的公转轴升高。而且这一点就已经预设了在地球围绕太阳公转，卫星围绕地球公转之际，地球相对于这两个天体的黄道大切面的**不均衡位置**，也就是说预设了**倾角**本身的存在。所以据我所知，到目前为止，还没有人成功把地球在黄道上倾斜位置的首次产生归结到普遍的引力上去过。

机械的说明方式必须能把握向着公转轴倾斜的推力，起码必须能从太阳系的远空间中召唤出一颗彗星来；如果这个假设关联于**布冯**的一般性观点——在他的观点中，彗星无论如何都扮演着重要角色，一些人也赞同他的观点——，那我们就不得不反过来说，这种观点中不安且无法则的运作与我们的观点不相容。

---

① 乔治·布冯（Georges Buffon，1717—1788），法国自然科学家。

亨斯特尔修斯①对于黄金时代终结的美好诗意想象众所周知：他试图在月球的必然作用中去寻找地轴倾角变化的根据，他把月球视为后来才进入与地球关系中的新到者。而我们认为，这一观点在接近真理的程度上比其他观点要大得多，因为我们认为必须断言，月球之于地球的内聚活动关系以及地轴越来越大的倾角必须从相同的原因出发来把握，也就是说，两者都出自地球球体或者说地磁的积极内聚活动的增加。

IV, 491

既然关于这一点已经有了许多有说服力的线索——为地轴赋予其目前倾角的最终规定，或多或少只是眼下突然被要求的——那么当我们把这一规定设定在月球与地球的内聚活动关系在其中得以明确的环节中时，我们就不可以出差错；因为即便是这一关系现在以这样的方式发生，它也在时间上有其起源，而月球的公转和地球都已经表明，地球的公转时间本身是不可规定的。而这其实也表明了两个方面，对于这一点，从月球之于地球完全可以类比于行星间的关系出发，可以得到许多更普遍的有说服力的理由，而我们在下文才能对它们进行展开。这一点也能与古老的传统吻合，在**亨斯特尔修斯**提到的阿卡德人的传说中，我们了解到有一种被称为 προσελήνους [胜月] 的古老传统：阿卡德人自以为他们族人的年岁会比月亮存在的时间还要久。

我们的讨论到目前为止一般性地表明了——这些观点不仅是我一直以来都认为确凿无疑的，而且我认为，**施特芬**也会持这些观

---

① 弗朗茨·亨斯特尔修斯 (Franz Hemsterhuis，1721—1790)，德国古典学家，诗人，对德国浪漫派有很大影响。——译者注

点——**地球在黄道上倾斜的位置是磁效应的结果**，在这一考量中，地球显得恰恰就像是一根有倾斜角的磁针而非其他。地轴的倾斜，月球目前的关系情况，北极越来越小而南极越来越大，以及其他那些与此相关、但作为有机自然也会普遍涉及的变化，无不是同一个原因的必然影响的后果。

就地轴对于**地磁效应**和动力学关系——就地磁效应来说，不管它之于太阳还是月球，都具有这种关系——的这种明明白白的依赖性来说，地轴倾角的**周期性**变化是否依赖于另一个不同于**刚刚提到的这种关系**的关系——因为回归线的逐年后退，以及章动①的19年周期所涉及的，乃是地球赤道之于太阳和月球之于地球赤道的不均衡位置，如果据天文学家的观点看，这种不均衡位置是已然变得平整的地球球体上引力不均等的原因，这种不均等位置至少也规定了一种**动力学**上变化的充分原因，因而包含了涉及这种变化的**磁效应**（同样，正如若无已然变化的空间关系就无动力学上的变化，反过来也可以说，若无某种动力学上的变化产生的后果，也没有任何空间关系的变化能被设想）。我是想说，就事情的这一情形来说，昼夜平分点的前移和地轴的摆动，是否毋宁与星系的内聚活动产生的诸多纠缠影响——这种纠缠影响乃是作为普遍的引力作用——不无关联，我们在此还无法从根由上探究，因为这一探究会让我们卷入诸多更为普遍、不可能在这里就了结的探究中，这些更深的探究，甚至还会涉及行星表面上的互相影响所产生的时时

---

① 指地球自转的时候，由于地轴倾角的变化，产生的天极摆动，进而使地球在公转的时候，天极的实际运动轨迹是一条波浪线，从而影响春分点和黄赤交角的位置，使之产生周期性变化。——译者注

发生的昼夜平分线向东移动——根据一些天文学家的观点,这一运动与地球球体在球面上变得平整没有关系,因为还得去说明由于太阳和月球的影响,昼夜平分线**向西**的反向运动——,甚至无疑也会延伸至土星和木星交替发生的不对等运动,以及随着越来越长的公转周期而引发的——这是自西帕恰斯[①]时代起就得到了观察的——黄道斜度减小。所以就眼下的目的来说,只用提一提这些探究大抵也就够了。

  前面提到的地轴越来越大的章动周期之原因,既不落在地球自身上,也不落在它与任何一个天体的个别关系中,或者说不管是就全体还是个别而言,其原因都不落入其中,毋宁说,越来越大的章动周期指明了地球所具有的一种普遍性**宇宙**关系,并且恰恰指明了发生在地球中的这样一个环节:这个环节属于一整个在整体上普遍的、在一切行星的质量以及整个太阳系中同时发生的内聚活动变化和形变——这种变化标示着太阳系的那个整体性的**命定之刻**——,此外我们还可以断言,向不仅属于地球,而且属于整个太阳系的一种未来**自然史**的展望已经开启了,这一断言在此无法证明,我们只能把它留待今后。

IV, 493

  在前文里,我们对那些让我们必须假定**存在着一种卫星与大行星间相对内聚活动关系**的理由,已经部分地做了展开,部分地做了暗示,而我们在这里仍要提的只有下面这一点:**普雷沃斯特**[②]在他对磁力的研究中,就已经预感到了地磁效应与昼夜平分点的前

[①] 西帕恰斯(Hipparchus,前190—前125),古希腊天文学家和数学家。——译者注
[②] 皮埃尔·普雷沃斯特(Pierre Prevost,1751—1839),法国物理学家。——译者注

移(尽管是在颠倒的意义上)会有一种关联,而要是论及对这一现象的有趣观察,想必也没有谁会轻易胜过**海勒**(Heller)教授最近在福尔达通告的那些,根据这些观察,在某些依靠**常规磁体**驱动的设备上,**可以觉察到与月相相对应的特定变化**。如果我们之前提出的第一个命题确凿无疑,那么同样的关系必定会进一步延伸至整个星系上。

就其地位来看,太阳自身是这样一颗行星:它的系统中的所有天体都作为小行星聚集在它周围,太阳不是通过重力,而是恰恰通过它的动力学影响支配着这些天体。

如果我们考量一下,磁效应就是普遍存在的赋灵活动,那我们就要承认,太阳这颗星体具有一种真正意义上的王之灵魂,一种主权上的磁效应。太阳系中的行星就像被把握在一具有机的躯体中,所以我们也能在其生命的总体中来把握它,把它作为充溢着灵魂且有生机的东西来认识。天体之间的次序排列所展现的不是其他,正是有机躯体的各肢体环节。而作为绝对认识之诸官能的——这些官能之于绝对认识,就如理念之于实体,形式之于认识——就是那些自身发光的天体,较之于绝对者的其他属性更加倾向于体现"存在"("存在"就是把本质内塑入形式的活动)的,则表现为晦暗的天体。在这些天体中存在的,是躯体的更大比重,而在另一些天体中存在的(相对地看)是灵魂的更大比重(绝对地看:两种天体构成了灵魂和躯体宏大的无差别)。

所以我们可以一般性地把握到,在与太阳强大的自立性的对立中,普遍关联中的被动接受性部分会更加落为整体中依赖性更大的环节,尽管这些部分在自身中也同样是绝对的,但在此对立中它们完完全全是主动落在此环节里，所以即便在星系的不同部分之间，支配性的关系除了小行星与大行星间的那种，根本上也不存在其他关系——不过这一关系只有在无法确定的漫长时期里才得以展开，——但行星相对于太阳而言的构型过程的法则和准则，跟卫星相对于行星而言的构型过程相同。

尽管我们之前已经在下面这个范围内明确指出了绝对和相对内聚活动之于**普遍**运动的关系：就内聚活动而言，当把殊异者接纳到普遍者中这一活动里的两重统一性，其中的一重产生更大比重时，就普遍运动而言，这重统一性相对等的更大比重也会发生。然而如果相对内聚活动独立自为地成了运动的根据，那么一种独立于行星普遍运动时间（公转时间）的**殊异**时间也会由此被设定。既然根据之前已证明的内容，太阳所力求的，必定是把诸行星设定在与作为殊异者的自己的关联中，并且设定在自己展开的统一性的**涵摄**下，也就是说，**把行星的绝对时间转化为一种相对且殊异的时间**。可是，太阳在自己和其行星之间所力图产生的那种关系，难道跟地球和其他行星与其卫星间的那种关系不同吗？

因为除了是一种殊异的、不同于绝对或者公转时间的时间，一种由于太阳的动力学趋求而产生、在行星中唤起"**宽**"这个方向上的极性，进而以此方式现实地在太阳和行星之间产生出一种相对内聚活动之关系的运动以外，行星的**自转**还会是其他什么吗？

因此可以说，由于太阳的特殊作用，才从行星的相对内聚活动中产生了自转，它与绝对内聚活动的关系，则会通过下面的内容得到更进一步澄清。

让行星注定进行公转的两重绝对统一性——在一者中绝对者

被内塑入这一统一性的殊异者,在另一者中,这一统一性的殊异者被内塑入绝对者中——在有形事物或者具体之物身上,彼此互相表达为绝对和相对的关联脉络。

这两重统一性中的第一个我们还是可以将之规定为**普遍者**,而另一个则可以规定为**殊异者**,但就公转而言,两者都要被规定为**处在普遍者中**的普遍者和殊异者。现在假如这两重统一性中的另一重,也就是殊异者的统一性,在自转中被独立自为地设定,那这就意味着,**处在殊异者中**的普遍者和殊异者被设定了,从这两重处在殊异者中的统一性的斗争中,产生了自转,正如从处在普遍者中,或者说绝对者中的两者之关系中,产生的是公转。

因此就自转来看,天体的绝对内聚活动又成了普遍者,这一普遍者在自身中把握着两个无差别点,因而也在自身中把握着另一重统一性,但这种把握是**在普遍者中的**把握;相反,自转运动自身则表现为殊异者,进而反过来把另一重统一性把握在自身中,但这种把握是**在殊异者中**的把握。①

既然绝对的内聚活动——相对的内聚活动则又作为普遍者与之彻底对立——把行星的自转轴规定为纯粹的经线,那么正如总体上来看那样,在这种情况下,殊异的内聚活动根本上就只能在纬

---

① 通过绝对的内聚活动,地球在自身之中被设定为自立的;通过相对的内聚活动,地球被设定为殊异者,这是因为只有作为殊异者,地球才被设定在与中心的关联中,即被设定在殊异性与太阳的关系中。这种在一自身一中存在与在一中心一存在的普遍关系,必然发生在每一个物体中,即便没有一个中心性的物体现实存在于某一物体之外,这一关系也会发生。但中心物体之所以存在于某一物体之外,恰恰是因为在任何一个物体中,除了在一自身一中存在这一规定外,还有殊异性的规定。规定殊异运动的两重统一性,因而也是天体自身的内在统一性,所以天体的自传运动的直接根据,尽管仍蕴含在它自身中,但它也恰恰通过这一运动证明了自己的自身性。——作者注

线的方向上表达自己了。①

行星围绕其轴的自转活动（在自转中，行星两面不断交替着面朝太阳公转）乃是不断失败的——这是由于与之趋求相反的绝对内聚活动——趋求着太阳的运动之结果，自转与行星在相对的内聚活动中合而为一 [纬线极性完全就是由此产生的]。这种始终会被产生出来、始终又再次沉入绝对个体性的无差别中的极性，使地球围绕它的轴自转。② 倘若两种内聚活动间的这一争执能愈发明确，那么地球或许就会跟月球一样，它围绕其中心实行公转的时间，与围绕其轴心进行自转的时间是同一个时间，这样一来，日就会与年相同，进而地球整个儿地之于太阳就会跟月球之于地球自身的情况完全相同。

在我们继续探究此争执之目标和地球之终焉的天命前，我们还需要通过更多的其他中间环节来进一步探究对此关系的建构。

在这里需要提这样一个位置：行星和太阳之间存在着的其他物质团块无疑就处在这个位置上，它们表现为太阳的直接卫星，因此，这些团块之所以不作为行星而显现，仅仅是因为太阳原本就已

IV, 497

---

① 既然相对内聚活动指向对"纬线"的产出，而绝对内聚活动指向设定"经线"，那么能绝对地被设定的，就既不是前者也不是后者。倘若纬度的极性真能被绝对地产出，那么既然纬度是与太阳的关系，天体就会在实际的相对内聚活动中与太阳分离，如此一来（因为这样的话这颗行星只会有唯一一个极点），它围绕太阳公转的时间，也必定会完全等同于它自传的时间。一言以蔽之，就会发生在卫星中被设定的同样情况。倘若绝对内聚活动彻底占据了上风，那么根本上就不会有任何在绝对内聚活动之外的殊异内聚活动发生。而两种活动的综合就是：第一重方向上的运动发生在"宽"的维度上，而这就使得相对的时间不会等同于绝对的，而是作为殊异的、与绝对时间不同的时间被设定，因此，绝对的极性绝不可能在"纬线"中产出。——作者注
② 极性会持续不断生产出来，但也会持续不断又被绝对聚合活动消解，所以当它持续不断产生和消解之际，地球就会以始终相同的方式在东—西极性的方向上运动。——作者注

然与它们共在，或者说先前就仿佛获得了与它们的那种殊异内聚活动关系。如果我们的意图不是停留在对经过太阳光轮的致密团块的个别观察上，那么可以说，太阳黑子——它总是以相同的一面朝向太阳，对我们显现为暗淡的部分，其中一些通过其消失和再次出现暗示了一种扩张与收缩、发散与凝聚的持续交替，而另一些则更深地沉入了太阳的光球中，因此在表面上看来，这些黑子之于太阳（根据克拉德尼①的观点）正如大气总体之于地球——为我们呈现出了行星与太阳之间存在着晦暗的、更多的与行星纠缠在一起的物质团块的例证。

如果我们要从这一点出发在星系中探索得更远，那么就自转和公转而言，时间无疑也是一个极为值得关注的环节，确切说，当**行星的绝对内聚活动内在地提升，进而能够外在地越来越强地构造出与自己的相对内聚活动关系时，处在此关系中的时间就会必然地减少。**

在刚刚提到的视角中，行星直至土星为止的序列是如此排列的：火星（在所有明确已知的行星中，它自身向相对内聚活动的倾向最大），水星，金星，地球，土星，木星。但这只是单考虑自转时间而得到的相继次序（根据最新的测定，水星的自转时间被设定为24小时5分30秒）。水星之下的行星——在其他考量中，它们仍然彼此呈现出了一种同样宏大的同一性——就自转时间来说也几乎是相同的，在这一关系中，木星甚至表现得像是一个拐点，因为从

---

① 恩斯特·弗罗伦斯·弗里德里希·克拉德尼（Ernst Florens Friedrich Chladni，1756—1827），德国物理学家，天文学家。——译者注

它开始,自转速度开始明显加快。

很明显,我们完全可以用下述方式来表达上述的法则:自转速度处在与让行星与朝向太阳的趋求相对立、在纬线方向上产生出极性的力的直接关系中。从这一点出发,下面这点也能同样得到澄清:自转时间与行星自转轴倾角大小必定呈特定的反比例关系,因为根本上来说,当公转时间依距离的某种特定关系而增加的时候,在行星整体中,自转时间就会反之伴随着距中心的距离而减少。

一般来看,绝对与相对内聚活动这两重统一性间的争执——自转就源出其中——,必然会在地磁现象中得到表达;**磁针的偏差**——磁针方向已经清晰可见地表明了这种偏差,而在这种偏差中发生的,乃是太阳试图把其极性展现出来——在地—日的这一宏大关系的范围中,乃是作为最值得注意的现象而登场的。要是继续深究这一现象迄今没有在任何说明中得到清晰认识的关联脉络,我们或许会被至深至艰的结论给惊到。磁针缄默却仍清晰可闻的话语,向我们诉说着地球的特殊历史日复一日、年复一年乃至更大的循环周期,而地球的这一历史乃是作为其他行星历史的标志与原型。磁针每天的偏差作为稳定法则所遵循的是下面这点: 从早上开始直到午后的几个小时,磁针**向西**偏转,而从这个时刻开始 [在这个时候,地球的一面开始回转到其无差别中],磁针则往极点方向回转,并且会一整晚都停在极点处。我们关于地球潜能阶次的交互关联活动已经表明的内容带给我们教益就是,一切朝向太阳的趋求必定都会引发自转,正如在地球上有机自然普遍且更高级进程的形变活动中,其目的必然指向唤醒**西天域**或者说氢

IV, 499

化物这一极。

在地磁每一年的偏差中,春分和夏至都呈现为两个极为明确的焦点,春分呈现为地球或者说绝对内聚活动之殊异和个体生命的焦点,而夏至则呈现为相对内聚活动的焦点,地球上年复一年的生命轨迹就是围绕着这两个焦点而写就的。因为在春分和夏至之间,磁针会以一定规律向极点回转,而从夏至开始直到再次春分,磁针会不断向西偏移,因此秋分和冬至则表现为相对于春分和夏至的无差别,这是卡西尼斯观察而得的结论。所以完全可以预料到,在**普遍的**向东偏转的周期里,这一关系会自行翻覆,两个焦点也会落在冬至和秋分。

磁针从1664年开始(根据卡西尼斯的观点是1666年,而皮卡德[①]则认为是1666年)的普遍向西偏移的更长周期——直到不久前这种偏移仍还在增加——,指向星系的一种更高关系和内聚活动的纠缠,地球自身也仅仅是作为一个环节而参与其中。既然各行星关联于太阳而言是作为一个整体躯体存在,并且都有一种朝向太阳的共同趋求,那么如果没有以特定程度从任何一个部分延伸至整体的部分,这些行星就不可能发生任何形变;谁要是承认星系存在普遍的东—西两面间的对立,谁也会更进一步看到下面这回事情的可能性:在东天域和西天域的行星之间,还会发生一种对立交替的内聚活动关联的关系,而这一关系规定了地球越来越长的磁偏转周期。

如果不仅自转,而且在不断的后退—前进中发生的磁针摆荡

[①] 让·皮卡德(Jean Piccard, 1620—1682),法国物理学家。——译者注

性偏移都是太阳和地球间争执的结果——在这一争执中,太阳不断在试图唤起纬线的极性——,进一步来说,如果东—西两极在其最纯粹的物质呈现中,分别由氧和氢这两种元素[前者否定后者,后者被前者否定]标识,那么结论就是,因为这两种元素最普遍地为地球上化学进程的游戏赋予了生机,所以地球的化学进程也跟磁效应一样,都追随着太阳的轨迹运动,并且有一种与地球自转的特殊关系。

但除了大气,我们还能在哪里去找普遍化学进程最普遍且稳定的实体呢?所以即便是**气象变化**也服从于宏大的星系法则,并且也进入了与自转和磁针偏转的普遍关联脉络中。

云层——在其中,水摆荡在氧元素和氢元素之间——跟移动的磁针一样,都是普遍轨迹的后果。并且云层也表现出,如果好的天气即将来临,那么黎明时分的云层也跟磁针一样,都偏向西方,因为这个时候云层很有可能消解在了氢元素中,而从中午开始直至傍晚,云层则偏向东方,因为这个时候它消解在了氧元素中。只有在极性彼此间过渡且雨水将至之际,云才出现在天之正中并显明着被倒转过来的偏转次序。

IV, 501

通常所谓的"水消解在大气中",或者毋宁说水在云雨形成中所谓的"曝气"和"脱气",根据关于水之自然本性及其与东—西两极之关系的自然哲学理念来看已经不再是一个奥秘了。① 这种表

---

① 在此磁针偏转中,朝向太阳的趋求以普遍动力学的方式被表达,在水的曝气和脱气中,朝向太阳的趋求则以一种更加化学的方式被表达。根本上来说,自转中朝向太阳的趋向会产生相对内聚活动;通过摧毁着绝对内聚活动的本原的产生,这一过程呈现出化学特质。——作者注

面上所谓的"消解"乃是水的潜能阶次化，这种潜能阶次化活动持续地被保持在地球普遍的交互关联活动以及与太阳的冲突中，这种潜能阶次化对立于太阳法则（氢元素这一法则），属于地球的普遍内聚活动的提升，所以必然的后果就是，这种潜能阶次化活动发生得越有力和越普遍，地球也就越是力求提高自己的殊异性，太阳也就越多地在地球上唤起着相对的极性。① 在云的形成过程中，向降雨的过渡所表达出的，乃是由于太阳和地球向着某一较低水平的内聚活动程度回归而产生的潜能阶次化活动衰减，因而降雨这个活动本身最终所表达出的，乃是大气向着东—西极致无差别的回归。

甚至**气压变化**——从所有规定来看，对它的说明总的来说迄今还处在无用的假设里——也是在磁针偏转中道出自身的那一普遍法则的后果，所以在地球最强有力地抵御太阳—极性的地区，也就是磁针向西或东偏转最多不会多于15°、处在或者接近赤道的地区，气压的可变程度极低，几乎忽略不计；相反，气压变化跟磁针偏转一样，越是靠近极点，增量和增幅就会越高 [因为就质量和比重来看，大气的增加或减少恰恰首先取决于向太阳的趋求活动程度，东—西极的对立正是其产物]。

除了回归线以外，伴随着季节交替而产生的种种现象，也是同一个法则的产物。磁针偏转的拐点有时出现在昼夜平分线那里，但大多数时候都出现在**春分**，而气压变化则显得过于频繁且极无规律。而夏至作为另一个拐点，还另外通过在相关区域伴随着夏

---

① 更正为：纬度极性。——作者注

至而来的疾风暴雨，把自己表达为了相对内聚活动的无差别点。

纬线—极性最纯粹的现象是电，而两种有条件的变化的合法则性也必定是通过电这种样式刻画的。一般来看，除开一些极为罕见的情况，空气中的**正电**始终在以稳定的方式不断呈现内聚活动的西极，不过因为由太阳引起的极性并没有渗透入物质的性质内，所以这种极性仅仅作为一种**电荷**极性。而空气中电荷每天的升高和降低——在临近降雨的时候也从未等于零——，在冬天地球临近太阳的时候会变得更剧烈，而在更热的季节里则会变得最为剧烈，人们从气象观察中也能确信，在包含着一天所有时段的磁针偏转中，时段更替与纬度极性的关系恰恰也由此得到了暗示。

夏天的雷暴，完全就是地球所持有的更高自立性和更内在能量的作品，在雷暴中，愤怒的地球又消解了太阳在它之中唤起的极性，进而回转到了内聚活动的自洽程度上。而在那些地球法则具有最强力量的区域，也就是赤道区域里，每天中午都会发生雷暴[①]，而那些极为倾向东—西极的天体，以及在接近太阳的时候看起来会受太阳风暴持续支配的彗星也是如此。在波及范围广阔的雷暴来临时，一般也伴随着磁针的同步震荡，而这一运动也见证了雷暴与地球内聚活动之间的关联。

众所周知，**北极光**也**向西**偏转，而这看起来也是在暗示着下面这种更加悄无声息的影响：在秋季的昼夜平分点，北极光出现的频率最高，而这一现象也由从这一时刻开始的磁针被延缓了的偏转过程得到了表明。此外，我相信我们今后一定可以表明，北极光呈现

[①] 在南部性气候中，地球仿佛就处在不间断的震荡里。——作者注

出的种种不同现象，跟磁针普遍的更大偏转时期差不多是吻合的。

在地球深处发生的雷暴就是地震①，与它总是明确联系在一起的**火山爆发**让我们以为，地震可以被宣告为地球上的终极偶然事件；但在我们继续进展去探究地震以前，我们还得强调，如果哪一天东—西极会稳定地各自呈现［也就是自立的内聚活动转入相对的内聚活动中］，哪一天地球［自身］转而成了太阳的一颗卫星，那这都是地球上的**水**完全消失会产生的必然后果。因为自在地看，水的体量所表达的不是其他东西，正是地球自身的体量，以及东－西极的无差别。种种地理现象以及其他的证据都让我们确信——当然，对于这一点我们还没有对于前面几点那么确凿——**水**②的持续**减少**已经由于一种周期性的增加而中断了，并且地质学许诺我们，

IV, 504　有朝一日一定明明白白地揭示出地球当下构造中的东—西极性对立的更深刻线索。我们确信，月球就是由于纬度极性的完全呈现使地表水彻底消失了，在相对极性［或多或少］在月球上取胜之后，就再也没有任何（以水为条件的）气象变化的迹象了［或者说，甚至连最弱的迹象也没有］，而现在也几乎没有人还会相信，在月球上可以观察到所谓的"火山爆发"。

　　绝对内聚活动的轴和相对内聚活动的轴之间的冲突，除了通

---

① 地震也同样是地球与太阳普遍争执的象征。——作者注

② 无可争议的事实是，a）在地球上体量巨大的水，之前是完全覆盖地球的，后来没有覆盖并且逐步减少了【IV, 504】。所有要把水量的这一显著减少归结为地球板块运动的解释尝试，比如由于一些巨大的空隙，水流入了地球内部等等，都是不充分的；因为毋宁说，必要的是去确立一种水的真实减少过程，以便更愈发去确立 b）其他事实，以说明水在地球上一直不断在减少。在其他实体上，以惯常方式对水的转化所做的说明，不足以充分说明上述事实。因此，剩下唯一的可能性就是，有一种真正－绝对的、不落入普遍形变范围内的形变，能取代这种普遍形变，引发了水量的减少。——作者注

过两重趋向之**对角关系**的产生以外,也几乎不可能以其他方式来确然明断地考察。在已知的进程中,我们并没有这一产生的进程——这一进程也是内蕴于其中的第三维度突围和解脱的进程——任何的类似物,因为即便是已知进程中已为我们所熟知的燃烧进程,也不过是纯然就相对内聚活动那方面而言、正在自行消解的内在性的片面且不完满的例证而已。但我们至少得强调,就地球而言,**在其化学极性中**,存在朝向这种对角关系的天然趋向,在我们已经指出了磁极性和电极性之后,现在还需要指明化学极性,以完成对地球球体在全部维度中的动力学建构。

就这一探究来说,我认为我自己可以更加无疑地直接以**施特芬**已经明确指出的那些关系为基础来立论,因为施特芬很有可能是在完全独立于当下关联的情况下发现这些关系的,所以正是基于这一点,在他**关于地球氧化与还原化进程**的论文中已经证明了:**所有(坐落在由他确定[和指证]的火山区域内的)朝北的火山都坐落在东半球,而所有朝南的火山都坐落在西半球**。

IV, 505

而这种关系道出的,除了是我们先前已经讨论过的**地球在密度上的对角关系和极性**,还会是什么其他的吗?

我们预设,通过所提到的那篇论文中的一些观点,读者可以明白施特芬所揭示关系中蕴含的直观,并且把握了刚刚提到的对角关系的两个终点——其中一个坐落在东半球的北部,另一个坐落在西半球的南部。①

---

① 作者所提到的这篇施特芬的论文,在这一期杂志的"前言"里有提到,在眼下这部阐述的结论部分,还有一篇关于它的附录。——编者注

根据这些预设，下面这点无疑再清楚不过了：绝对与相对内聚活动，地球与太阳之间争执的最终均衡，发生在从这一均衡中而来的永恒之火的爆发中——这永恒的火焰被封闭在地球内部（因为被内塑入地球和行星中的光在它们之中会化为**火**）——，发生在一个燃烧进程中，这一进程无须任何外部条件和助燃材料，相反，它直接从绝对—内核自行展开，它是内在之物向外的**彻底**翻转，是通过内在之物和外在之物的统一性而被赋予灵魂的东西，是向纯粹躯体性存在的过渡，也是生命从死亡中的解脱。总而言之，通常的燃烧进程，包括地球上的火山活动，都是上述这个进程的不完满图景，在上述进程中，地核之火（也就是被锁闭在殊异性中的纯粹第三维度）竭力挣扎着求取自由，但始终不能获得它，这也是一种引人浮想的暗示。

之前讨论过的对角关系的两重终点之一，即落在西半球南部，也就是南美的那个点，乃是真正意义上的太阳的起始点，对这个事实只消进行更精确的观察，就会让所有人信服。在南美，首先为当地土著人习得的直接天性就是太阳崇拜，而地球在自己内部最剧烈的震动中，以不断运动的方式在证明着自己的自立性，而太初古老之火的爆发则标识着这个点实乃生命的炉灶。正如月球朝向地球公转的一面上耸立着月球上最高的山峰，同样，地球上最高的那些山峰也耸立在那个"拜日点"里，水星和金星也是如此，其上最高的山峰也被表明是在同一个位置上（都在南半球），所以如果同时考虑到这些山峰与星球直径更大或者更小的比例［这一比例一直到地球为止都在降低］，那么在其中所能观察到的顺序恰恰也在暗示着，在考虑这些星球与太阳的动力学比例关系时的那种顺序（根据施罗特的观点，这一比例关系为：水星是 1/126，金星是 1/144，地球是 1/1017）。

若要进一步考察东—西极性，首先必须盯紧水的减少与消退，新岛屿的形成，以及明明白白表明自己具有东—西半球居间性关系的进一步发展变化。因为且不论那些一般性的根据，每一个人单凭肉眼观察就可以确信，东西半球间的差别绝非纯然地理上的，而是跟南北半球的区别一样，显然是物理上的。**根本上来说，地球的东西极间的关系跟北—南极间的关系完全相同**，前者呈现的是一种收缩的境况，后者呈现的则是扩张的境况，这种样态持续贯穿在所有已知的关系中，甚至直到细部，这就导致稳定的大陆板块上向南延伸的山峰，**向西形成海湾，向东**则形成岛屿（收缩点）。质量怎样在地球东面进入巨大的紧缩状态，地球之灵也就在这里表现出同样大的收缩，而在西面则表现出巨大的扩张。在西半球，甚至北部也大部分被水淹没，而东半球又在同等程度上表明了最低程度向南收缩的活动。

IV, 507

支配着地球和其他行星的天命，是这些行星与其他星辰所共有的，因为即便只有太阳围绕着它自己的轴自转，它也不可能让天上的星群排列更加紧凑——**赫舍尔**对此早有猜测——，太阳系是在其最高的收缩状态中得以构造成型的，而通过内聚活动，各种构造成型过程得以彼此交叠，所以只可能通过一种新的形变，它们才可能从这种内聚活动产生的交叠中解脱出来。

在谈到了这一点之后，我也要结束我对于星系内在关系的这些构想了，其中的绝大部分都经过了长久酝酿，并且是根据动力学尤其是磁关系在星系之形成中的必然分量所具有的首要理念来进行构造。如果一切现象本身质朴且自适的协响,能够作为对某一本原和基于其上的理论的检验,那么人们至少得承认,我们的本原可以经受住这种检验,它是从更高的根据中得到其权威和广泛认可的。我也不能否认,我们在这里所讨论的问题域仍缺乏一些规定:比如对行星彼此之间距离和距中心距离的规定,但这些规定今后是会在同样的讨论里出现的。我已经预见到,在这里确立的定律和比例仍有可能消解在更高的公式里:但这些定律和比率的根据和本质仍会保留,它们只可能进入一种更高的阐述,而绝不可能发生任何变化。

附录：对施特芬关于地球氧化和去氧化进程一文的综述①

读者在这里可以了解到对于地球自然史一系列探究的最初开端，这些探究现在都已被它们的从事者引向了更加宽广的领域，而它们也为我们开启了对于一种科学地质学具有最终确凿性之根基全新且有根有据的展望。在宏观上考察自然的物理学家，在这每一个探究里，都会感觉到我们关于这一对象的知识中迄今不确定之处所造成的阻碍，但他更多的看到的，是先前曾经对之一筹莫展的界限突然被移开了，因为先前仍处在这种不确定晦暗状态中的关于地球的一般性理论，已经被埋葬了。

自然科学在它的其他部分中也必须经历的、逐渐进展为理论的相同步骤，现在也能在地质学迄今的历史中得到更为明晰的呈现了。

在无精神的机械表象方式在这一知识领域的长久统治终结以后，通过化学中新的创造，以及把化学中所揭示出的东西在地球普遍历史上的运用，一道崭新的光亮仿佛也投射到了其上。无疑，通过个别的化学进程，因而也毋宁通过宏观的化学进程整体，一切整

---

① 见前文第505页。——编者注

体之建构所基于其上的更高力量的踪迹都会得到标明。因此，人们可以选择一条双向化的道路，即要么从力量的最低层次和最粗劣现象，也就是化学现象出发，经由基于类比或者一般性法则的推论过程，直至最高层次、一切从中得以被归秩的力量，或者反过来从最高的层次出发，逐步下降到动力自然王国最外层的边界上，只有在这里，机械力量才有可能**开始**发挥效用。接下来的这篇文章的作者选择的是第一条道路，而这种选择也已经暗示了一种从普遍化学进程出发的更显而易见的关联，这一进程指向并引向那些最高的动力学力量，而通过这些力量自身得到规定、属于这一进程最强力爆发的，唯有火山爆发。不过我们希望，作者可以把我们带上另一条路，他已经通过对地磁现象沿着不同纬线表达出的偏转，与地球上火山分布所标识出的线之间对应关系出色且敏锐的发现，把地磁和火山这两种普遍动力学进程中的极端情况彼此结合在一起，进而以此方式证明了宏观上在一切实际性产物的建构中，都存在着不同层次的动力学阶段。

  诚然，下面这点当然也是无疑的，大部分物理学家——如今的也是一样——对于动力学要素的意义极其缺乏认识，正如同样也有许多哲学家对哲学中与动力学要素对应的先验要素也缺乏认识。对这些物理学家来说，根本不存在比化学要素更高的东西，他们非但不去把化学要素还原为各种力，反倒还努力把动力学要素所表达出的精神性迹象降格为化学要素固有的物质性。这些人不仅捏造出了两种磁性物质，认为它们的联结跟酸碱中和是一样的，还以同样的方式捏造出了两种电物质。这些物理学家所做的所有物理学说明——从那些最简单的现象开始直到那些最复杂的有机

现象——根本上都是以化学的方式考察的,这些物理学家在这一   IV, 510
点上故步自封、止步不前,他们根本就没有去思考一下,"以化学的
方式考察"这件事本身也需要说明!然而大体上看,恰恰从那些以
动力学的说明方式做的实验出发,完全可以指望,这些实验甚至都
能把纯然的经验主义者一直推到这样一个点上,在这里,经验主义
者不得不承认思辨物理学基于先天洞见早就已经拥有,并且有意
识地道出的东西。所以纯然的经验主义者最终也会以此方式得到
下面的洞见:一种科学地理学的首要根据和本原的落后程度,比大
多数人迄今预料到的还要大,而真正意义上的地球理论终止的地
方,就是它迄今在大多数人那里已经开始的地方。

    我们的这位作者所揭示的种种,同时也为下面这点带来新的
证明:以理念为武器的自然科学家,何以总能通过数量不多但决定
性的实验,或者说通过对现成事实的卓越结合,发现那些毫无理
念、只知道无休无止地重复,就算满世界到处考察或许也徒劳无功
的"试验家"永远也发现不了的东西。

谢林著作集

动力学进程的一般演绎或物理学范畴演绎

1800

F. W. J. Schelling, *Allgemeine Deduktion des dynamischen Processec oder Kategorien der Physik*, in ders. *Sämtliche Werke*, Band IV, S. 1-78. Stuttgart und Augsburg 1856-1861.

§. 1.

自然哲学的唯一任务，**就是去建构物质**。这个问题不能以泛泛的方式解决，因为根本就没有一种"完备的泛泛"。如果一种普遍的自然理论的目的是，仅凭意识去达至无意识落入自然中的种种现象的无穷繁多与深刻，那这种"自然理论"应得的下场，必定是沦为无稽之谈。尽管对于建构每个个别的有形个体有效的本原，与对于建构绝对个体有效的本原是相同的，而那些我们能在个别进程中呈现出其运作的力，也是在绝对进程中能呈现出其运作的力，一切个别现象都是绝对进程的纯然支脉，它们扮演着先上台的角色。但要就其种种关系来通观这些本原的无穷变体，或者说，要通观这一普遍进程同时也附着于其上的那些数不清的点，要刻画出不同阶次的序列——这些阶次从自然的个别进程出发延伸至普遍进程，但在自然中，普遍进程又仅仅作为个别环节复现，这些环节在较低的层级上自身已然是最为内聚的进程之产物了——，这项任务超出了在自然自身中，只消通过无意识的生产就已能被消解的所有有限的力。因此，我们的整个努力只能集中在下面这点上，探究全部自然生产的**普遍**本原；至于将其沿着全部维度拓展至无限的运用，则需要被视为一项无尽的任务。正如天文学家在认识着那些支配宇宙运动的普遍法则，但也并没有因此就凭着这些法则亲自探入深空中去。

IV, 3

§. 2.

我们要断言的东西其实已经得到了证明,即我们在"动力学进程"的名目下把握的这些种种为自然所独有的原始现象不是其他,正是物质在不同阶次上不断重复的自身建构。因此,对动力学进程的演绎也就能与对物质自身的完备建构等而视之,也就是说,就总体自然科学的最高任务来看,两者是同一回事。

§. 3.

既然有机自然自身甚至也不是其他,正是在最高潜能阶次中自行重复着的无机自然,那么,凭着对物质本身进行着建构的范畴,我们同时也获得了建构有机生产活动的范畴。因此,眼下所进行的探究同时也是对总体自然科学进行的最普遍探究。

§. 4.

尽管在本人的一些新近著作中,已经一般性地证明了,**磁效应、电效应和化学进程**就是物理学的普遍范畴,然而我还没有以明确的方式表明,何以恰恰正是这三种效用,并且唯有通过这三种效用,才得以完成物质的建构。我们可以首先推论说,这一点只有通过这些效用与空间,尤其是与空间**各维度**的关系出发才能指明。眼下这一探究的主导线索已经在刚刚发表的《先验唯心论体系》中得到了指明,而对之进行的进一步阐发,以及从自然哲学立场出发对之进行的阐述,本人则会留待在这部杂志上出版。①

---

① 即本卷中的两个《阐述》。——译者注

§. 5.

为了让此探究不致遭受不必要的延宕,我们假定读者已经到达了这样的一个点上:从这个点出发,自然观念性主体中的力量的源初对立,在一切建构活动中都必定会显现,从这一点出发,我们也能即刻就在眼前展开我们的推论序列。不过我们得注意,在这里,我们需要把源初对立的力量中的那个向外延伸的称为**扩张性**力量,把另一个必定会被设想为向着自然内核返回的,称为**缓阻性**或者**收缩性**力量。第一种力量自在自为地看,是一种**纯粹的生产活动**,在其中万物混成、无所区分,所以是另一种力量才为前面这种混同普遍的同一性带去了**二重化分裂**(Entzweiung),唯有通过它,第一种力量才会成为现实**产物**的条件。

§. 6.

既然这两种力量属于同一个与自身同一的主体,也就是自然,所以它们不可能彼此仅仅相对对立,相反,它们必然绝对对立。

证明。因为如果我们假定,上述两种活动出自不同方面,那么自然的阻碍性力量根本就不会是一种原初性力量,只可能是一种纯然衍生性力量,它就会成为一种仅仅以彼此相互限制的两种扩张性力量间引人误解的交互游戏为基础的衍生性力量了,这样一来就只能认为,这两种力量原本只是由于各自的**趋向**而对立的,一旦把这一对立的趋向撤开,那么两者都会等同于肯定性的自然了。但是,在必须被设想为有限者自身的在先者,也就是无限者自身中,若无**原初的**对立,不可能有任何"趋向"可被设想。倘若两种

IV, 6 力量纯然只通过趋向而对立,那结论就会像是,会合在同一个物体上的所谓两种不同的磁力,其实是完全相同的东西,只不过趋向不同,我们只是把其中一个假定为正极,另一个假定为负极而已,这样一来,在一切瞬间,自然中的关系自身都必定能够在没有任何现实变化的情况下随时相互翻转。可是在现象整体中,要去把握一种无变化的秩序的发生根本不可能,除非带来秩序且进行限制的力量,是一种贯通整体且持续否定的力量,这种力量绝不能过渡到其对立面中,或者说,绝不能终止与其对立面相对立地存在。鉴于此,我们必须把两种力量中的一种假定为全然**肯定性的**,另一种假定为全然**否定性的**,而且也要把两者假定为原初就统一在同一个与自身同一的主体,也就是自然中的力。

§. 7.

如果继续提升对我们在自然概念中所设想的对立活动的绝对统一所进行的思辨,那么除了绝对的同一者,我们不会得到任何其他客体,而对直观来说,这种绝对同一者只可能被刻画为纯然的零度,或者对实在性的绝对缺乏。我们在下面将会看到,自然如何在它的一切现象中呈现着复返到这个零度中的趋求,不过自然从未成功做到这一点,从未达至绝对同一性,因为自然所能实现的一切,仅仅是相对的同一性。至于从这种对现象来说＝零的无限性中产生出某种有限的东西,也就是实际的东西,这一点只能以如下方式才能把握:我们让这个零自行分裂在其要素(1—1)中,并且把这一分裂活动设想为一个无限的活动。可是,倘若通过这一分裂活动自身没有一个第三重的综合活动获得其条件,那么这一无限的分裂还是不会产出任何实在性,而如果我们不把自然假定为一个原初的同一者,一个仿佛违抗着自己的意志而与自身进行二重化分裂的东西,那种第三重的综合活动也无从得到说明。这样一来,我们一方面必然要假定两种活动之间的原初对立,与此同时,我们也必须假定一个第三重的活动,而它所呈现的不是其他,正是自然重返绝对同一性的无限趋求,而自然正是从绝对同一性中被开端性的分裂活动撕扯出来。 IV, 7

§. 8.

但如果可以认为在自然中其实并不存在两重活动的分裂,那么不管是没有这一分裂还是通过这一分裂自身,都会产生一种对于这两重活动的综合,下面我们来直接证明这点。

a. 我们首先设想一个点 A 作为两重力量分裂发生的源头(图 3-1)。如果让肯定性的力量从这个点出发向着一切方向开始运作,那么否定性的力量,或者说对前一种力量进行限制的力量尽管也同样能沿着一切方向运作,但它只能直接运作,或者说,进行超距运作。

图 3-1

证明。

这里有个点 A,在其中,**两种**对立的力量是统一的,线段 AB,AC,AD 标示的是肯定性力量的不同方向,这样一来,如果否定性的力量为其运作之故必须延伸至边界点 B，C，D 上，那么否定性的力量也就必须首先穿过 A 和 B 以及 A 与其他点之间的所有个别点，进而无法与肯定性的力量彻底区分开。在线段 AB 以及其他线段上，**每一个可能的点都是如此**，这一过程内化在线段的延伸过程中，而这一点同时也是对于空间的无限可分性的物理学证明，因为只要收缩力要作为收缩力去运作，即便在极近的距离中，也仍能被设想以直至远端的方式在运作，这样的话，在收缩力运作其中的线段上的任何两个点之间，也必须设想另外一种力。这样一来，不论线段 AB 或其他线段上的哪一个点被假定为收缩力的运作施于其上的点都无所谓，因为收缩力在每一个点上都只能被设想为**直接的**，也就是进行超距运作的。所以从这一点出发作为**推论**而得出的命题就是：

IV, 8

就两种以绝对对立的方式去运作、但源于同一个点的力量来说，其中一个，确切说否定性的那个，必定要一直被设想为超距运作的。

§. 9.

b. 既然否定性的力量在它运作其中的任何一个点上，仍只能超距运作，那么两个点，即 A 和否定性力量直接作用其上的那个点，只可能彼此之间无限趋近或无限疏远，而两点之间的空间是全然偶然的（图 3-2）。

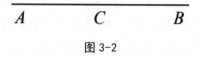

图 3-2

因此，如果说在这里的线段 ACB 中，A 呈现的是两种力量彼此分裂的起点，那么这种分裂会持续到距 A 一定的距离为止，而这一距离的量实则是完全偶然的，因为空间在这里并没有得到考察，从否定性的力量中无法出现任何东西，相反，在这里只有肯定性的力量在起支配作用；在此之后，在这条线段上会出现一个点，在其中，肯定性的力量和否定性的力量通过彼此得到限定，两者保持着彼此之间的均衡，从这个点开始，否定性力量的支配性会逐渐增强，最终在 C 点上增长到最大值。以此方式，在整条线段上会存在三个点，一个是仅仅代现着肯定性力量的点，一个是与这个点相对立、只有否定性力量支配于其上的点，最后还有第三个点，它是两种力量的均衡点或者说相对消解为零的点。

§. 10.

在刚刚建构的线段中，A 所呈现的仅仅是最初的点，而这个点仿佛由于原初的二重化分裂被抛到了绝对的无限性中。两种力量从这个点开始相互逃逸。但两者都无法逃离对方，除非在点 C 中重新获得相对同一性。这个点就是无限者在其中，第一次把自己建构**为自然**，也就是从二重性中建立起同一性的点。因此，统一化活动——在无限性中，这种活动曾经是绝对的——在 C 点中成了一种综合性的统一化活动。若无二重化分裂就不会有综合，但若无综合也没有二重化分裂。对经验来说，"综合"这种存在于点 C 中的相对同一性是最高的同一性，而只有从这个点 C 出发，这两种力量才可能由于"综合"而彼此逃逸。对于思辨活动来说，存在着这样一个点：在其中，两种力量仍共同处在**绝对的**统一化活动中，只有在 A 和 B 这两个点之上的点 C，才是对两者进行相对的或者说综合性的统一化活动的第一个点。

§. 11.

只要两种力量在点 C 中彼此都保持着一种相对均衡，通过这两种力量被给予的也就只有**线**，或者说纯粹的"**长**"这个维度。

因为一旦这两种曾经二重化分裂过的力量倾向于相对均衡，那它们所能产出的东西也就不是其他，正是处在连续性中的线段上的三点，前面我们已经对此进行了演绎。

推论。因此，线或者说"长"在自然中只能通过三个点或者说在这个三点的形式下实存。

扩张力单就其自身来看是**无方向的**，而这恰恰是因为它向着一切方向运作。所以单从扩张力自身出发，根本不可能演绎出方向的可能性，遑论作为与方向完全不同概念的维度。只有在两种力量，即肯定和否定的力量被设想统一在唯一一个点上的时候，才会出现线，因为线所呈现的就是点与无限空间的最初综合。但恰恰这两种力中的一个——撇开另一个单独来看——会导向数学点，而另一个——同样绝对地看——则会导向无限空间。也就是说，对点和空间两者的最初综合只可能是线。但这种综合给出的不仅是线本身，而且还规定了由三个点标识的这种线段。

§. 12.

这三个点同时对于建构**磁体**而言也是不可或缺的。因为在一切磁体中，都存在三个点：

a. 一个只有肯定性力量在其中呈现其运作的点,从这个点开始,肯定性力量会逐渐减弱,直到在某个特定点上再度 =0。

b. 一个在其中磁性既非 + 也非 —,因而是一种全然的无差别的点。这个点就是两种力量共同的界限点,因此,它源自前面推导过的 C 点。

这个点之所以是一个零度点,是因为这个点中的零并非**原初的零**,所以我把它称为无差别点,我要在此强调,我说的这个无差别点不可与**布鲁格曼**①发现的那个无差别点相混淆,我跟他说的完全不是一个东西。当我把磁体视为纯粹的线时,以此方式能讨论的也仅仅是一个无差别**点**;在现实的磁体上,人们把磁极在其中完全无差别的那个位置称为"磁赤道"。

c. 一个在其中只有否定性力量起支配作用的点,这种力量从均衡点开始逐渐加强,最终达到最大值。

§. 13.

如果说,整体自然中的"长"这个维度处在那三个点构成的形式下(§. 11.),而这三个点也建构出了磁性(§. 12.),那么结论就是,**整体自然中的"长"只可能存在于"磁性"的形式下**,或者说,磁性本身就是在建构物质之际的那个作为"**长**"的建构性条件。

§. 14.

从这一命题出发,可以得出许许多多重要的结论,而由此命题

---

① 安东·布鲁格曼(Anton Brugmans, 1732—1789),荷兰物理学家,曾为哥廷根大学教授。

能普遍且直接得到证明的最重要结论是——我在《自然哲学体系之第一草案》中仅仅以类比的方法间接证明了这一结论——磁性是物质的一种**普遍**效用。我在前面提到的这部作品里对这一结论的证明如下。如果对于有机和无机自然来说，效用的层级序列都是相同的，如果在有机自然中，与磁性对应的效用普遍存在——尽管这一效用会在连续的层级中逐渐在**现象**中消失——，那么对于无机自然中的磁性来说，这一点也同样适用，就跟许许多多其他效用被归置在无机自然中一样，磁性也会如此。但是在许许多多物体中，磁性都会在现象中消失这一事实，根本上来看可以从下面这点出发得到证明：为了至少能把握化学进程的发端，这一点也明显是必要的。因为如果在不同物体之间不可能存在一种周流贯穿的活动——如果没有它，不同物体仿佛又回到了非物质性或者说原初建构的境况中——，那么两个事物之间的一切化学进程总是要以在两者间不断重建原初开端性的对立为前提。这样一来，两个物体中的每一个都必须一再**在自身中**（也就是在其类所特有的质的同一性中）二重化分裂，如此方能在对立中渗透和影响另一方。但这一情况的前提是，发生化学变化的物体表面上（不可分解）的同一性实际上不过是一种**无差别**，也就是源自二重性的同一性，因此，同一种原初的二重性，在磁体中尚未得到区分，而在发生化学变化的物体中则在动力学进程之外呈现出了同一性。在化学进程中对磁性的重建，不可能还在经验中得到指明——尽管这也不是绝不可能得不到证明——，但这一事实可以基于下面这点得到说明：磁和化学其实是同一种关系，处在这种关系中的不同物体，既可在磁性的自然层级中彼此疏远，也可在化学动力学进程的不同程度中彼此迅速渗透，所以不同物体不可能在磁进程的运行本身中相互区分乃至固化，尽管可能有时候表面看起来会这样，但事实并非如此，所以自然磁体自身的磁力只可能来自一种已经开始但有所停滞，也就是不完善的氧化进程。

§. 15.

如果磁性就是对"长"这个维度进行普遍建构的要素这一点已经得到了经验证实，那么对此最明确的证明就是，磁性不可能是**某一个别物质**的效用，基于物质的效用来说明磁性，或许较之于从某一物质出发来说明对物质自身的建构为优；磁性一并进入了对**一切物质**的最初建构中，也就是说，磁性是一种真正意义上的实体性力量，磁性不可能以任何方式从物质中被剥离开，在物质中，它是持续的当下性存在，当然，只有在某种唯一的物质中磁性才可能得到明确区分和指明。

IV, 12

从已经进行的证明出发，下面这点同时也得到了澄清：磁性对我们呈现为仍在其最初建构环节中的物质，在此环节中，两种力量仍然表现为统一在一个唯一的点中，就对物质自身的建构来看，除了"长"这个唯一的维度，尚没有更多的结构被打开。在这个意义上，磁体的两极为我们代现的就是两种原初力量，在磁现象中，尽管它们已经开始彼此逃逸并且呈现在对立的点中，但仍始终统一在同一个个体中。

§. 16.

但既然两重力量——它们的对立是无限的对立——彼此间的

逃逸会延伸至无限，那么在对物质的建构中，一定会出现某一个环节，在其中两重力量会绝对地分裂。因此，如果把前面 (§. 9) 建构的线段里的综合点 C 单独拎出来看，那么 ACB 这整条线段就可以视为能被分为 AC 和 CB 两条线段，这两条线段中的每一条，现在都独自代现着两重活动中的一重（图 3-3）。

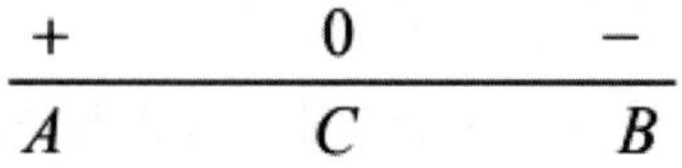

$$
\begin{array}{ccc}
+ & 0 & - \\
\hline
A & C & B
\end{array}
$$

图 3-3

§. 17.

可以看到，ACB 这条线段之前纯然只是通过对两重力量的统一在 C 点得到奠基，因为只要这个点继续存在，两重力量的分裂就只可能呈现为仅仅在趋向上的对立。如此一来，只消把两重力量间的联结点拿开，这两重力量就会被彻底自由释放，随即它们也就能够不受阻碍地依循自己的原初倾向，也就是沿着一切方向去运作了。

先前只有一个公共的点 C 为两重力量中的每一个提供方向。就此来说，下面的讨论值得注意。有这么一个人们可能听得耳朵要出老茧的命题：扩张力沿着一切方向运作——人们很可能就是凭这句话也认为，扩张力会沿着全部维度运作，因而也通过自身演绎出了自身，不过在这个推论里，有许许多多截然不同的概念，比如一个向一切方向延伸的点尽管确实可以被设想为放射性的点，但是这个点在这全部的方向中所产生的，仅仅是"长"这唯一一个

IV, 13

维度而已——，而收缩力则反之原本只有唯一的一个方向。这个命题当然可以是真的，但它之为真的前提只有下面这一种情况：引力必须持续去趋求把一切物质无限地向中心收缩，并且从一切方向出发仅仅向着唯一的观念性的点运作，倘若这种力量能不受限制地运作，那物质就会被聚集并消失在这个点中，所以，这个命题为真的唯一条件就是，引力的辐射方向向内收敛，与此同时，斥力的辐射方向必然不能被建构为发散的。但是，如果要把扩张力设想为向全部方向运作的，那么恰恰为了能**在一切方向上限制斥力**，扩张力的否定性作用也得在所有这些方向上延伸，如果是这样，那么在线段 ACB 中，扩张力就只会有唯一一个方向，收缩力也只会有唯一一个方向，两种力量都会以肯定的方式向着一切方向运作。所以，从一切方向来看，引力都要趋求限制斥力的运作，直到把它还原到无穷小。因此在这个意义上，我们接下来都能把不管是引力还是斥力视为同一种向着一切方向运作的力。

§. 18.

只要处在一种相对的均衡中，这两种力量就在相互规定彼此的方向，所以否定性力量只有在与肯定性力量的对立方向中，肯定性力量也只有在与否定性力量的对立方向中，两者也只能从共有点 C 出发才可能彼此分离。一旦这个点被取消，那么扩张性的力首先就能从 A 点出发向着一切方向延伸。如果把点 A 首先纯然看作一个机械上的动点，那么这个点就能被设想为一个被无数有方向的切点围绕的点，它的运动方向能包含所有这些切线方向，不过这样一来，如果这个点确然地朝向某个特定方向，那它之后就只可能继续沿着这个方向运动了。但既然这个点拥有一种动力学意义上的动力，那么它必定能够同时主动地朝着所有这些点运动。如果人们强行对这个运动过程进行抽象，让这个点仅仅沿着某一特定方向朝向点 B，$\overline{\quad A^c \qquad\qquad B\quad}$，那么在这条线中的下一个点里——我们用 C 来标示这个点——，点 A 就已经又被同样多的方向点包围了，在这些点里也一并包含了方向点 B。如果点 A 能向着所有这些方向自主运动，那么尽管它接下来必定会沿着 AB 方向运动，但与此同时，在点 C 和线段上的任何后续的点中，点 A 也能沿着其他方向运动，而所有这些方向与原本的线段 AB 就构成了**角**。如此一来，"宽"这个维度也就出现在了原本的"长"这个维度上。

§. 19.

根据 §. 17 中的内容，我们也能以同样的方式就否定性的或者说引力得出同样的结论，不过下面的证明会比 §. 17 的直观性更少，严格性更强。否定性的力量从点 A 出发开始运作，这样一来，如果点 A 是两重力量的均衡点，那么否定性的力量就会仅仅处在与肯定性力量对立的方向中，比如在 AC 这个方向中运作。如果两重力量绝对地分开，那么否定性的力量不仅会在 A 点，而且会在线段 AC 的一切点中把自己的否定性影响向一切方向波及开，而肯定性的力量在"长"和"宽"中的运作也是一模一样。

§. 20.

我们现在讨论的这个物质建构的环节——通过它，第二维度得以出现在第一维度上——，在自然界中通过**电现象**呈现。

证明。证明可以从下面这点开始：从磁到电的过渡与我们(§. 16)从物质建构的第一环节向第二环节做出的过渡是同一个过渡，此间，第一和第二过渡的全部区分的基础在于，在第一环节中仍表现为统一在同一个同一性主体中的对立，在第二个环节中表现为分布在不同个体上的对立。如果我现在在思想中拿掉在线段上建构的点 C(§. 16)，那么线段 ACB 就会表现为分裂成了两条线段，以此方式我也就得到了电现象的图型。此外，可能还需要注意的一点是，这一过渡在自然物的序列自身中并不是通过一种"跳跃"完成的，因为在磁性物体和只具有电性的物体之间，还有**具有电极性的物体**作为两类物体之间的过渡，这类物体通过自带的极性与第一环节接续，又通过特有的电性与第二环节接续，并同时在自身中呈现这两个环节。

§. 21.

对物质建构中第一环节和动力学进程中电现象之间具有的同一性最明确的证明是：第二环节之于第一环节的关系，与这种同一性之于磁性的关系是一模一样的，"**长**"这个维度纯然通过磁性被给出，而第二个维度，也就是"**宽**"是被附加到其上的。

证明。a. 磁性纯然运作在"**长**"这个维度内，从下面这点出发就能看清：我们可以把磁体整个视为一条纯粹的线段，既然一个单一的物体绝不可能同时在自身中统一许许多多磁体，那么物体具有的磁极始终只可能处在"长"的方向上，不管做多少经验观察，情况都是如此，这一点人所共知，所以我在此稍许提一提就行了。首先确凿无疑的一点是，导体上的磁性仅仅在寻求"长"，并且仅仅由导体的长度来引导。在他的哲学实验中，**布鲁格曼**对磁性物质做了如下记述：磁体能够吸起比它的自重高出数倍的物体，并且即便距离 20 英寸远，也能作用于磁针，即便在磁体和磁针之间放上三块厚铸铁板，在 3 英寸内，这种效应还是能明显观察到。布鲁格曼说，"笛卡尔也做过类似的实验，但我的结论是，如果并非就其**宽**，而是就其**长**来观察磁体的磁极，那么不管把阻碍增加多少倍，磁体对磁针的影响只会减弱，但不会消失。不过我对这个结论还是很惊讶，因为我发现，许多人的错误在于，一旦磁体对磁针的作用减弱，就会觉得如果在它们之间不放铁块，那磁体的作用会延伸更广"。布鲁格曼接着又用了一些 1 英寸宽以及一根超过 10 英尺长的铁棒做实验，并且观察到，不论尺寸如何，磁性都会穿透这些障碍物。但为了能观察到磁体的作用是否能在任何不定的长度上传播，他又用长逾 20 英尺的四棱铁棒做实验，在这个长度下，磁体的磁力就失效了。总的来说，每个人都可能从下面这点出发相信磁性的这种关系，即他在同一个实验里，首先是从磁体和磁针的宽度出发来摆放铁块（在这种情况下，当磁针首先在某一极上出现反常的非自然摆动、不再指向这个极点时，它很快就会整个儿地或者大体上返回到原本位置——，但若从磁体和磁针间的长度来看，在同样的物体上产生出的现象是，磁针在此没有发生任何情况变化，或者说，觉察不到任何显著的变化）。

伯努利[①]和其他人早就观察到，磁体的运作压根和它的体量无

[①] 这里指的是丹尼尔·伯努利（Daniel Bernoulli，1700—1782），瑞士物理学家，数学家。——译者注

关,而伯努利也宣称自己发现,人造磁体的磁力绝对地看,会与其**表面**呈正比例增长;然而这种增长更多的是与**长**正相关,在他论磁性的论文中,**库伦**①也记叙了许多更精确的实验——这篇论文已经由**格伦斯**翻译发表在了《哲学年鉴》卷 II 的第 298 页——,通过扭秤的测量,库伦证明甚至可以说发现,磁针的偏转力与长呈如下正比关系:即便磁针的长度超出其直径 40—50 倍,产生的力矩也会以**完全相同的**比例关系与长相对应地增加。磁性**寻求长**,这个事实能从前述实验中得出,不管磁体是否坚硬,都可以从下面这点出发看清,从宽来看,放在磁体和磁针之间的铁块总是很快就能从长的两端那里获得对立的磁极。目前还没有人做过圆满的球形物体的磁性效用的精确实验,但肯定的是,关于其效用可以先天得出的结论,必定可以得到完满的确证。

IV, 17

注释。对于动力学观点的优越性的证明,目前是远远不够的,而这种观点对于那些富有创造力的精神来说,早已是自然而然的了。前文以科学方式推导的关于磁性的观点,其实诗人②早就已经有了,从第一次听到自然的回声开始——在这位诗人最早的诗作中,就回荡着这种声响——,诗人就在呈现这样一个事实:在自然中,除了它本己的生产活动的无限丰盈,绝无其他。在这位诗人看来,从对自然的观察出发,就能得到重焕青春的不老永恒源泉,在近来一些更成熟的作品里,这位诗人首先就凭着这一源泉在不断返回诗的根源,并借此开辟了一股新风,这股新风吹来的清新生气

---

① 查理·奥古斯丁·德·库伦(Charles Augustin de Coulomb, 1736—1806),法国物理学家,以发现"库仑定律"著称。——译者注
② 指歌德。——译者注

让整个时代焕然一新,也让科学与艺术中永恒的青春得以不死。

为表达对这位诗人的敬意,我要在下面补充一则实验,它比前面的实验更加可信和直观。如果磁性单只由长来决定,那么可以料想,在一个其维度并不明确的物体中,磁性并不会产生效力。比如一个立方体铁块就表明了这点,即便它靠近磁针,也不会表现出受任何影响,反倒一块没经加工的纯铁能产生影响。就这一点来看,地磁仿佛由于立方体维度上的相同反倒自身表现出一种不确定性,可一旦在第一块立方体铁块上再加上一块,也就是通过增加长度获得地磁影响,那铁块对磁针的影响即刻就显而易见了。

§. 22.

但**电**并不仅仅运作在长这个维度上的事实,从下面这点出发是很明确的:每个带电物体在其整个**表面**上都带有电荷。也就是说,电会在长和宽两个维度上运作,**库伦**这位精敏的物理学家多次通过直接的实验证实了这点,从他的电学论文中——同见《哲学年鉴》卷 III, 1, 第一部分——可以看到他的总结。在这部分的第 58 页中他说:"当导体获得超出其自身自然量的电流(也就是说,把电流附加到带电物体上),电流就会扩展到导体的整个表面,并且在此期间不会渗入导体内部,即便是用木桩做实验,这个结论也是确凿无疑的,不管这个木桩被打了多少孔,不管这些孔的倍径和深度是多少。"库伦给这个木桩通电,并用虫胶做的绝缘针把一片小金箔固定在木桩表面,随即观察到,静电计显示出金箔上发生了极强感应。同时静电计还显示,金箔上的电量跟与之相接触的木桩上的电量接近。在这一基础上,**库伦**又把已经放电的金箔小心放到木桩的一个孔里，让它仅仅与孔的底部相接，接着重新用静电计接近这片金箔，但这个时候静电上没有任何电量显示。所以基于这个实验也就清楚了，通过这个物体的电流仅仅分布在它的表面上。而关于电仅仅沿着表面延伸并由物体表面引导这个事实更具普遍性的证明是下面这个：在两个不同物体之间发生的传电情况中，根本就观察不到任何特定关系，不管这两个物体之间化学上的质是否不同，也不论它们的体量是否相同，都找不到任何关系，因为如果两个物体的表面相等或类似，那么两者间的同性质电荷就会完全均等地分布，而如果两者的表面不同，那么电荷就会在量上、在物体间产生不等的分布。但下面这个事实肯定长久以来就已经颇引人注目了：在传电过程中，只要带电体和它们之间的玻璃能薄到人们希望的程度，那么即便没有玻璃挡在中间，也会产生对立电荷的交换现象。在前面提到的那篇论文里，**库伦**就强调，如果给一块两侧覆有金属薄片的玻璃板充电，那么玻璃板上的电荷当然随后就会远离表面，向内渗入，这种现象不仅存在于电荷量的客观情况中——不管玻璃板有多薄——而且在电荷排空之后，玻璃板自身的两面还会一直带着极性对立的电荷，并且不管玻璃板有多薄，这个现象都会发生，同样，不论分布在玻璃板两面的电荷的极性如何，电荷还是会不断向着玻璃板内部渗入，直到距表面无限小的距离（也就是直到距离近乎 0 为止）。对于我们之前确立的关于电与物质各维度间的关系的命题来说，这些实验观察无疑已经非常充分了。

IV, 19

§. 23.

从对电现象自然本性之规定的这种建构出发当然可以产生各

种推论，但对这些推论的进一步阐发可以主要归为下面这点：如果我们没有理由假定某一物质具有磁性，那我们也就没有理由去认为某一特定物质会具有电现象，因为即便电现象，也有一种彻底实体性的根据，也就是蕴含在对每一有形个体的建构中的那个根据，这个根据在经验中向我们呈现出的物质建构环节，与我们通过理性的帮助必定能够先天得出的环节，是同一个环节——所以，我们或许也可以凭着事情本身独有的明晰性而感到一种理所当然的自豪。

IV, 20

§. 24.

不过我们还是得再停留一会，看看这一建构如何能运用到经验上。从磁与电之间出现的关系出发，我们能先天地推导出两者彼此间不同的传导方式。假设一个已经通过电的物体——根据§.16的结论可以说，这个物体现在只在单独代现两重力量中的一个——，跟一个不带电的物体相接触，在这个物体中，尽管我们必然会假定两重力量处在均衡状态里，但我们同时也不得不承认，两个物体中的一个尽管在力的关系上与另一个有所关联，但它也一定会多少具有摆脱这种关联以获得独立性的倾向，如此方能说明，这个物体何以呈现出带有特定量的另一种电荷——不论是正电还是负电——，所以如果带电体身上带正电，那么它与另一个不带电物体之间的电荷均衡就会彻底被消解。而既然这种均衡无法得到重建，在一个带有正电荷的物体上，也无法让其电荷返归为0，所以在两者的接触中，不带电的物体——我们可以用 B 来标示它——就必定会失去同样多的负电荷，进而以这种迫不得已的方式，保持我们以 A 来标示的那个带正电物体的电荷均衡。所以由于这一点,之前不带电的物体 B 也就被置入了带电状态,这就产生了一种表面现象,仿佛是带电物体把电荷**传导**给了它;这个说法,曾经认为 B 从 A 那里仿佛被"移交"了负电荷,并且由于 A 而导致了自身中电荷均衡紊乱的唯一原因,可是这种所谓的"移交"其实什么都解释不了,它说的无非是"移交"就是"移交"的原因,也就是说,它仅仅描述了,B 之中的电荷均衡跟 A 之中的一样都被扰乱了,也就是说,所谓的"电荷移交说"最多只是在描述,在表面的这种接触关系中,两个物体的正电荷得到了均衡分布,而这种描述就导致了现在的那种误以为 A 从 B 那里,B 从 A 那里被"移交"了负电荷的说法。因此,如果两个物体的表面等同,那么在表面上看来,A 会从 B 那里分有它所带电荷的一半,这一点库伦 (§. 22) 已经在经验事实中指明了。

IV, 21

§. 25.

从我们进行的这一演绎出发,读者可以看到,我们绝不承认电荷会发生一种真正意义上的"移交式传导",这也是关于种种电现象的动力学观点的必然结论。但如此一来似乎也愈发难以说明下面这点了:为什么就磁现象来看,完全不存在像电现象这样表面上看起来的这种"传导",相反,即便在磁体的**接触**中,也只会发生被当今的物理学称作**分布作用**的现象。但我们并不能因为我们在对磁现象的建构中完全只把磁体视为**线**,就认为在磁现象中不能设想任何只可能发生在**平面**间的真正意义上的接触。毋宁说,那个让磁性因而不具有平面上效力的原因,也是使之无法通过传导进行延伸的原因。如果磁体和铁块(我们在此可以在前一节的那种意义上,像认为物体 B 不带电那样假定这个铁块没有磁性,这样一来,尽管两重力量具有逃逸的倾向,但是在磁体上,每一个极点的强度较之于与其对应的那一极的强度都是 0),也就是说,如果磁体和铁块之间会发生一种就像前面物体 A 和 B 之间发生的"传导",那么进行传导的那一极就会因此丧失自己的磁力,比如如果进行传导的是正极,那铁块就必定能从磁体那里被"移交"获得一个自己的负极。但这种情况恰恰是不可能的,磁力并不会像电力那样进行这种"传导"和"移交"。因为点 C——不管在铁块还是磁体中都有这样的一个点——阻止了两重力量的绝对分离,进而使得这种"传导"不可能发生。在 §.24 的物体 B 里,就缺乏这样一个

IV, 22 点,所以其中的两重力量能够绝对地彼此逃逸,而这恰恰发生在所谓的"传导"中。然而既然铁块中的两重力量仍有分离的趋势,那么由于磁极的作用,尽管这两重力量注定会被分裂,但在这种情况中,仍存在着一个分离的最大值,也就是说,每一个极点都有一个强度的最大值,即便有磁体的影响这个最大值也不会被超过。但是,铁块的磁性由于磁体的作用恰恰被规定了,就像 §.24 里的电荷从 A 运动到了 B,也就是否定性力量沿着肯定性力量的作用方向运动,这个事实证明,在磁体对铁块的作用中,铁块中发生的运动趋势,跟带电体在对非带电体产生作用时产生的运动趋势相同,只不过运动最终导致的结果不会相同罢了。所以反过来看,在相接触的点上磁极产生出了对立的磁性,这个经验事实可以证明,带电物体传导其电荷的方式仅仅在于,它从非带电体那里把对立电荷吸引了过来,非带电体必定也在等同的量级上,携带与带电体失

去的相同的电量。

§. 26.

从迄今进行的演绎出发，难道我们看不出，第一道亮光已经照射在了电导体和非导体的关系问题上了吗？难道我们看不出，对于**尖端放电**这个迄今未得说明的特殊现象——正如库伦正确总结的，对它的说明在某种程度上可以视为对电荷理论的检验——，在我们对电现象的建构，以及从这一建构出发产生的与磁现象的关系中，恰恰可以找到最终的说明吗？不过，为了能更精确地分辨这些问题，我们还是得进一步地进行回溯。我仍然要问，物体**形式**表现出的对电效应的影响，是否可能早就已经得到了暗示，这些现象的原因，是否是一个在对物体自身的建构中已得奠基的原因，还是说，这个原因自身仅仅表达出基础性力量与空间的一种特定关系？

IV, 23

§. 27.

我们现在还得对 §. 24 中的物体 A 和 B 间的另一重关系作一番考察：在两者**没有接触**，也就是说，两者间没有发生任何直接的传导活动时，情况会如何。既然 A 和 B 中包含的两重力量的均衡已经被彻底扰乱——自然中发生的一切这样的扰乱，不过是重建均衡的活动发生的条件和契机——，那么 A 和 B 之间就会产生一种**求接触**的趋求，因为 (§. 24) 只有在 "非均衡" 这个条件下，一种在两个形式相同的物体间被扰乱的均衡才可能重建。也就是说，非带电物体 B 之所以必然会产生电荷，是因为否定性力量会沿着肯定性力量的方向运动,与此同时,由于这一点(根据在§.24中确定的法则),肯定性的力量也会迫不得已在对立的方向中与之相互分离。所以在这种情况下,物体 B 的情形就如同磁体,带电体对非带电体根本就没有产生任何"直接作用",真正的作用实际上是通过电荷的重新分配发生的。在这种关系中,电荷纯然只在寻求**长这个维度**,这是我们前面所进行的推导的**必然**结论,这一点从前面一节已经提到的**尖端放电现象**出发也能得到说明:当两个物体纯粹在长这个维度上接近,**尖端放电现象**就会特别地在这种关系中以电荷分布的方式出现。这种特殊效应的产生,不仅是通过它借以出现的那种更强的力量,而且更重要的地方在于,需要从它所产生电弧的特有形态出发才能得到确切认识。众所周知,在两个彼此靠近的无角钝体之间——其中一个带电,另一个不带电——,绝不会出现所谓的电火花(这种现象所刻画的不是其他,正是电荷之间纯粹的**运作线**),而是只会出现根本没有任何规律就形成的电弧(可以参见**埃尔克斯勒本**[①]所著的《常识》一书,§.521)。相反,如果两个物体中的一个——不管它是否带电——呈有角的尖锐形状,那么电荷的那些运作线就会有规则地呈现,确切说,这些运作线始终显现出从尖端出发、底面朝向钝体返回的圆锥线。因此下面这一点是毫无疑问的:当电荷由于分配活动被引发的时候,就其运作和效应来看,表现得与磁现象完全相同,所以如果物体的外部形式满足,电现象当然就会跟磁现象一样,能明确在感官上觉察到。

[①] 约翰·克里斯蒂安·波利卡普·埃尔克斯勒本(Johann Cristian Polycarp Erxleben, 1744—1777),德国自然科学家。——译者注

§. 28.

所以，由带电物体对非带电体施加的电荷分布效应，跟磁体对铁块 (§. 25) 施加的磁导效应是一样的。对非带电体指向带电体那一端上对立电荷的唤起这一现象，所呈现的不过是两个物体之间相互吸引的条件，而这种相互吸引自身不过是对两者间求接触这一趋向的表达。既然电荷状况仅仅影响物体的表面，那么这种吸引也会仅仅与表面成正比，并且这种吸引最多只可能导向接触。但根据 §. 24，带电和非带电物体间的任何一种接触都会以同样的特定方式导致两者间的一种电荷传导，也就是说，在两个物体的每一个里，力量的均衡都会由于这种关系以同样的方式被扰乱，然而每一个也都在趋求重返原初的均衡，所以两者间最初的吸引会导致一种**回斥**，但这种回斥显然不可能是**原初**就在进行着回斥的力量的外化，否则的话实际上就无法把握，何以带负电荷的物体也能在相互作用中发生这种回斥。这反倒恰恰说明，两个物体之间产生的吸引现象何以只可能被设想为**一种综合性**力量的运作，而回斥现象也必须被设想为一种综合性力量产生的效用，这种力与其效用的最终根据在自然中，至于这种力是以吸引还是回斥，是综合性的还是呈现为反题，仅仅取决于种种条件是否被翻转。

IV, 25

§. 29.

我们的断言，即电荷只是一种纯然平面上的力，大抵可以通过上述这些讨论无疑地确定下来，我们接下来要前进到物质建构的第三个环节，而这个环节正如我们从一开始就指望的，会为我们的建构带来第三个维度,对一切实际性产物的建构来说,这个维度都是必要的。

§. 30.

到目前为止,我们进行演绎的方式方法,当然可能会被一些读者片面地质疑和误解;有鉴于此,有必要在此插入一些关于我们演绎方法的一般性讨论。在对物质的建构中,我们区分了许多不同的环节,并让它们**周流渗透地运作起来**,即便不这么做,我们现在当然也一定会发现这些区分,所以我们必须明确注意到,我们做的这一区分仅仅是为了去唤起思辨,所以必不可以先入为主地觉得,这些环节确确实实地周流万类,以成自然,并确确实实地运行在时间中,相反,我们必须认为,这些环节是动力学意义上动态的,如果人们可以更清晰地发现这点,那可以说,在这些环节中被奠定的,是形而上学意义上的东西。在自然自身中,一切诚然是未分的一,这个一只不过是为了唤起思辨而分裂了,因此在对物质自身的建构中,伴随着自然产物的第三维度,前两重维度也同时被设定了。我们之所以认为这一区分是必要的,是因为一切真正的建构都必定是**谱系学的**。仅仅知道物质的实存基于两重力量的对立是远远不够的,相反,对此一定要弄清楚的是,凭着这两重力量,物质**如何**可能存在,空间又是如何实实在在被充实,因为每一种充实空间的活动都是一种在度上确定的活动,而凭着这两重力量,空间得以被充实的特定量级又是如何可能发生的呢?如果人们仅仅通过分析物质这个概念,把它视为某种充实了空间,或者空间无法穿透的东西,把它视为呈现出两重力量的必然生产性活动的东西,那这些问题根本就还没有得到回答。不过下面这点诚然是足够清楚的：如果空间应被充实，在其中必定存在这样一种力量，它在这个空间内抵抗着一切异在力量的侵入，而既然这一力量必定有一个程度，那么也必定存在着一种与这种排斥力相关联并为其赋予程度，也就是自身进行着规定作用的吸引力。不过从这种纯然逻辑的处理方式来看，这其实始终都只是一种典型的逻辑性的综合处理法，也就是说，这种处理方式揭示和说明的，恰恰是机械论自身。借着机械论，人们才会认为，通过两重力量的斗争，空间，确切说是处在一定程度上的空间，才会得到切实说明。但这种机械论只有在它显得**分崩离析**，也就是被分裂到个别环节中的时候才具有明晰性。

§. 31.

若无这一区分，也就是若无一种实实在在的谱系学演绎，人就只可能在物质产生的最低层次上仅仅对它一瞥，然而，两重力量在建构的真正意义上拥有的最后环节，与物质产生的最低层次，实际上处在相同的关系中，不过下面这种轻率之举或许更容易发生：人们就是打算在没有搞清楚的情况下，就一再预设并在脑子里乱想，物质恰恰首先是从这两重力量中出现的，比如康德的动力学就是如此，从这样的迷乱中，根本就找不到任何物质产生的谱系性线索。存在的根本就不只是两种力之间吸引和回斥的斗争，相反，物质产生的实情在于，**两重力量彼此间都与空间有一种特定的关系**，这才是使物质得以可能的东西，而我们眼下探究的进一步任务，正是对它进行演绎。回斥力并不**自在地**存在，第三个维度也不**自在地**存在，这是康德和他的后继者们共同的想法，因为第三维度唯有作为一个终结性环节，才会补充在某种特定关系上，而如果自然中不存在矛盾，不存在回斥力和吸引力之间必然会发生的矛盾，这种特定关系就不会存在。斥力诚然会沿着一切**方向**运作（尽管如此，但它之后还是会受到对立力量的限制，因为在无限中**根本不存在方向**），但这一点也同样适用于引力。只要引力充溢，带负电的物体就会将这种作用沿着一切方向延伸，以求与带正电的物体相平衡，若非如此，空间就不会得到充实。也就是说，这种运作并非**自在地**就沿着一切方向，相反，这是斥力跟与之对立的引力的某种特定关系引发的，通过这一关系，力的这种运作才会成为一种沿着全部**维度**的运作，也就是成为一种实实在在地充实了空间（被物质充满的空间）的运作。

如果说，康德把斥力刻画为一种仅仅在相接触的平面上运作的力，反之把引力刻画为一种贯穿性的力，那么很明显，他只是在建构的第三维度中考察这两重力量。因为倘若没有已然不可穿透的东西，也就是物质，"接触"如何能被设想呢？若无一个可被贯穿的东西，"贯穿"又如何能被设想呢？也就是说，所有这些谓词，只有在吸引力和回斥力已然通过物质得到呈现的时候才能描述它们。因为如果绝对地看这两重力量，就无法对之进行任何讨论了。因为绝对地看，一种力是**绝不可能**运作的，根本上来说，唯有通过对立的力，一种力才会**运作起来**，或者说，其运作才会被**设定**，也就是说，运作总是被设定在**特定**运作中的运作，比如力所呈现出来的贯穿性，也仅仅是通过与对立性的力的一种**特定**关系才存在。比如，引力之所以也同样运作在平面上并且其运作方式并非"贯穿"，也仅仅是由于它被设定在与斥力的一种关系中，而通过电现象，我们也能演绎出同样的关系(§.19及以下)。

对两重力量进行区分的那种特质——这个特质对于建构的第一个环节,也就是还能纯然以数学方式考察两重力量的那个环节也有效——不过在于,根本上看,肯定性的力量只能被设想为在连续性运作,而否定性的力量则要反之被设想为运作至远端,两重力量的这种原初特质在对物质的建构中总是已被预设为了前提,而这一点很快就会显示出来。

相当多的人无法理解康德的动力学,其主要原因在于,他一会儿仅仅以逻辑的方式,甚至完全纯粹逻辑建构出这两重力量,一会儿又想起来要对它们进行实在性的建构(让这两重力量发生实在的交互),但他始终都是关联于物质地在思考这两重力量,这种做法,不啻是让那种内在性构型的力量(Einbildungskraft)①去找一个基体。但这是难以设想的,因为这种内在性构型要求的,是并无某物凭依的纯粹力量的构造活动,所以如果这么做的话,干脆反过来直接把思辨性的视角挪开,岂不更方便?

IV, 28

§. 32.

尽管康德的下述做法在一定意义上是对的:他打算从原初引力和与之对立的斥力出发,演绎出就程度来说对后者的一种特定限制,进而演绎出充实空间的特定的量,而这必须以经验事实为前提。但是从思辨的角度出发,下面这一要求也并不算苛刻:这种经验事实应在普遍之物中得到规定;或许只有这样的要求才会带来

---

① 这个词直译即为"想象力"。——译者注

切切实实的满足。也就是说,如果先天地呈现出,通过一种原初的引力,同样原初的斥力根本上能如何受到限制,那么人们对此也就可以知道,后者恰恰只会**在特定程度上**被前者限制的原因。但这样一来,这个程度的原因又只能反过来在引力自身的某种受限制状态中去寻找,因为除了通过一种在它自身中(在本己的活动中)被设定的限制状态,引力不可能被任何东西规定,也不可能去把斥力限制在**特定的**程度中。所以显然恰恰是这个难题迫使人们不得不看到,应被建构的那个原因既不能在物体的引力中,也不能在物体的斥力中去寻找,也就是说,**在建构的纯粹条件之内**,根本就找不到这个原因。之所以在引力中不可能找到它,恰恰因为引力正是由于这个根据被限制;在斥力中也不可能找到它是因为,根本上来看斥力只是一个可被限定的东西,绝非进行限定的东西。既然引力的活动是由这个原因限制的,那么它的**非活动状态**,也就是斥力的受限制状态,也会由这个原因限制;因此,这个原因乃是两重力量中的限制状态**共同的**原因,对引力来说,这个原因是其运作被限定的原因,对斥力来说——它只有"受限"才存在——这个原因是这种"受限的存在"之"受限"的原因。

如果在两重力量中存在受限制状态的**共同**原因,那么这个原因只可能在两者之外的**某个东西**中寻找,这就意味着,这个东西位于建构的纯粹**条件**之外。但在建构的条件之外,除了建构性活动本身再无其他,既然正是这一活动自身才把引力**本身**设定在与斥力的某种**特定**关系中,那么引力在这一建构中(它在其中是进行限定者)自身又被限制的原因,只能在更基础的东西中去寻找。但这个建构性活动——就其对两重力量的作用来看,它是原初绝对未受限制的——,在对**个别**物体的建构中,就有待它去作用其上的引力来看,仍是被限制的,而这种限制的原因只可能在一种自行为自身设定的限制活动,也就是只有在另一个先行的或者与前一种建构同时发生的建构活动中去寻找。因此,经验事实——对于从空间充实的特定**程度**出发建构物体来说它不可或缺——就是,物体引力的程度已然预先被**在它之外的**事物限制了,进而也必然由它规定了,而既然这种关系必然是**一种交互关系**,那么一切物体的引力都是通过一切其他物体被限制在特定程度上的。如此一来就可以看到,对于依据**程度**得到规定的对空间充实的建构来说不可或缺的经验事实,呈现出了一切物质彼此之间的普遍联络。正因为这种普遍联络,在对个别物体的建构中,自然才会呈现出引力在特定量上的连续性,自然才不会飞跃。或者说,个体事物所分有的引力的量,比它现实中表现得所分有的还要细微,在他的动力学论著的一处文段里,康德或许也想表达类似的观点,我们后面再来讨论这段话。

§.33.

我们现在继续对第三个环节进行演绎,在其中,迄今纯然只是在起限制作用的东西,也就是完全不可被限制的引力,自身会再次在其运作中得到限制;为了能最简明地道出进一步研究的对象,我们先看下面这几点。

在建构的第一个环节里(§.9),直观来看两重力量都统一在点C中,所以就这一点来看,两重力量在动力学上是不可分或者说**同一**的。相反,在第二环节里(§.16及以下),两重力量尽管在动力学上彼此对立进而成为**非同一的**,但与在第一环节中相反,它们在直观中显得是全然分裂的。

因此,在第一和第二个环节之间存在一个对立,对这一对立而言,第三个环节必然无疑地包含着综合。它综合着第一个环节——对直观而言,两重力量在其中统一,而且具有动力学上的同一性——和第二个环节,在其中,对直观而言两者分裂,并有着动力学上的对立。所以现在需要解决的**课题**就是:**这两重力量如何能对直观而言既在动力学上分裂又能同时被设定为同一的?** 分裂之所以是必然的,是因为它为实在性提供条件(§.7),而同一性之所以是必要的,是因为它是自然与自身同一性的条件(自然就是这个与自身同一者)。

注释。如果有人想满足从原初的斥力和引力出发让物质产生出来的必然要求,那他就需要把握,两重彼此之间呈现为正量和负量的力,如何在相互联结中不会对撞为零,反倒产生出了某种实际性。所以为了满足某种实际性的可能性的要求,我们必须去考察两重力量的分裂存在,确切说,要把这种分裂存在设定为持续的;§.9中的点 C 已经证明了,两重力量在动力学上呈现出彼此内在性,但也存在一个对这种情况而言纯然的零点。此外,两重力量的绝对分离存在也不会给出任何实在性,从对第二环节的演绎出发就能明白这点。因此,为了能够建构实际性之物,唯一能指望的就是第一和第二环节必然能得到统一,也就是说,尽管两重力量对直观而言呈现为同一的——就像它们在第一环节中的点 C 当中一样——,它们同时仍会被设定为动力学意义上分裂的,而这正是它们在第二环节中的情形。

§. 34.

要解决眼下的课题,我们需要对它做出明确规定。在同一个直观中,两重力量会**以对立的方式**呈现出来。如果两重力量彼此对立和分裂,那么在它们对立和分裂的前一个环节里,它们中的每一个也同样会**独立自为地**产生出平面 (§. 18. 19)。但在其分裂中,两者应再被设定为对直观而言同一的。这就说明,如果注定会产生的**两重力量自身**的对立的可能性,仅仅在于它们各自的产物会呈现在一个共同的第三者中,如果正如已经说过的,两重力量中的每一个都会独立自为地产生出平面,那么这个共同者(这个共同者必须被设想为不是通过一种纯然的外在附加,而是通过产物彼此之间实实在在的渗透或者说相乘而产生)就必然是**平面的第二潜能阶次**,或者说**立方体**。因此,借由两个片面产物彼此相互渗透而产生的这种交互性的潜能阶次化活动,我们的建构才首次告别了纯然的几何学建构阶段,第三个维度才得以附加到前两个上,进而成为真正意义上的中介性环节,通过它,两重力量才可能同时被设定为对直观而言非一同一且得到了统一的,这个中介性环节不是线和面,而是**空间自身**,也就是沿着三重维度而延展的量。

§. 35.

我们现在的结论是,两重力量能够被设定为对立的,但也能在与空间的关联中被设定为同一的,但空间的**不可穿透**性并非因此就能得到说明。

证明。a. 因为倘若在空间的每一个个别点中不同时存在斥力和引力,两重力量相互贯通的同一性就不可能在空间中被设定。因此,如果说点 C(§. 9) 就是两重力量的整全产物,那这一点的前提也仅仅是,在这个点中**两重力量同时**存在,而非两重力量在其中绝对地向着对方过渡,进而终止彼此对立。所以只有在这个前提下,尽管两重力量彼此对立,但仍能被设定在同一个空间中。

b. 而上面这点只有从两重力量相对立的运作方式出发才能把握,也就是说,这个前提具体来看就是,斥力必须始终连续地运作,而引力则要在每一个切近处仍运作至远端,也就是说,同一个空间中的两重力量仍在彼此**之外**。但如果引力从空间中的每一个点——并且在每一个点中都有两重力量被设定——出发仅仅运作至远端,那么就其关联于引力而言,这个空间就会呈现出**一系列连续的点**,在这些点的每一个里,肯定性的力量都通过引力(凭着空间的无限可分性,引力在每一个切近处仍可以作为运作至远端的而运作)被限制在某一**程度**的排斥活动上,而这个程度不可能被任何力量绝对支配。也就是说,恰恰是这个程度使空间不可穿透,相反,倘若两重力量彼此过渡,加入它们成为同一的,那么其产物就是,不仅空间不会得到充实,反倒一切都会等同于零。

因此,§. 33 中的那种为斥力和引力间关系所要求的完备中介环节,就是**已然得到充实的**空间,或者说就是**物质**,所以物质并非自在地实存,而是纯然作为对自然中这一难题的消解而实存。

注释。我们现在到达的这样一个点,对读者来说也是注意到一切思辨性演绎本己特质的一个时机,而这样的演绎必然也只发生在自然科学中。对经验主义者来说是唯一实际性之物的东西,对自然科学来说始终只是**观念性之物**的中介环节,而实际性之物的实际性也仅仅由此而来。不管是对真正的物理学还是真正的哲学来说，物质都不是自在的实在性。物质不过是两重力量的感性象征，进而自身仅仅是两重力量特定关系的中介环节，在自然中，这两重力量必然处在特定的关系里，也只有如此，自然自身才是必然的。

此外，综合性的探究会把我们引到其上的相同结论，也能通过纯然的分析，从之前已经确立的"空间充实"概念中获得。要么设定，两重力量本身根本不被区分或者说在动力学上根本不相互对立，这样一来，我们所有的不过是一个原初的零，或者两重力量只能在数学上分开。也就是说，要么我们只有线这个维度，在其中只存在唯一一个把两重力量统一在自己之中的点，而其统一方式唯有让这两重力量从自己这里出发并沿着对立的方向分离 (§. 9)，要么我们也把这个点弃置一边，这样一来，两重力量中的每一个都会独立自为地产生出平面 (§. 18 及以下)，一旦这种情况发生，"空间充实"反倒就不会发生了。所以，为了"空间充实"能够发生，两重力量必须**作为**对立的被设定在同一个共有的要素中，因为两者中的任何一个都不可能独立自为地充实空间，也就是说，即便在已得充实空间的无穷小的部分里，这两重力量也必定是同时具有当下性的。因此，两者向彼此之中的过渡（如果这种过渡发生，那产物就会是 0）——且不管它们在同一个空间中的存在是否被设定——之所以不可能也单单是在于，两重力量中的**一个限制着另一个直至远端**；即便把力量间的关系翻转过来，它们也还是对立的，也仍会被迫呈现出一个共同的要素，而这一点只有从由统合两重力量而得的**第三**重力量出发才能得到把握，如此方能解决眼下的难题：

IV, 33

正是这个第三重力量,才使空间不可穿透,也就是说,这重力量自身就有**穿透性**,或者说运作在第三维度中。但对这一力量的更精确规定,只有通过对我们的任务再行明确才是可能的,而这一任务也只有通过这种更精确规定才能解决。

§. 36.

"物质产生于排斥和吸引这两种相互渗透的平面间互为交替的潜能阶次化活动",对于这个命题,尽管我们现在可以假定为已得证明的,但还不能信誓旦旦地认为它就是真的,因为还有一个问题:两重力量之间的这种潜能阶次化或者说统一,是通过怎样的力量,或者说如何发生,并产生出一个共同的产物呢?所以我们眼下的任务包含着双重问题,也就是说尽管我们认为这两重力量会统一,但"如何统一"仍是个问题,毕竟在统一中还有可能再分裂,所以不难看出,现在所假定的这个力必然具有下述特质:尽管它指向同一性,但**仍需在二重性或者对立的条件**下才指向同一性,因此,这重力量的运作并非无条件的,它之所以是这样一种力量,是通过前两重力量间对立的限制,也就是说,尽管它能够进行中介,但它绝不可能进行彻彻底底的扬弃。因为如果力量只能通过**绝对的**二重化分裂进入运动,也就是说,力量仅仅从一开始就在运作,那么之后的对立就不可能了,如果对立的可能性从一开始就已经被扬弃了,那么这一力量仅存的唯一可能性就是矛盾,即它不能通过自身或者在**本原**中,但至少能在**产物**中扬弃的矛盾。而这恰恰就是一种**起综合作用**的力量的特质,这种力量并不越出其条件(反题),也不能在源头上扬弃反题,而是只能在产物中,仅仅对**直观**而言扬弃它。只有在这个意义上，眼下所假定的这个力才是起综合作用的。然而我们由此得到的，仅仅是这个它所属的类的概念，我们并没有得到关于它自身的完满规定。可既然我们得不到它唯有处于其下方可运作的条件之外的规定——否则我们就一无所得——，那么为了能更深入地探究它的自然本性，我们必须把探究的方向首先标定到它自己身上。

§. 37.

当然可以假定，力量能够仅仅由于绝对的二重化分裂而运作（§. 36）。而这只有在力量就是那个仿佛自失在自身中的绝对同一性自身之际才是可能的：这种绝对的同一性不可能以任何方式被迫走出自己和启示自己，也不可能**作为**绝对同一性自身被扬弃。所以从这一点出发就可以得出，绝对同一性根本不可能**作为**自身存在，也绝不可能**作为**自身把自己启示出来，因为**作为自身**的绝对同一性是安静不动的深渊，倘若它被设定为活动的，那它就已经终止作为**绝对的**同一性存在了；力量也是一样，力量通过绝对同一性而启示自己，在获得了得以启示自己的条件之后，力量就二重化分裂了。没有任何力量需要首先进入自然之中，力量的**根据**就在自然中，力量的根据是自然中的原初者，或者毋宁说，就是**自然自身**。只有这一根据的运作——即它把自己启示为一种**力**——，才依赖于作为条件的绝对对立。而**在普遍意义上**，这一对立的设定能得到演绎的起点也不可能是其他，恰恰是下面这点：毕竟会有一个自然存在，在自然这个概念中，应有一个存在着的自然如其所是地得到设想。但如果二重性分裂反倒是自然的条件，即它是绝对同一

IV, 35

性通过综合性或者说建构性力量而得以启示的条件,如果一切持存的东西都要通过这个力的运作产生,可这个力自身却是仅仅由牢不可破的对立的持存而产生,那么对于每一个**个别**产物来说(而我们的主要任务,恰恰就是去建构个别的东西),它以之为基础的对立的再生,必定会持续不断地进行下去;但这种持续再生也不可能是通过产物自身而发生的,因为产物始终以对立为前提,因此,这种再生只可能通过一种外部的影响发生。而这种影响反过来看也不能是片面的;因为如果我用 A 的影响来说明产物 B 那里对立的持存,那我就已经预先把 A 设定为产物了,毕竟一切是产物的东西,首先要借助那个综合性的力量才会得到建构,而使综合性力量自身的条件得到澄清的,首先也恰恰是产物。因此,这种影响只可能是一种交互性的影响。因此可以说,并不存在个别产物,相反,唯一的可能情况是,种种产物的绝对整体是**同时**产生的,从这个整体中,每一个产物都获得了与其他一切产物的对立条件。

因为如果设定对立面,那其实就是在设定,引力的程度并非对每一个个别产物而言都是预先规定的,也就是说,引力并非对每一个产物而言都是**绝对的**,因此必须假定,对产物来说,引力是通过斥力的增减而增减。不过即便如此,也不会因此产生不同程度的空间充实。因为假如有人认为,空间得以在相对更高程度上充实的基础在于,在量级上**相同的**绝对斥力会在更小的空间中呈现,那么其结论就是,这个得预设,所需要的引力仅仅是通过斥力,也就是充实着空间的斥力的降低而获得的,可这样一来,这个结论就与前提相矛盾了。因此,对每一个产物的建构来说,引力都必定已经先行注定与建构活动无关。

但依照 §. 32 的说法，在产物之外还存在一个点，所以对这个产物来说，之前说过的东西也同样适用，一切产物唯有通过一种普遍的交互作用才是可能的，在这种作用中，每一产物都规定着其他一切产物引力的程度，而引力的程度也唯有伴随着普遍的交互作用才可能产生。

因此，交互性的影响是持续存在的，而一切产物也仿佛在彼此之间确立着力量的对立，而一切个别产物的实存都建立在这一对立上，因此，一切产物都**存在于彼此之间对引力进行的普遍交互性分配中**（借由这一点，可以指望的东西，我们在这里只能匆匆一提的东西，甚至许多陌生的东西，都能被关联在一起），也就是说，引力的这种交互性分配，必定就是我们需要澄清的那个综合性或者说建构性力量的条件。

§. 38.

尽管或许有人会问，我们为什么不让对于建构一个产物而言不可或缺的斥力程度，也一样通过外部影响得到规定。可实际上，斥力程度是通过引力程度的规定而自行规定的。也就是说，斥力程度根本不可能由引力规定，恰恰相反，引力是由斥力程度规定的——因为在与斥力的对立中，引力完全是被规定者，而关联于引力的斥力则完全是规定者。这样一来，比如说，如果在空间的某个特定部分中，由于其他点的会聚性作用而使正在彼此构造或者已然得到构造的某些点获得了一定程度的引力，那么基于普遍的同一性，这个引力的程度也会把呈现出与之等比例的斥力引到空间中，这样一来，基于被引入的斥力，当下的引力一定能转化为完全不同的程度。与之相应，在空间的另一部分中，引力也会由于分离活动被引入，而被引入的引力也为新的创造活动奠定了根据，直到最终把自身耗散在无穷的完满中，进而通过一个无限的宇宙，亦即引力与斥力的一种延伸至无限的均衡得到呈现。

因此，由分布而得到广延的引力，就是把斥力吸引在空间的某个特定点上的原初根据，因为创造性力量的运作要以两重力量的对立为基础，所以得到广延的引力也是创造性力量持续运作的根据。因此，这一运作就在于，把从外部分派给产物，因而为产物所获得的引力，设定在与斥力（由于引力的外部影响，斥力同时也被设定在运动中）的一种关系中，而在同样的关系里，一个**空间**也会通过它们之间的这种相互作用得到**充实**：因此，这只有凭着第三重力量才会发生，也只有这种力量能够**通过充实着空间的产物**让引力得到表达。

也就是说，如果任何一个产物都会把某一特定的引力程度转渡给所有其他产物，那么任何一个产物也能被其他产物以它所转渡其上的引力程度吸引。而既然引力的程度——比如每个产物都会在这样的个别产物身上被转渡而得——，同时也是每一个产物的空间得到充实的程度，那么引力——每个产物都以之影响着每一个其他产物——，也会在表面上看来与每一个产物空间充实的程度呈正比例，而之所以是"表面上看来"是因为，关系其实是反过来的：每一产物空间充实的程度才是真正意义上引发与引力程度成正比例的东西，正是空间充实的程度把引力转渡给其他每一个产物，而每一个产物恰恰也是借着空间充实程度反过来对一切其他产物产生影响。

因为在一切物质之间,引力的这种彼此交互的转渡活动是普遍的,所以**一切物质所具有的一种普遍的彼此吸引**也就因此而产生了,这种吸引必然从每一个个体出发影响每一个其他产物,在相同的距离上,这种彼此吸引总是与空间充实的程度,亦即距离的量呈正比例。

§. 39.

但既然物质的这一特质——凭着这一特质,物质从一切其他物质那里分配而得的引力(引力绝非**自在地**贯穿一切的力),作为影响一切其他物质的质量的同时也作为自己的质量——来自第三重力量,而它则以综合的方式统一着斥力(作为**对空间进行着充实的力**),那么我们也就可以把这种力量视为使"**重**"得以可能的那种力量。因此在这种意义上,我们将之称作"**重力**"是完全合理的,而普遍具有重这件事本身也是最原初的现象,建构性力量的消息就是由这一现象透露的。因为这一力量持续不断地在产出条件,而正是在这一条件下,引力(若是没有这一条件,引力就只会纯然作为平面上的力运作)才是一种贯穿性的力,或者说能作用在质量上。

注释。在重这一现象中,引发运动的本原诚然是引力,但赋予这一致动性本原特质,也就是使之与质量成比例地运作的东西,亦即**重**的本真原因,是某种与这一本原全然不同的东西,因而绝非单一的力,而是综合性的或者说建构性的力自身。建构产物和使重得以可能的,是同一个东西;所以重这种现象也是常新不息的创造活动的现象。尽管牛顿自认为有充分理由把重力和引力等同起来,但他的这种做法根本上只建立在现象的粗糙上——也就是他仅仅看到，一切物体都表现出了彼此趋近的趋势（要描述这个现象，像我这样说就够了）——，而没有建立在对物质自身的建构上，而后者则是追问得更远也更精细的探究的课题。毕竟如果停留在彻底的经验视野中，下面的问题只会始终悬而未决：引力究竟是已然完成的物质具有的一种仅仅向外作用的力，还是一种对物质自身的条件性建构，也就是物质建构中的一个要素？在后一种情况中，我们无法即刻把握，一种仅仅被用作限定另一种力，也就是斥力的力，何以在这种及物的运作之外，还能把自己的运作延伸到物体上，而这一点只能通过把一种在对它自身进行着潜能阶次化的力量纳入它之中才可能得到说明。

"凭着共有的引力，一切物体都因重力而朝向彼此"这个命题已经被完全误解了。只有在由于B所具有的引力引发的中介（这个时候它具有的引力被提升为了穿透性的力）作用，使A被吸引向B，同时B也被吸引向A的情况下，这个命题才是真的；但在面对引力之际引发重力作用的并非引力，因为共有的引力会彼此进行排斥，就像在电现象中一样。因此毋宁说，斥力在面对引力的时候在引发重力作用，引力在面对斥力的时候也在引发重力作用，从这一点出发也可以明白，**重力作用自身**，也就是吸引活动，只有凭着**物体**的中介才可能产生这种彼此接近的效果，因此，重力作用并非单纯的作用，而是一种被统合而成的作用。

把重力和原初引力（即作为一切物质建构必然要素的引力）相等同，除了使重力并没有因此得到把握以外，还有另一个负面影响：让人们以为，"重"这个现象自身无需再做进一步推演。存在着一种**原初否定性的自然力**，我们在"引力"这个名目下思考的也是相同的东西，这是一个先天就能厘清和证明的事实，所以并不存在一种普遍寓居在物质中，从每一物质出发延伸至其他物质的引力，而当牛顿在他大作的第二版里觉得有必要附上关于重量之**原因**的问题时，人们绝不可以以此认为，牛顿就把重量归为物质的**本质性**特质了，相反，在牛顿这种把明显出自统合的现象（也就是纯然的引力成了一种在质量团块中运作的引力）处理为单一现象的做法里，最惹人瞩目的一点或许在于，他在害怕**同时代人**对"原初吸引活动"这样的概念生出反感。原初引力，也就是对物质自身的建构而言不可或缺的引力这个概念，绝不是令人反感的东西，正如康德本人看起来也对下面这件事情颇为害怕，即把某一统合而成的现象还原成一个自在单一的力，而这种害怕其实也是康德在建构问题上产生出一定程度犹疑不决的隐秘原因，但我们还是可以从另一些考察角度发现，康德对于建构的态度不是暧昧，而是昭然若揭。

IV, 40

至少康德本人认为下述情况是可能的：赋予了个别物体在空间充实**程度**上的规定性的引力，是普遍引力的一部分或者说流溢物，因为他说："假设引力和斥力间的斗争对于每一特定物质性事物的可能性而言不可或缺，那么这要么来自被压聚而成的物质之部分间自发产生的吸引（可如果是这样的话，'部分'又是从哪里来的呢？物质的这种'压聚而成的存在'又是从哪来的呢？），要么来自引力与普遍的宇宙物质的统一。"但引力又是依循什么被分配到个别物体上的呢？康德说：这依循个别物体所具有的斥力的量。但这样的说法并不能让人们看清，在这里为什么又突然扯到了斥力的量上，毕竟这里说的量本身首先是要通过引力才会得到规定，所以关系毋宁该反过来，物体所依循的毋宁是，由于普遍的交互作用而被分配到它身上的引力的量，决定了其斥力的量。要是有人还是在这种观点上执迷不悟，那只有两个下场：要么某一物体尽可能得到分配的引力与其已然获得的斥力相等，要么不相等；这样一来，如果是第一种情况就必须说明，两种力量如何可能彼此联结，否则产物就会 =0，或者产物只可能通过第三重力量产生，这重力量能使前两重就空间而言呈现为同一的，而不是让两者彼此向对方之中过渡；在第二种情况中，要么引力占更大比重，这样一来，倘若两重力量彼此联结，那斥力也会降到零以下，亦即成为否定性的，要么斥力占更大比重，这样的话，空间就会由过剩肯定性力量的充满，而不是由**物质**充满，但物质本该是对两重力量的共同呈现。所以从所有这些出发足以说明，若没有第三重力量的中介，纯然从两重对立力量的斗争出发建构物质的尝试何其不完备，而我们现在也知道了，第三重力量的中介不可能是其他，正是使"重"得以可能的那种中介活动。

$$§.40.$$

如果每一个物体都据有重力的量——这个量只能通过普遍的交互作用得到规定——，那么每个物体因此也就在与其他一切物体的对立中处在一种强制状态里，可以料想，每个物体都有摆脱这一状态的持续倾向，可一旦真的摆脱了，所改变的也仅仅是这个物体与其他物体的外部关系，尤其是距离（比如接触距离）。可比如对于两个物体的建构来说，一旦不同力量的特定总量被给定了，那么由于力量的交互作用，从这个总量中不会损失任何东西，因此，引力以及斥力的**绝对的**量始终保持为相同的，只有**相对的**量才可能由于不同物体间的交互作用导致的重新分配而改变。然而即便如此（因为从绝对的量中不可能损失任何东西），两个物体中的任何一个也不会导致某种单一力量的过剩，否则处在等同关系中的对立力量的绝对量，就会在另一个物体中增加。对任何一种建构而言决定性的力量的绝对量，能够总是无限地在不同物体中以不同方式反复被分配。假如某个物体从普遍引力那里"消耗"了这么多的份额，对于普遍引力来说，伴随着因这个物体消耗引力而产生的种种构造活动，这个为它所消耗的特定的量同时也得到了保留，而这个保留下来的量又能再次在不同物体之间以不同方式重新得到分配。这些不同的物体——它们都是被聚集在同一空间中的力量分配在唯一的绝对的量中——，能够凭着它们各自引力的交互运作被统一成唯一的一个整体。因为在这样的情况下，被运用在整体上的力的绝对量，已经是不可再改变的了，如此一来，在这个整体内的**一切物体那里**，都具有等同的**绝对的重**（因为一切吸引作用都是交互的，所以物体所具有的引力只要作为**由吸引作用而得的**被设定，就属于绝对的量），然而**不同个别物体具有的特殊重之间**的差别仍是可能的，也就是说，这种差别是由吸引作用产生的物体自身具有的引力份额导致的。

IV, 42

因此，由建构的第三环节在个别物体中得到规定的，就是这个物体的特殊重，所以结论就是，若要把不同物体纯然视为对空间的不同充实，那也只能通过它们各自的特殊重进行区分。

补充。通过此章和前面已经说过的内容，或许还不足以说明，**何以通过不同物体之间力量的不同分布，就产生了特殊的重**这种差别的可能性，所以我们补充以下这些讨论。

在§.37中已经强调过，要从普遍斥力出发得出某一空间中成比例的量的关系，除了明确某一特定空间中不同物体所具有的引力总和，无须其他任何说明条件。但关于这点必须补充，这里之所以能讨论"比例"仅仅建立在下面的前提上：有一种居间性的，亦即对所有物体都相同的对斥力进行限制的程度无一例外地产生了。而既然斗争中的力不可能处在无规则的状态中——尽管这一无规则状态又必须设想为普遍均衡状态的必然在先状态——，那么通过个别物体，**并不会产生斥力在绝对量上的增长**，相反（因为从绝对量这个角度来看，不可能由于另一个物体产生任何限制），这只会产生**斥力在更高程度上的受限状态**。当另一种情况发生，即对相同量的斥力的限制发生之际，唯一可能发生的情况就是引力的程度变得更低，因而必然会再次发生引力和斥力间比例关系的破坏或者说不均衡，也就是说，必然会再次发生空间充实程度上的不均衡。

§. 41.

如果物体由于其相互作用而彼此之间发生变化，这事笼统地说确实是可能的，那么它们也能够就在环节上发生变化。对于那些在第一环节中发生变化的物体，可以说它们发生了**相互磁化**，对于那些在第二环节中发生了变化的，可以说它们发生了**相互放电**。在所有这些情况下，被用以进行建构的力量的绝对量不可能产生增减，相反，能产生增减的不过是不同力量的分配。此外，与物质建构中的第一和第二环节一样，第三个环节也对应于动力学进程中的一个环节。也就是说,我们在对物质的建构中所假定的这三个环节,自身并不实存在现实自然中;实际上存在的只有"重"这个唯一的进程,它从我称作**第一序列的进程**出发,通过其现象一直延伸,直至进入经验领域;不过这个序列也会伴随着序列完结,进而开启一个新的序列层次,这个新的序列我称为**第二序列的进程**。这个进程并非第一进程,相反,它只能在现实中指明,在**对第一进程的生产活动不断进行着再生产的自然中**,存在着一种对第一进程的持续重建。可见的自然总是要以第一序列的进程为前提,这些进程必定已经贯穿运作在整个自然中,如此方能把自己呈现为产物。只有在第二潜能阶次中进行着生产的自然,才贯穿运作在我们肉眼可见的这个序列里。比如电现象并非第二环节自身,而是对第二环节的再生产。同样,自然中的第一环节也不是纯粹的,而是通过磁现象,也就是在已然得到构造的物体身上,亦即只有在重建中才可能碰到。但一种动力学的进程由此也必然得到了指明,在再生产性的自然中,这个进程对应于重,也就是建构的第三个环节。

IV, 44

在使"重"得以可能的进程里,两重力量会由于一种综合性力量的运作被镇压,一种两者共有的产物也必定会在空间里呈现,因而也充实空间。但我们已经看到,在动力学进程的第二环节里,两重力量已经由那些与这两重力量一样表现出彼此对立的物体代现了,因此,与第三环节相对应的动力学进程必然是这样一种:在其中,两个在电进程里仅仅在前两个维度中改变的物体 (§. 22),在第三个进程中能互相改变,或者说,能实现一种现实的交互贯通,因而能呈现出两重力量共同对空间的充实。这个进程正是化学进程。

所以，化学进程就是建构的第三环节在经验面前的代现，或者说，是在第二序列的进程中与重的进程相对应的进程。

§. 42.

对于那些在第三环节（第三维度）中彼此相互影响并发生变化的物体，可以说，它们是以化学的方式发生了变化。但既然在物体身上由建构的第三环节规定的东西，就是特殊的重（§. 40），那么通过化学进程，在物体（我们把物体视作对空间的充实）身上能被改变的不是其他，正是其特殊重。因其相互斗争而导致进程产生的不同力量间的绝对量，或者说绝对的重（在这里绝对的重属于**第二潜能阶次**）并不会由于化学进程增减，被扬弃的仅仅是两个物体间力量的不均衡分配，因此，在化学进程里，从有差别的特殊重中产生出了一种共同的东西。但进一步来看，在这种情况下，在再生产性（从头开始进行建构）的自然中得到表达的种种活动，在本原上跟生产性自然的种种活动必然是等同的，这两种活动的区分并非就方式而言，而是就潜能阶次而言。所以从本原来看，存在的只有唯一的同一性活动，在第一序列的第三环节中，这一活动引发的是力量间的交互渗透，而在第二序列的第三环节中，引发的是进行着代现活动的物体间的交互渗透。

所以，我们有理由把化学进程的建构性力量，称为**第二潜能阶次的重力**。

补充。我们穿过磁和电的现象，向着（得到潜能阶次化的）**重力**攀升，在此过程中，我们才看到重力，因为磁与电的进程与化学进程的区分，仅仅是通过下面这点：磁进程仅仅在长上影响物体，电进程仅仅在长和宽上影响物体,但化学进程反之则是在全部维度上影响物体。但也恰恰由于这一点,在所有这些现象中都已有所呈现的吸引力会成为重力,成为第二潜能阶次中的重力,因为化学进程自身已经是一个被潜能阶次化的进程了。

§. 43.

既然第二序列的所有进程完全都处在经验整体之内 (§. 41),那么即便第二潜能阶次的重力也必然会通过一种经验现象在可见自然中得到呈现,而这就是将要指明的地方。

既然我们所假定的这一现象会呈现建构性活动,那它自身必定也是一种活动,即会沿着全部维度填充空间的活动,可因为它应是第二潜能阶次的建构性活动,即**一种建构的建构**,所以它只能**在观念上生产三重维度**,也就是说,尽管它能沿着三重维度描绘空间,但并没有切实地充实空间。这样的活动就是**光**,因为光只是描绘空间的全部维度,但不可以说,光切实地充实了空间。也就是说,光并非**物质**(已得充实的空间),并非**空间充实活动**自身(或者说,并非对空间进行着充实的活动),而是**对空间充实活动的建构**。我们可以相信,借着这个命题,光神秘莫测的自然本性可以得到更进一步地考察。毕竟我们始终难以把握,光何以能在表面上看起来承载着某一物质的全部特性的同时,并没有实际成为物质。光仅仅**在观念上**承载着这些特性。从这一观点出发也就能够明白,在空间的同一个点中,何以可能看起来有无数星体的光芒在并没有彼此消解的情况下反倒交汇,甚至在某些既定情况下,不可穿透的东西在光面前反倒透明了;因为对建构的建构当然不会被任何

IV, 46

东西排除在外。一个透明的物体在每一个点和每一个方向上都是透明的。因此，如果光是物质，那么光所构成的这种物体必定在每一个点上都是透明的，但这也意味着，这个物体必定就跟孔洞一样，其实什么都不是，因此，所谓"光构成的物体"根本就不是物体。这个矛盾显而易见；但为什么还没有一个牛顿主义者解决这个矛盾呢？既然这个矛盾确确实实存在，那为什么人们还是要一再重复牛顿的观点呢？难道仅仅是因为它曾经被人采纳过吗？但不仅关于光自身的自然本性，而且还有光的每一个个别现象，比起所有其他观点，我们的观点可以提供更好的解释。光的同一性在其中被扬弃的那些条件，也是这种同一性能被理解的条件；在下面两点之间，存在着一种尽管尚未探究，但愈发惹人注目的一致性：在 §.8 中我们关于肯定性点 A 和代представ着否定性力量的点 B 之间空间的偶然性的讨论，与歌德在光学著作中揭示的是一致的，即光谱的极点被彼此间无限接近，也被认为相距无限遥远。在眼下探究的进程中，我们也许会找到一个契机，用动力学的建构代替一直以来对光谱的原子论建构，因为动力学的建构除了能从颜色的自然本性出发为我们提供更高的概念，还能对这种现象自身更有说明效力。

为了能在最大的普遍性上推进我们的探究，所有这些个别的问题点现在只能捎带一提，但它们今后一定会成为专门探究的对象；所以在此我们只补充对光的另一种考察。

如果光就是对生产进行的再生产这一活动自身（正如其他的动力学现象也不过是这种再生产活动产生的一些个别现象），那对于下面这点也就没什么好惊讶的了：这种再生产活动尤其支配着有机自然，因为有机自然自身正是在更高的潜能阶次上对自己进行着重建的自然。也就是说，如果自然必定会延伸为对生产活动的生产，那么在这个方向上，就不再可能为自然设定任何整体，自然也只可能不断生产出这种再生产活动，所以无须惊讶，**思想**只不过是从光为其构造开端的那个东西中爆发出来的最终之物（见《自然哲学体系草案之导论》，§. II）。但根本上来说，如果动力学现象仅仅是在不同层次上自行重建着自身的自然之显现，那么通过这些现象的显现，通往有机自然的进路就已经铺好了，从这些现象出发，根本不存在任何静止不动的根基，因为自然正是一步接一步不止息地向前演进，直到达至最高和最完满的反思，通过它，自然完备无缺地返回到了自身本己的无限性中。

§. 44.

如果化学进程不是其他，就是建构的第三环节的第二潜能阶次，那么先天地就能看到，**光**或者说**光力**（*Lichtkraft*）在每一个进程中都在持续不断地把自己呈现为第二潜能阶次的建构性力量，但这种呈现的方式并不相同，并且也恰恰不是纯然通过像在燃烧进程中可能发生的那种切实的"穿透"在运作。尽管或许有人会用下面这个问题反驳我们：虽然光应该代现着自然的**综合性**力量，可为什么电进程还是会伴随着光现象呢？在电进程中，两重力量与其说处在同一性中，不如说处在彼此全然的独立状态中，而呈现出同一性的乃是化学进程。但我们明明白白强调过，在化学进程中才变得可见的综合性力量，会穿过磁现象和电现象逐渐攀升到**呈现出穿透作用**的程度。尽管在电现象中确实也有交互吸引，但它之所以存在，仅仅是因为**对立**自身仅仅影响物体表面，仅仅在表面

上构成比例关系 (§. 28)。电弧也始终不过是发生在两个对立的带电物体间吸引活动的伴生现象；而即便是在电弧中显现出来的光，也不是燃烧进程中的那种具有同一性的光。不是像这种光那样，把**整个物体**彻底消解在光中，相反，我们所看到的电弧光，正如根据最初确立的建构就可以预先料想的，毋宁仅仅在描绘纯然的**线和面**。人们要是读一读那些最严谨的经验物理学家关于带正电和负电物体所发出光的描述，那人们在其中就会认识到不是别的，正是对**正电荷**与**负电荷**平面的描述，与我们的演绎是一致的 (§. 18, 19)，这样一来，即便这种电弧光现象，也反过来能成为对我们断言的确证了。

§. 45.

光已得认识的自然本性让我们也能更稳靠地揭示化学现象的自然本性。若是这些现象的原因恰切，那它们就会通过我们在其中确立和演绎化学进程的那个关联脉络自发得到澄清。如果在原初生产活动中，自然已贯穿运作在由动力学进程的第二环节向经验所刻画的那些层级中，那么可以得出，自然也与第二潜能阶次的生产活动一道在贯穿运作。也就是说，自然也与一切化学进程一道同时贯穿运作在动力学进程的一切层级中，因此，化学进程要由电和磁的进程来规定。但除了这种对化学进程与更高动力学进程间关联脉络的一般性了解，我们还需要知道，磁进程（所有活动都是从它开始）如何过渡到电进程，而电进程如何过渡到化学进程的明确方式。

正如纯然只寻求长的磁现象，会直接由于成为一种平面力而转变为电现象，同样，电现象反过来也会直接由于从平面力出发成为一种贯穿性的力，即化学性的力。所以，我们现在可以把下面这个命题宣告为已得证明的：产生一切这些现象的，**是同一个原因**，只不过这些现象可能会由于维度的不同产生不同的作用罢了。所有这些现象最终都能回溯到一种共同的理论上，在此之前，这一点只是一种纯然的预感，甚至只是一种纯然的希望，但它现在作为确凿无疑的定理已经在我们面前直射着光芒，所以我们也有理由指望，在我们找到了这些普遍性的结论之后，自然能一步步为我们开启它的奥秘，在自然的每一个别运作和现象中——它们都伴随着动力学进程——都伴随着奥秘，但自然也会一步步向我们揭示，这些个别的东西终究不过是唯一一种基础现象的变体。在当今时代，人们开始更加精确地关注化学进程中**磁环节**的蛛丝马迹，并且也为此切实做了许多实验，因为这个环节以极快速度倏忽而逝，所以这些实验确实说服力极弱也经不起推敲。但毫无疑问的是，通过对这些并非磁体的物体所做的实验，可以区分，或许甚至也可以确定下来的一点是，许多化学家都注意到，化学进程，比如水的分解过程，总是伴随着电现象，如果可以更精确地停留在这一过程中，或许化学家们最终也能亲自看到并且区分，在这里存在两种过渡的区分：同一种力首先过渡为平面力，最终过渡为一种贯穿性的力。

§. 46.

眼下这篇论著的主要任务，是对动力学进程进行一般性的演绎，通过目前的内容，这一演绎已经基本完成。不过我们还需要一

IV, 50 些讨论来补充我们的命题，把我们的建构多多运用到呈现在经验中的东西上，以之说明物质之间质的差别，并且来建构个别的进程以及物体之间的许多特殊关系。最终，我们所有的结论，都要回到仍没有得到充分认识的**动力学要素**的自然，以及它与哲学中先验要素的关系上，只有做到了所有这些，我们才算大功告成。

§. 47.

当然，如果物质本身没有**在谱系学上**得到演绎，如果经验中出现的对物质的不同规定仅仅以分析方式说明，那物质绝不可能在其根基上得到确立，如果是这样，人们对于物质，完全只可能说出注入流体及其对立物固体的特质"存在于哪里"，不可能去思考，物体是通过怎样的建构规定才获得这些特质的。所以无需惊讶，甚至连**康德**也完全拒绝根据自己的基础命题对质的区分进行建构；因为尽管他断言，不同物质彼此之间只能通过与基本力量的不同关系而有所区分，但他恰恰因此也明确意识到，他无法丢弃那个对于空间充实的可能性**本身**而言不可或缺的东西。所以这就表明，比起被人怀疑我们的建构是否完备，不如把我们的探究亲自演示给人看。

毫无疑问，由第一潜能阶次的建构在物质身上被规定的，恰恰是纯然的特殊重 (§. 40)；但还有一系列其他物质全然不在此规定中，比如物质内聚的程度就根本不与特殊重成正比例关系；因此不可否认，特殊重并不由物质内聚的程度规定，也就是说，不可能从后者中被推导出来。

所以我们也就能进一步得出下面这条已得论证的推论：那些

殊异的,跟特殊重全然无关,以及同样那些与特殊密度全然无关的特质,并不是通过第一重建构被置入物质中,相反,它们只可能**通过第一重建构的潜能阶次化**被置入其中。既然这种持续不断进行的潜能阶次化,能在光波及一切物质上的活动中被指明为正在实际发生的 (§. 43),所以我们完全可以放心大胆地说,当我们有理由把光视为一切必须预设原因的充足且普遍原因时,我们也就能一般地把握这些特质的发生了。

不论这一潜能阶次化活动是通过光直接发生,还是仅仅间接发生,既然由于物质凭着光而不得不让**自身**自行潜能阶次化,那么这个潜能阶次化活动的特有机制始终都是需要首先去探究的。

但为了凭借这一说明直达细部,我们还是得再历数一遍物质建构中不同环节的层级序列。以我们现在所知,在这一层级序列中,有磁现象,电现象和化学进程,它们都是第二潜能阶次。所以我们现在能确立一个一般性的命题:**我们在"质"这个名目下把握的所有这些物质的特殊规定,接下来都可以叫作第二潜能阶次的特质,这些规定的根据都在于物体与电、磁、化学这三种效用的不同关系中**,凭着这个命题,对质的差别建构的普遍本原才首次被发现。

§. 48.

我们现在以第一种效用开始讨论。

如果正如已经证明的,磁现象是在物质的原初建构中,**长**由以得到规定的那个进程的第二潜能阶次,那么在物质中与磁对应的第二潜能阶次的特质,就必然是长这个维度引发的**效用**。

就目前来看,除了**内聚活动**,物质中并没有任何其他特性是长这个维度引发的效用。

我们现在讨论的,当然是原初的或者说绝对的内聚活动。片面的联络(它是根据力来评估的,并且只是在需要去**打碎**物体的时候才需要)仅仅是从绝对的联络中推导而得的,而通过绝对的联络,物体也就与**撕裂**,亦即一种在相同方向中仅仅以长的维度延伸的力所引发的活动相对立。

所以下面这个命题是一个可以先天证明的命题:物体的内聚(它并非物质的原初规定,只是第二序列中的一个特质)通过被潜能阶次化的长的进程,也就是通过磁规定。

只要人们把握到这样的一个理念,即磁是**长**的规定者,因而也是内聚活动的规定者,那么很容易在一般意义上推论出,在最坚硬,也就是内聚活动最强的物体上,首先呈现出的必定也是磁现象(可以参见我的《先验唯心论体系》,第184页[①]);但下面这件事情并不与上面这点一样容易解释:为什么磁现象**只**在坚硬的物体上呈现,或者更确切地说,既然内聚活动至少也是固体的普遍特质,为什么磁性在大多数物体上仍仅仅通过其**产物**,也就是内聚物呈现,而不是**作为磁性自身**,亦即不是作为内聚活动的内聚者呈现,而是仅仅作为内聚进程呈现。为了圆满回答这个问题,我们必须进一步回溯到更宽的地基上。

[①]《谢林全集》第 III 卷,第449页。——编者注

§. 49.

这个问题可以再分解为另外两个问题。

第一个问题是，a. 根本上来说，一个物体本身如何由于外部影响而注定去进行内聚活动？

我们已经证明了，进行着普遍潜能阶次化活动的原因是光。但也正如同时得到证明的，如果说光是建构之**建构**，那么不难看出，光必然会以进行着摧毁的方式运作在一切建构而得的东西上。**因为建构而得的东西**，作为已得稳定和完成了的东西，与作为活动的**建构行为**是对立的，因此，对建构活动的扬弃就是**重新进行建构**的条件，也就是在第二潜能阶次中的建构活动的条件。光就呈现着这种进行着消解的作用，并切实地把自身散播在一切建构而得的东西上。但在对物体的影响中，存在的不再是光，而是**热**，亦即对一切"成型"活动怀有敌意、要融化一切形态的东西。但恰恰由于光在物体上呈现出"热"这种效用，在物体中原初地规定着其成型活动的东西，亦即长的进程，也就被热设定到了新的活动中，进而由此成为长这个维度原初进程中发生的内聚活动，或者说潜能阶次化活动的**条件赋予者**。

注释。在"长这个维度的进程"这个说法中，我们所指的东西从一开始就已经挑明了。我们在其中所指的，是物质建构中第一环节的进程，这个环节产生出了长这个维度的产物（§. 11）；这个进程就是一切成型活动的条件赋予者，这一点无需证明。

我们要说的是，如果这一进程被潜能阶次化了，那它就会成为内聚活动的进程，其产物就是内聚活动。而现在，它恰恰就由于

IV, 53

光**消解性地**运作在一切构成物上而被潜能阶次化了。也就是说，伴随着自然中光的实存，新的斗争的征兆也出现了，即脱型活动(Entstaltung)和构型活动之间持续不断的斗争出现了。热与内聚彼此互为前提。光之所以会成为**热**，仅仅在于它会反作用于由于它的影响而被唤起的内聚进程，当光如此进行反作用之际，它就叫作"热"。内聚活动之所以仅仅是内聚活动，是由于它在面对通过由光的作用唤起的脱型活动进程之际，自行把自己设定为对立面。毫无疑问，光对于物体的大部分作用，甚至它在其上引发的化学性作用，都可以回溯到内聚活动的变化上去；既然内聚进程是真正意义上的磁效应 (§.48)，那么从这一点出发就能说明光与磁的关联脉络，也能说明因地球而变化了的内聚活动所引发的每天、每年逐渐增大的磁针偏转。在这个视野下，热作为**去磁化效应**的本原，获得了比以往更高的意义，但正如我早已在另一篇单独讨论这个问题的文章中已经指明，热的各种现象要通过建构的视角才可能得到说明，而这种视角首先也只有在把一切热现象全部回溯到建构上才可能获得。

IV, 54

§. 50.

第二个问题是 b. 但某一物体的内聚活动何以能注定把自己呈现为磁效应呢？我们现在来回答。

尽管所有固体都把内聚活动呈现为产物，但这种呈现并非在已得建构的东西自身中的呈现，即并没有把内聚活动呈现为磁效应。就这一点来说，首要的无疑是物体受外力影响获得的内聚力之程度是否显著，或者说，物体由以抵抗消解活动的那一进程的活跃程度是否在量上显著；第二点则是，在这个时候，内聚力在另一方面还没有提升到能在没有显著活动的情况下，就扬弃光的作用的程度。

我们观察到的经验与这两个前提是完全一致的。值得注意的是，**透明**物体恰恰把自己设置在内聚程度的两个极点上，并且要么以最高的内聚程度属于其中一个，要么以最低的属于另一个。但恰恰是这种透明物体，是光能不作为热，也就是不作为磁效应的条件赋予者作用于其上的东西。透明物体的存在证明了，光只有在与内聚活动（被设想为进程的内聚活动）的对立中才会成为热，因此，热与内聚活动彼此互为条件。所以，只有那种光能并不作为热作用其上，也就是那种其内聚活动的程度太大或太小，无法通过光进入显著运动的物体，才是透明的。而物体之所以不是透明的，也仅仅在于，光偏转了其内聚力，将其置入活动中，也就是光能对之生热。"生热"和"不透明"，正如由光引发的"不生热"和"透明"一样，是全然同义的概念。

因此，对于某一物体的内聚活动把自己呈现为磁效应这个事实来说，必要的是内聚活动的程度适宜，它不能是最小的，也不能大到使它远离由光引发的偏转而产生的活动，因为这样反而会彻底消解光的影响。所以当有某个唯一的物体从一切其他物体的序列中脱颖而出，把自己呈现为磁效应的承载者之际，也就没什么好奇怪的了。因为尽管有许多其他物体，甚至根据**布鲁格曼**的经验（在他关于磁性物质间亲缘性的论著里），人们完全可以相信，物质几乎以各种方式因磁体而运动，但即便如此，还是不能认为，**所有这些物质自身**就具有磁效应，因为它们呈现出的磁性吸引并非**由**

IV, 55

于自己，而是始终仅仅在与磁铁磁性的斗争中才显出磁性。

存在着这样一个物体，关于它，我们的热磁关联理论可能看起来有些抽象，但细究起来，这个物体的各种现象与我们的理论是一致的。我说的这个物体，就是**电气石**这种令人惊讶的石头，它刻画着从磁到电的过渡，只需通过加热，即只需通过改变其内聚活动，它就会获得瞬时性的极性。在内聚力量上，这种物体看起来与铁最接近，所以在它之中，磁效应已经表现出自行丧失在平面里，也就是丧失在电中的倾向了。一个磁体的磁力表面上看，似乎紧紧跟常温相一致。如果通过某一极点的影响让磁针产生了自然的对立趋向，并且如果用另一个热的物体稍许加热这个极点，那么磁针就会开始与加热程度成正比地逆自然趋向偏转，也会与冷却程度成正比地（冷却就是进行着重建的内聚活动）返回到其先前的位置上。有一位叫**杜菲**①的物理学家，就曾在无磁的铁上注意到了电气石的那种特性，也就是无磁的铁能通过加热**生电**。

§. 51.

尽管对电气石的考察已经足够说明，一个物体如何能由于外部影响而产生极性，进而注定进行内聚活动，但接下来的建构仍需对此进程做更多讨论。

在原初建构中，"长"这个维度由两重力量的某种特殊比例关系决定，而其中所蕴含的事实就在于，尽管这两重力量是从一个共同的点 A 出发彼此逃逸，但即便如此，斥力仍因引力从远端开始就被

---

① 查理·弗朗索瓦·杜菲（Charles Francois Dufay，1698—1739），法国物理学家。——译者注

限制。假设，线段 ACB 由外部作用规定，那它们就会自行产生第二次建构，也就是会发生内聚活动，这样一来，两重力量必定也会重新被设定在曾经的那种关系中。但既然线段 ACB 已经得到了建构，那么两重力量也会借着产物而被潜能阶次化，也就是说，它们成了属于这个线段自身的力量。因此，线段 ACB 上所有的点，都同时在进行着排斥和吸引，尽管如此，在力量开始彼此逃逸之际，在线段 $\frac{+}{A}\ \frac{\pm}{C}\ \frac{-}{B}$ 上，点 A 的吸引力就只能作用在后续点的肯定性力量上，也就是说，在 A 点上，它自己的肯定性(+)力量会被释放，因此正极就产生了。在接下来的 C 点中，肯定性的力量会被来自点 A 的否定性力量限制，而既然这个点自己的力量只可能在远端呈现，那么在每一个点上存在的就既非肯定性力量也非否定性的力量，因此是全然的无差别。通过来自点 C 的否定性力量，来自点 B 的肯定性力量被限制，因此它的否定性力量也就再次被剩余并遗留了下来。这一力量只能从后续的点中把新的斥力吸引到自己身上，如此一来，线段 ACB 在方向 B 上就能无限自行延伸了，因为每一被吸引而产生的肯定性力量点，会释放出否定性力量点，所以为了重获均衡，新的否定性力量点也会从自身中析出新的肯定性力量点，如此以至无穷。只有一种唯我论才可能遏制这一过程其他的进一步构造活动；如果假设建构会在它意愿的点上中断，那么那里必然只剩否定性力量，也就是说，那里必然会产生负极。

人们或许现在会想，这三个点 A、C、B 在直观上彼此无限接近，但从每一个否定性的点 B 出发，建构却能一直延续到不受外部抵抗而得到遏制为止，如此一来，我们就拥有下面这种意义上的"长"，即在其中，每一个后继点都通过一种力与每一个先行的点相联络,而这些力依其相互间距离而进行着程度较大或较小的对抗,因此在这个维度的每一个个别部分中(因为每一个否定性的点都是一个新的构造活动的发端点)就会演进至无限地不断呈现为磁体(同样,即便线段 ACB 是一根磁线,这根线可以在 A 和 B 间的任何一点上折断,也不会让每一个部分终止作为一个磁体),一言以蔽之,我们由此就得到了**内聚活动**,内聚活动就是**磁效应**,只不过当这一进程**作为**进程被区分开的时候,我们这样称呼它罢了。

补充 1。在被建构的线段中,点 C 是**无磁性的**内聚活动的例子。也可以说,在那些由于内聚活动程度过高,磁性无法与之相区分的物体中,点 A、C、B 之间的距离接近于 A、B 点无法与 C 点相区分的程度,所以在直观上三点叠合在一起了。而在那些内聚程度最高的物体中,到处都分布着点 C。

补充 2。希尔德布兰特[①]在他的《化学百科全书》的第一部分中,抛出了对物质的动力学建构的反驳,他认为,从这种建构出发,无法把握物体的**大小**。因为,作者写道,假设在 X 轴上让斥力和引力同出一点,在 Y 轴上也如此,那么结果就是 X 和 Y 轴上的比例关系为 2 A: 2 R=A: R,这样一来 X 轴和 Y 轴就重合了,物体也就没有了大小。这个反驳或许是完全有道理的,当然,这需要它的前提正确,即它有道理的前提是,物体的大小由个别力量的叠加而规定。但这个前提是错的,从我们的文段出发就能说明这点。一个物体在空间中拥有的大小,取决于它的内聚进程的持续,也就是

---

① 格奥尔格·弗里德里希·希尔德布兰特(Georg Friedrich Hildebrandt, 1761—1816),德国化学家、生理学家。

说，在没有受外部影响的限制的时候，取决于力与力之间持续稳定且自行再生产着自身的叠加。因此，凭着第二潜能阶次的特质，即内聚活动，物体的第二等级上的特质，也就是空间中的**大小**，也就能得到推导了。

补充 3。我们必能料想到的一个极为自然的问题是：一旦被附加上外部影响，一个物体是由何种内在根据决定，去更强或更弱地进行内聚活动的。我们的回答是：不管是这个还是那个物体有此情形，都是在唯一的这一个而非其他的程度上在进行着内聚；我们只能在构想中把第二重建构与第一重分开。通过第一重建构，具有特定程度的纯然空间充实也就直截被给定了，但这重建构并没有让其他所有东西，比如硬度和流动性的状态等等得到完全规定。所以就无法看清诸如下面的问题：为什么不可能存在与铁或所有其他金属密度等同的流体。正因为如此，所以必须假定，伴随着第一重的建构性原因，自然中已有这一原因的潜能阶次实存了。第一重建构性的原因不可能有其他任何属性，除了一种要把诸重力量还原到最低程度对立上的趋求，因为这种对立也正是在建构的第一个环节中发生的(§. 15 及以下)，所以这种趋求所求的，是首先把建构的第一个环节固定下来；而它之所以能够**现实地**把它固定下来，首先是凭着进行着潜能阶次化运作的原因产生的影响，(也就是凭着光产生的影响，也就是说，光在这里恰恰与它在最古老的哲学中的意象一致，它表现为与最初的创造同时，并开启着创造自身的光)；在其中，由光引发的重建活动现实地把第一环节固定下来的那个建构性原因，取决于在最初建构中已然生成的原初禀赋(Anlage)，这一最初被产生出的东西，使得在第一环节中，根本

IV, 58

就还不存在固体或流体本身，而是只存在物质的一种状态。对直观而言，这种最初状态只能被理解为以"混沌"为其图景的状态，凭着进行着潜能阶次化原因的影响，固体和流体才从这一最初的状态中分离而出，进而物质殊异为特殊的不同物体的普遍过程才得以进行。我们这里的描述，跟最古老的宇宙起源论所呈现的相一致，后者之所以会包含这样或那样的一些正确洞见，或者是因为它属于不自知地产生着真理的自然，这样的自然就在光天化日下嬉戏，或者是因为它来自早先已然没落的宏大自然观的雪泥鸿爪，这种宏大自然观留下的痕迹，通常确实也难以明确认识到。

$$\S.\ 52.$$

正如已经证明的，如果光是第二潜能阶次的建构性活动，那么第二重建构中的全部环节，也如同在产物中一样，在建构性活动自身中得到指明，确切说，因为建构活动（作为活动）与被建构者对立，所以处在建构性活动中的被建构者之所以能被区分，是由于处在被建构者（产物）中的建构性活动没有得到指明。

下面的事实难道不引人注目吗？恰恰在那些由于潜能阶次化作用的原因——这个原因通过光呈现自己——至少被规定去进行内聚活动的物体上，在透明的物体上 (§. 50)，在这类**光**反倒被迫去进行着内聚活动的物体上，以及在物体**之外**进行着的事情，就是在那些最不透明的物体自身中进行着的事情。

所以如果我们敢比**歌德**走得更远，把他提出的构想"**棱镜折射现象**应被设想为极性现象，或者说由磁效应的图型支配"，发挥得比其首倡者本人所阐述的更进一步，那么我不得不说，在棱体中对光谱的建构，和前面(§.51)描述的以磁体为基底的内聚活动进程，必定完全等同。起码我们在前者中所见的，和在后者中所见的是相同的东西，也就是一种肯定性的力量在不同层级上被逐步限制，最终(在白光中)达到与其对立力量的无差别，但从这个无差别点出发，否定性的力量也最终会在否定性的极点上终止。我要说的是，我们在两处地方所见的是完全相同的东西，即**长**这个维度被潜能阶次化的进程，只不过我们在磁效应中是在**建构者**自身中看到它，而在棱镜折射现象中是在被建构者中瞥见它。我们在活动自身中所见的一切，跟我们在产物中所见的一切是同一个东西，反之亦然，这难道不是必然的吗？在棱镜的图景中，我们看到的是没有任何基底的内聚活动自身的**进程**；而在棱镜现象的图景中的无差别点里(这跟§.50的注释1中作为本真内聚活动点的点C情况一样)，这种没有任何基底的内聚活动自身的进程再次呈现了。但透明物体具有的**折射**力量恰恰并不在于，它在环节中仿佛消解了内聚活动的规定(正是这一规定把光赋予透明物体)——因为自然的每一活动的目标并不是去消解自己的条件，而是在某一点上让它以较长时间发生，在另一点上让它仅仅瞬间发生——折射力量仿佛就是通过前面这点**纯然把光摆**了出来，或者说，毫无遮掩地就把光完全呈现了。自然对其奥秘并不悭吝，它会亲自揭去一开始掩盖着自己的荚壳，为每一双想要去观看的眼睛呈现自己，自然不会像人那样，被促狭的概念或偏见蒙骗。我在这里暗示的那种构想，尽管还缺乏一些阐释，但我现在已经成功做到了在构想中寻求其阐释了；反射现象，即对光线的反射这种现象，确切说那些仅存在于与物体特有性质的特定关系中，与反射相关联，但迄今未得重视

IV, 60

的现象，比如热对物体折射力的影响，还有许多对所谓光的衍射的个别观察，所有这些现象，我认为都能借由建构的观点被构造为惊人的关联整体。

§. 53.

我们现在继续向着物质的那些属于建构第二环节的特质迈进——我们现在仍走在主线上。

如果说正如已得证明的，电现象是在物质原初建构中，**平面**由以被规定的那个进程的第二潜能阶次，那么与它相对应、属于第二潜能阶次的那些**特质**，也会具有**平面**的全部效用。

既然在建构的第二环节中，每一重力量都在独立为自己生产出平面（§. 18. 19），那么很显然，不仅会存在越来越多属于平面之潜能阶次的特质——这些作为特质的潜能阶次，也是属于长这个维度的潜能阶次——，而且必定也会有**唯一的一个**对立会贯穿这些特质的整个序列，而与这一对立相对应的，就是电荷的对立。正如在电现象中，两重力量在不同主体上会显出全然分离的相互分布，同样，这个环节也能以不同物体上由光的全然散射，以及个别颜色的不同分布来刻画。在物体上的每一种颜色里，我们所见的，是复现的平面生产活动。但伴随着不同颜色的分隔独立，自然中也发生了力量的普遍逃遁，这种逃遁每时每刻的当下都是其开端，而它也同样暗示着，每种颜色都会反过来预先寻求它已然失落的对立，而这种寻求已然预示着在接下来的环节里已经个别化的颜色间发生的嬉戏。

所有其他同为平面效用的特质，也是这一环节的潜能阶次。

那些**感官可感的**特质也属于这一层级，这一事实的深层原因，我已经在别处指明了，不过之后或许还可以再谈谈；不过这件事也证明了，所有这些特质的规定者都是**电**，正如在一切感官的感受中，已然分裂的二重性极点都是在互相补充对方，因为所有的感官感受活动都有其对立的一极，而在所有不同的个别感受中，只有一个唯一者实存。

物体的这些特质之所以产生，不过是由于，自然在面对进行着潜能阶次化活动的原因之影响时，不再会继续明确坚守在**第一环节**上。这个事实之所以是明确的在于：伴随着这些同时也属于第一环节的特质的彻底消失，磁效应和庞大的内聚活动开始出场了，反之亦然，前者的出场也伴随着后两者的消失。关于这一点，物体的颜色就是一个例证：伴随着庞大内聚活动的消失，透明或者金属的光泽会逐渐被各种颜色掩盖。

正如那些曾属于先行环节之潜能阶次的特质，全都关联于磁效应，同样也可以说，属于当下环节之潜能阶次的那些特质，则全部关联于电效应。从这一点出发就能说明下面这个通常难以把握的问题，即为什么平面的全部效用，像颜色、光洁度等等方面，都呈现出对于电现象的决定性影响（其他的所有效用也是一样），致使比如单单物体的颜色，就能决定它是带正电还是负电。

补充。§.51中确立的建构当然只足以把握物体在第一维度中的大小（补充2）。但在一切建构中，三个环节都是共同实存的，所以由于第二个环节——在其中，各种力量全然地彼此独立——，而每一个都据其倾向能沿着全部方向自由运作，内聚进程也能继续把自己设定在第二维度中，我也敢先天地断言，在这个环节的

IV, 62

物体中(我在这里只是简单提一下)，**从物体的各自视角出发产生的关联脉络**(§. 48)在何种比例中增长，**绝对的关联脉络**就在怎样的比例中降低，与之对应，在第一环节的物体那里，伴随着宏大的绝对内聚活动，从各自视角出发产生的内聚活动程度也会降低，或者说，伴随着绝对内聚活动的增长，人们称为"**脆性**"的性质就会登场。

§. 54.

如果说正如已经证明的，化学进程是在物质的原初建构中，**第三维度**得以设定的那个进程的第二潜能阶次，那么与此进程相对应的那些属于第二潜能阶次的特质，也是第三维度的全部效用。

而这些特质道出自身的方式不是别的，正是通过物体与化学进程的关系。

物体之所以被这些关系支配是由于，它们在面对进行着潜能阶次化的原因时，物体在自身所处的境况中(这一境况作为特定的空间充实)坚持并呈现出自然，因此，对这些物体来说，自然的种种条件必定会表现为从外部提供的。

所以，下面这样的物体可以实行对这一层级的代现，即尚只能把自然呈现为**空间充实活动本身**(具有特定程度的)，所以在这些物体身上，全部维度只剩下了第三维度，因为在真正意义上，空间就是凭着第三维度得到充实的，因此在这种情况下，一切**成型活动**都会全然消失，一言以蔽之，这样的物体就是**流体**。人们不可能把诸如"长"或"宽"这样的谓词加在任何自在的流体上；流体只有密度，但作为由于内聚活动的程度降低，或者它被彻底取消而最具化学进程倾向的物体，流体最远离磁效应，所以流体不像那种在其中第一维度（内聚活动）具有更大比重的物体，流体只能通过被增强到最大值的潜能阶次化活动之原因，才会被设定在下面的境况里，即它在其中必然只能从外部获得实现自身之趋求的条件，而它的趋求恰恰发生在化学进程中，我们接下来就会指明这点。

注释。在他关于流体内聚活动的动力学的一般性评注中，康德的观点都建立在他对那些在他看来为**平面**力所具有特质的不完备概念上（所以他会认为，能通过一种外部物质，比如以太的产生的压力来把握这些力），而康德之所以会犯这种错误就在于，他只知道从流体有凝聚为球形的趋向出发，从部分具有尽可能彼此相接触的倾向出发来解释而不知其他。或许在康德看来，流体的这种趋向毋宁是这样一种倾向，即要把物体还原到纯然的密度上，并把密度还原为一切流体的唯一原初维度，在康德看来，这种还原似乎只有通过完满的球形才能实现。

但在任一流体中，从一切方面来看，部分间的吸引都是等同的，所以流体的所有部分以最小的力就能相互之间毗邻推动，而这一点的根据则在于磁效用或者说内聚力的变弱或者彻底取消，而内聚力决定引力只能在特定方向上运作，但在流体中，引力反倒能全然自由地沿着全部方向运作。

IV, 64

§.55.

物质彼此之间由以得到区分的所有性质，都能以可靠的方式要么还原到其内聚力的多样性上，要么还原到其被感官的接受上，或者最终还原到其化学特质上。在这里并没有出现第四重特质序列。所以我们可以认为,我们的任务,即建构物质性质的区别,可以通过对磁、电和化学这三重不同的规定的演绎完成,我们现在做的就是把最后那个,也就是化学特质再来仔细考察一下。

在我们的这整个探究中,其实有一个已被运用的前提,即力量都通过光在进行一种持续不断的潜能阶次化。因此,一旦力的逃遁确然明朗——而这恰恰发生在自然在化学进程中不断切近自己的时候,因为化学进程以力的绝对对立为前提,而这一对立在化学进程中正是通过物体代现——,甚至已经被潜能阶次化在全然殊异物质中的引力和斥力,也会把这些物质作为自己的代现物凸显出来①;这些物质与所有其他物质之所以有区分,在于所有其他物质只代现两重力量中的一种,但**代现着化学进程的物质**则必然同时在自身中呈现着两重力量,这一点是自明的,而这也表现为化学进程的基础条件,而事关宏旨的仅仅在于,把我们关于这一点先天地道出的东西,在经验中去证实。

§. 56.

作为一切在化学上有亲缘性的要素之中介环节的氧,是一种**否定性的**本原,也就是已然被潜能阶次化的引力的本真代现者,这

---

① 根据我们的观点,内聚活动建立在对立要素的**相对**均衡上,我们把这些要素视为原初的引力和斥力的潜能阶次。可一旦活动性的内聚活动被彻底取消,引力和斥力这两重要素也就会不再在相对的均衡中,而是只在绝对的均衡中显现。伴随着这种绝对均衡在其中得到呈现的产物,自然也就不可能返回到活动性的内聚活动中了,也就是说,如果**这一**产物再次被潜能阶次化,那么它也只能再次**被分裂**,在磁体中显现为得到统一的两重要素,只可能作为属于内聚活动的已然分裂的要素呈现。因此,在整个物体序列的边缘处,已然被潜能阶次化的引力和斥力会在全然殊异的不同物质中,必然把它们凸显为自己的代现者。(此处为作者在手稿上增补的内容。——编者注)

个理念是我长久以来就持有的，并且也是我对负电荷本原的最初假设的基础，现在从各方面来看，它已经在各种充足的理由上得到了支持。所以，倘若我要援引前面已得证明的命题，即在两个物体中，带正电的物体总是最可被氧化的物体——并且倘若我进一步预设，化学进程本身之所以与电学进程区分，仅仅只是由于，在电学进程中是平面力的东西，在化学进程中自行延展到第三维度中，成了穿透性的力。所以在化学进程中（我接下来会把这一点明明白白呈现出来），尤其是在燃烧进程中，物体其实只不过是达到了它正电荷状态的最大值，并且把自己**彻底**消解在正电荷中，那么根据在自然哲学中已得证明的一条普遍法则，我也可以推断出：自然中的每一种最大值（因为伴随着每一种最大值，均衡都会被**绝对地**扰乱），必定会直接过渡到它的对立者中（也就是诸如对内聚活动在最大值上的阻碍，会直接过渡到对内聚活动在最大值上的提升中）。进一步来说，物体的氧化活动自身，也就是它与氧的关联活动本身，其实不过是一种从正电状态的最大值（也就是内聚活动的最小值），向负电状态的最小值，也就是具有最小负电荷**性状**的过渡，所以这其实只是从（被潜能阶次化了的）斥力的绝对压倒性状态，向（被潜能阶次化了的）的引力的相对压倒性状态的过渡。也就是说，在这种情况下，在彻底过渡到斥力的**物体**身上，氧乃是**作为引力分布的纯然工具**而运作，所以毫无疑问，氧自身不是其他，正是对在化学进程中的引力的普遍代现。

IV, 66

我并不认为，在上述这种理解方式中，还会有什么不能被充分理解的东西。因为比如说，我们认为，可燃烧的物体在燃烧这个环节中是彻底把自己消解在了正电荷里，对这个观点不会有人感到陌生和诧异,因为这是我们迄今演绎的结论;同样根据我们迄今的演绎,所有物体的起源不是其他,正是两重力量,因此这就意味着,在潜能阶次化活动发生之后,所有物体的起源不是其他,正是**电**。

只要普遍的联结被取消,万物都会是电性的,并且能把自己消解在电中,而那对万物皆有敌意者,一直在迫使自己去寻找这种消解。Jovis omnia plena [此乃万物的支配者]。但对于这种从最高的正电状态(因为在负电状态里,必定也会发生同等程度的对立情况),向燃烧状态的这种过渡,并不曾有人把它呈现出来。所以我在这里只提一个非常值得关注的经验观察(要是没记错,它来自化学家尤赫①发表的文章),以便能激起对我们观点的更确切回顾。当一个莱顿瓶被塞满铁屑,并经常性充电放电之际,那么一段时间之后,再把铁屑掏出来时,要是把一个绝缘物,比如纸覆盖在铁屑上,铁屑就会开始自热并变红,直到最终以此方式把自己转化为实实在在的氧化铁。② 可是,下面这种能一锤定音的经验观察难道就不存在吗?——所有可燃烧的物体都会由于燃烧而变得带负电荷(见拙著《自然哲学体系之第一草案》第 144 页及以下③)这一事实,能充分证明氧作为中间环节的这种效用,而一切物体也只有通过这一中间环节才能具有(已经被潜能阶次化的)引力本身,因为除了它,物体不可能还有其他任何已被潜能阶次化的力量。关于氧

---

① 卡尔·威尔海姆·尤赫(Karl Wilhelm Juch, 1772—1821),德国化学家。——译者注
② 通过我在本文中有的还没能充分阐发的那些经验观察,伏打电池的种种现象已经完备地证实了,恰恰在以正极代现着整个电池的那一级上,水会潜能阶次化为氧,而在以负极代现着整个电池的一极里,水也就被潜能阶次化为氧的对立物,也就是氢。——作者注
③《谢林全集》第 III 卷,第 133 页及以下。——编者注

在有机自然王国中的效用——在那里，它又成了**应激性**的本原，也就是说，又作为引力的分配者呈现了出来——，我在此没有打算讨论，因为这需要另作详细考察分辨。

把这些综括起来就能明白，在何种程度上可以说，负电荷就是**氧**，也就是说，负电荷并非所谓物质具有的比重更大的要素，而是使物质（自在的物质只是纯然的空间充实）成为自然活动之素材的东西。卓越的里希滕贝格一直都坚持——尽管表面上看起来，除了类比他也没有什么更充分的理由——，两种气体结合为水毋宁可以被视为是两种电荷的结合。我想他是完全正确的。在粗糙、无法精细观察的化学现象中，真正意义上彼此结合的**活跃要素**其实就只有正负电荷，所以同时具有阴阳性的水，才是在同一个整体中对两重电荷最原初的呈现。① 因为**氧**——我要再强调一遍，它不是所谓的物质中**可以估算其量的东西**，而是使物质成为自然活动之**素材**的东西——就是正电荷，而氢的效用正与氧相反，也就是说，它的效用是（通过脱氧 [还原] 活动）把氧从带负电荷的物体上**抽走**，进而由此把它移置到带正电荷的状态中去，在我看来，这个命题确凿无疑，因此我们也可以说，对已被潜能阶次化的斥力和引力进行着持续且普遍代现的，正是氧和氢这两种元素。

---

① 切实地来看，水必定要被视为同时具有阴阳性的实体。正如在有机世界中，同时具有阴阳性的自然不会偏向**两重方向中的任何一个**，它并不会明确偏向一方或另一方面，水也是如此。因此，在有机世界中漠然无殊的阴阳性自然，就是无机世界中的水。水自身和许多不同类气体的产生，都完全可以认为是在谱系进程的图景下，通过纯然的潜能阶次化活动，源自同一个东西。自然就以这种方式不断开花结果，通过这一过程也就产生了**一种无差别**，即一种像水一样具有两重面向的整体，即使一极或另一极发生最小的变化，它的性质也会由此被决定。物种的出现与逐步成型的过程不是其他，就是一种原初无差别向着某一方向或另一方面进行的不断潜能阶次化。——作者注

§. 57.

但现在还有另一个问题必须考察。这是从我们的演绎自身中自然产生的问题，即氧和氢这两种元素不可以绝对地视为对已被潜能阶次化的引力和斥力的代现，相反，只有在这两者是**化学**进程的直接的条件时才可以这么看它们，也就是说，只有在两者是负**电荷**和正**电荷**的时候才能如此被看待。所以问题就是，是否也存在另一些元素，在它们为**负磁极**和**正磁极**的时候，也就是在它们作为**成型过程**的条件赋予者时，也能把自己呈现为两重力量的代现者。根据前面的讨论，我们现在已经有能力回答这个问题了。

施特芬博士先生——在大约一年前，我就已经告诉了他我在这篇论著里包含的大部分观点，此外也告诉了他我对作为氧元素之规定者的负电荷，以及作为氢元素之规定者的正电荷的观点——，在他对我的自然哲学著作的书评中——这些著作在本期杂志中都刊载了——在我的观点的基础上，补充了完全属于他自己的更出色观点：正如氧和氢代现着负电荷和正电荷，**氮**和**碳**也同样代现着**正磁极**和**负磁极**。我之所以要把这个观点称作"最出色的"，是基于已经得到指明的各种理由，尤其是因为，在我们看来，氧和氢这两种元素显然只给出了（原本为）**流体**的化学特质的条件，而没有给（原本为）固体的化学特质的条件。但现在因为氧和氢共为固态，所以只能在正磁极和负磁级上去寻找固体的化学特质的条件了。而能代现正磁极和负磁极这两者的，也只剩刚刚提到的氮和碳这两种元素了。

但是，对来自我们理论的这些普遍根据，还是要做一个特别的专门补充,它能够让我们的观点的真理性不再遭受质疑。

既然通过这一点,碳和氮被规定为了在化学进程中磁效应的代现者,那它们也就能和氧或氢在先前一样,获得能在稳定的状态中**进行高度内聚活动**的能力。但尤其值得注意的是,在更多的进程中,这两种元素单独来看都会逐渐呈现出仿佛金属的特质;而根据我们的建构,这种情况的出现是必然的,因为这些元素的基础是同一个**无差别者**,只不过它以对立的方式被潜能阶次化罢了。所以在天界呈现出金属性的东西,恰恰就是原本地界的元素,所有其他物质也只有通过金属性之物不同的潜能阶次化和去潜能阶次化活动才会产生。根本上来看,地界的物质都是**同性质的**。甚至水具有的可以估算其量的东西,也是**金属性的**自然。这个唯一的金属性的东西沿着不同方向潜能阶次化——它首先从相对无差别中进入相对的差别,然后从绝对的差别回到**绝对的**无差别中——就是在其不同变体中,已然为我们呈现的化学进程及其全部变化的整体戏剧。因此,只有同一种金属存在,在氮元素中忍受着并沿着不同方向变化——仅仅通过正磁极显现,在碳元素中仅仅通过负磁极显现的都是它。所以在水中的活动性内聚活动被扬弃之后,最终潜回绝对无差别之海中的,将会是同一个金属性的东西。关于氮元素,我在之前的讲座里①就已经阐明了在我看来支持米奇尔(Mitchill)猜测的理由,他认为,极有可能存在一种已经被消解为雾状的金属(也就是说,存在一种仅仅通过内聚活动的**唯一一种**要素

---

① 见《自然哲学体系之第一草案》,第 300 页。——作者注(见《谢林全集》第 III 卷,第 254 页。——编者注)

被潜能阶次化的金属）。我在这里只是想提一提，这种金属与氧相结合的困难，这种困难在于，只有通过电火花，或者通过剧烈燃烧的氢气（比如在所谓的水的化合实验里）才能实现这种结合。更不要提他在做电流实验时引起的困难了——作为导体，这个实体在动物肌肉中的内聚活动里存在巨大的可变性。但恰恰他的实验也表明了我所确信的一点，即在精确的观察下可以看到，碳元素也会有金属特质。我相信也能把握，为什么氮元素只代现唯一的一个磁极，为什么恰恰是它代现正磁极，以及它恰恰与碳元素在这一点上对立——不该忘记，碳在它**直截**的状态中始终显现为**固体**，并且只有在化合物中才显现为气体，才由于剧烈的内聚活动代现着负磁极。从前面（§. 51）已经给出的对磁体的建构出发不难看清，剧烈的内聚活动始终都落在否定性的面向上，也就是说，在这种建构中，它总是落在磁力线的比如 B 点和 C 点之间。因此，碳和氮就是从一个磁体**被分裂开的**两极，所以在化学进程中，通常只能在黑暗中看到的东西才得以曝光，而彼此相联结的元素，恰恰就是互相寻找着对方的**极点**。

碳元素代现着负磁极，也就是说，碳元素是内聚活动更高的元素，从这一点出发我也能把握，为什么碳这种元素（它跟铁一样，是一切金属中内聚活动最大的，也是最普遍得到氧化的），总是完全作为被氧化了的碳出现（因为它大多数时候都在对抗着对自己的消解），从这一点出发，我也能把握碳与铁总是持续发生的结合，关于这一点，我目前只看到了**施泰因豪瑟**（Steinhäuser）先生在舍尔（Scherer）主编的《化学杂志》上发表的文章有讨论，从这篇文章里，我还能确凿无疑地对这种理解方式再做更多的证实——当然了，前提是我现在有时间——，总之我确信，**施特芬**先生的猜想，即仿佛所有金属，尤其是铁，只能作为与碳或氮这两种元素的化合物才现实存在，现在已经得到了许多证实，从这一点出发，我现在要阐发，在血液中金属与碳和氮元素的共存，以及它对动物躯体的影响，这两点是目前最要紧的两个部分。①

IV, 71

§. 58.

既然化学进程对应的是物质建构中"重"得以产生的进程，那么在第一次建构的时候通过哪些不同且彼此贯穿的环节，在第二次建构中也同样可以把它们确立下来 (§. 50. 补充 3)。而既然流体中的前两个环节是不可区分的 (§. 54)，流体也恰恰因此只单单代现着第三个环节，所以通过化学进程可达到的最极端情况就是全然的溶解。在作为化学进程最极端环节的溶解，和最初环节的两个物体的结合之间——结合这个环节不是其他，正是**黏着**——，还蕴含着许多中间层次，只有如此，在同一个建构中的三重环节才可能存在许多不同的混合状态。在经验中指明其中的中间环节，是精细研究的真正课题，迄今的化学都还没有钻研到这个程度，因为迄今的所有化学都只是在粗糙考察各种化合与结合反应。这个中间环节，要通过许多在化学中可以称作"反常"的化合活动来呈现；通过一种关于反常化学反应的完备理论，一系列不同元素在其中彼此碰触的晦暗关系（关于它们，我在此只想把氮和氧在大气中的

---

① 在所有动物的血液中都有铁，它并非从外部附加其中，而是通过一种内在机制进入血液。铁元素尤其会通过心绪的暴躁持续被分裂在氮元素和碳元素中，又持续地得到重建。——作者注

化合作为例证来阐发）都能得到澄清。一个完备的、通过插入环节而得到稳定的序列，也会最终把有机进程的不同产物指引到它们应在的位置上。关于这些产物，凭着迄今的化学技艺我们尽管也能了解其构成部分，甚至构成部分的量的关系，但对于它们彼此在其中相互贯穿渗透的**度**，我们并不了解，人们已经在无法通过人工合成的方式再创化学产物这件事里看到了一种无知，但这种无知也终会通过全新化学方法和技艺的发现被扬弃。

§. 59.

正是从这一理由出发——也就是化学进程所表达的不过是一个又一个个别情况（也就是绝对的向内套叠）——，我们必须也找到一种**普遍**的表达，它能 1)在自身中把握**一切**进程，2)也在自身中呈现所有三重**已然分裂**的环节（而不像化学进程那样呈现为自失在第三环节里）。

只有**直流电现象**能满足这两项要求，第一项要求涉及的，是完全纯粹且仿佛公式般地呈现**一切**建构的条件，即力量的三重体。而第二项要求涉及的，是把建构的三重环节，至少通过从它们中产生、仿佛作为它们摹本的**物体**呈现出来，而这样的物体的第一种，始终是属于最高内聚活动之列的导体（在这里，**磁**是支配性的），另一种则是属于内聚活动较低之列的导体（在这里，**电**已经开始获得更大比重），最后的第三种则必定是属于内聚活动最低之列的导体（即一种代现着**化学进程**的**流体**）。在直流电进程中，不同物体各自从自己这方面呈现的力，不仅处在因它们亲缘程度的区别而与氧的关系中，而且也尤其处在之后仍会得到进一步展开、与其内聚活动程度相区别的关系中（最后会一致展开到传导能力几近相同），从这一点出发就可以看到，一切物质中内聚活动最强的是铁，所以就其应激力来看，它并不属于那个建立在与氧的亲缘关系程度不同的物质序列。但既然与氧的亲缘关系程度自身就建立在与内聚程度的某种特定关系上，并且我到现在都还没有完备地对这一关系进行分辨，所以我们也可以看到，建立在前面那种亲缘性程度，和后面那种内聚活动程度上的序列，如何几乎是一致的。

IV, 73

我们要实现的目标是，把在直流电现象中三重不同的化学进程环节，不仅通过三种统合出直流电路的物体演绎出来，而且甚至也要直接地把它们呈现出来，对此，下面这点几乎是没有疑问的：正如我已经在前面已经提到的拙作中暗示的[①]，除了电现象，化学进程至少也有个别可以让自己在其中呈现的东西。或许我们可以发现的一种能在化学进程中呈现磁效应的更确定手段，无疑就是对热和冷的不同接受能力，而在金属的另一种序列中，这一能力也与金属尝起来的味觉相关，但无论如何，倘若没有内聚活动的变化，对热和冷的不同接受能力是完全无从设想的。

因此，倘若磁力、电力和化学力共同构成了直流电现象的可能性，那我们至少也同样能从构成直流电电路的三重物体特性出发推论出，动力学自然进程的真正层次序列：

磁——它的图型是**线段**。

电——它的图型是**角**。

---

① 全集第 II 卷，第 555 页。——编者注

直流电——它的图型是**三角**。

所以,自然进程的整全理论可以呈现在下面这个比例关系中:

磁:电 = 线段:角,电:直流电 = 角:三角形。

$\S.\ 60.$

现在仅剩的,似乎就是指明这一理论在有机自然上的特殊运用了;然而这已经超出了这篇文章的篇幅限制,它需要另行考察,所以我只好把我对此想要宣告的看法作为下一篇专门为此所写文章的主题,在这篇文章接下来的部分里,我再把与迄今种种探究直接相关联的内容再综述一遍。

如果说,动力学的种种现象向我们呈现着在第二潜能阶次中进行着生产的自然,那么我们也能在有机自然中,在一个更高的潜能阶次上,看到活生生的动力学现象。也就是说,正如磁性呈现着第一环节中的第二潜能阶次,**感官**也同样复为磁性的更高潜能阶次(从这一点出发也就能明白,感性不可能像磁性那样是一种单一的效用,而是把一种双重性预设为条件)。在**愤怒**中,电的更高潜能阶次也会以同样的方式凸显,在**想象的冲动**中,化学进程的更高潜能阶次也会如此。

可以看到,即便在有机自然中,这些不同的效用仍把自己标明为**建构性的**,即便在这里,我们仍通过自然进程的第一维度被给予心灵的第一种活动,通过第二维度被给予第二种活动,通过第三维度最终被给予全部三重维度的产物。惹人注目的是,对自然而言最完满的感性在人的形体的垂直方向上就能达到,因为人形体的垂直方向跟植物是在同样的形式中开启的,而感官又会完成在植物性神经中，所以这就证明了，形体的条件从一开始就是相同的，也就是说，从植物开始，经由动物王国的全部产物所呈现出来的不是其他，正是对**颠覆感官性要素**的持续努力（也就是有机的磁效应），这种颠覆已经在动物界的许多动物形态中勾勒出了地平线上的光。在**愤怒**中，我们也是在**同一个**运动里同时看到扩张和收缩，在愤怒中，甚至**长**和**宽**也同时得到了暗示，确切说，我们在被愤怒推动的感官中，看到了长的自行缩短，进而造成了宽。而在**想象的冲动**中，我们最终会看到同样的效用会向着**一切**维度运作。

§. 61.

既然有机进程是伴随着无机自然的**产物**开启的，或者说，无机自然的生产活动恰恰已经被接纳在了有机自然中——有机自然正是让无机自然处在自身中——，那么我们就可以把握，为什么有机体的**所有**效用，也就是说，为什么感官以及愤怒只能作为受直流电形式支配运作而显现（尽管从普遍自然的直流电中，它们只会吸取**形式**，而非**质料**），也就是说，为什么直流电现象支配着整个有机自然，也真正构成有机与无机自然间边界的现象；以及可以把握，倘若能把纯然的形式性要素从直流电现象中抽离出来，那我们何以必定只会获得一种**彻底形式化的**自然学说，在其中有机与无机自然的全部区分都会变成抽象的。

IV, 75

§. 62.

我最后以对动力学自然的一些一般性概括以及自然哲学与唯心主义哲学的关系来结束这篇文章。

通过原子论的说明方式，人们始终只能了解到，这个或那个物理学家想要捏造出的自然，**这样的物理学家**对自然为所欲为，比如**他**想让磁现象或电现象怎么产生，它们就会怎么产生。但通过对动力学解释方式的彻底运用，人们就会了解到，**自然如何自行产出它自身**。

IV, 76　　动力学要素之于物理学家，恰如先验要素之于哲学家，在物理学中以动力学的方式进行说明，与在哲学中以先验的方式进行说明意义相同。一个现象以动力学的方式说明，即意味着它从物质建构的原初条件本身被说明；也就是说，除了普遍的根据，这种解释不需要任何特殊的、被捏造出来的根据，比如"个别物质"这种虚构。一切动力学意义上的运动都在自然自身的主体中有其最终根据，也就是说，它们的最终根据都在那些其纯然框架就是可见自然的力量中。

我在《先验唯心论体系》中已经指明，物质建构的三重环节，正如能通过纯然物理学的方式演绎出来，它们也能在自我意识的历史中找到自己的对应环节。我已经指明，比如在自然中仍作为电存在的东西，在理智中会继续向前演进直至成为感受，而在自然中作为物质出现的东西，在理智中会成为直观。存在着这样一条不断向前潜能阶次化的自然的纯然序列，甚至在所谓"僵死的自然"里我们就已经看到通向这个进行着潜能阶次化自然的开端，因为光总已经是全然观念性的活动了，它总是已经在对客体同时进行着解构和重新建构，比如唯心主义实际上就一直在做这件事情，所以自然哲学正是以这种方式同时给出了一种**对唯心主义的物理学说明**，并且证明了，自然必定会突破自己的边界，正如人类的人格性也必定会突破唯心主义的边界。人类不只作为唯心主义者存在于哲学家的眼里，而且也存在于自然自身的眼里。自然从它的亘古悠远中就已经为自己赋予的那种禀赋，也将把它提升到人通过理性把它提升到的同样高度。

哲学家自己之所以会忽略这点，是因为他一开始就把自己的课题理解为处在最高的潜能阶次中，也就是处在自我中，处在已然被赋予了意识的状态里，但物理学家还没有到达这种混淆的地步。所以我现在要向所有那些如今在哲学中迷茫，并且找不到根基的人呼吁：走出哲学，走到物理学中，在那里认识真相吧！

IV, 77

唯心主义者只有在他把理性视为万物的自身创造者的时候，才有其合法性，因为这种创造的根据就在自然自身中，唯心主义者之所以会把自然本己的意图视为人独有的，正是因为这本就是自然的意图（或者我们也可以说，因为自然**知道**，人类也会以同样的方式把自己从它之中撕扯出来），所以这种唯心主义自身又会成为假象；唯心主义自身是某种仍可解释的东西，而唯心主义以理论的方式虚构的那种实在性也是如此。

如果人类想要学会以纯粹理论的方式去思考，即没有任何来自主观干预地去客观思考，那我说的这些一定可以得到理解。

如果**整个**自然会不断潜能阶次化自己，直到通达意识，或者说，倘若自然不会穿越不同的层级，不留下任何铭刻就把它们扔到自己身后，那么自然就不可能凭理性再生产它自身，可我们都知道，自然以先验的方式留下的曾经的回忆，都必定会被可见的事物不断重温。在这个意义上，柏拉图的观点"一切哲学都是回忆"乃是真真切切的；一切哲学活动都建立在对我们曾在其中与自然为一的那种境况的回忆中。

因此，所谓的"僵死自然"这个说法之所以失之偏颇，或者说必然有失偏颇，是因为最终的潜能阶次化活动（这种活动可以从唯心主义体系出发看得明明白白）把在感受中获得的自然的质，把感受的质料转化为直观；因为一切后起环节必定会把先行环节固定为自己建于其上的基础——正如物质会把元素，有机体会把质料牢牢把握为自己的基础——，所以理性也会把有机体吸收到自己之中，而这就是为什么我们即便站在最终的制高点上，也仍不是**纯粹精神**的原因。

所以，按我们的这种言说方式，我们还可以说：所有的质都是自然的感受，所有的物体都是自然的直观，自然自身仿佛就是凝聚着所有这些感受和直观的理智。

IV, 78　　在我们已经达到了这一点之后，在我们已经沿着所有对立的方向走过一遍之后，我们现在也就能以此方式从自然走向我们自己，又从我们自己走向自然了，但对于那种关于万有的**知识**来说，它**真正的方向**仍是**自然自身**所走的方向。

为了给我如今在此道出的东西奠定基础，我已经做了长久的准备。若无一种**从唯心主义视角出发**、必须被预设为前提的**关于自我意识的完备历史**，若我不能以它为基础，那我就不可能说出这些东西。我的《先验唯心论体系》做的就是这个工作！所以我希望，这部著作的内容能影响到那些有思想的人，并为他们接受认可，我也会以它为基础，再启新的篇章！

人名索引

（说明：条目后的页码是指德文版《谢林全集》的页码，即本书正文中的边码，因本卷内容全部集中在第 IV 卷，故只给出页码。）

A

Arnim, Von 冯·阿尔尼姆 185

B

Baader 巴德尔 461
Bernoulli 伯努利 16
Brugman 布鲁格曼 10，15，55，153
Buffon 布冯 489，490

C

Cassinis 卡西尼斯 479，499
Chladnis 克拉德尼 497
Coulomb 库伦 16，17，18，19，21，22

D

Dufay 杜菲 55

E

Epikur 伊壁鸠鲁 449
Erxleben 埃尔克斯勒本 23
Eschenmayer 埃申迈耶尔 108，113，194

F

Fichte 费希特 109，110，111，112，353，356，357

G

Goethe 歌德 46，59，178
Guytons 盖通斯 189

H

Hegel 黑格尔 432，436
Hemsterhuis 亨斯特尔修斯 490，491

Heraclitus 赫拉克利特 401

Herschel 赫舍尔 178，179，474，507

Hipparchos 西帕恰斯 492

J

Jacobi 雅各比 377

Juch 尤赫 66

K

Kant 康德 26，27，28，29，40，50，63，111，207，365，449，477，481

Kepler 开普勒 431，444

Kielmeyer 基尔迈耶尔 188

L

Leibniz 莱布尼茨 401

N

Newton 牛顿 38，39，46，163-164，179，432，436，441，444，445，477，479

P

Parmenides 巴门尼德 401

Piccard 皮卡德 499

Plato 柏拉图 361，401，434

Proteus 普罗透斯 191

Pythagoras 毕达哥拉斯 401

R

Reinhold 莱茵霍尔德 111，112

S

Schröter 施罗特 487，506

Spinoza 斯宾诺莎 113，120，136，144，353，354，372，373，377，379，382，384，401

Steffens 施特芬 68，70，154，155，168，169，199，208，210，469，470，481，491，505

U

Ulloa, Don 乌略亚·唐 481

V

Volta 伏打 185，186，187，192

主要译名对照

A

Abbild 摹本,拟像
Abdruck 印迹
Absolute jueduizhe 绝对者
Absondern 殊异化
Aether 以太
All 大全
All-Eins 大全一体
Anfang 开端
Anschauung 直观
An-sich 自在体
Axe 轴
Ausdehnung 广延

B

Bestreben 趋求
Begreifen,概念把握,把握
Bestehen 持存
Bild 图景

C

Conjunktion 交互关联
Cohäsion 内聚活动

D

Demonstration 演证
demonstrative 演证性的
Differenz 差别
Darstellung 阐述
Ding 事物

E

Einbildung 想象,内塑
Elektricität 放电
Entzweiung 二重化分裂
Erde 地球 地界
Eine 一,太一
Einheit 统一性,统一体
Erscheinung 现象,显现

Ewige 永恒者

Existenz 实存

F

Fall 落体

Form 形式

Für sich 独立自为，自为，独立

G

Galvanismus 直流电

Gestalten 构型

Größe 定量

Gegenbild 映像

gegenwärtig 当下的

Geist 精神

Gesetz 定律，法则

Gottheit 神性

Grenz 界限

Grund 根据

H

Handlung 行动

Hervorbringen 产出

Produktion 生产

Himmel 天界

I

Ich 自我

Ichheit 自我性

Ideal 观念的

Idealismus 唯心论

Ideelle, das 观念性之物

Identität 同一性

Indifferenz 无差别

K

kategorisch 断然的，明确的

Körper 物体

L

Länge 长

Leib 躯体

lebendig 有生命的，生机的

M

Magnet 磁体

Masse 质量，团块

Materie 物质

Mechanismus 机械论

Mitte 中点
Mitteilung 传导, 分布

O

Objektives, das 客体性之物
Organismus 有机体
Organ 官能

P

Polarität 极性
Pol 极点
Potenz 潜能阶次
Prinzip 本原, 法则
Process 进程
Produkt 产物

Q

Qualität 质
Quantität 量

R

Reale, das 实在性之物
Realismus 实在论
Reflex 反映
Reflexion 反思
Reich 王国
Ruhe 宁静, 静息

S

Starrheit 刚性
Sache 事情
Schein 假象, 映像
Schema 图型
Schuluss 推论, 推理
Schwere 重量
Schwerekraft 重力
Seele 灵魂
Speculation 思辨
Stoff 素材, 材料
Subjektive, das 主体性之物
Substanz 实体
Stufe 层级

T

That 事实
Totalität 总体性
Transscendentalphilosophie 先验哲学

Typus 范型

U

Umlauf 公转

Unbedingte, das 无条件者

unterordnen 归秩

Unendliche, das 无限者

Unterschied 区分

Urbild 原型

Urteil 判断

Ursprung 起源

V

Virtualite 拟态

Vernunft 理性

Verstand 知性, 理智

Vermittelung 中介

vollkommen 完满的

Voraussetzung 前提, 预设

Vorbild 范型

Vorstellung 表象, 观点

W

Weltbau 寰宇

Wahrheit 真理

Wahr, das 真相, 真的东西

Weltkörper 天体

Wiederholen 重复, 复返

Wirkliche, das 现实之物

Wollen 意愿

Wissen 知识

Z

Zusammenhang 关联, 关联脉络

zusammensetzen 聚合